JN457948

데이터
과학을 위한
R 시리즈
VI

Applied Time Series Analysis

R
응용 시계열분석

나 종 화 지음

자유아카데미

머리말

〈R 시각화와 통계자료분석 I〉, 〈R 시각화와 통계자료분석 II〉, 〈R 응용 회귀분석〉, 〈R 응용 다변량분석〉, 〈R 데이터마이닝〉에 이어 〈데이터 과학을 위한 R 시리즈〉 VI권을 출간하게 되었다. VI권에서는 R을 이용한 시계열 분석을 다루었다. 시계열 분석은 시간의 순서에 따라 기록된 자료를 분석하는 방법이다. 특히 시계열 예측은 관측된 자료에 기초하여 미래를 예측하는 것으로, 다양한 분야에서 주요 관심사가 되어왔다. 그러나 시계열 분석의 많은 이론들은 다른 통계 과목에 비해 비교적 난해하며, 이는 통계학 비전공자들에게 큰 장벽이었다. 이 책에서는 실제의 자료분석에 초점을 맞추었으며, 관련 이론에 대해서는 수학적 유도보다는 개념적인 전달에 치중하였다.

이 책(VI권)은 1 ~ 5부로 구성되었다. 1부에서는 시계열 자료의 탐색과 기초분석, 2부에서는 ARIMA 예측 모형과 주요 개념, 3부에서는 여러 시계열을 이용한 분석, 4부에서는 시계열 분석에 유용한 R 패키지들을 소개하고, 5부에서는 시계열 분석의 최근 기법 등을 소개한다. * 표시된 장(또는 절)은 좀 더 깊이 있는 내용을 다루고 있으므로 관심 있는 독자들만 읽기를 권장한다.

이 책을 대학에서 교재로 사용할 경우 한 학기에 다루어질 내용으로 다음을 추천한다(음영 처리된 부분 참고).

학기	주 내용	교재 범위	연결된 내용
1학기	• 시계열 기초 • 단일 시계열 분석(ARIMA 모형) • 시계열 시각화 • 시계열 자료 다루기	• 1 ~ 5장 • 6장(선택적) • 9장	• 1장(시각화) ⇨ 10장, 11장 • 5장(ARIMA 모형) ⇨ 12장
대학원	• 여러 시계열 자료에 대한 분석 • 고급 시계열 분석	• 6 ~ 8장 • 13 ~ 16장	• 10 ~ 12장

※ 9장은 시계열 자료(날짜 포함)와 시계열 객체 다루기에 유용함

좋은 책을 위해 최선을 다했지만 미흡한 부분이 있을 수 있다. 이 점은 양해를 바라며, 출간 후에라도 수정사항이 있을 경우에는 자유아카데미 홈페이지(www.freeaca.com) 자료실에서 제공할 예정이다.

마지막으로 이 책의 출간을 위해 큰 노고를 아끼지 않은 자유아카데미 관계자 분들께 감사의 마음을 전하고 싶다.

2020년 8월

나 종 화
cherin@cbnu.ac.kr

차례 • Contents

[1부] 시계열 기초분석

1장 들어가며

2장 시계열 자료의 기초분석

[2부] 단일 시계열 예측 모형

3장 ARIMA와 계절-ARIMA 모형

[4부] 유용한 시계열 R 패키지 소개

9장 시계열 날짜와 객체 다루기

10장 시계열 자료의 시각화 - {openair} 패키지

11장 캘린더 히트맵과 금융 시계열 자료의 시각화

12장 Prophet을 이용한 시계열 예측

[5부] 기타 시계열 자료분석

13장 계층 또는 그룹 시계열 예측

14장 주파수영역분석: 스펙트럼 분석

15장 시계열 자료의 군집

16장 시계열 자료의 분류

1부

시계열 기초분석

1장 들어가며

1.1 서론

시계열(time series)은 시간의 순서에 따라 기록된(또는 색인된) 일련의 데이터 점들이며, 대부분의 경우 연속된 동일한 시간 간격에서 측정된 수열이다. 시계열의 예로는 파도의 높이, 태양 흑점의 수, 특정 주식의 일일 종가 등이다.

시계열 분석은 데이터로부터 의미 있는 통계 또는 특징을 추출하기 위해 시계열 자료를 분석하는 방법이다. 이 가운데 시계열 예측은 이미 관측된 자료에 기초하여 미래의 값을 예측하는 것이다. 회귀분석에서 종종 한 개 또는 여러 개의 시계열의 현재 값으로 다른 시계열의 현재 값을 예측하는데, 이러한 형태의 이 가운데 시계열의 분석은 "시계열 분석"이라 부르지 않는다. 시계열 분석은 단일 시계열 또는 서로 다른 시점에서의 여러 개의 종속된 시계열의 값을 비교하는 데 초점을 둔다.

시계열 자료는 자연스러운 시간 순서를 가진다. 이 사실은 시계열 분석을, 관측치들의 자연스러운 순서가 존재하지 않는 횡단면 연구(cross-sectional study)[1]와 구분 짓게 한다.

이 장에서는 시계열 자료의 분석에 앞서, 시계열 자료의 생성과 주기변환, 시계열 자료의 시각화 및 시계열 자료를 다루는 데 유용한 R 함수들을 소개한다. 또한 시계열 자료의 날짜-시간에 대한 기초와 이 책에서 다루는 시계열 분석의 내용을 소개한다.

1) 횡단면 자료는 특정 시점에서 파악된 현황 및 결과 자료이다. 참고로, 패널 자료(panel data)는 일정기간에 걸쳐 동일 집단에 대하여 반복적으로 수집된 자료로 시계열 자료에 포함된다고 할 수 있다.

1.2 시계열 자료

1.2.1 시계열 자료의 생성

R의 ts( ) 함수를 이용하면 벡터나 행렬 또는 데이터프레임 객체(자료)를 쉽게 시계열 객체(자료)로 전환할 수 있다. 사용 예는 다음과 같다.

(a) 단일 시계열 자료 생성

```
> a <- ts(1:10, frequency=4, start=c(1959, 2))    # 1959년 2사분기부터
> class(a)
[1] "ts"
> a
     Qtr1 Qtr2 Qtr3 Qtr4
1959         1    2    3
1960    4    5    6    7
1961    8    9   10
```

(b) 다변량 시계열 자료 생성

```
> z <- ts(matrix(rnorm(300), 100, 3), start=c(1961, 1), frequency=12)
> class(z)
[1] "mts"    "ts"     "matrix"
```

(해석) 위의 ts( ) 함수의 결과 객체는 R 내부적으로 "mts"(다변량시계열), "ts"(시계열), "matrix"(행렬)와 같이 다양한 형태의 자료 객체로 인식된다.

```
> head(z)    # 행렬 구조로 출력
        Series 1   Series 2    Series 3
[1,] -0.09667437 -0.2502956 -0.85069450
[2,]  0.80851816 -0.8023241  2.39444596
[3,]  0.39131286  0.3166627 -0.52386367
[4,]  1.71593508 -0.3898947  0.75118404
[5,]  2.77495608  0.2369266 -0.08369124
[6,]  0.15295247 -0.0454197  0.17318541

> z   # 시계열 구조로 출력
            Series 1    Series 2     Series 3
Jan 1961  1.928055514 -0.97191004 -1.202157688
Feb 1961 -1.273055930 -1.23525121  0.372915120
Mar 1961 -1.128754215 -0.53174130 -0.080977981
...
```

```
Mar 1969  0.089990264 -1.11123454  0.111794813
Apr 1969  0.253620142  1.24279106 -0.360598787
> plot(z)
```

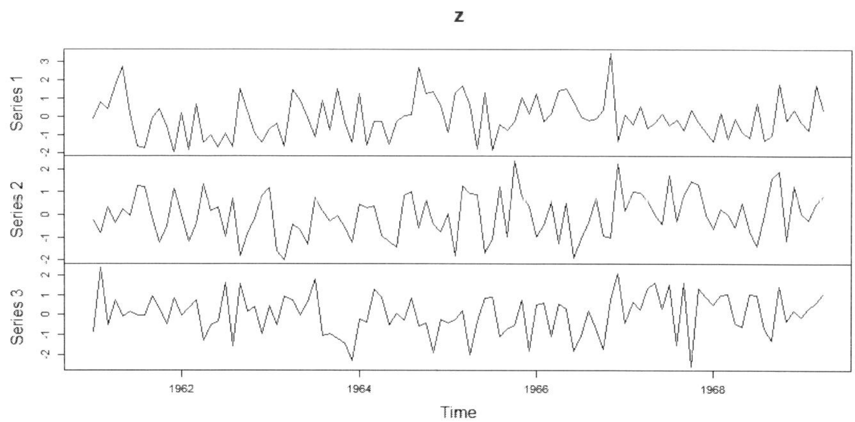


```
> plot(z, plot.type="single", lty=1:3)
```

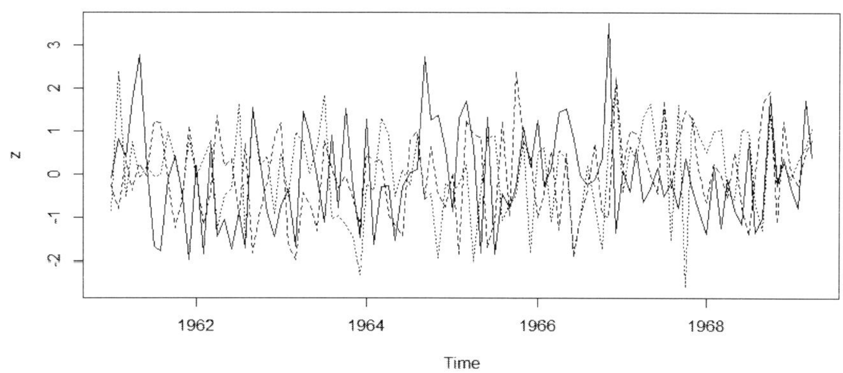

1.2.2 계절주기 변환 – aggregate( ) 함수

R의 aggregate() 함수를 이용하면 주어진 시계열 자료의 주기를 쉽게 바꿀 수 있다. 예를 들어, 월별 자료 -> 분기별 자료 또는 연별 자료로, 분기별 자료 -> 연별 자료로, 일별 자료 -> 주별 자료로 바꿀 수 있다. nfreq= 옵션은 (원하는) 주기를, FUN= 옵션은 합 또는 평균 등의 함수를 지정할 수 있다.

다음은 AirPassenger 자료에 대해 이 함수를 적용한 예이다.

```
> AirPassengers
     Jan Feb Mar Apr May Jun Jul Aug Sep Oct Nov Dec
1949 112 118 132 129 121 135 148 148 136 119 104 118
1950 115 126 141 135 125 149 170 170 158 133 114 140
1951 145 150 178 163 172 178 199 199 184 162 146 166
...
1959 360 342 406 396 420 472 548 559 463 407 362 405
1960 417 391 419 461 472 535 622 606 508 461 390 432

> AirPassengers.q <- aggregate(AirPassengers, nfreq=4, FUN=sum)
> AirPassengers.q
     Qtr1 Qtr2 Qtr3 Qtr4
1949  362  385  432  341
1950  382  409  498  387
1951  473  513  582  474
1952  544  582  681  557
1953  628  707  773  592
1954  627  725  854  661
1955  742  854 1023  789
1956  878 1005 1173  883
1957  972 1125 1336  988
1958 1020 1146 1400 1006
1959 1108 1288 1570 1174
1960 1227 1468 1736 1283

> AirPassengers.y <- aggregate(AirPassengers, nfreq=1, FUN=sum)
> AirPassengers.y
Time Series:
Start = 1949
End = 1960
Frequency = 1
 [1] 1520 1676 2042 2364 2700 2867 3408 3939 4421 4572 5140 5714
```

1.3 시계열 자료의 시각화

이 절에서는 시계열 자료의 시각화 방법을 소개한다. 앞 절에서 시계열 객체에 대해 plot() 함수를 사용한 바 있다. 여기서는 시계열 자료를 시각화하는 기본함수로 plot.ts()와 ts.plot() 함수를 소개한다.

- plot.ts( ): 시계열 객체가 다변량인 경우 주기(frequency)와 날짜(dates)가 동일하여야 함
- ts.plot( ): plot.ts( )와 유사하나, 다변량의 경우 날짜는 달라도 됨

```
> # 단변량 시계열 예제
> data(AirPassengers)
> plot.ts(AirPassengers)
> ts.plot(AirPassengers)
```

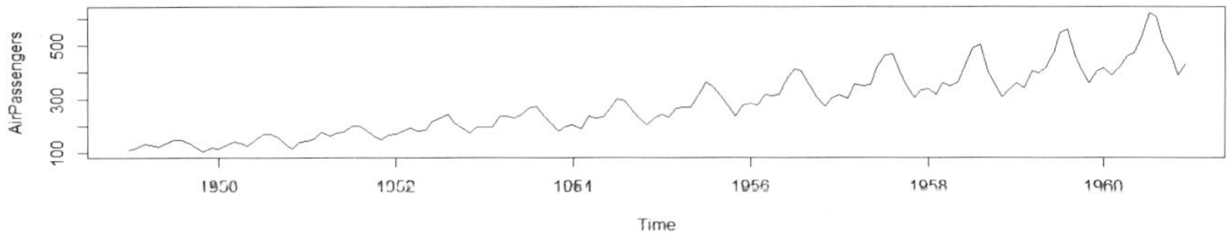

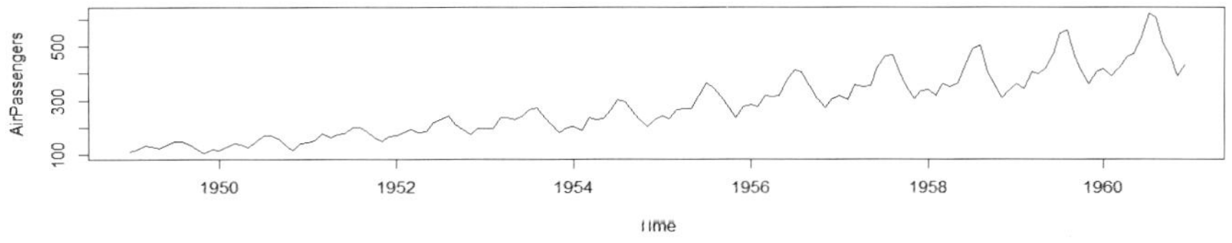

```
> # 다변량 시계열 예제
> install.packages("tseries")
> library(tseries)
> data(nino)
> str(nino)
 Time-Series [1:598, 1:2] from 1950 to 2000: 24 24.5 26.6 26.6 25.9 ...
 - attr(*, "dimnames")=List of 2
  ..$ : NULL
  ..$ : chr [1:2] "nino3" "nino3.4"

> plot.ts(nino)
```

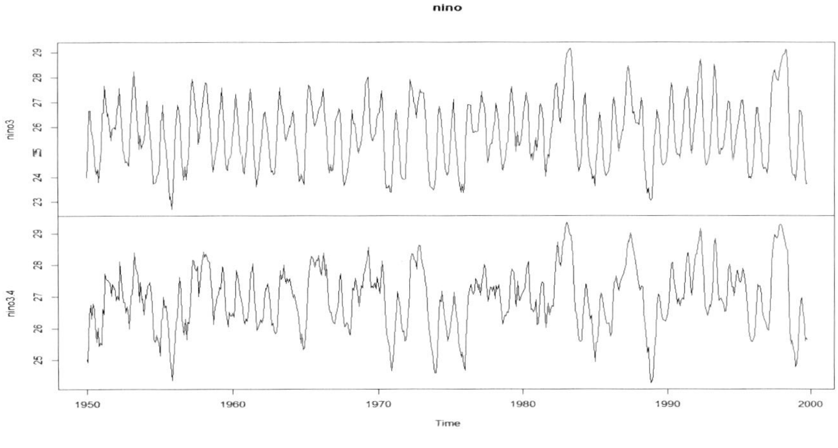

```
> ts.plot(nino, col=1:2)
```

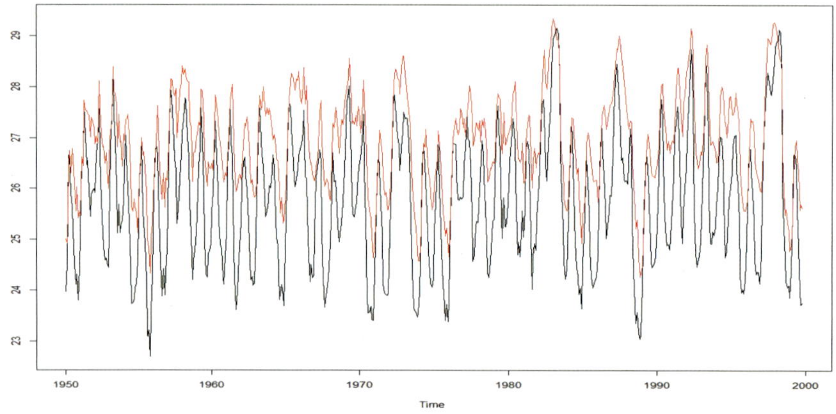

```
> # 데이터프레임 자료를 시계열 객체로 전환(취급)하여 시계열 플롯 함수를 적용함
> attach(iris)
> t.iris <- as.ts(iris[,-5])
> plot.ts(t.iris)
> # plot.ts( ): ts 객체가 다변량인 경우 주기(frequency)와 날짜(dates)가 동일하여야 함
```

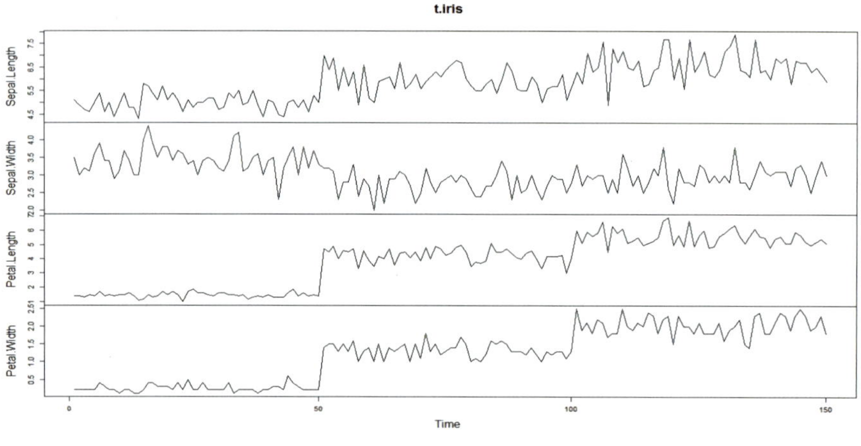

```
> ts.plot(t.iris, col=1:4)
> # ts.plot( ): ts 객체가 다변량인 경우 주기(frequency)는 같아야 하지만 날짜(dates)는 동일할 필
요가 없음
```

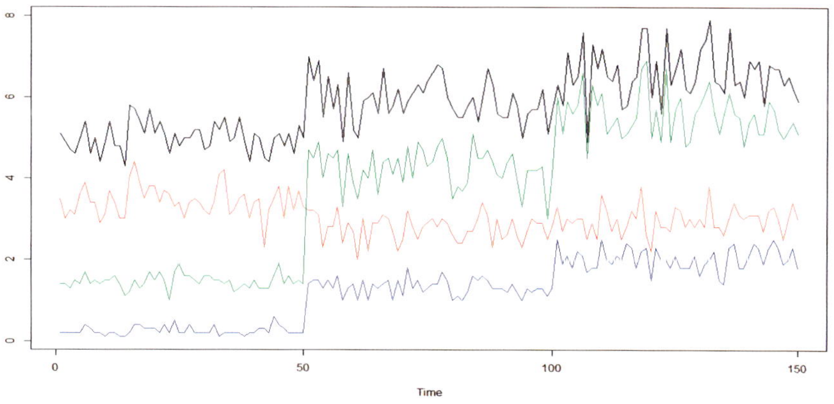

1.4 R 시계열 자료 다루기

시계열 자료분석에 유용한 R의 주요 함수를 소개한다.

○ ts(): 시계열 객체 생성

예 ts(vector, start=c(2009, 1), end=c(2014, 12), frequency=12)

○ window(): 시계열의 일부를 추출

예 window(Airpassengers, start=c(1950, 8), end=c(1960, 7))

○ ts.plot(): 여러 개의 시계열을 동일 패널에 그림

예 ts.plot(ldeaths, mdeaths, fdeaths,
　　　　gpars=list(xlab="year", ylab="deaths", lty=c(1:3)))

○ time(): 시계열 객체로부터 시간(time)을 추출

예 plot(as.vector(time(presidents)), as.vector(presidents), type = "l")

○ ts.union(): 여러 시계열을 결합(bind)

예 ts.union(mdeaths, fdeaths)　　# cbind(mdeaths, fdeaths)와 동일

○ ts.intersect(): 여러 시계열의 교집합 생성

예 ts.intersect(window(mdeaths, 1976), window(fdeaths, 1974, 1978))

위의 ts.union()과 ts.intersect() 함수에서 dframe=TRUE 옵션을 사용하면 결과가 데이터프레임으로 제공된다.

○ lag(): 시차 시계열을 제공

예 lag(ldeaths, k=12)은 12개 이전 시점으로 이동된(shifted) 시계열을 제공

○ diff() 함수는 연속되는 두 값의 차이를 구하는 함수로, 일반 용법은 다음과 같다.

예 diff(x, lag=1, differences=1, ...)

- x: 수치형 벡터 또는 행렬(시계열 객체도 일종의 벡터 또는 행렬임)
- lag: 차분 시차 지정. lag=2이면 2시차 이전과 차분(두 항의 차이)을 수행
- differences: 차분의 횟수를 지정. differences=2는 차분한 결과에 대해 다시 차분을 수행(차분을 2회 실시)

예 1 (diff() 함수 적용 예)

```
> x <- cumsum(cumsum(1:10))
> x
 [1]   1   4  10  20  35  56  84 120 165 220

> diff(x, lag = 2)
[1]   9  16  25  36  49  64  81 100

> diff(x, differences = 2)
[1]  3  4  5  6  7  8  9 10

diff( ) 함수는 generic 함수로, 디폴트 방법과 "ts", "POSIXt"와 "Date" 클래스에 적용된다. NA는 전파됨.

> diff(ts(1:10), lag=2)
Time Series:
Start = 3
End = 10
Frequency = 1
[1] 2 2 2 2 2 2 2 2

> diff(ts(1:10), lag=2, differences=2)
Time Series:
Start = 5
End = 10
Frequency = 1
[1] 0 0 0 0 0 0
```

```
> dates.1 <- as.Date(c("2016-02-04", "2016-02-10", "2016-02-15"))
> class(dates.1)
[1] "Date"

> diff(dates.1)
Time differences in days
[1] 6 5
```

1.5 날짜 다루기

R에서 날짜(dates)를 다루는 함수를 소개한다. 시계열 자료에 대한 효과적인 분석을 위해서는 날짜에 대한 처리가 중요하다. 여기서는 기본함수를 다루며, 보다 자세한 내용은 9장을 참고하기 바란다.

(a) 기본 함수

날짜는 1970-01-01 이후의 일수(number of days)로 표현되며, 그 이전의 날짜는 음의 값으로 나타낸다.

- as.Date(x, "format") 함수: 문자열을 날짜로 전환해 줌
  - x는 문자, format은 적절한 형식
- Sys.Date( ) 함수: 오늘 날짜를 제공
- date( ) 함수: 현재 날짜와 시간을 제공

[표 1.1] 날짜 관련 기호와 예시

기호	의미	예시
%d	일 숫자(0-31)	01-31
%a %A	요일 약어 요일	Mon Monday
%m	월(00-12)	00-12
%b %B	월 약어 월	Jan January
%y %Y	2-자리 년 4-자리 년	07 2007

[표 1.1]은 R에서 날짜와 관련된 기호를 나타내며, 이들 기호는 날짜를 출력하기 위해 format() 함수와 같이 사용될 수 있다.

예 1 (as.Date() 함수: 문자열을 날짜로 전환해 줌)

```
> dates.1 <- as.Date(c("2016-02-04", "2016-02-10"))
> dates.1
[1] "2016-02-04" "2016-02-10"
```

예 2 (두 날짜 사이의 일수 계산)

```
> (days <- dates.1[2]-dates.1[1])
Time difference of 6 days
```

예 3 (Sys.Date() 함수: 오늘 날짜를 출력)

```
> today <- Sys.Date( )
> format(today, format="%B %d %Y")
[1] "2월 04 2016"
```

예 4 (특정 형식으로 저장된 날짜 읽어오기)

```
> # 저장된 형식을 format= 으로 지정
> date.chr <- c("02/04/2016", "02/10/2016")
> (date.new <- as.Date(date.chr, format="%m/%d/%Y"))
[1] "2016-02-04" "2016-02-10"
> class(date.new)   # 출력형식은 벡터 객체와 동일하나 Date 객체임
[1] "Date"
```

예 5 (as.Character( ) 함수: 날짜를 문자로 전환)

```
> (date.chr <- as.character(date.new))   # Date 객체와 형식이 동일함에 유의
[1] "2016-02-04" "2016-02-10"
```

(b) 날짜-시간 전환 함수

strptime() 함수는 문자로부터(또는 문자로) 날짜-시간을 전환해 준다. 일반용법은 다음과 같다.

strptime(x, format, tz="")

- x는 전환될 객체
- format= 문자열로 "%Y-%m-%d %H:%M:%S"(디폴트), "%Y-%m-%d"
- tz= 변환에 사용되는 시간-영역(time zone)을 지정하는 문자열. ""은 현재 시간 영역, "GMT"는 UTC임

strptime( ) 함수의 사용 예는 다음과 같다.

예 1 (날짜 객체: POSIXlt와 POSIXct)

```
> (x <- strptime(c("2006/01/08 10:07:52", "2006/08/07 19:33:02"),
                 "%Y/%m/%d %H:%M:%S", tz="GMT"))
[1] "2006-01-08 10:07:52 GMT" "2006-08-07 19:33:02 GMT"

> str(x)
 POSIXlt[1:2], format: "2006-01-08 10:07:52" "2006-08-07 19:33:02"

> y <- as.POSIXct(x)    # as.POSIX*( ): 날짜-시간 변환 함수임
> str(y)
 POSIXct[1:2], format: "2006-01-08 10:07:52" "2006-08-07 19:33:02"
```

참고 날짜-시간 표기 클래스: POSIXlt와 POSIXct

POSIXlt와 POSIXct는 모두 POSIXt를 상속, 구현한 날짜-시간(date-time) 표기 클래스이다. POSIXlt는 연, 월, 일 등 다양한 시간 요소를 리스트 형태로 가진다. 반면, POSIXct는 1970-01-01 00:00:00을 기준으로 이후 시간을 초(second) 단위의 1개 수치로 표기하고 있으며 시간-영역(time zone)을 속성(attribute)으로 가진다.

(예 1)에서 x와 y는 각각 POSIXlt와 POSIXct 클래스 객체이다. 다음 결과는 두 객체가 날짜-시간 및 시간-영역에 대한 정보(속성)를 어떻게 다르게 저장하는지를 보여준다.

```
> str(unclass(x))
List of 9
 $ sec  : num [1:2] 52 2
 $ min  : int [1:2] 7 33
 $ hour : int [1:2] 10 19
 $ mday : int [1:2] 8 7
 $ mon  : int [1:2] 0 7
 $ year : int [1:2] 106 106
 $ wday : int [1:2] 0 1
 $ yday : int [1:2] 7 218
 $ isdst: int [1:2] 0 0
 - attr(*, "tzone")= chr "GMT"
```

```
> str(unclass(y))
 num [1:2] 1.14e+09 1.15e+09
 - attr(*, "tzone")= chr "GMT"
```

예 2 (csv 파일로부터 읽어서 변환하기)

```
> Mydata <- read.csv('C:/air.csv')
```
[2]

```
> head(Mydata$date)
[1] 1998-01-01 00:00:00 1998-01-01 01:00:00 1998-01-01 02:00:00
[4] 1998-01-01 03:00:00 1998-01-01 04:00:00 1998-01-01 05:00:00
65533 Levels: 1998-01-01 00:00:00 ... 2005-06-23 12:00:00

> Mydata$date <- as.POSIXct(strptime(Mydata$date, format="%Y-%m-%d %H:%M", tz="GMT"))

> head(Mydata$date)
[1] "1998-01-01 00:00:00 GMT" "1998-01-01 01:00:00 GMT"
[3] "1998-01-01 02:00:00 GMT" "1998-01-01 03:00:00 GMT"
[5] "1998-01-01 04:00:00 GMT" "1998-01-01 05:00:00 GMT"

> summary(Mydata[,1:3])
      date                         ws             wd
 Min.   :1998-01-01 00:00:00   Min.   : 0     Min.   :  0
 1st Qu.:1999-11-14 15:00:00   1st Qu.: 3     1st Qu.:140
 Median :2001-09-27 06:00:00   Median : 4     Median :210
 Mean   :2001-09-27 06:00:00   Mean   : 4     Mean   :200
 3rd Qu.:2003-08-10 21:00:00   3rd Qu.: 6     3rd Qu.:270
 Max.   :2005-06-23 12:00:00   Max.   :20     Max.   :360
                               NA's   :632    NA's   :219
```

이 외 날짜에 대한 추가적인 정보는 다음 함수의 도움말을 이용하기 바란다.

- as.Date( ) 함수: 문자 자료를 날짜로 전환
- strftime( ) 함수: 문자 자료를 날짜로, 날짜 자료를 문자로 전환하는 함수
- ISOdatetime( ) 함수: 수치 표현을 날짜/시간으로 전환하는 함수

시계열 객체의 날짜와 시간에 대한 유연한 처리는 자료분석 과정에서 매우 유용하다. 이 장에서는 기본함수를 소개하였으며, 이에 대한 보다 자세한 내용은 9장을 참고하기 바란다.

2) air.csv 자료는 {openair} 패키지에서 제공하는 mydata를 csv 파일로 저장한 것이다.

1.6 이 책의 범위

이 책에서 다루어질 내용은 다음과 같다.

1부에서는 시계열 자료에 대한 기초분석을 다룬다. 주요 내용은 시계열 자료의 생성과 시각화, 시계열 분해, 변화점 탐지, 결측값 대치 및 지수평활과 Holt-Winter's 방법 등이다.

2부에서는 ARIMA 모형으로 대변되는 단일 시계열 자료에 대한 예측 모형을 다룬다. ARIMA 모형의 적합에 필수적인 정상성 및 ACF와 PACF 개념을 소개한다. 시계열 자료에 대한 모의실험, 예측 모형에 대한 평가, 실제 자료분석 예제를 다룬다. 또한, 시계열 분석에 사용되는 주요 개념과 이론을 일목요연하게 정리하였다.

3부에서는 여러 개의 시계열을 함께 다루는 모형을 다룬다. 여기에는 오차항이 ARIMA 모형을 따르는 회귀모형, 두 개의 시계열 간의 시차에 따른 상관관계를 분석하는 교차상관분석, 예측변수에 선행 시차를 고려하는 분포시차모형과 동적회귀모형을 다룬다. 아울러, 시계열에 영향을 미치는 이미 알려진 사건을 모형에 포함시키는 개입분석, 시계열 내에 원인을 모르는 이상점을 탐지하는 이상점 탐지 등을 다룬다.

4부에서는 최근 개발된 시계열 분석에 유용한 여러 가지 R 패키지들을 소개한다. 먼저, 시계열 자료분석에서 중요한 날짜-시간에 대한 처리(예: {lubridate} 패키지)와 시계열 자료 객체를 효과적으로 다루는 방법(예: {tsbox} 패키지)을 소개한다. 또한 {openair} 패키지를 이용하여 시계열 자료를 다양하게 시각화하는 방법과 시계열 자료를 캘린더상에 색상으로 나타내는 캘린더 히트맵을 구현하는 패키지를 소개한다. 또한 금융 시계열 자료의 시각화에 유용한 {quantmod} 패키지를 소개한다. 마지막으로, 최근 페이스북에서 개발된 {prophet} 패키지를 소개한다. 이 패키지는 일반화가법모형을 이용한 단일 시계열에 대한 예측 모형을 제공해 주며, 많은 장점을 가지고 있어 실무에서 기존의 ARIMA 계열의 모형에 대한 훌륭한 대안으로 사용될 수 있다.

5부에서는 기타 시계열 자료분석을 다룬다. 주요 내용은 계층적 구조를 가지는 시계열의 예측, 시계열을 시간 영역이 아닌 주파수 영역에서 분석을 수행하는 스펙트럼 분석, 여러 개의 시계열을 유사한 패턴의 몇 개 시계열로 군집화하는 시계열 군집, 이미 결과 값이 알려진 경우 시계열을 분류하는 시계열 분류에 대해 다룬다. 시계열 군집과 시계열 분류는 시계열 자료에 대한 일종의 데이터마이닝 기법으로 생각할 수 있다.

[그림 1.1]은 이 책에서 다루는 내용을 도식화한 것이다. 이 가운데 학부 한 학기에 다루어질 내용으로는 1~5장, 6장(선택적), 9장을 추천한다(머리말 참고).

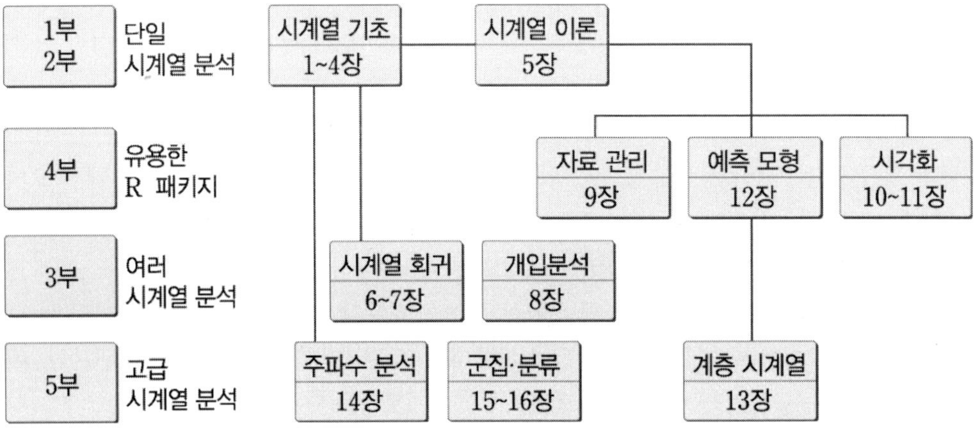

[그림 1.1] 이 책의 구성도

2장
시계열 자료의 기초분석

2.1 서론

이 장에서는 시계열 자료에 대한 기초분석을 다룬다. 먼저, 주어진 시계열을 추세, 계절 및 랜덤 성분으로 분해하는 방법(시계열 분해)과 여러 요인으로 인한 시계열의 평균과(/또는) 분산의 변화를 탐지하는 방법(변화점 탐지)을 다룬다(시계열 자료의 이상점 탐지에 대해서는 8장에서 다룸). 또한, 시계열 자료에 대한 평활 방법으로 지수평활과 Holt-Winter's 방법을 소개한다. Holt-Winter's 방법은 비교적 단순한 시계열 자료에 대해 예측 모형으로도 사용될 수 있다.

2.2 시계열 분해

시계열 자료는 추세성(trend), 계절성(seasonality)에 랜덤성(randomness)을 포함한다(장기적으로 주기성(periodicity)이 추가되기도 한다). 시계열 자료를 이들 성분으로 분해(decomposition)하는 것은 시계열 자료의 탐색에 매우 유용하다.

또한, 시계열을 구성하는 여러 성분은 합 또는 곱의 형태로 시계열에 영향을 미칠 수 있다. 추세,

계절, 랜덤(불규칙) 성분을 각각 m_t, s_t, ϵ_t 라고 할 때, 두 종류의 시계열 분해모형(decomposition model)은 다음과 같이 정의된다.

- 가법모형(additive model):

$$y_t = m_t + s_t + \epsilon_t$$

- 승법모형(multiplicative model):

$$y_t = m_t \times s_t \times \epsilon_t$$

R의 decompose( ) 함수는 이동평균을 이용하여 시계열을 3개의 성분(계절, 추세, 랜덤 성분)으로 분해한다.

예제 1 (시계열 분해 예제: decompose( ) 함수)

```
> m <- decompose(co2)
> names(m)
[1] "x"        "seasonal"  "trend"   "random"   "figure"   "type"

> m$figure
 [1] -0.05359649   0.61055921   1.37564693   2.51682018   3.00028509   2.32921053
0.81293860 -1.25052632 -3.05458333 -3.25194079 -2.06969298 -0.96512061

> plot(m)
```

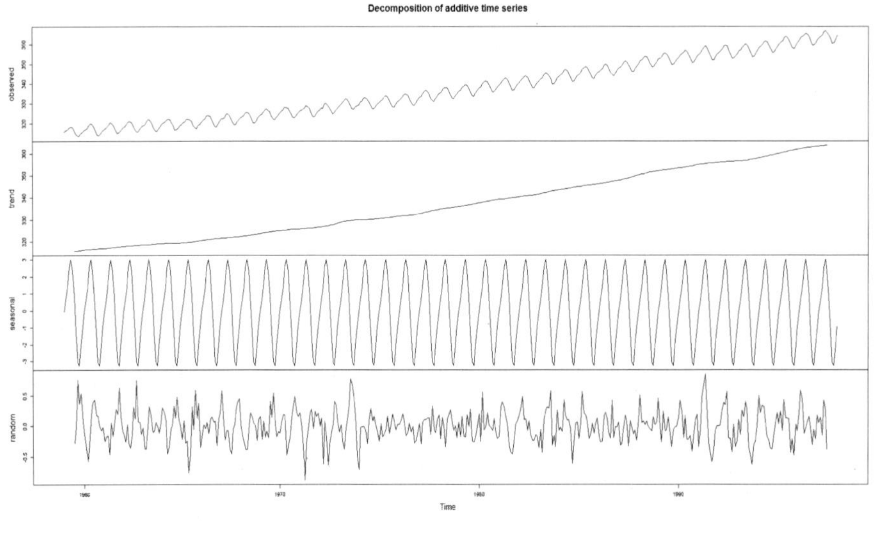

(해설) 위에서 차례대로 원 시계열, 추세성, 계절성, 랜덤성을 나타낸다. 랜덤성은 원 시계열에서 추세성과 계절성의 효과를 제거한 것이다.

예제 2

AirPassengers 자료에 대해 기초분석과 함께 시계열 분해를 실시한다.

```
> data(AirPassengers)
> ap <- AirPassengers
> ap
     Jan Feb Mar Apr May Jun Jul Aug Sep Oct Nov Dec
1949 112 118 132 129 121 135 148 148 136 119 104 118
1950 115 126 141 135 125 149 170 170 158 133 114 140
1951 145 150 178 163 172 178 199 199 184 162 146 166
...
1959 360 342 406 396 420 472 548 559 463 407 362 405
1960 417 391 419 461 472 535 622 606 508 461 390 432
> class(ap)
[1] "ts"

> ## 기초분석
> par(mfrow=c(1,2))
> # 행별로 합을 구하고, 이를 그림
> plot(aggregate(ap, by=1))     # by=1은 행, 2는 열을 의미
> cycle(ap)     # 각 관측치의 주기(cycle) 위치를 제공
     Jan Feb Mar Apr May Jun Jul Aug Sep Oct Nov Dec
1949   1   2   3   4   5   6   7   8   9  10  11  12
1950   1   2   3   4   5   6   7   8   9  10  11  12
1951   1   2   3   4   5   6   7   8   9  10  11  12
...
1959   1   2   3   4   5   6   7   8   9  10  11  12
1960   1   2   3   4   5   6   7   8   9  10  11  12

> boxplot(ap ~ cycle(ap))
```

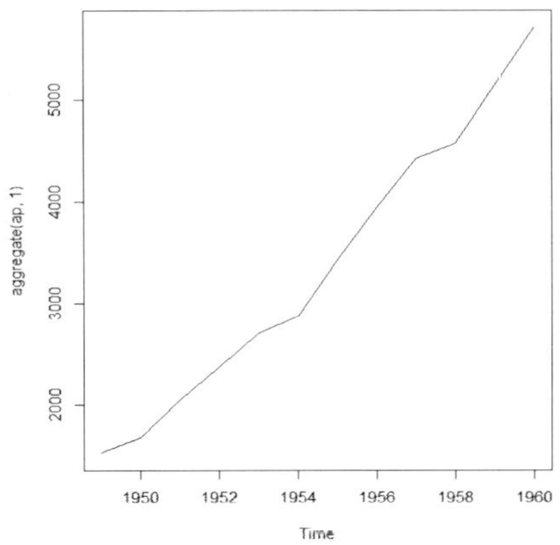

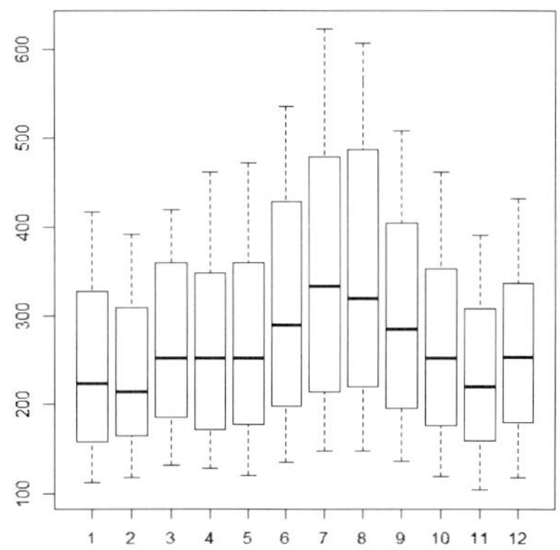

다음의 그림도 시계열 자료의 요약에 유용하다.

```
> monthplot(ap)
> library(forecast)
> seasonplot(ap)
```

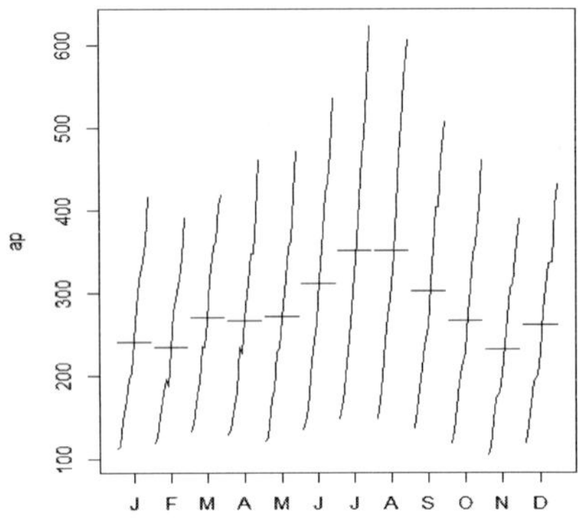

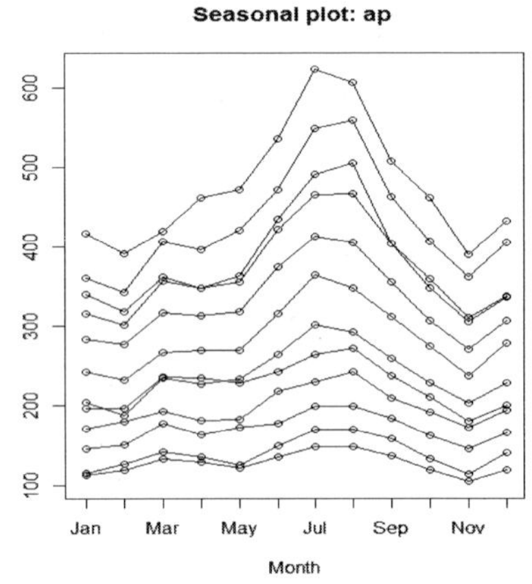

(좌측) 그림은 월별로 증감을 나타내는 그림으로, 매년 꾸준히 증가했음을 알 수 있다. (우측) 그림은 연도별로 계절성 변화를 잘 보여주고 있다.

[보충] seasonplot( )의 다양한 옵션을 활용하면 시계열 자료에 대한 보다 나은 탐색적 분석이 가능하다. seasonplot( )과 유사한 함수로는 ggseasonplot( )이 있다. 활용 예는 다음과 같다.

```
> seasonplot(AirPassengers, col=rainbow(12), year.labels=TRUE)
> ggseasonplot(AirPassengers, col=rainbow(12), year.labels=TRUE)
> ggseasonplot(AirPassengers, year.labels=TRUE, continuous=TRUE)
```

```
> ## 시계열 분해
> d <- decompose(ap, type="additive")
> # type="additive"(디폴트): 가법모형, "multiplicative": 승법모형
> plot(d)
```

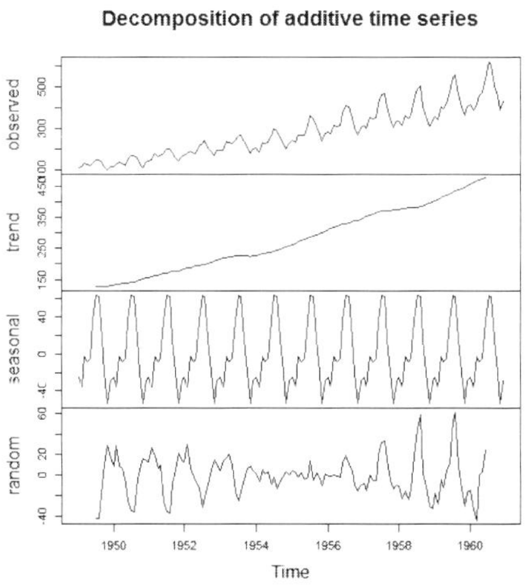

(a) 가법모형

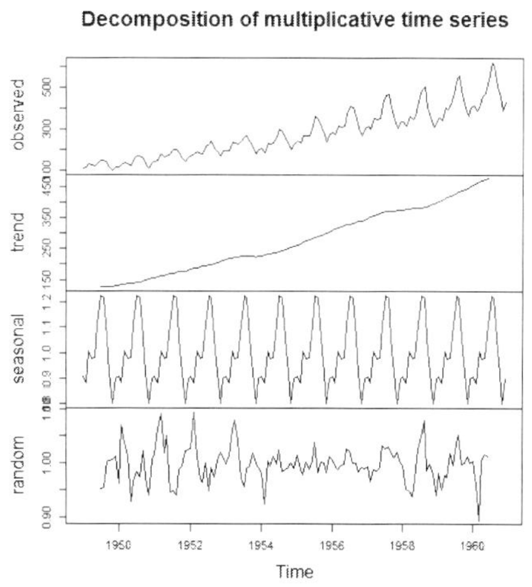

(b) 승법모형

(해석) 두 그림은 모두 위에서 차례대로 원 계열, 추세, 계절, 랜덤 성분을 나타낸다. 이동평균을 이용하므로 2, 4번째 그림에 결측이 발생하였다.

```
> ls(d)
[1] "figure"   "random"   "seasonal"   "trend"   "type"   "x"
```

stl{stat} 함수는 loess 평활을 이용하여 시계열을 분해한다(stl은 "seasonal decomposition of time series by loess"의 약어임). s.window= 옵션은 "periodic" 또는 계절성 추출을 위한 loess 창의 span(시차)으로, 최소 7의 홀수를 지정한다.

```
> plot(stl(ap, s.window="period"))
```

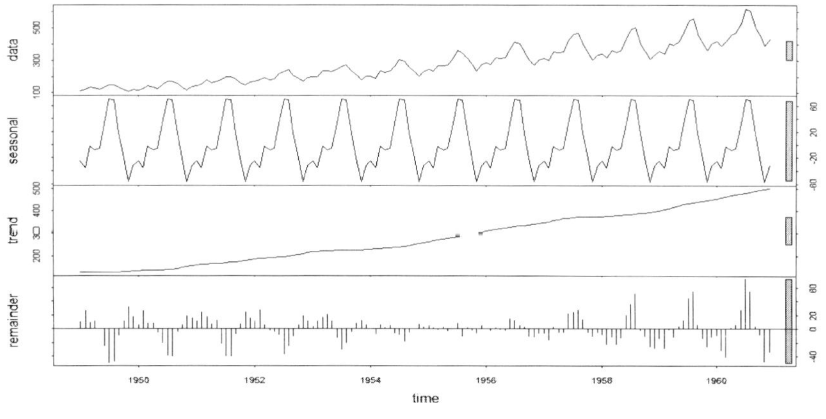

(해석) 위의 결과와 유사하나 결측값이 없는 그림을 제공하며, 모든 성분의 값도 추출 가능하다.

2.3 시계열 변화점 탐지

이 절에서는 시계열의 변화점 탐지를 다룬다. 변화점(change points)은 평균과 분산의 변화뿐 아니라 구조적인 변화를 포함한다. 여기서 소개되는 모든 방법들은 시계열뿐 아니라 회귀의 문제에도 동일하게 적용된다.

2.3.1 평균과 분산의 변화점

R의 {changepoint} 패키지는 시계열 자료에서 평균 또는(/과) 분산의 변화가 크게 일어난 지점을 찾아준다. 변화점을 찾는 대표적인 알고리즘으로는 이진 분할(Binary Segmentation)과 PELT(Pruned Exact Linear Time) 등이 있다.

R 패키지 {changepoint}는 평균과 분산의 변화점 탐색을 위한 다음의 함수를 제공한다.

- cpt.mean(data, …)
- cpt.var(data, …)
- cpt.meanvar(data, …)

cpt.mean{changepoint} 함수의 일반 형식과 주요 옵션은 다음과 같다.

```
cpt.mean(data, penalty="MBIC", pen.value=0, method="AMOC", Q=5,
        test.stat="Normal", class=TRUE, param.estimates=TRUE, minseglen=1)
```

- data는 벡터, 시계열 객체, 행렬이 가능. 행렬의 경우에는 각 행(row)이 별도의 데이터셋으로 간주됨.
- method= "AMOC", "PELT", "SegNeigh", "BinSeg"
- Q= 변화점의 최대수(BinSeg 경우), 조각(변화점+1)의 최대수(SegNeigh 경우)
- test.stat= 검정통계량 또는 데이터의 분포를 가정. "Normal", "CUSUM"

(a) 평균의 변화 탐지

```
> set.seed(100)
> y=c(rnorm(100,0,1), rnorm(100,5,1), rnorm(100,2,1))
> ansmean=cpt.mean(y, method="PELT")
> cpts(ansmean)   # print(ansmean)와 동일
[1] 100 200
> plot(ansmean, cpt.col='blue')
```

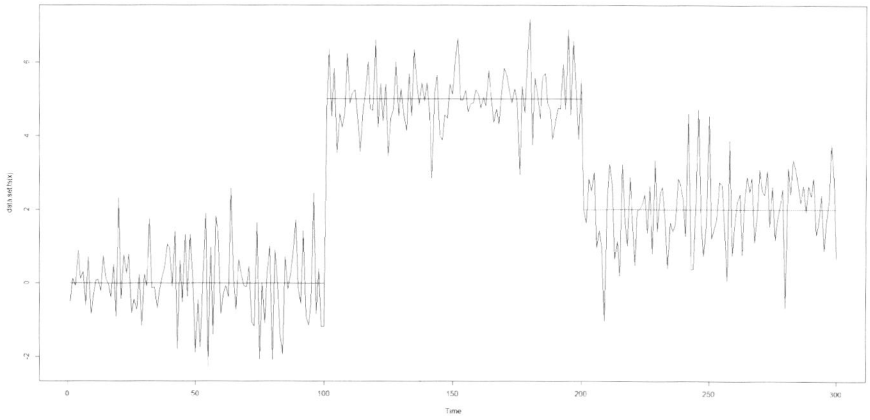

(b) 분산의 변화 탐지

```
> set.seed(100)
> x=c(rnorm(100,0,1), rnorm(100,0,10), rnorm(100,0,2))
> ansvar=cpt.var(x, method="PELT")
> cpts(ansvar)
[1] 100 200
> plot(ansvar)
```

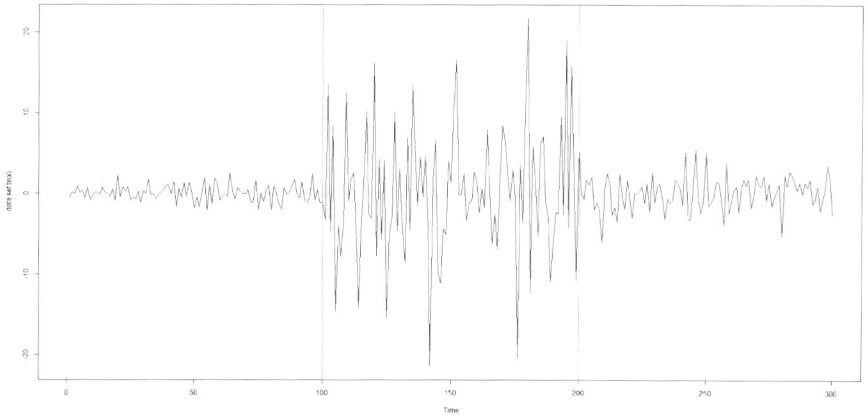

(c) 평균과 분산의 동시변화 탐지

```
> set.seed(1000)
> z=c(rnorm(100,0,1), rnorm(100,2,10))
> ansmeanvar=cpt.meanvar(z, method="PELT")
> cpts(ansmeanvar)
[1] 100
> plot(ansmeanvar, cpt.width=3)
```

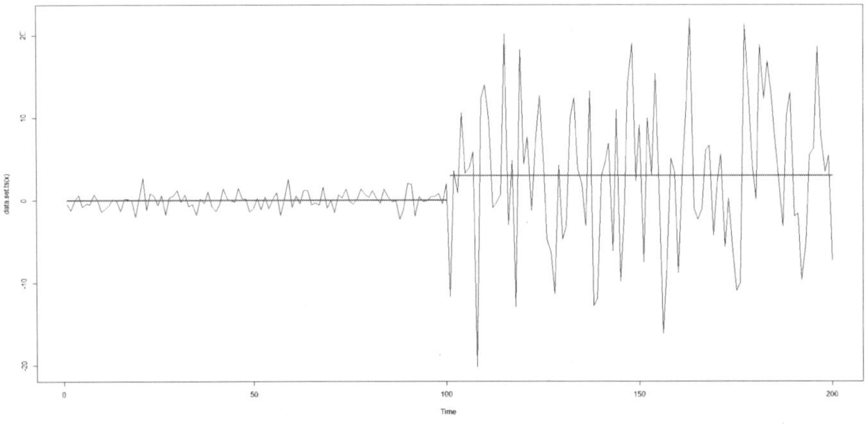

실무에서 비교적 긴 기간의 시계열 자료를 다루다 보면 특정 시점에서 발생한 관련 제도의 변화, 주변 환경의 변화, 자료의 기준 변화 등으로 인해 시계열 자료의 패턴이 달라지는 경우가 발생한다. 이러한 변화는 그 원인을 제대로 파악하여 분석에 활용할 필요가 있다(분석 기간의 설정 등). 이 절에서 소개한 시계열 자료의 변화점 탐지는 시계열 자료에 대한 탐색에 유용하다.

2.3.2* 주요 패키지 소개

이 절에서는 변화점 탐지를 위한 주요 R 패키지들을 소개한다. R에서는 평균과 분산의 변화뿐 아니라 추세(trend) 등의 구조변화(structural change)를 탐지하는 다양한 패키지들이 있다.

이 가운데 {strucchange}의 breakpoints( )와 Fstats( ) 함수는 시계열의 단락점(breakpoints)과 구조변화(structural change)점을 제공한다. 다만, breakpoints( ) 함수는 조각별 회귀에서 구간 경계인 단락점을 제공하지만 그 수를 미리 정해주어야 하며, Fstats( ) 함수는 F 검정(Chow's F)을 통해 구조변화점을 찾지만 1개로 제한된다.

패키지 {Envcpt}와 {segmented}는 데이터가 (구간별 적합모형으로) 그들이 적합할 수 있는 모형에 부합할 때 강력한 결과를 제공해준다. {EnvCpt}는 변화점을 제외하고 여러 가지 모형을 적합한 결과를 제공하며(이 가운데 하나를 선택할 수 있음), 평균과 분산의 동시 변화(개별 변화는 지원하지 않음), 기울기(추세), AR(1)/AR(2)에서의 변화점을 찾아준다. {segmented}는 변화점 분석에서 가장 많이 사용되는 패키지로 다양한 모형을 지원할 뿐 아니라, 변화점의 신뢰구간, 모수의 추정과 구간추정 등을 제공한다. {EnvCpt}가 AR(1) ~ AR(2) 모형을 지원하는 반면, {segmented}는 ARIMA(N), LM, GLM 및 Cox의 비례위험모형(lm, glm, Arima, coxph)을 지원한다. 두 패키지 모두 {changepoint} 패키지와 마찬가지로 변화점의 수를 미리 정해주지 않아도 된다.

최근 소개된 {mcp}(:regression with multiple change points) 패키지는 보다 유연하다. 구간별 모형으로 AR(N)과 LM, GLM 모형을 지원하며(추후 생존모형도 포함 예정), 평균과 분산뿐 아니라 AR의 변화점까지도 제공하며(구간별로 다른 유형의 모형을 지정할 수도 있음), 보다 폭넓게 신뢰구간 및 가설검정의 결과를 제공한다. 다른 방법들과는 달리, 모형비교에 교차타당성 방법을 사용하므로 속도가 느린 점이 있다. 참고로, 모형비교의 측도로 {EnvCpt}는 로그가능도, {segmented}는 AIC와 이탈도, breakpoints{strucchange}는 BIC를 사용한다.

예제 3

가상의 자료를 통해 여러 가지 변화점 탐지 방법을 적용한다.

```
> library(strucchange)
> set.seed(200)
> y <- c(rnorm(20), 2+rnorm(20), 1+rnorm(20))     # 2개의 단락점
> b <- breakpoints(y~1)    # breaks=2 지정 가능
> f <- Fstats(y~1)
> summary(b)

        Optimal (m+1)-segment partition:

Call:
breakpoints.formula(formula = y ~ 1)

Breakpoints at observation number:

m = 1      20              # breaks=2 지정 시 결과
m = 2      20    41        # breaks=2 지정 시 결과
m = 3   10 20    41
m = 4   10 20 33 42
m = 5   10 20 33 42 51

Corresponding to breakdates:

m = 1                   0.333333333333333
m = 2                   0.333333333333333      0.683333333333333
m = 3   0.166666666666667 0.333333333333333      0.683333333333333
m = 4   0.166666666666667 0.333333333333333 0.55 0.7
m = 5   0.166666666666667 0.333333333333333 0.55 0.7               0.85

Fit:

m   0      1      2      3      4      5
RSS  77.57  47.38  36.18  35.22  34.34  34.09
BIC 193.87 172.48 164.48 171.06 177.73 185.49
```

```
> summary(f)
           Length Class   Mode
Fstats     43     ts      numeric
nreg        1     -none-  numeric
nobs        1     -none-  numeric
par         1     -none-  numeric
call        2     -none-  call
formula     3     formula call
breakpoint  1     -none-  numeric
RSS         1     -none-  numeric
datatsp     3     -none-  numeric
```

(해석) BIC를 최소로 하는 단락점의 수는 2이다. F 검정통계량 43개가 시계열적으로 제시됨을 알 수 있다. Chow의 F-검정통계량은 모든 잠정적 변화점에 대해 계산된다.

```
> plot(y); abline(v=c(20,40), col="red")
> plot(b)    # 2개 단락점
> plot(f)    # 임계점보다 큰 1개의 통계량
> lines(b)
```

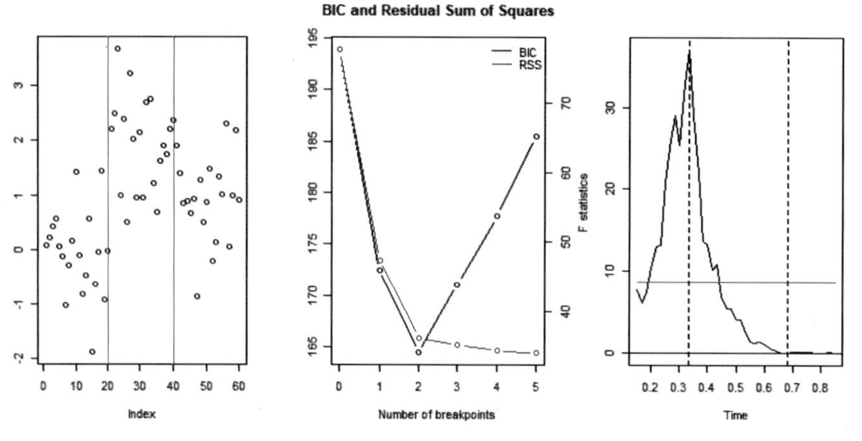


```
> library(EnvCpt)
> fit_envcpt <- envcpt(y)    # 모든 모형(12개)을 한꺼번에 적합
Fitting 12 models
  |============| 100%

> fit_envcpt$summary    # 각 모형의 로그가능도
           mean  meancpt  meanar1  meanar2 meanar1cpt meanar2cpt    trend trendcpt
logLik 185.6835 154.9912 173.7238 169.8445   173.7238   173.7238 179.3435 143.5909
nparam   2.0000   5.0000   3.0000   4.0000     3.0000     4.0000   3.0000   7.0000
```

```
       trendar1 trendar2 trendar1cpt trendar2cpt
logLik 168.8278 163.8989    141.9369    163.8989
nparam   4.0000   5.0000      9.0000     11.0000

> plot(fit_envcpt)
```

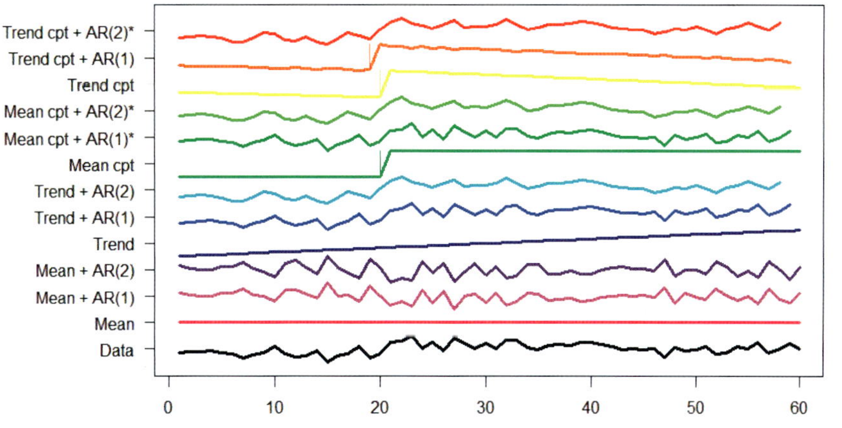


```
> fit_envcpt$meancpt@cpts
[1] 20 60

> fit_envcpt$meancpt@param.est
$mean
[1] -0.06675716  1.43799782

$variance
[1] 0.5860781 0.8914700
```

(해석) 여러 가지 모형(변화점을 고려한 또는 미고려한 모형)의 적합 결과를 제시하고 있다. 로그가능도와 적합 결과 그림을 통해 최적의 모형을 선택할 수 있다. 여기서 변화점은 x=20으로 나타났으며(x=60은 마지막 점이므로 무시됨), 변화점 전, 후의 평균과 분산의 추정값이 제시되었다.

```
> library(segmented)
> x <- c(1:60)
> df <- data.frame(x=x, y=y)
> fit_lm <- lm(y~1+x)     # lm(y~x)와 동일
> fit_segmented <- segmented(fit_lm, seg.Z=~x, npsi=2)
> # x에 따른 두 개의 변화점. seg.Z=는 조각 변수들을 지정

> summary(fit_segmented)

      ***Regression Model with Segmented Relationship(s)***
```

```
Call:
segmented.lm(obj = fit_lm, seg.Z = ~x, npsi = 2)

> summary(fit_segmented)

      ***Regression Model with Segmented Relationship(s)***

Call:
segmented.lm(obj = fit_lm, seg.Z = ~x, npsi = 2)

Estimated Break-Point(s):
          Est. St.Err
psi1.x 19.588  0.567
psi2.x 21.469  0.524

Meaningful coefficients of the linear terms:
            Estimate Std. Error t value Pr(>|t|)
(Intercept)  0.22019    0.41759   0.527    0.600
x           -0.02910    0.03858  -0.754    0.454
U1.x         1.40424    0.56565   2.482       NA
U2.x        -1.41654    0.56391  -2.512       NA

Residual standard error: 0.8493 on 54 degrees of freedom
Multiple R-Squared: 0.4979,  Adjusted R-squared: 0.4514

Convergence *not* attained in 39 iter. (rel. change 0.021338)

> plot(fit_segmented)
> points(df)
> lines.segmented(fit_segmented)
> points.segmented(fit_segmented)
```

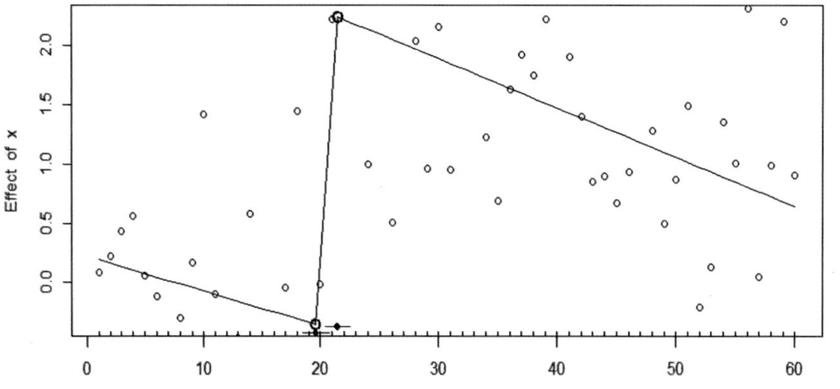

(해석) 두 개의 추정된 단락점(19.588, 21.469)와 조각별 선형회귀[3]의 결과가 제시되었다.

3) 조각별(segmented 또는 piecewise) 선형회귀에 대한 자세한 내용은 3권(R 응용 회귀분석) 17장을 참고하기 바란다.

마지막으로, 최근 소개된 {mcp} 패키지와 기타의 패키지들에 대해서는 [표 2.1]을 참고하기 바란다.

[표 2.1] **변화점 탐지를 위한 R 패키지**

패키지		조각 모형(Segment models)					변화점(Chang points)					기타
이름	버전	모형식	GLM	시계열	생존	다변량	N	평균	임의	분산	AR	모수 공유
mcp	0.1.0	specify: all	yes	AR(N)	planned	no	specify	yes	yes	yes	yes	yes
segmented	1.0.0	specify: slope	yes	ARIMA(N)	yes	no	both	yes	no	no	no	no
strucchange::breakpoints	1.5.2	specify: all	no	no	no	no	specify	yes	no	no	no	no
ecp	3.1.2	auto: ?	no	?	no	yes	auto	yes	no	no	no	no
bcp	4.0.3	auto: slope + int	no	no	no	yes	auto	yes	no	no	no	no
changepoint	2.2.2	auto: int	no	no	no	no	auto	yes	no	yes	no	no
changepoint.np	1.0.1	auto: int?	no	no	no	no	auto	yes	no	?	no	no
strucchange::Fstats	1.5.2	specify: all	no	no	no	no	only 1	yes	no	no	no	no
TSMCP	1.0.0	auto: ?	no	yes	no	yes	auto	yes	no	no	no	no
cpm	2.2.0	auto: int	(yes)	no	no	no	auto	yes	no	yes	no	no
EnvCpt	1.1.1	specify: (select)	no	AR(2)	no	no	auto	yes	no	yes	no	no
wbsts	2.0.0	auto: ?	no	yes	no	no	auto	yes	no	no	no	no

(출처: An overview of change point packages in R, Jonas Kristoffer Lindeløv, 2020-01-05)

2.4* 시계열 결측값 대치

이 절에서는 일변량 시계열에서의 결측값 대치를 다룬다. 시계열 자료에서 결측값 대치(missing value imputation)는 일반적인 다변량 자료의 경우와는 다르다. 그 이유는 다변량 자료의 경우에는 속성-간 상관의 정보를 주로 이용하나, 일변량 시계열에서는 시간 종속적인 방법을 사용하기 때문이다. 이 절에서는 R의 {imputeTS} 패키지를 중심으로 결측값 대치를 소개한다.

R의 {imputeTS} 패키지는 '일변량, 등간격, 수치형 시계열'에 대한 다양한 도구를 제공한다. [표 2.2]는 {imputeTS} 패키지의 전반적인 개요로, 여기에는 다양한 대치 알고리즘과 시각화 및 데이터셋을 포함한다. 대치 알고리즘에는 평균 대치와 같은 단순하지만 빠른 방법과 구조적 모형에서 칼만 평활과 같은 더 많은 계산 시간이 요구되는 발전된 알고리즘을 포함한다[4].

4) 14장에서 DTW를 이용한 결측값 대치를 소개한다.

[표 2.2] {imputeTS} 패키지의 개요

단순 대치	대치	그림 & 통계	자료셋
na_locf	na_interpolation	ggplot_na_distribution	tsAirgap
na_mean	na_kalman	ggplot_na_distributionBar	tsAirgapComplete
na_random	na_ma	ggplot_na_gapsize	tsHeating
na_replace	na_seadec	ggplot_na_imputations	tsHeatingComplete
na_remove	na_seasplit	statsNA	tsNH4
			tsNH4Complete

결측값에 대한 처리는 다음의 과정에 따라 수행된다. 먼저, 결측값의 대치에 앞서 결측값의 분포를 분석 또는 시각화한다. 이들 함수에는 statsNA( ), ggplot_na_distribution( ), ggplot_na_distributionBar( ), ggplot_na_gapsize( )가 있다([표 2.3] 참고). 다음 단계에서 다양한 대치 알고리즘을 이용하여 결측값 대치가 수행된다. 마지막으로 대치 결과는 ggplot_na_imputations( ) 함수로 시각화된다. 또한 {imputeTS} 패키지는 3가지의 자료셋을 제공하며, 각각 결측값이 있거나 없는 버전의 자료를 제공하고 있다.

[표 2.3] 결측값 통계(분포)와 시각화 함수

함수	설명
ggplot_na_distribution	결측값의 분포 시각화
ggplot_na_distributionBar	결측값의 분포 시각화(Barplot)
ggplot_na_gapsize	결측값의 gap size 분포 시각화
ggplot_na_imputations	대치값 시각화
statsNA	결측값에 대한 통계량 출력

[표 2.4]는 다양한 결측값 대치 알고리즘을 보여준다.

[표 2.4] 시계열 결측값 대치 알고리즘

함수	옵션	설명
na_interpolation		
	linear	선형 보간에 의한 대치
	spline	스플라인 보간에 의한 대치
	stine	Stineman 보간에 의한 대치
na_kalman		
	StructTS	구조적 모형과 칼만 평활에 의한 대치
	auto.arima	ARIMA 상태 공간 표현과 칼만 평활에 의한 대치
na_locf		
	locf	마지막 관측값(last obs. carried forward)에 의한 대치
	nocb	다음 관측값(next obs. carried backward)에 의한 대치
na_ma		
	simple	단순 이동평균에 의한 결측값 대치
	linear	선형가중 이동평균에 의한 결측값 대치
	exponential	지수가중 이동평균에 의한 결측값 대치
na_mean		
	mean	평균값에 의한 결측값 대치
	median	중앙값에 의한 결측값 대치
	mode	최빈값에 의한 결측값 대치
na_random		임의 표본에 의한 결측값 대치
na_replace		정의된 값에 의한 대체
na_seadec		계절 분해된(seasonally decomposed) 결측값 대치
na_seasplit		계절 분리된(seasonally splitted) 결측값 대치
na_remove		결측값 제거

예제 4

가상의 자료와 패키지 제공 자료를 이용하여 {imputeTS} 패키지의 주요 함수에 대해 그 활용법을 소개한다.

```
> library(imputeTS)
> # 결측값을 포함하는 시계열 자료 생성
> x <- ts(c(1, 2, 3, 4, 5, 6, 7, 8, NA, NA, 11, 12))
> # 결측값 대치: na_mean( ) 함수
> na_mean(x)
Time Series:
Start = 1
```

```
End = 12
Frequency = 1
 [1]  1.0  2.0  3.0  4.0  5.0  6.0  7.0  8.0  5.9  5.9 11.0 12.0

> na_mean(x, option="median")
Time Series:
Start = 1
End = 12
Frequency = 1
 [1]  1.0  2.0  3.0  4.0  5.0  6.0  7.0  8.0  5.5  5.5 11.0 12.0

> # 결측값 대치: na_interpolation( ) 함수
> na_interpolation(x)
Time Series:
Start = 1
End = 12
Frequency = 1
 [1]  1  2  3  4  5  6  7  8  9 10 11 12

> # 결측값 대치: na_kalman( ) 함수
> imp <- na_kalman(tsAirgap)    # tsAirgap{imputeTS}
> # 결측값 시각화
> library(ggplot2)
> ggplot_na_imputations(tsAirgap, imp, tsAirgapComplete, theme = theme_bw( ))
```

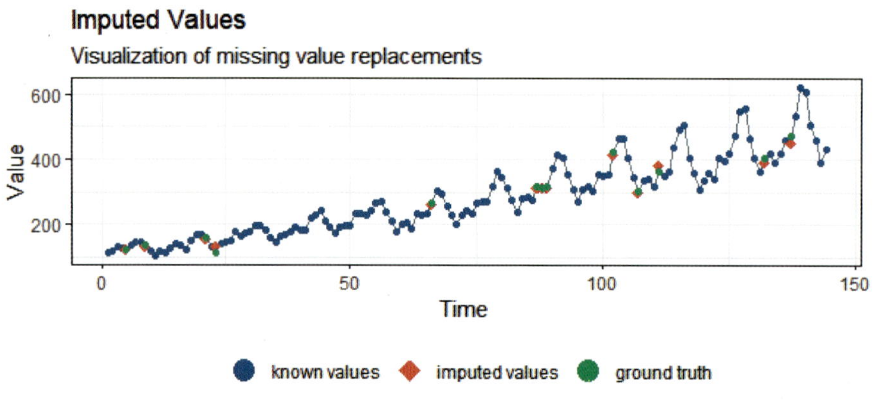


```
> ggplot_na_distribution(tsAirgap, theme = theme_bw( ))
```

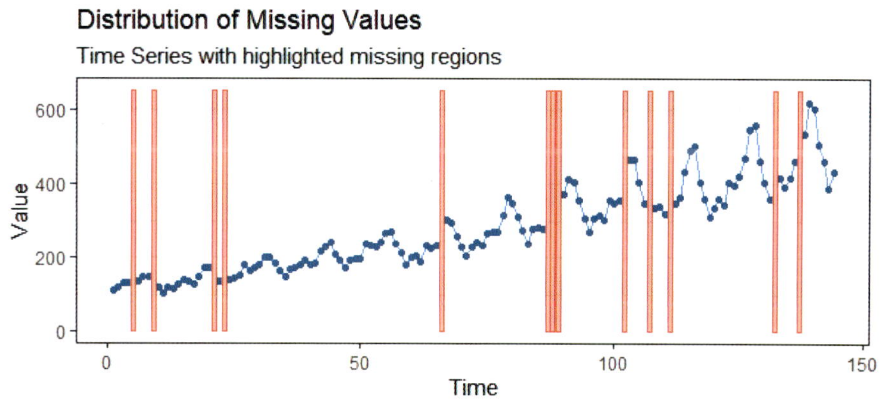


```
> ggplot_na_distributionBar(tsHeating, breaks = 20, theme = theme_bw( ))
> # 결측이 발생한 시간대 분포(barplot): 많은 관측값을 가지는 시계열에 특히 유용함
```

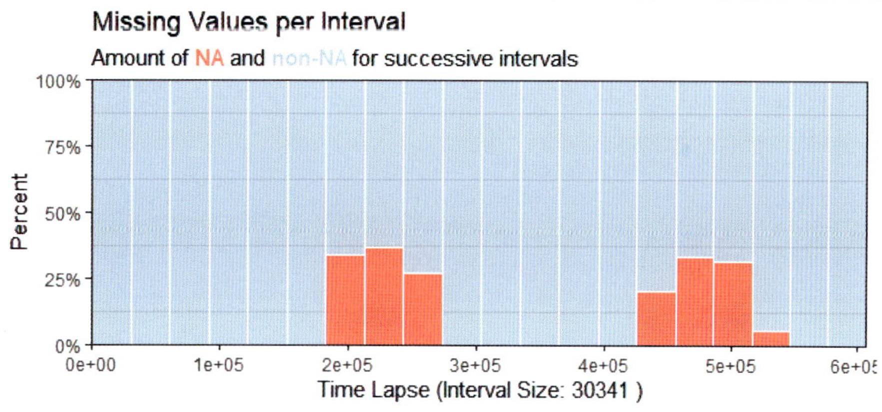


```
> ggplot_na_gapsize(tsNH4, theme = theme_bw( ))     # gapsize: 연속되는 NA의 수
```

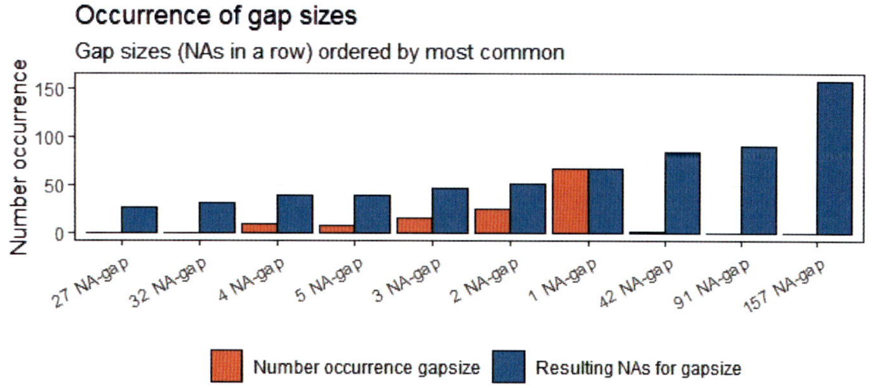

```
> tsAirgap.imp <- na_mean(tsAirgap)    # tsAirgap{imputeTS}
> ggplot_na_imputations(tsAirgap, tsAirgap.imp, theme = theme_bw( ))
```

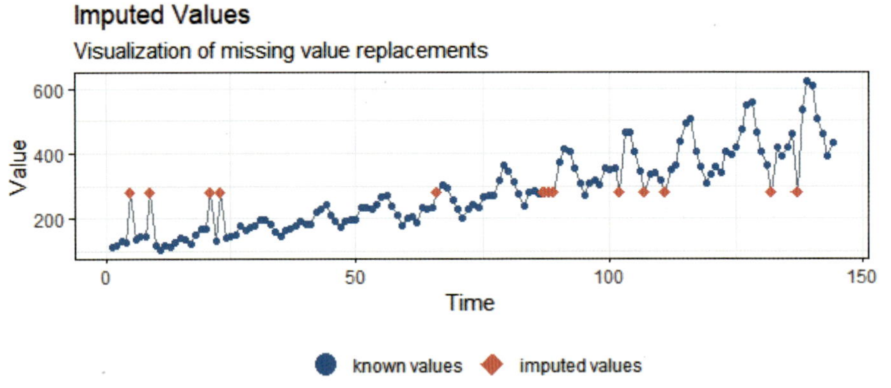


```
> statsNA(tsNH4)    # tsNH4{imputeTS}
[1] "Length of time series:"
[1] 4552
[1] "-------------------------"
[1] "Number of Missing Values:"
[1] 883
[1] "-------------------------"
[1] "Percentage of Missing Values:"
[1] "19.4%"
[1] "-------------------------"
[1] "Stats for Bins"
[1] "  Bin 1 (1138 values from 1 to 1138) :      233 NAs (20.5%)"
[1] "  Bin 2 (1138 values from 1139 to 2276) :     433 NAs (38%)"
[1] "  Bin 3 (1138 values from 2277 to 3414) :     135 NAs (11.9%)"
[1] "  Bin 4 (1138 values from 3415 to 4552) :     82 NAs (7.21%)"
[1] "-------------------------"
[1] "Longest NA gap (series of consecutive NAs)"
[1] "157 in a row"
[1] "-------------------------"
[1] "Most frequent gap size (series of consecutive NA series)"
[1] "1 NA in a row (occuring 68 times)"
[1] "-------------------------"
[1] "Gap size accounting for most NAs"
[1] "157 NA in a row (occuring 1 times, making up for overall 157 NAs)"
[1] "-------------------------"
[1] "Overview NA series"
[1] "  1 NA in a row: 68 times"
[1] "  2 NA in a row: 26 times"
```

```
[1] "  3 NA in a row: 16 times"
...... (중간 생략)
[1] "  91 NA in a row: 1 times"
[1] "  157 NA in a row: 1 times"
```

시계열 결측값 대치에 대한 보다 자세한 내용은 아래의 논문을 참고하기 바란다.

Moritz and Bartz-Beielstein(2017). imputeTS: Time Series Missing Value Imputation in R, The R Journal.

2.5 지수평활

이 절에서는 시계열 자료에 대한 평활 방법으로 지수평활(exponential smoothing)을 소개한다. 이 방법은 정상적인 시계열 자료의 예측에 사용될 수 있다.

시점 t까지의 관측치 $\{y_1, y_2, \cdots, y_t\}$가 주어질 때, 미래값 y_{t+h}를 예측하고자 한다. 여기서는 체계적인 추세 또는 계절성은 (이미 제거되었거나) 없다고 가정한다. 즉, 시계열의 평균은 시점에 따라 변할 수 있으나 변화의 방향은 알려져 있지 않은 경우로, 모형을 다음과 같이 가정하자.

$$y_t = \mu_t + \epsilon_t.$$

여기서 μ_t는 시점 t에서 비정상(non-stationary) 평균 과정이고, ϵ_t는 독립이며 평균 0이고 분산이 σ^2인 확률변수이다.

시점 t에서의 평균 μ_t에 대한 추정은 직관적으로 시점 t에서의 관측값과 $(t-1)$ 시점의 평균 추정값의 가중평균으로 다음과 같이 생각할 수 있다.

$$\hat{\mu}_t = \alpha y_t + (1-\alpha)\hat{\mu}_{t-1}, \quad 0 < \alpha < 1. \tag{2.1}$$

여기서 $\hat{\mu}_t$는 시점 t에서의 지수가중이동평균(exponentially weighted moving average, 이하 EWMA)이다. α는 평활의 양을 결정하는 값으로, 평활모수라고 한다. α가 1에 가까우면 평활이 작고 $\hat{\mu}_t$는 y_t에 근사한다. 반면 α가 0에 가까우면 크게 평활된 평균의 추정치를 사용하며 최근의 관측치는 거의 고려하지 않는다.

시점 t에서 미래 시점에 대한 예측은 시점 t에서의 추정된 평균을 사용한다.

$$\hat{y}_{t+h|t} = \hat{\mu}_t, \qquad h = 1,2,\cdots .$$

[EWMA의 해석과 평활모수 선택]

1. 식 (2.1)의 $\hat{\mu}_t$는 다음의 재표현을 통해 유용하게 해석될 수 있다.

   (i) $\hat{\mu}_t = \alpha(y_t - \hat{\mu}_{t-1}) + \hat{\mu}_{t-1}$: $\hat{\mu}_{t-1}$과 한-단계-이전 예측오차 $(y_t - \hat{\mu}_{t-1})$의 일정 비율의 합.

   (ii) $\hat{\mu}_t = \alpha y_t + \alpha(1-\alpha)y_{t-1} + \alpha(1-\alpha)^2 y_{t-2} + \cdots$: 최근의 값에 더 큰 가중이 부여된 현재와 과거 관측값들의 선형결합. (이때 무한 계열인 계수들의 합은 1이 된다. 또한, 식 (2.1)에서 $\hat{\mu}_1 = y_1$으로 지정하면 무한 회귀를 피할 수 있다.)

2. (평활모수 α의 선택) 주어진 α에 대해, $\hat{\mu}_1 = y_1$으로 놓을 때, 식 $\hat{\mu}_t = \alpha(y_t - \hat{\mu}_{t-1}) + \hat{\mu}_{t-1}$은 $\hat{\mu}_t (t = 2,3,\cdots)$를 계산하는 데 이용될 수 있다. 한-단계-이전 예측오차 e_t는 다음과 같이 주어진다.

$$e_t = y_t - \hat{y}_{t|t-1} = y_t - \hat{\mu}_{t-1}.$$

   R에서는, 디폴트로, 평활모수 α의 값을 다음의 한-단계-이전 예측오차의 제곱합($SS1PE$)[5]을 최소화하도록 선택된다.

$$SS1PE = \sum_{i=2}^{t} e_i^2 = e_2^2 + e_3^2 + \cdots + e_t^2, \qquad \hat{\mu}_1 = y_1.$$

지수평활은 다음 절에서 다루는 Holt-Winter's 알고리즘의 특별한 경우이다. R의 HoltWinters() 함수는 지수평활을 제공한다(beta=0, gamma=0 옵션을 사용).

5) $SS1PE$: Sum of squared one-step-ahead prediction errors

2.6 Holt-Winter's 방법

Holt-Winter's 방법은 추세와(/또는) 계절성을 가지는 시계열의 예측에 사용될 수 있다. 이 방법은 지수가중이동평균(EWMA)을 이용하여 계절 조정된 평균(이를 수준(level)이라고 함), 기울기(slope), 계절효과(seasonal effect)의 추정치를 갱신한다.

Holt-Winter's 방법은 앞서 다룬 지수평활의 일반화이다.

(i) 주기 p인 시계열 $\{y_t\}$에 대한 가법(additive) 계절성을 가지는 갱신 알고리즘은 다음과 같다.

○ 가법(additive) Holt-Winter's 예측함수:

$$\hat{y}_{t+h|t} = \hat{\mu}_t + h \cdot b_t + s_{t+h-p}, \quad h \le p.$$

(p: 계절성의 주기)

여기서 $\hat{\mu}_t, b_t, s_t$는 시점 t에서 추정된 수준(level), 기울기(slope)[6]와 계절효과(seasonal effect)를 의미하며, α, β, γ는 평활모수이다.

- $\hat{\mu}_t = \alpha(y_t - s_{t-p}) + (1-\alpha)(\hat{\mu}_{t-1} + b_{t-1})$
- $b_t = \beta(\hat{\mu}_t - \hat{\mu}_{t-1}) + (1-\beta)b_{t-1}$
- $s_t = \gamma(y_t - \hat{\mu}_t) + (1-\gamma)s_{t-p}$
- α, β, γ: 전체, 추세, 계절조정을 위한 평활모수

(ii) 주기 p인 시계열 $\{y_t\}$에 대한 승법(multiplicative) 계절성을 가지는 갱신 알고리즘은 다음과 같다.

○ 승법(multiplicative) Holt-Winter's 예측함수:

$$\hat{y}_{t+h|t} = (\hat{\mu}_t + h \cdot b_t) \times s_{t+h-p}, \quad h \le p.$$

(p: 계절성의 주기)

6) 기울기는 한 시간 구간에서 다음으로 수준(level)의 변화를 나타내며 R 또는 많은 책에서 추세(trend)로 언급한다.

여기서 $\hat{\mu}_t, b_t, s_t$는 시점 t에서 추정된 수준, 기울기, 계절효과를 의미하며, α, β, γ는 각각 전체, 추세, 계절조정을 위한 평활모수이다.

- $\hat{\mu}_t = \alpha\left(\dfrac{y_t}{s_{t-p}}\right) + (1-\alpha)(\hat{\mu}_{t-1} + b_{t-1})$
- $b_t = \beta(\hat{\mu}_t - \hat{\mu}_{t-1}) + (1-\beta)b_{t-1}$
- $s_t = \gamma\left(\dfrac{y_t}{\hat{\mu}_t}\right) + (1-\gamma)s_{t-p}$
- α, β, γ: 전체, 추세, 계절조정을 위한 평활모수

예제 5

R의 UKgas{datasets} 자료를 이용해 시계열 분해를 실시하고, 예측을 수행한다. 승법모형을 사용하여 시계열을 분해하고, 예측에는 승법 Holt-Winter's 방법을 사용하였다.

```
> ## 데이터 불러오기
> data(UKgas)
> UKgas
       Qtr1   Qtr2   Qtr3   Qtr4
1960  160.1  129.7   84.8  120.1
1961  160.1  124.9   84.8  116.9
1962  169.7  140.9   89.7  123.3
...
1984  989.4  477.1  233.7  730.0
1985 1087.0  534.7  281.8  787.6
1986 1163.9  613.1  347.4  782.8

> ## 시계열 분해: 승법모형
> (a <- decompose(UKgas, type="multiplicative"))
$x
       Qtr1   Qtr2   Qtr3   Qtr4
1960  160.1  129.7   84.8  120.1
1961  160.1  124.9   84.8  116.9
1962  169.7  140.9   89.7  123.3
...
1984  989.4  477.1  233.7  730.0
1985 1087.0  534.7  281.8  787.6
1986 1163.9  613.1  347.4  782.8
```

```
$seasonal
          Qtr1      Qtr2      Qtr3      Qtr4
1960 1.4537107 0.9559326 0.5584441 1.0319127
1961 1.4537107 0.9559326 0.5584441 1.0319127
1962 1.4537107 0.9559326 0.5584441 1.0319127
...
1984 1.4537107 0.9559326 0.5584441 1.0319127
1985 1.4537107 0.9559326 0.5584441 1.0319127
1986 1.4537107 0.9559326 0.5584441 1.0319127

$trend
         Qtr1     Qtr2     Qtr3     Qtr4
1960       NA       NA 123.6750 123.0750
1961 122.4750 122.0750 122.8750 126.0750
1962 128.6875 130.1000 133.1000 135.7000
...
1984 597.5500 603.1500 619.7500 639.1500
1985 652.3625 665.5750 682.3875 701.8000
1986 719.8000 727.4000       NA       NA

$random
          Qtr1      Qtr2      Qtr3      Qtr4
1960        NA        NA 1.2278187 0.9456495
1961 0.8992199 1.0703072 1.2358126 0.8985507
1962 0.9071258 1.1329387 1.2067983 0.8805221
...
1984 1.1389894 0.8274787 0.6752467 1.1068203
1985 1.1462057 0.8403997 0.7394865 1.0875504
1986 1.1123100 0.8817201        NA        NA

$figure
[1] 1.4537107 0.9559326 0.5584441 1.0319127

$type
[1] "multiplicative"
attr(,"class")
[1] "decomposed.ts"

> plot(a)
```

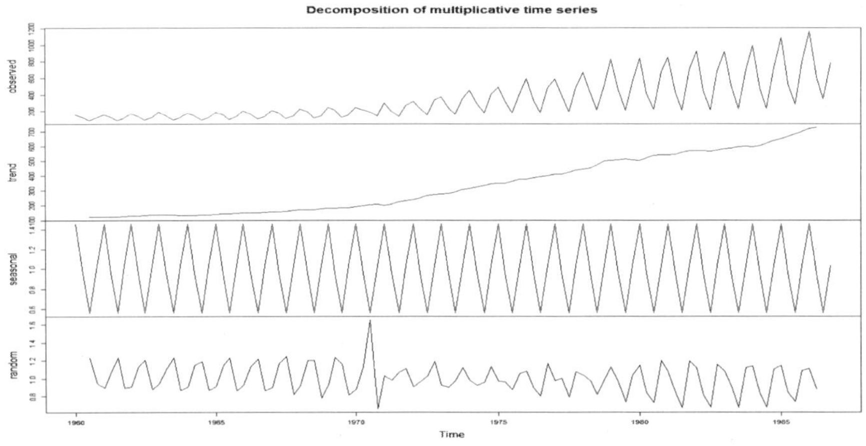


```
> ## 시계열 예측
> # Holt-Winter's 방법 사용
> HW <- HoltWinters(UKgas, seasonal="mult")
> HW
Holt-Winters exponential smoothing with trend and multiplicative seasonal component.

Call:
HoltWinters(x = UKgas, seasonal = "mult")

Smoothing parameters:   # SS1PE가 최소화되는 평활모수의 추정
 alpha: 0.02412858
 beta : 1
 gamma: 0.7828624

Coefficients:
          [,1]
a  515.0263067
b    9.9725235
s1   2.3829116
s2   1.2182884
s3   0.6645498
s4   1.5453760

> HW$SSE    # SS1PE
[1] 109759.2

> HW1 <- HoltWinters(UKgas, alpha=0.2, seasonal="mult")
> HW1$SSE
[1] 125449.1
```

(해석) 승법 Holt-Winter's 방법을 적용하여 예측을 수행하였다. SS1PE를 최소화하는 평활모수의 추정치와 함께 SS1PE 값이 제시되었다. 실무에서 흔히 사용되는 alpha=0.2인 경우와 비교하였다.

```
> # 적합결과의 시각화
> plot(HW)
> legend("topleft", c("Observed","Fitted"), col=c("Black","Red"), lwd=1)
```

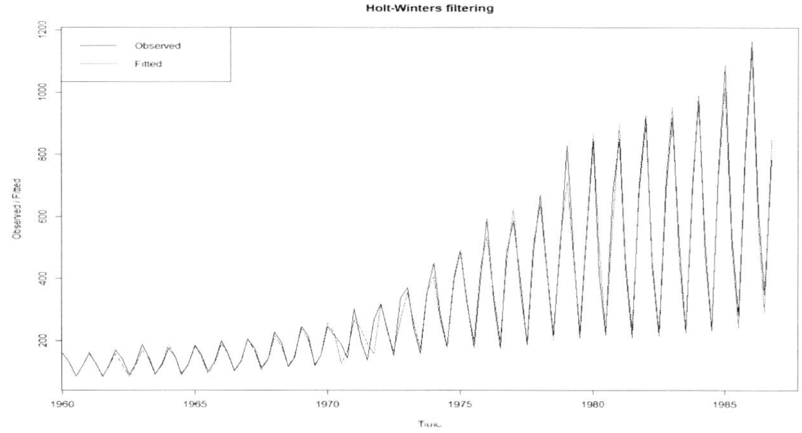


```
> # 예측 수행
> (UKgas.pred <- predict(HW, n.ahead=4))
          Qtr1      Qtr2      Qtr3      Qtr4
1987 1251.0258  651.7494  362.1424  857.5545

> ts.plot(UKgas, UKgas.pred, lty=1:2)
```

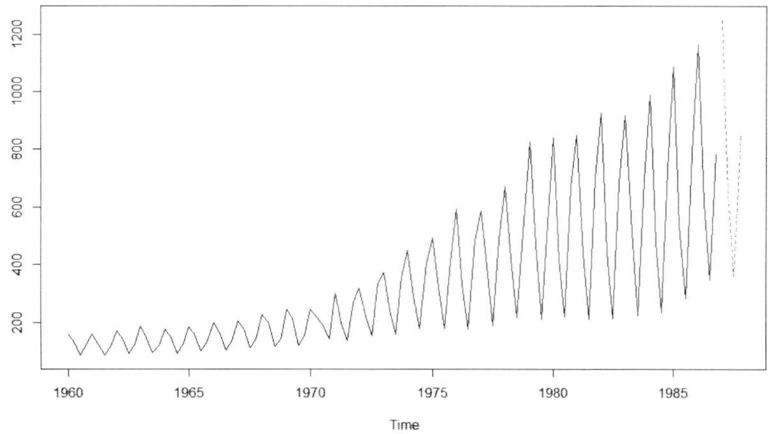

forecast{forecast} 함수를 이용하여 예측값에 대한 신뢰구간 등의 보다 자세한 결과를 얻을 수 있다.

```
> library(forecast)
> f <- forecast(HW, 4)
> f
```

```
        Point Forecast     Lo 80     Hi 80     Lo 95     Hi 95
1987 Q1      1251.0258 1218.4552 1283.5964 1201.2133 1300.8383
1987 Q2       651.7494  619.1628  684.3360  601.9125  701.5863
1987 Q3       362.1424  329.5429  394.7418  312.2858  411.9990
1987 Q4       857.5545  849.3037  865.8053  844.9360  870.1730

> plot(f)
```

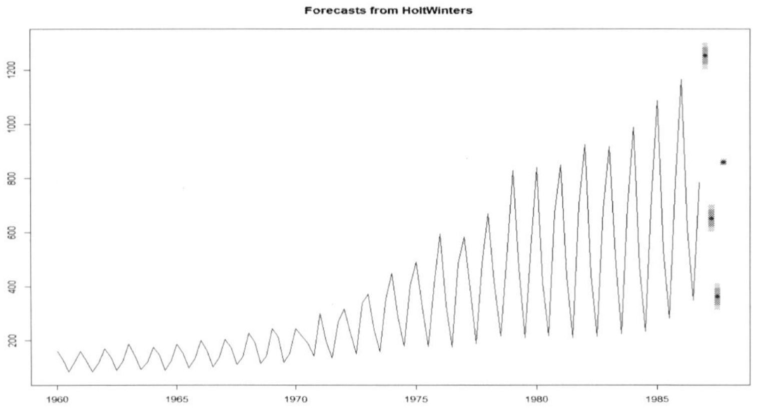

예제 6

USAccDeaths{datasets} 자료에 대해 Holt-Winter's 방법으로 예측을 수행한다.

```
> ## Holt-Winter's 방법 적용
> # 단순 지수모형 - 수준 성분
> HW1 <- HoltWinters(USAccDeaths, beta=FALSE, gamma=FALSE)   # beta=0, gamma=0과 동일
> # 이중 지수모형 - 수준과 추세 성분
> HW2 <- HoltWinters(USAccDeaths, gamma=FALSE)   # gamma=0과 동일
> # 삼중 지수모형 - 수준, 추세, 계절 성분
> HW3 <- HoltWinters(USAccDeaths)

> # 모형의 성능 비교
> library(forecast)
> accuracy(forecast(HW1, 3)); accuracy(forecast(HW2, 3));
  accuracy(forecast(HW3, 3))

                   ME     RMSE      MAE        MPE     MAPE     MASE       ACF1
Training set 3.281342 730.1586 643.4253 -0.3164865 7.403208 1.471527 0.02337667
                  ME    RMSE      MAE      MPE     MAPE     MASE       ACF1
Training set 122.736 809.085 698.7891 1.075738 7.960802 1.598146 0.09641956
                   ME    RMSE      MAE       MPE     MAPE      MASE       ACF1
Training set 61.39252 379.459 273.6166 0.7268148 3.208152 0.6257669 0.05689304
```

(해석) 모형평가는 16개의 관측값과 추정값을 이용하여 계산된다(training set). 즉, 위의 accuracy(forecast(HW, 3)은 accuracy(forecast(HW)) 결과와 동일하다. 수준, 추세, 계절 성분을 모두 고려하는 HW3 모형의 성능이 가장 우수한 것으로 보인다(RMSE, MAE, MAPE가 가장 작음).

```
> # 3개의 미래값 예측
> library(forecast)
> plot(forecast(HW1, 3));plot(forecast(HW2, 3));plot(forecast(HW3, 3))
```

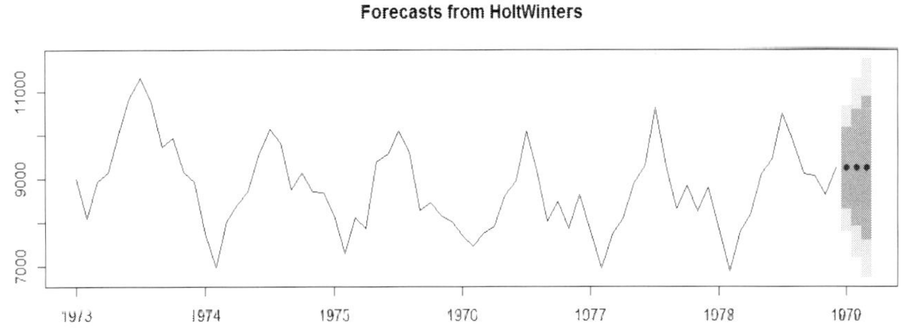

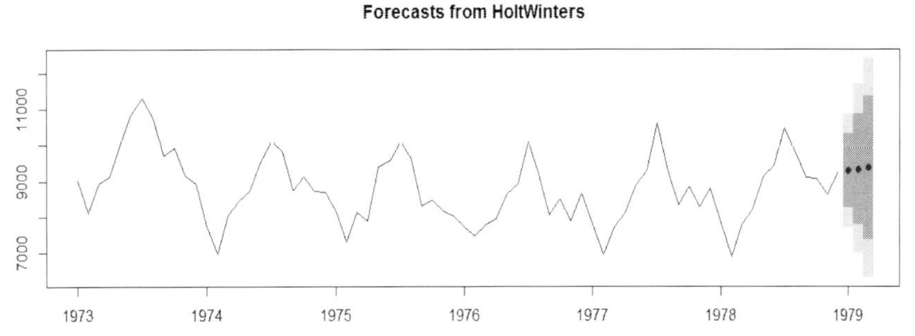

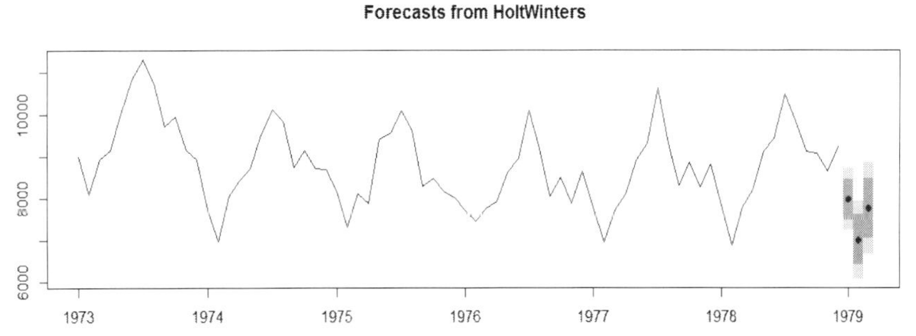

HoltWinters( ) 함수 외에 ets{forecast} 함수도 지수모형(exponential model)을 적합한다. forecast( )함수는 주기가 1보다 큰 경우에는 주기의 2배, 아니면 10개의 예측값을 제공한다(디폴트). h= 옵션으로 예측값의 수를 지정할 수 있다.

```
> fit <- ets(USAccDeaths)
> plot(forecast(fit))
```

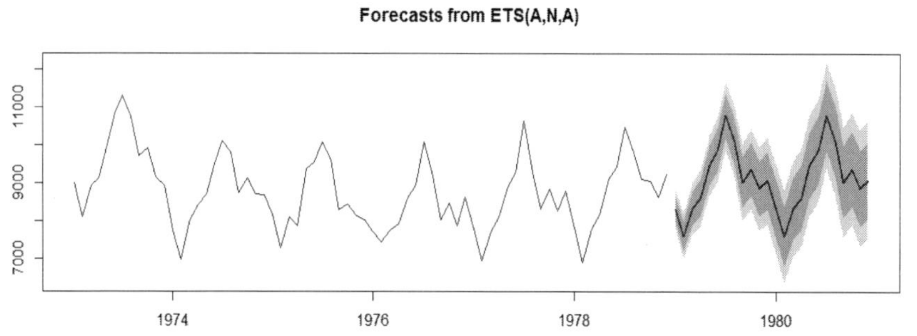

예제 7

AirPassengers 자료에 대해 Holt-Winter's 방법을 이용하여 예측을 수행한다.

```
> fit.m <- HoltWinters(AirPassengers, seasonal="mult")
> fit.m
Holt-Winters exponential smoothing with trend and multiplicative seasonal component.

Call:
HoltWinters(x = AirPassengers, seasonal = "mult")

Smoothing parameters:
 alpha: 0.2755925
 beta : 0.03269295
 gamma: 0.8707292

Coefficients:
           [,1]
a   469.3232206
b     3.0215391
s1    0.9464611
s2    0.8829239
s3    0.9717369
s4    1.0304825
s5    1.0476884
s6    1.1805272
s7    1.3590778
s8    1.3331706
s9    1.1083381
s10   0.9868813
s11   0.8361333
s12   0.9209877
```

```
> plot(forecast(fit.m, 36))
```

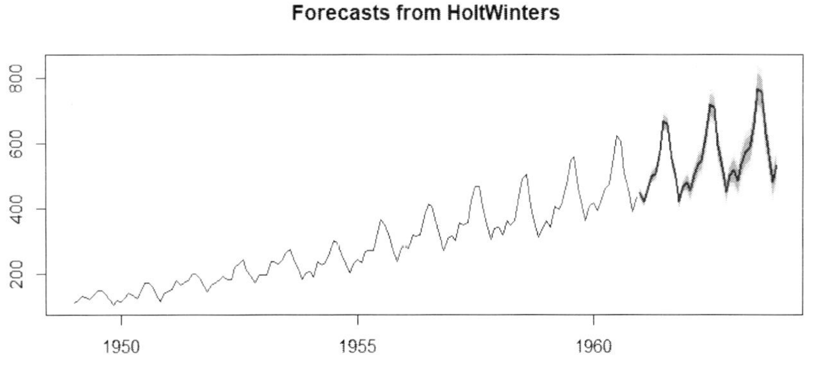


```
> ls(fit.m)
[1] "alpha"   "beta"   "call"   "coefficients"   "fitted"   "gamma"
[7] "seasonal"     "SSE"          "x"

> fit.m$fitted
              xhat     level    trend    season
Jan 1950 111.0818 124.3169 1.145688 0.8853778
Feb 1950 122.3315 126.6822 1.185561 0.9567027
Mar 1950 137.4390 128.9246 1.220110 1.0560479
...
Nov 1960 395.4528 465.7202 3.104856 0.8434976
Dec 1960 434.5725 467.0435 3.046611 0.9244450

> fit.a <- HoltWinters(AirPassengers, seasonal="additive")
> plot(forecast(fit.a, 36))
```

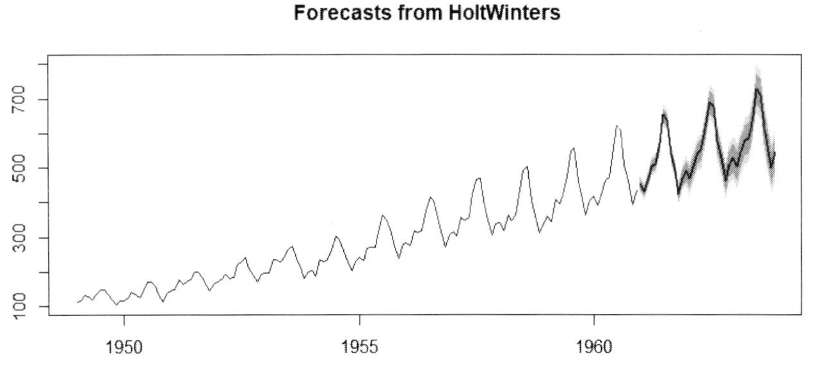

```
> options(digits=4)
> accuracy(forecast(fit.m)); accuracy(forecast(fit.a))
                ME RMSE   MAE    MPE MAPE   MASE   ACF1
Training set 1.694 11.2 8.394 0.5719 3.02 0.2621 0.2411
                ME  RMSE   MAE    MPE MAPE   MASE   ACF1
Training set 1.753 12.87 9.774 0.3993  3.4 0.3052 0.4241
```

예제 8 **(월별자료를 연별자료로 변환하여 분석하기)**

월별 자료인 AirPassenger 자료를 연별 자료로 변환하여 향후 3년치를 예측하고자 한다.

```
> # 월별자료를 연별자료로 변환하기
> ap.1 <- aggregate(ap, nfreq=1)
> # 가법모형으로 적합하기
> fit.1 <- HoltWinters(ap.1, gamma=FALSE, seasonal="additive")
> fit.1
Holt-Winters exponential smoothing with trend and without seasonal component.

Call:
HoltWinters(x = ap.1, gamma = FALSE, seasonal = "additive")

Smoothing parameters:
 alpha: 0.3794192
 beta : 1
 gamma: FALSE

Coefficients:
       [,1]
a 5624.8333
b  465.3275

> ls(fit.1)
[1] "alpha"   "beta"   "call"   "coefficients"   "fitted"   "gamma"
[7] "seasonal"      "SSE"           "x"

> fit.1$fitted
Time Series:
Start = 1951
End = 1960
Frequency = 1
```

```
        xhat    level    trend
1951 1832.000 1676.000 156.0000
1952 2147.356 1911.678 235.6780
1953 2547.432 2229.555 317.8769
1954 2981.083 2605.319 375.7642
1955 3270.277 2937.798 332.4788
1956 3707.265 3322.532 384.7337
1957 4267.848 3795.190 472.6583
1958 4856.724 4325.957 530.7670
1959 5171.432 4748.694 422.7373
1960 5570.317 5159.506 410.8116

> # 향후 3년치 예측
> pred <- forecast(fit.1, 3)
> pred
     Point Forecast    Lo 80    Hi 80    Lo 95    Hi 95
1961       6090.161 5872.471 6307.851 5757.233 6423.089
1962       6555.488 6282.217 6828.760 6137.556 6973.421
1963       7020.816 6651.931 7389.700 6456.656 7584.976

> plot(pred)
```

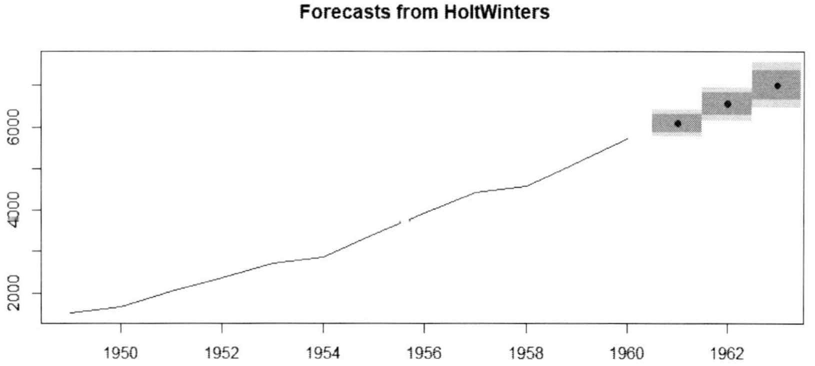

2부

단일 시계열 예측 모형

3장

ARIMA와 계절-ARIMA 모형

3.1 서론

이 장에서는 단일 시계열 자료에 대한 예측 모형을 다룬다. Box-Jenkins 모형으로도 잘 알려진 ARIMA 모형과 이에 계절 성분이 추가된 계절-ARIMA 모형을 다룬다. 먼저, 이들 ARIMA 계열의 모형 적합에 매우 중요한 '정상성' 개념을 소개하고, ARIMA 모형의 식별을 비롯하여 시계열 분석의 전반에서 유용한 ACF 및 PACF의 개념을 소개한다. 다음으로 다양한 ARIMA 및 계절-ARIMA 모형의 형태를 기술하고, 그 특징을 알아본다. 또한, 다양한 ARIMA 계열의 모형으로부터 시계열의 생성 방법과 함께 모의실험을 통한 주요 결과를 소개한다. 마지막으로 적합된 시계열 모형의 성능을 평가하는 여러 가지 측도를 소개한다.

3.2 기초개념

일변량 시계열은 동일한 변수가 시간에 따라 측정된 수열로 정의된다. 대부분의 경우 이 측정치들은 규칙적인 시간 간격에서 측정된다. 표준 선형회귀와의 한 가지 차이점은 데이터가 반드시 독립이거나 동일한 분포(*i.i.d.* 가정)를 따를 필요가 없다는 것이다. 시계열의 중요한 특징은 관측치들의 순서가 매우 중요하다는 것이다.

시계열 자료의 분석 시 우선적으로 고려할 사항을 정리하면 다음과 같다.

- 추세(trend)가 있는가?
- 계절성(seasonality)이 있는가?
- 이상점(outliers)이 있는가?
- 계절요인과는 무관한 장기 순환성(long-run cycle or period)이 있는가?
- 시간에 따라 분산이 일정한가(constant variance)?
- 평균이나 분산에 급작스런 변화(abrupt change)는 없는가?

시간영역(time domain)에서 다루어지는 두 종류의 기본 모형은 다음과 같다.

(i) 시계열의 현재 값을 과거 값과 과거 예측오차를 통해 설명하는 소위, ARIMA 모형이다.
(ii) 시간을 x 변수로 사용하는 통상적인 회귀모형으로, 데이터에 대한 초기 묘사와 여러 가지 단순한 예측방법의 기초를 제공한다.

ARIMA 모형의 적합을 위해서는 시계열 x_t가 다음의 정상성 조건을 만족하는, 정상 시계열(stationary series)이어야 한다.

[정의 1] (정상성) 아래의 조건 (i)~(iii)을 만족하는 시계열 y_t는 (약)정상성((weak) stationary)[7]을 가진다.

(i) y_t의 평균이 모든 t에 대해 동일하다.
(ii) y_t의 분산이 모든 t에 대해 동일하다.
(iii) y_t와 y_{t-h} 간의 공분산(따라서 상관계수)이 모든 t에 대해 동일하다.

7) 보다 엄격한 의미인 강정상성(strong stationary)은 어떠한 시점들에서의 결합확률밀도함수가 시간 축을 이동하여도 변하지 않는 경우를 말한다. 자세한 내용은 5.4절을 참고하기 바란다.

위의 조건 (iii)의 보다 일반적인 표현은 "y_t와 y_s 간의 공분산이 시차 $|t-s|$를 통해서만 t와 s에 의존한다"이다. 즉, 공분산이 시차(lag: t-s)에만 의존하고 시점(t와 s)에는 의존하지 않는다는 의미이다. 여기서, 공분산은 동일 과정에서 시차 변수 간의 공분산을 의미하므로 자기공분산(autocovariance)이라 부르기로 한다.

주의

정상성 가정에는 독립성 가정이 포함되어 있지 않음에 유의할 것.

위의 조건을 만족하는 정상 시계열은 다음과 같은 자료 패턴을 보인다.

- 추세성, 계절성, 순환성 등의 패턴을 보이지 않는다((i)에 의해).
- 자료 변화의 폭이 일정하다((ii)에 의해).
- 시간에 따라 상이한 자기상관적 패턴을 보이는 구간이 없어야 한다((iii)에 의해).

또한, 비정상 시계열을 정상화하는 방법에는 변환(transformation), 추세제거(detrending), 차분(differencing) 등이 있다.

[시계열의 정상성(stationarity)]

[정의 1]의 정상성 조건을 위배하는 시계열의 특징을 시각화하면 다음과 같다.

1. 시계열의 평균이 시간에 따라 일정한 경우(좌)와 변하는 경우(우)

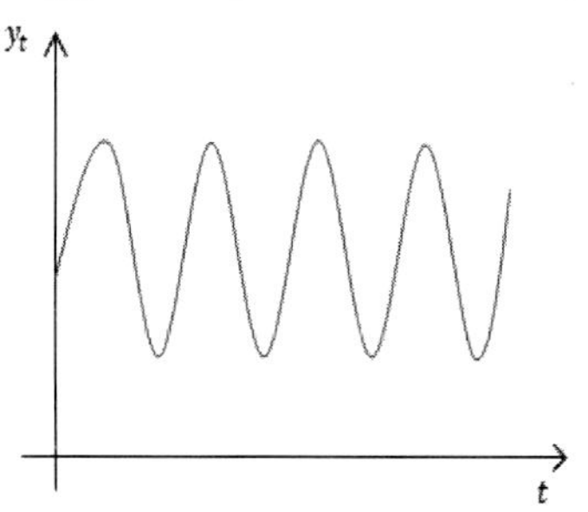

정상 시계열

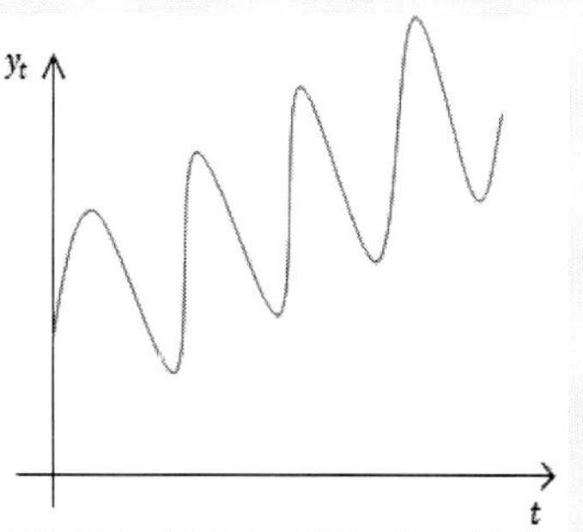

비정상 시계열

2. 시계열의 분산이 시간에 따라 일정한 경우(좌)와 변하는 경우(우)

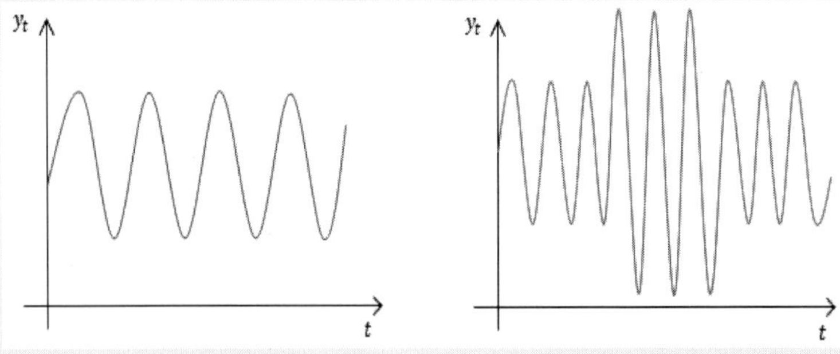

정상 시계열　　　　비정상 시계열

3. 시계열의 공분산이 시간에 따라 일정한 경우(좌)와 변하는 경우(우)

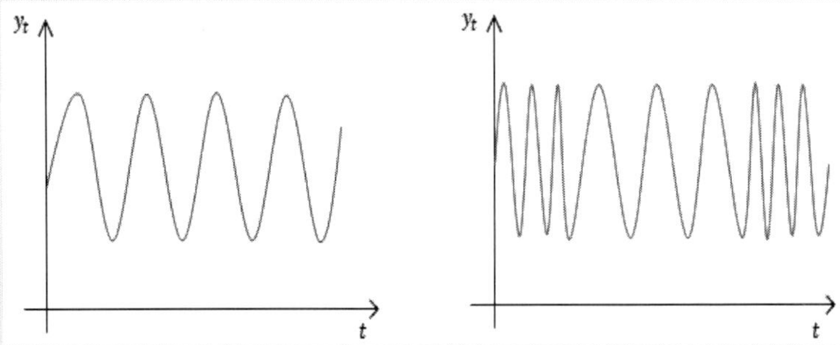

정상 시계열　　　　비정상 시계열

3.3 백색잡음과 확률보행 과정

이 절에서는 대표적인 정상(stationary) 및 비정상(non-stationary) 시계열의 예로 백색잡음과정과 확률보행과정을 소개한다.

3.3.1 백색잡음과정

백색잡음과정(white noise process) $\{\epsilon_t\}$는 '평균이 일정하고(흔히 0으로 가정), (유한의) 분산 σ^2을 가지는 무상관인 확률변수들'로 정의되며, 다음과 같이 나타낸다.

$$\epsilon_t \sim WN(0, \sigma^2).$$

백색잡음과정의 자기공분산은

$$Cov(\epsilon_t, \epsilon_{t-h}) = \begin{cases} \sigma^2, & h = 0 \\ 0, & h \neq 0 \end{cases}$$

으로 시점 t와 무관하므로 정상성을 만족하는 정상(stationary) 시계열이다. 참고로 자기상관계수는 다음과 같이 주어진다.

$$Corr(\epsilon_t, \epsilon_{t-h}) = \begin{cases} 1, & h = 0 \\ 0, & h \neq 0. \end{cases}$$

3.3.2 확률보행과정

다음의 식을 만족하는 $\{y_t\}$를 확률보행(또는 임의보행)과정(random walk process)[8]이라고 한다.

$$y_t = y_{t-1} + \epsilon_t, \quad \epsilon_t \sim i.i.d.(0, \sigma^2).$$

편의상 $y_0 = 0$이라고 하자. 이 과정의 평균과 분산은 다음과 같이 주어진다.

$$E(y_t) = E(\epsilon_1 + \epsilon_2 + \cdots + \epsilon_t) = 0$$
$$Var(y_t) = Var(\epsilon_1) + Var(\epsilon_2) + \cdots + Var(\epsilon_t) = t\sigma^2 .$$

확률보행과정은 분산이 시점 t에 의존하므로 비정상(non-stationary) 시계열임을 알 수 있다.

참고로, 확률보행과정의 자기공분산과 자기상관계수는 다음과 같이 주어진다(증명 생략). 이들 역시 시점 t에 영향을 받음을 알 수 있다.

$$Cov(y_t, y_s) - \min(t, s)\sigma^2.$$
$$Corr(y_t, y_s) = \sqrt{\frac{t}{s}}, \quad 1 \leq t \leq s.$$

8) 확률보행과정은 상수(drift)를 포함하는 경우와 그렇지 않은 경우가 있다. 여기서는 후자를 다루고 있으나, 전자의 경우는 3.4절(모의실험) 또는 5.4절을 참고하기 바란다.

3.4 ACF와 PACF

앞서 언급한 대로 시계열 자료는 서로 독립적이지 않으므로, 시차(lag)의 변수 간에 상관이 존재한다. 이 절에서는 시계열 분석(ARIMA 모형의 적합 등)에서 중요하게 취급되는 두 종류의 시차 변수 간의 상관함수, 즉 자기상관함수와 편자기상관함수를 다룬다.

시계열(y_t)이 정상성을 만족한다면, 자기공분산함수와 자기상관함수를 다음과 같이 정의할 수 있다. 두 함수 모두 시차 h만의 함수로, 시점 t에는 의존하지 않음에 주목하기 바란다.

[정의 2] (자기공분산함수) 시계열 y_t의 자기공분산함수(autocovariance function)는 y_t와 $y_{t-h}(h=1,2,\cdots)$ 간의 공분산을 제공한다. y_t와 y_{t-h} 간의 자기공분산함수는 다음과 같다.

$$\gamma(h) = Cov(y_t, y_{t-h}) = E[(y_t - \mu)(y_{t-h} - \mu)],$$
$$h = 0, \pm 1, \pm 2, \cdots .$$

자기공분산함수의 성질은 다음과 같다.

(i) $\gamma(0) = Var(y_t)$
(ii) $\gamma(-h) = \gamma(h)$

[정의 3] (자기상관함수, ACF) 시계열 y_t의 자기상관함수(autocorrelation function, 이하 ACF)는 y_t와 $y_{t-h}(h=1,2,\cdots)$ 간의 상관을 제공한다. y_t와 y_{t-h} 간의 자기상관함수는 다음과 같다.

$$\rho(h) = \frac{Cov(y_t, y_{t-h})}{\sqrt{Var(y_t)}\sqrt{Var(y_{t-h})}} = \frac{Cov(y_t, y_{t-h})}{Var(y_t)} = \frac{\gamma(h)}{\gamma(0)},$$
$$h = 0, \pm 1, \pm 2, \cdots .$$

위 식에서 분모는 정상시계열의 표준편차는 모든 시간에서 동일하기 때문이다. 자기상관함수의 성질은 다음과 같다.

(i) $\rho(0) = 1$
(ii) $\rho(-h) = \rho(h)$

[정의 4] (표본 자기상관함수) 시계열 자료 $y_1, y_2, \cdots, y_T$가 주어질 때, $\rho(h)$의 추정치인 표본 자기상관함수는 다음과 같다.

$$\hat{\rho}(h) = \frac{\sum_{t=h+1}^{T}(y_t - \bar{y})(y_{t-h} - \bar{y})}{\sum_{t=1}^{T}(y_t - \bar{y})^2},\ h = 0, \pm 1, \pm 2, \cdots.$$

[정의 5] (편자기상관함수, PACF) 시계열 y_t의 편자기상관함수(partial autocorrelation function, 이하 PACF)는 시점 t와 $t-h$ 사이에서 관측된 시계열값$(y_{t-h+1}, \cdots, y_{t-1})$이 주어질 때, y_t와 $y_{t-h}(h = 1, 2, \cdots)$ 간의 조건부 상관을 시차 h의 함수로 나타낸 것이다.

- y_t와 y_{t-h} 간의 편자기상관계수는 두 시점(t와 $t-h$) 사이에서 관측된 시계열값$(y_{t-h+1}, \cdots, y_{t-1})$으로(는) "설명이 되고 남은 부분(또는 설명되지 않는 부분)"에 대한 상관계수를 의미한다.
- 구체적으로, y_t와 y_{t-h}를 각각 $(y_{t-h+1}, \cdots, y_{t-1})$으로 회귀를 실시한 후, 잔차들 간의 상관을 구한 것이다.

1, 2, 3차, ... 편자기상관계수를 기술하면 다음과 같다.

- 1차 편자기상관은 1차 자기상관과 동일하다.
- 2차 편자기상관은 다음과 같다.

$$\frac{Cov(y_t, y_{t-2} \mid y_{t-1})}{\sqrt{Var(y_t \mid y_{t-1})}\sqrt{Var(y_{t-2} \mid y_{t-1})}}$$

- 3차 편자기상관은 다음과 같다.

$$\frac{Cov(y_t, y_{t-3} \mid y_{t-1}, y_{t-2})}{\sqrt{Var(y_t \mid y_{t-1}, y_{t-2})}\sqrt{Var(y_{t-3} \mid y_{t-1}, y_{t-2})}}$$

- 4차, 5차, ... 의 편자기상관도 유사하게 정의된다.

3.5 ARIMA 모형과 계절-ARIMA 모형

앞 절에서는 시계열의 평활 또는 분해와 이를 통한 예측 방법을 소개하였다. 그러나 대부분의 시계열은 변동 요인들이 복합적으로 작용하여 쉽게 분해되지 않으며, 따라서 분해를 통한 예측에는 한계가 있다. 평활을 통한 예측 역시 불규칙 변동을 평활시켜 예측을 수행하므로 단순하다는 장점은 있으나 정확한 예측을 기대하기는 어렵다.

이 절에서는, Box와 Jenkins(1970)에 의해 처음 소개된, 시계열 예측모형인 ARIMA 모형과 이에 계절성이 추가된 계절-ARIMA 모형을 소개한다. 이들 모형은 관측된 시계열을 생성시키는 모집단 모형으로 가정되는 이론적 모형으로 결정된 차수에 따라 다양한 형태를 취한다. 여기서는 이들 모형에 대한 소개와 함께 주요 성질을 알아본다. 아울러 이들 모형에 대한 모의실험 절차와 그 결과를 소개하고, 이로부터 각 모형의 특징을 제시한다.

3.5.1 ARIMA 모형

ARIMA 모형은 관측된 시계열을 특정(모집단) 모형으로부터 추출된 표본으로 간주할 때, 모집단 모형으로 사용되는 모형이다. ARIMA 모형은 차수의 설정에 따라 다양한 형태를 취하는데, 자료분석에서는 이들 모형 가운데 해당 시계열을 가장 잘 설명해 주는 (확률적) 모형을 찾고(추정하고), 이로부터 미래 시점에서의 예측을 수행하는 것이 궁극적인 목표이다. ARIMA 모형의 특별한 형태인 AR, MA, ARMA 모형은 정상(stationary) 시계열 자료의 적합에 사용된다. 반면 ARIMA 모형은 ARMA 모형에 차분 과정이 추가된 모형으로, 차분이 필요한 비정상(non-stationary) 시계열 자료를 적합한다. 예를 들어, 추세를 가지는 비정상 시계열의 경우 차분을 실시하여 정상성이 만족되면 차분된 계열에 대해 ARMA 계열의 모형을 적합하게 된다.

[ARIMA 모형과 정상성 조건]

정상성 조건은 ARIMA 계열의 모형적합에 필수적이다. 정상성 조건의 위배는 시간의 흐름에 따라 시계열을 생성하는 모집단의 결합확률분포가 변한다는 것을 의미하므로, 관측된 시계열로부터 구해지는 여러 성질들(평균, 분산 등)을 이용하여 모집단 모형을 추정하는 것은 무의미하다.

(a) AR(1) 모형

일차자기상관모형(이하 AR(1) 모형)은 시점 t에서 y값이 $t-1$ 시점의 y값의 선형함수로 다음과 같이 두 가지 방식으로 표현된다(이 책에서는 주로 전자의 표현을 쓰기로 한다).

$$y_t = \delta + \phi_1 y_{t-1} + \epsilon_t$$

$$\text{또는 } y_t - \mu = \phi_1 (y_{t-1} - \mu) + \epsilon_t .$$

여기서 $\delta = (1-\phi_1)\mu$이다.

위 모형에서의 가정은 다음과 같다.

- $\epsilon_t \sim WN(0,\ \sigma_\epsilon^2)$, 여기서 WN은 백색잡음(white noise)을 나타낸다.
- 오차 ϵ_t는 y_t와 독립이다.
- 시계열 $y_1, y_2, \cdots$ 는 (약)정상성을 만족한다.

유의 **(모형식 표현)**

위의 모형식에서 y_t가 이미 중심화된 경우라면, $\mu = 0$(따라서 $\delta = 0$)이 되어 위 모형은 상수항이 없는 형태로 보다 단순하게 표현된다. 실제 상수항 부분은 모형식별과 이론 전개에 영향을 주지 않으므로 이후의 모든 ARIMA 계열의 모형식에서는 상수항을 포함시키지 않기로 한다. 다만, 자료분석 결과에서는 상수항에 대한 추정값이 제공되므로 유의하기 바란다.

[AR(1) 모형의 정상성 조건]

y_t와 오차 간의 독립성으로부터,

$$\begin{aligned} Var(y_t) &= Var(\delta) + Var(\phi_1 y_{t-1}) + Var(\epsilon_t) \\ &= \phi_1^2 Var(y_{t-1}) + \sigma_\epsilon^2 \end{aligned}$$

이다. 정상성 가정으로부터 $Var(y_t) = Var(y_{t-1})$이므로, $(1-\phi_1^2)Var(y_t) = \sigma_\epsilon^2$이다. $Var(y_t) > 0$이므로 $(1-\phi_1^2) > 0$이고 따라서 $|\phi_1| < 1$ 이다. 역으로, AR(1) 모형에서 $|\phi_1| < 1$이면 정상성을 만족함을 보일 수 있다(증명은 생략). 즉, AR(1) 모형에서 $|\phi_1| < 1$인 경우에만 정상성을 만족한다.

(b) AR(p) 모형

p차의 자기회귀모형(이하 AR(p) 모형)은 시계열 y_t가 이전 p개 시점의 y값들의 선형결합으로 설명되는 모형으로 다음과 같이 표현된다.

$$y_t = \phi_1 y_{t-1} + \phi_2 y_{t-2} + \cdots + \phi_p y_{t-p} + \epsilon_t.$$

여기서 $\epsilon_t \sim WN(0,\ \sigma_\epsilon^2)$이다.

후향연산자(B)의 p차 다항식을 $\phi_p(B) = (1 - \phi_1 B - \phi_2 B^2 - \cdots - \phi_p B^p)$이라고 할 때, 위 모형은 다음과 같이 표현된다.

$$\phi_p(B) y_t = \epsilon_t.$$

[표기] B는 후향연산자(backshift operator)로 $B^b y_t = y_{t-b}$이다.

(c) MA(1) 모형

일차이동평균모형(이하 MA(1) 모형)은 시계열 y_t가 $t-1$ 시점의 오차에 영향을 받는 모형으로 다음 식으로 표현된다.

$$y_t = \epsilon_t + \theta_1 \epsilon_{t-1}.$$

주의

여러 책과 프로그램에서 θ항 앞의 부호를 음(−)으로 정의하는 경우가 많으므로(보다 일반적이므로) 주의가 필요하다. R에서는 위의 표현과 같이 양(+)의 부호를 사용한다.

(d) MA(q) 모형

q차의 이동평균모형(이하 MA(q) 모형)은 현 시점의 오차에 이전 q개 시점의 오차의 선형결합으로 설명되는 모형으로 다음과 같이 표현된다.

$$y_t = \epsilon_t + \theta_1 \epsilon_{t-1} + \cdots + \theta_q \epsilon_{t-q}.$$

여기서 $\epsilon_t \sim WN(0, \sigma_\epsilon^2)$이다. $\theta_q(B) = (1 + \theta_1 B + \theta_2 B^2 + \cdots + \theta_q B^q)$이라고 할 때, 위 모형은 다음과 같이 표현된다.

$$y_t = \theta_q(B) \epsilon_t.$$

(e) ARMA(p, q) 모형

차수 (p, q)의 자기회귀이동평균모형은 다음과 같다.

$$y_t = \phi_1 y_{t-1} + \phi_2 y_{t-2} + \cdots + \phi_p y_{t-p} + \epsilon_t + \theta_1 \epsilon_{t-1} + \cdots + \theta_q \epsilon_{t-q}.$$

위 모형은 간단히 다음과 같이 표현된다.

$$\phi_p(B)y_t = \theta_q(B)\epsilon_t.$$

(f) ARIMA(p, d, q) 모형

ARIMA(p, d, q) 모형은 d차 차분계열이 ARMA(p, q) 모형을 따르는 시계열 모형으로 다음과 같이 표현된다.

$$\phi_p(B)(1-B)^d y_t = \theta_q(B)\epsilon_t.$$

[기호 소개: 차분(differencing)]

추세(trend)와(또는) 계절성(seasonality)이 존재하는 비정상(nonstationary) 시계열의 경우 흔히 차분(differences)을 통해 정상 시계열로 만든다. 차분 $y_t - y_{t-1}$은 $(1-B)y_t$로 표현될 수 있다. 차분에 대한 다른 표현으로는 $\nabla = 1-B$가 있다. 즉, $\nabla y_t = (1-B)y_t = y_t - y_{t-1}$이다.

- 차분기호의 아래 첨자는 차분의 시차(lag)를 나타낸다. 예를 들어, 계절성을 보이는 월별자료(monthly data)의 경우에는 흔히 차분 $\nabla_{12} y_t = y_t - y_{t-12}$을 사용한다. 차분을 통해 정상성을 만족하는 (차분된) 시계열에 대해 ARMA 모형을 적용할 수 있다.

- 차분기호의 위 첨자는 차분의 반복 횟수를 나타낸다. 예를 들어,

$$\nabla^2 y_t = (1-B)^2 y_t = (1-2B+B^2)y_t = y_t - 2y_{t-1} + y_{t-2}$$

이다. 이는 일차 차분된 계열에 대해 다시 일차 차분을 수행한 것이다.

3.5.2 계절-ARIMA 모형

계절-ARIMA(Seasonal-ARIMA) 모형은 ARIMA 모형에 계절성이 추가된 모형이다. 계절성의 존재는 그 자체로 비정상 시계열임을 의미하므로, 계절 차분을 통해 정상 시계열로 만들 수 있다. 계절 차분 후에도 비정상적인 경우에는 분산안정을 위한 자료변환 또는 추세제거를 위한 추가적인 차분을 실시하여 정상 시계열 자료를 얻을 수 있다. 즉, 계절-ARIMA 모형에서는 계절성과 비정상성을 동시에 고려해야 한다.

계절 주기가 s인 계절-ARIMA 모형은 다음과 같이 표현된다.

(g) $ARIMA(p,d,q)(P,D,Q)_s$ **모형**

승법(multiplicative) 계절-ARIMA 모형 $ARIMA(p,d,q)(P,D,Q)_s$은 다음과 같이 표현된다.

$$\phi_p(B)\Phi_P(B^s)(1-B^s)^D(1-B)^d y_t = \theta_q(B)\Theta_Q(B^s)\epsilon_t.$$

여기서 δ는 상수이며

$$\begin{aligned}
&\phi_p(B) = 1-\phi_1 B-\phi_2 B^2 - \cdots - \phi_p B^p \\
&\theta_q(B) = 1+\theta_1 B+\theta_2 B+ \cdots + \theta_q B^q \\
&\Phi_P(B^s) = 1-\Phi_1 B^s-\Phi_2 B^{2s} - \cdots - \Phi_P B^{Ps} \\
&\Theta_Q(B^s) = 1+\Theta_1 B^s+\Theta_2 B^{2s} + \cdots + \Theta_Q B^{Qs}
\end{aligned}$$

이다. B는 후향연산자로 $B^b y_t = y_{t-b}$이며, ϵ_t는 백색잡음 $WN(0,\ \sigma_\epsilon^2)$이다.

예를 들어, $y_t \sim ARIMA(0,1,1)(0,1,1)_{12}$ 모형은 절편이 없는 경우($\delta=0$),

$$\begin{aligned}
&(1-B^{12})(1-B)y_t = \theta_1(B)\Theta_1(B^{12})\epsilon_t \\
\Leftrightarrow\ &(1-B^{12})(y_t-y_{t-1}) = \theta_1(B)(\epsilon_t+\Theta_1\epsilon_{t-12}) \\
\Leftrightarrow\ &(y_t-y_{t-1})-(y_{t-12}-y_{t-13}) = (\epsilon_t+\Theta_1\epsilon_{t-12})+\theta_1(\epsilon_{t-1}+\Theta_1\epsilon_{t-13}) \\
\Leftrightarrow\ &y_t = y_{t-1}+y_{t-12}-y_{t-13}+\epsilon_t+\theta_1\epsilon_{t-1}+\Theta_1\epsilon_{t-12}+\theta_1\Theta_1\epsilon_{t-13}
\end{aligned}$$

이다.

3.6 시계열 모의실험

이 절에서는 모의실험을 통해 다양한 시계열 모형으로부터 시계열을 발생하고, 이 자료의 시도표와 함께 ACF와 PACF 그림을 제시한다. 모형에 따라 ACF와 PACF 그림이 어떤 패턴을 보이는지를 살펴봄으로써 모형 간의 특징과 차이를 파악할 수 있다. 모의실험에서 AR, MA 및 ARMA 모형에는 arima.sim( ) 함수를, 계절-ARIMA 모형에는 sim_sarima{sarima} 함수를 사용하여 시계열을 발생하였다. 모의실험에 관심 있는 독자를 위해 R 코드도 간단히 제시하였다.

ARMA와 계절-ARIMA 모형에 대한 모의실험에 앞서, 백색잡음과 확률보행 계열에 대한 모의실험 결과를 먼저 소개하기로 하다.

(a) 백색잡음(White Noise) 계열

백색잡음은 일정한 평균과 분산을 가지는 무상관인(uncorrelated) 확률변수들의 모임으로 $y_t \sim WN(0, \sigma^2)$으로 표기한다(평균이 0이고 분산이 σ^2인 백색잡음). 흔히 y_t를 정규분포로 가정하며, 이때 $y_t \sim i.i.d.\ N(0, \sigma^2)$이 된다.

아래의 그림은 백색잡음 시계열의 예이다. 자료와 함께 ACF와 PACF 그림을 제시하였다.

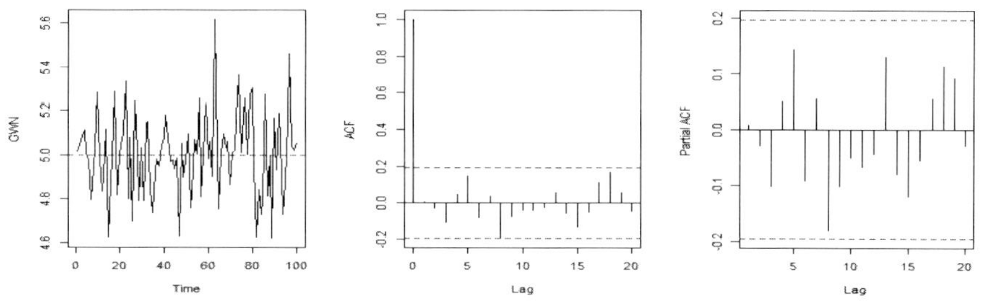

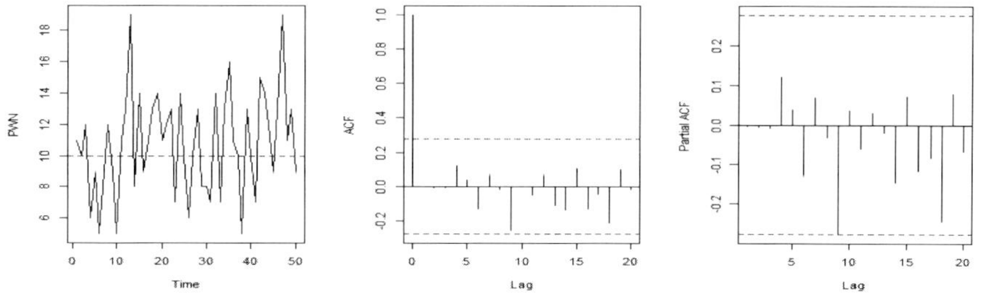

(해석) 시계열이 평균을 중심으로 임의적인 형태를 취하며, ACF와 PACF가 모든 시차에 걸쳐 유의하지 않으며 어떤 특징도 보이지 않는다.

```
[R 프로그램]
> set.seed(200)
> GWN <- rnorm(n=100, mean=5, sd=0.2)     # 정규 백색잡음(확률변량) 생성
> PWN <- rpois(n=50, lambda=10)     # 포아송 백색잡음(확률변량) 생성

> par(mfrow=c(1,3))
> plot.ts(GWN)
> abline(h=5, col="blue", lty="dashed")
> acf(GWN, main="", lag.max=20)
> pacf(GWN, main="", lag.max=20)
```

```
> plot.ts(PWN)
> abline(h=10, col="blue", lty="dashed")
> acf(PWN, main="", lag.max=20)
> pacf(PWN, main="", lag.max=20)
```

(b) 확률보행(Random Walk) 계열

확률보행 시계열은 다음과 같이 표현된다.

$$y_t = y_{t-1} + \epsilon_t, \quad t = 1, 2, \cdots,$$

여기서 $y_0 = 0, \quad \epsilon_t \sim WN(0, \sigma^2)$ 이다.

아래의 그림은 확률보행 시계열의 두 가지 예이다(다른 초깃값 사용). 자료와 함께 ACF와 PACF 그림을 제시하였다.

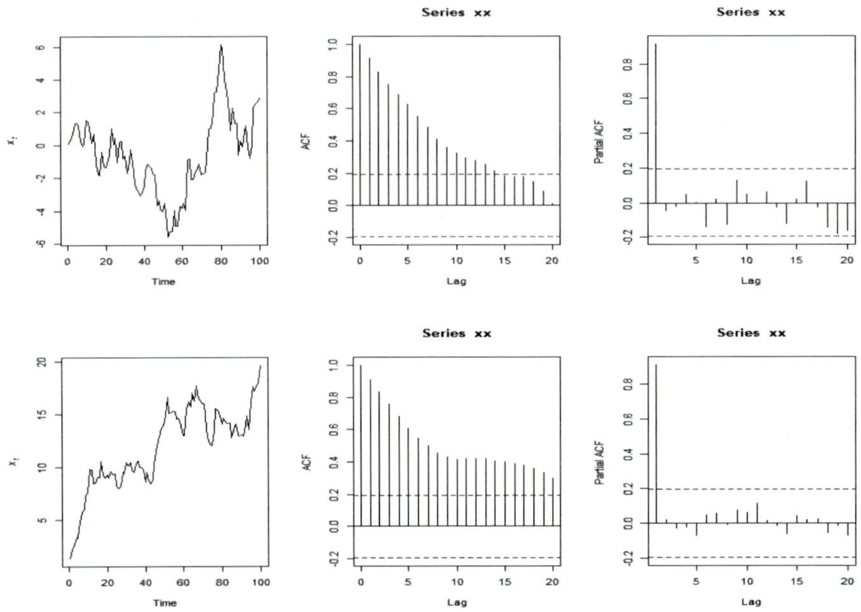

유의

확률보행 과정의 분산은 오차 분산의 누적합으로 표현되므로(3.3.2절), 시간의 흐름에 따라 변동의 폭이 점점 커지는 특징을 가진다(위 그림상으로는 잘 구분되지 않음).

(해석) 시계열이 일정한 규칙 없이 매우 다양한 패턴을 보인다. ACF는 매우 느리게 감소하는 특징을 가지며, PACF는 모든 시차에서 유의하지 않으며 어떤 특징도 보이지 않는다. 이 계열에 1차 차분을 실시하면 백색잡음 계열이 된다.

```
[R 프로그램]
> set.seed(200); n <- 100    # {y_t}와 {w_t}의 초기화
> y <- w <- rnorm(n,0,1)
> for(t in 2:n) { y[t] <- y[t-1] + w[t] }
> par(mfrow=c(1,3))
> plot.ts(y, ylab=expression(italic(y[t])))
> acf(y); pacf(y)
> ## 다른 방법: cumsum( ) 함수 이용
> y1 <- cumsum(w)
> plot.ts(y1, ylab=expression(italic(y[t])))
> acf(y1); pacf(y1)
```

(c) 상수항을 가지는 확률보행 계열

상수항을 가지는 확률보행(RW with drift) 시계열은 다음과 같이 표현된다.

$$y_t = \delta + y_{t-1} + \epsilon_t, \quad t = 1, 2, \cdots,$$

여기서 $y_0 = 0$, $\epsilon_t \sim WN(0, \sigma^2)$, δ: 상수(drift)이다.

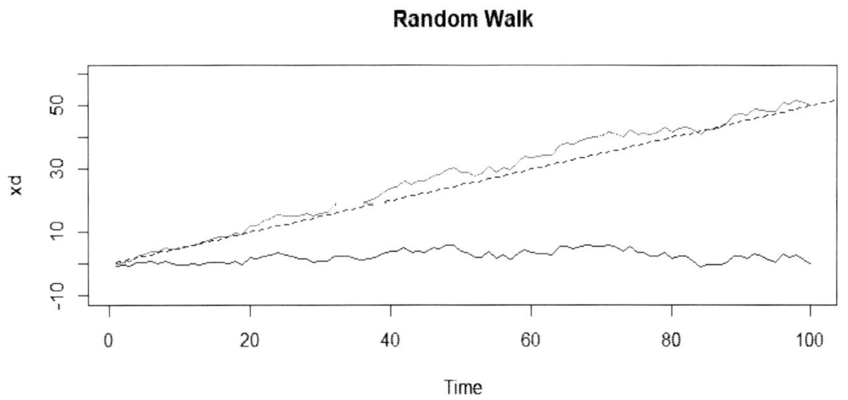

(해석) 상수항이 양(음)인 경우에는 일정하게 증가(감소)하는 패턴을 보인다. 1차 차분을 실시하면 상수항이 평균인 백색잡음 계열이 된다.

```
[R 프로그램]
> set.seed(100)
> w <- rnorm(100,0,1)
> # RW without drift
> x <- cumsum(w)    # 누적합
> # RW with drift 0.5
```

```
> rw <- w+0.5
> RW <- cumsum(rw)
> plot.ts(RW, main="Random Walk", col="red", ylim=c(-10,60))
> lines(x)
> lines(.5*(1:200), lty="dashed")
```

이상에서 백색잡음과 확률보행 계열에 대해 모의실험을 수행하였다. 다만, 모형에 대한 이해를 위해 모의실험을 지원하는 arima.sim( ) 또는 sim_sarima{sarima} 함수를 사용하지 않고, 기본 함수만을 사용하였다. 이들 함수를 이용하면 보다 편리하게 모의실험을 수행할 수 있다.

arima.sim( ) 함수의 일반 용법과 주요 옵션은 다음과 같다.

```
arima.sim(model, n, rand.gen=rnorm, innov=rand.gen(n, ...),
          n.start=NA, start.innov=rand.gen(n.start, ...), ...)
```

첫 인수는 model=list( ) 형태로 지정하며, list( ) 함수 내에서 지정 가능한 인수는 다음과 같다.

- order=: ARIMA 모형의 차수를 지정. (예) order=c(0,1,1)
- ar=, ma=: AR과 MA 모수를 지정

sim_sarima{sarima} 함수는 ARIMA뿐 아니라 계절-ARIMA 모형에 대한 모의실험도 제공한다. sim_sarima{sarima} 함수는 모형의 ARMA 부분 모의실험에서 내부적으로 arima.sim( ) 함수를 호출한다. 이 함수의 일반 용법과 주요 옵션은 다음과 같다.

```
sim_sarima(model, n=NA, rand.gen=rnorm, n.start=NA, x, eps,
           xcenter=NULL, xintercept=NULL, ...)
```

첫 인수는 model=list( ) 형태로 지정하며, list( ) 함수 내에서 지정 가능한 인수는 다음과 같다.

- nseasons=: 계절 주기 지정
- iorder=, siorder=: 차분과 계절 차분의 차수
- ar=, ma=, sar=, sma=: AR, MA, 계절 AR, 계절 MA 모수를 지정

예 1 (arima.sim( )과 sim_sarima{sarima} 함수의 사용 예)

```
> # 백색잡음 계열
> arima.sim(model=list(order=c(0,0,0)), n=100, sd=1)
> # 임의보행 계열(:1차분 후 백색잡음인 계열): $(1-B)y_t = \epsilon_t$
> sim_sarima(model=list(iorder=1, sigma2=1), n=100)
> # 2차분 후 백색잡음인 계열: $(1-B)^2 y_t = \epsilon_t$
> sim_sarima(model=list(iorder=2, sigma2=1), n=100)
> arima.sim(model=list(order=c(0,2,0)), n=100, sd=1)
> # 1계절 차분 후 백색잡음인 계열: $(1-B)^{12} y_t = \epsilon_t$
> sim_sarima(model=list(nseasons=12, siorder=1, sigma2=1), n=100)
```


(d) AR 모형

여러 가지 AR 모형에 대한 모의실험 결과를 제시한다.

① AR(1) 모형: $\phi = 0.1, 0.5, 0.9$와 $\phi = -0.1, -0.5, -0.9$인 경우

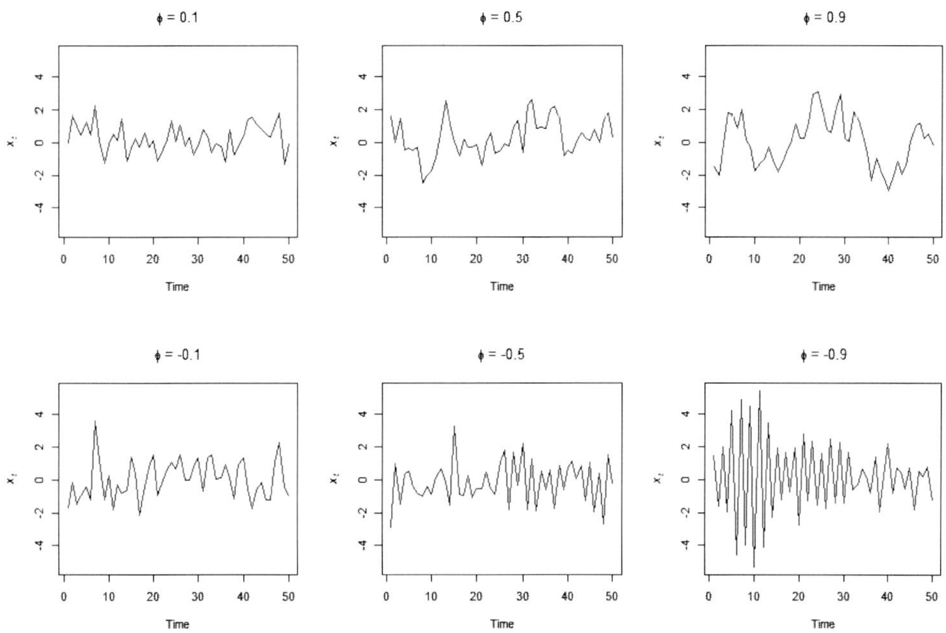

(해석) 직전 시차의 시계열 값에만 영향을 받는 모형이다. 계수가 양인 경우는 값이 커질수록 직전 값의 영향이 크게 반영되므로 변화의 폭이 커진다. 계수가 음인 경우에는 부호의 교대와 함께 변화의 폭이 커진다.

```
[R 프로그램]
> set.seed(300)
> A1 <- list(order=c(1,0,0), ar=0.1, sd=0.1)
> AR.1 <- arima.sim(n=50, model=A1)
> plot.ts(AR.1,
        ylab=expression(italic(x)[italic(t)]),
        main=expression(paste(phi," = 0.1")))
```

② AR(1) 모형: $\phi = 0.5$와 -0.5인 경우

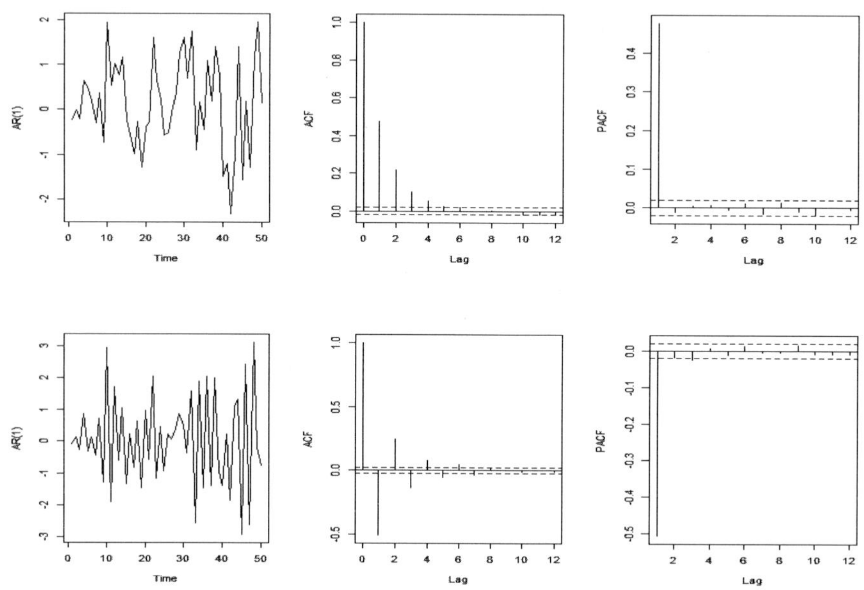

(해석) ACF는 지수적으로(또는 순환하면서) 감소한다. 계수가 양인 경우는 지수적으로 감소하며, 음인 경우는 순환하면서 감소하는 형태를 취한다. PACF는 시차 1에서만 유의하게 나타난다.

```
[R 프로그램]
> set.seed(100)
> par(mfrow=c(1,3))
> AR.5 <- arima.sim(n=10000, list(ar=0.5))
> plot.ts(AR.5[1:50],
        ylab=paste("AR(",1,")", sep=""))
> acf(AR.5, lag.max=12, main="", ylab="ACF")
> pacf(AR.5, lag.max=12, main="", ylab="PACF")
```

③ AR(p) 모형($p=4$): 아래 그림은 계수 $\phi_1 = 0.7$, $\phi_2 = 0.2$, $\phi_3 = -0.1$, $\phi_4 = -0.3$ 을 차례대로 하나씩 추가한 경우임

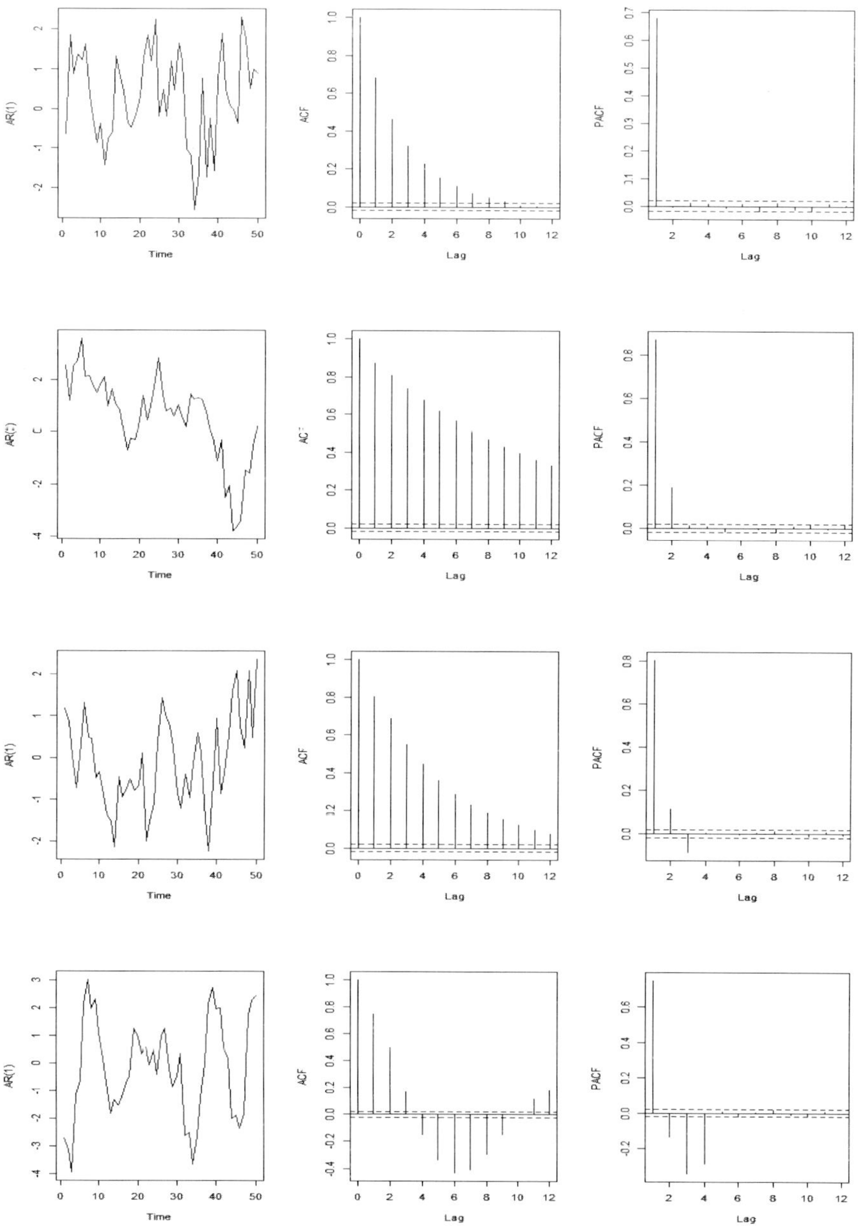

(해석) AR(p) 모형의 ACF는 지수적으로(또는 순환하면서) 감소하며, PACF는 차수 p까지만 유의하게 나타나는 특징을 가진다.

(e) MA 모형

여러 가지 MA 모형에 대한 모의실험 결과를 제시한다.

① MA(1) 모형: $\theta = 0.1, 0.5, 0.9$와 $\theta = -0.1, -0.5, -0.9$인 경우

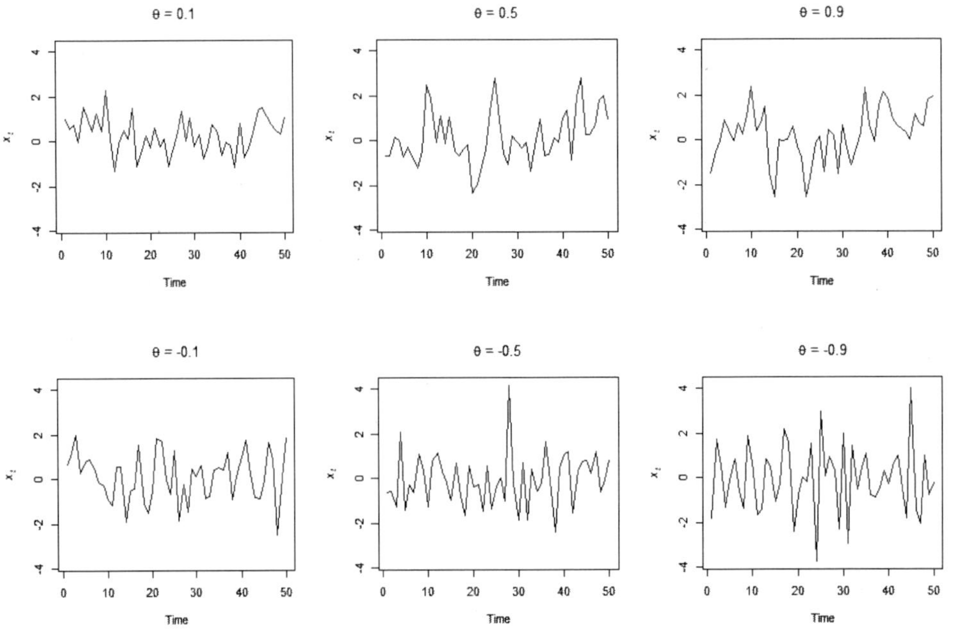

(해석) 현재와 1시차 이전 백색잡음의 선형결합으로 이루어지는 계열이다. 모수의 크기에 따른 시계열의 특징이 뚜렷하지 않다.

```
[R 프로그램]
> set.seed(300)
> M1 <- list(order=c(0,0,1), ma=0.1, sd=0.1)
> MA.1 <- arima.sim(n=50, model=M1)

> par(mfrow=c(1,3))
> plot.ts(MA.1,
        ylab=expression(italic(x)[italic(t)]),
        main=expression(paste(theta," = 0.1")))
```

② MA(1) 모형: $\theta = 0.5$와 -0.5인 경우

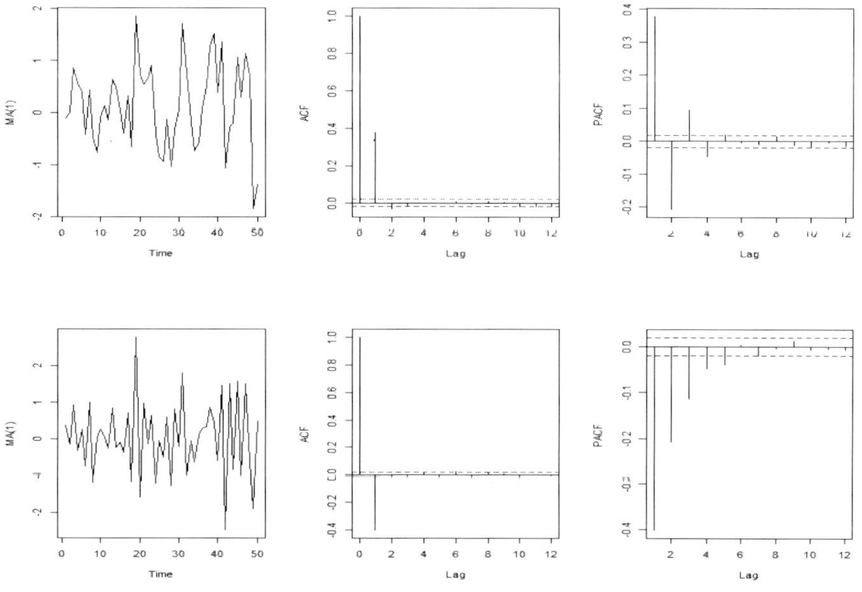

(해석) PACF는 지수적으로(또는 순환하면서) 감소한다. 계수가 양인 경우는 순환하면서 감소하며, 음인 경우는 지수적으로 감소하는 형태를 취한다. ACF는 시차 1에서만 유의하게 나타난다.

```
[R 프로그램]
> set.seed(100)
> MA.5 <- arima.sim(n=10000, list(ma=0.5))
> par(mfrow=c(1,3))
> plot.ts(MA.5[1:50],
        ylab=paste("MA(",1,")", sep=""))
> acf(MA.5, lag.max=12, main="", ylab="ACF")
> pacf(MA.5, lag.max=12, main="", ylab="PACF")
```

③ MA(q) 모형($q = 4$): 아래 그림은 계수 $\theta_1 = 0.7$, $\theta_2 = 0.2$, $\theta_3 = -0.1$, $\theta_4 = -0.3$을 차례대로 하나씩 추가한 경우임

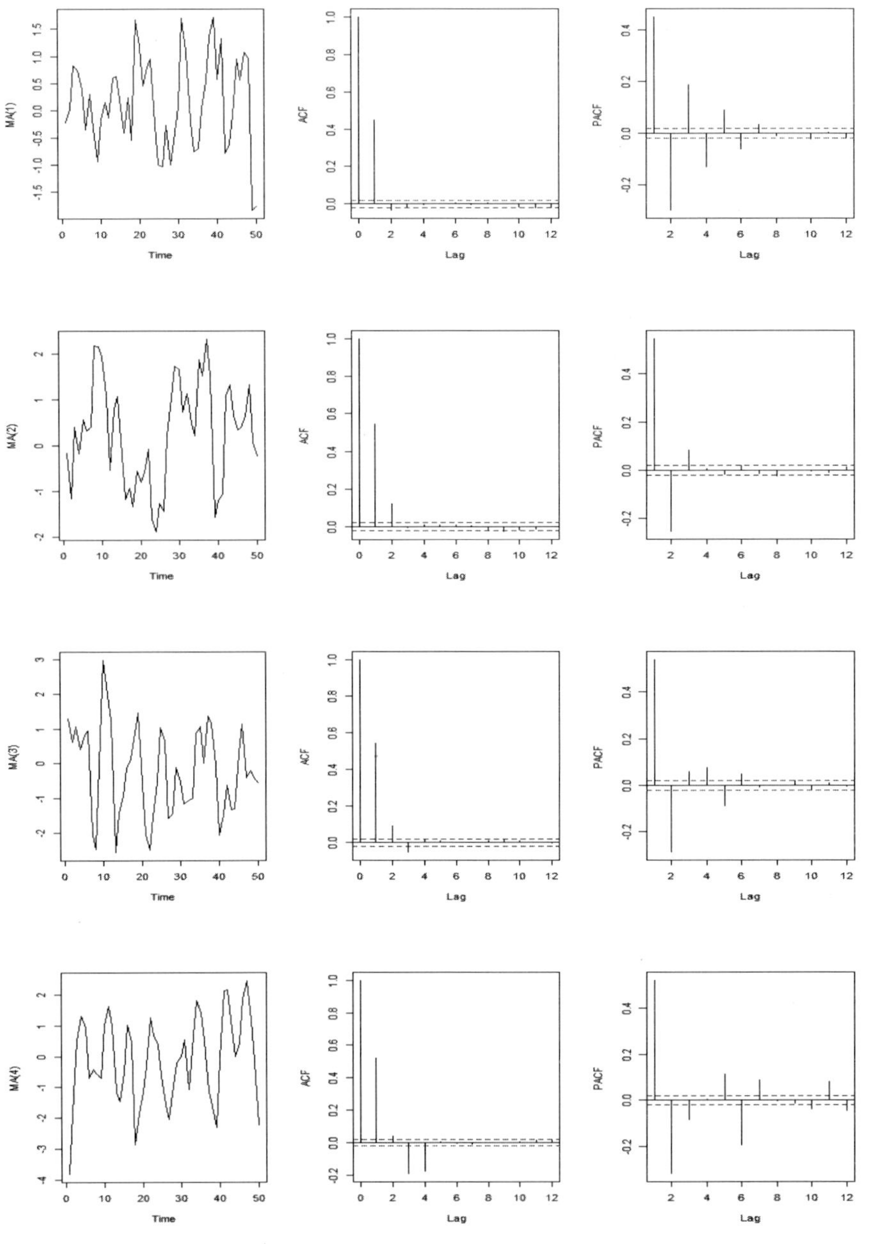

(해석) AR(q) 모형의 PACF는 지수적으로(또는 순환하면서) 감소하며, ACF는 차수 q까지만 유의하게 나타나는 특징을 가진다.

(f) ARMA 모형

여러 가지 p, q값에 따른 ARMA 모형의 모의실험 결과를 제시한다($p \neq 0, q \neq 0$). 이 경우는 ACF와 PACF가 모두 점진적으로 감소하는 형태를 보인다. 이와 같이 ACF와 PACF가 AR도 아니고 MA도 아닌 형태인 경우에는 ARMA 모형으로 식별하되(실제 자료분석에서), p와 q 모두 2 이하로 제한하여 식별한다.

① ARMA(1,1) 모형

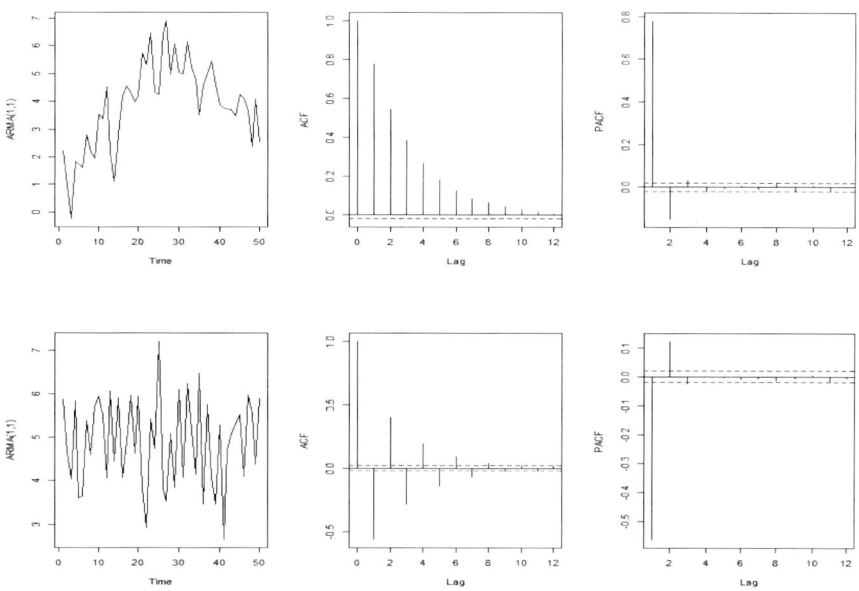

② ARMA(1,2) 모형

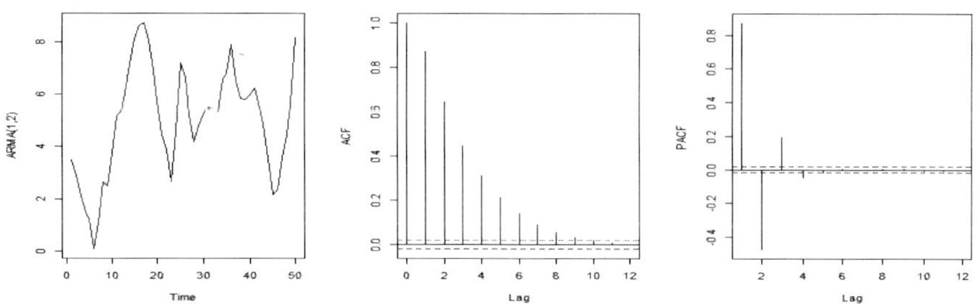

③ ARMA(2,1) 모형

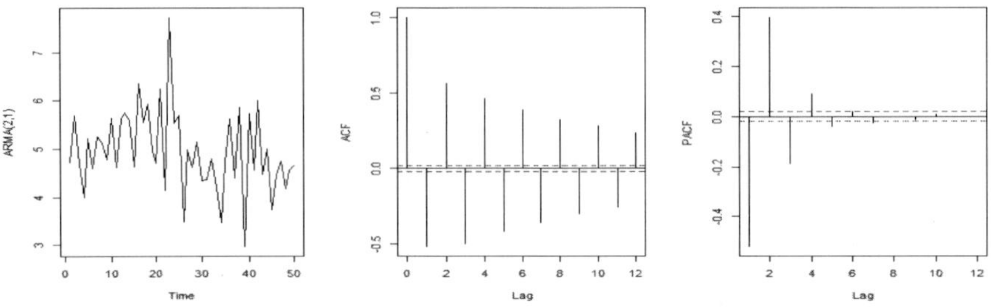

④ ARMA(2,2) 모형

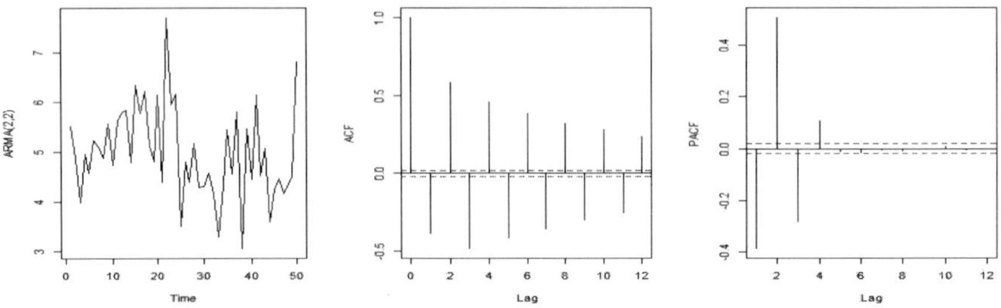

(g) 계절-ARIMA 모형

계절성을 포함하는 여러 가지 계절-ARIMA 모형에 대한 모의실험 결과를 제시한다. 계절-ARIMA 모형의 경우 ACF와 PACF의 형태는 계절 주기의 배수 시차에서 ARMA 모형의 경우와 유사한 패턴을 보인다.

① ARIMA(0,0,0)(1,0,0)[12] 또는 SAR(1)[12] 모형

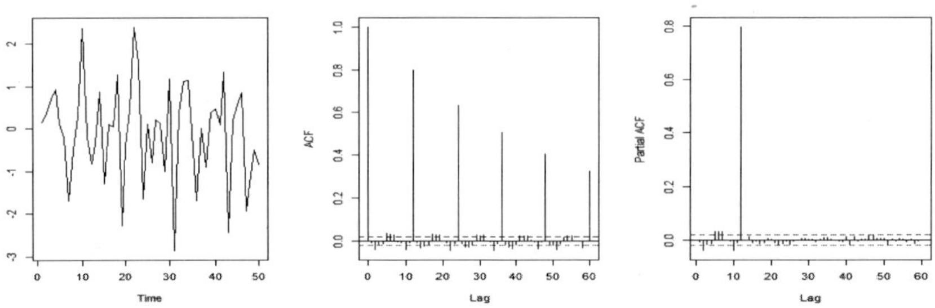

(해석) ACF는 주기인 12의 배수 시차(12, 24, 36, ...)에서 지수적으로(또는 순환하면서) 감소하며, PACF는 12 시차에서만 유의하게 나타난다.

```
[R 프로그램]
> set.seed(200)
> library(sarima)
> n <- 10000
> x <- sim_sarima(n, model=list(sar=0.8, nseasons=12, sigma2=1))
> par(mfrow=c(1,3))
> plot.ts(x[1:50], ylab="")
> acf(x, lag=60, main="")
> pacf(x, lag=60, main="")
```

② ARIMA(0,0,0)(0,0,1)[12] 또는 SMA(1)[12] 모형

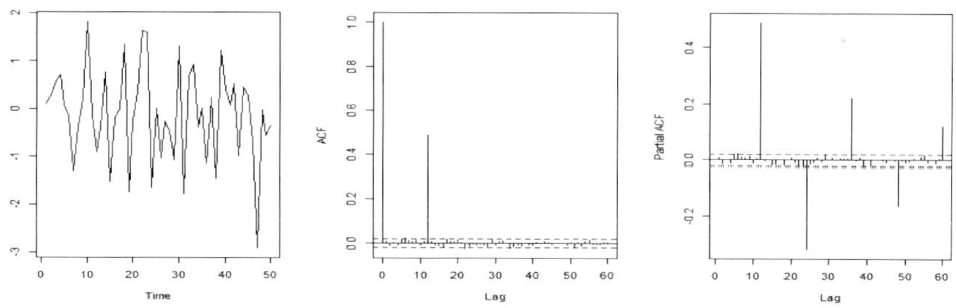

(해석) PACF는 주기인 12의 배수 시차(12, 24, 36, ...)에서 지수적으로(또는 순환하면서) 감소하며, ACF는 12 시차에서만 유의하게 나타난다.

```
[R 프로그램]
> x <- sim_sarima(n, model=list(sma=0.8, nseasons=12, sigma2=1))
```

③ ARIMA(0,0,1)(0,0,1)[12] 모형

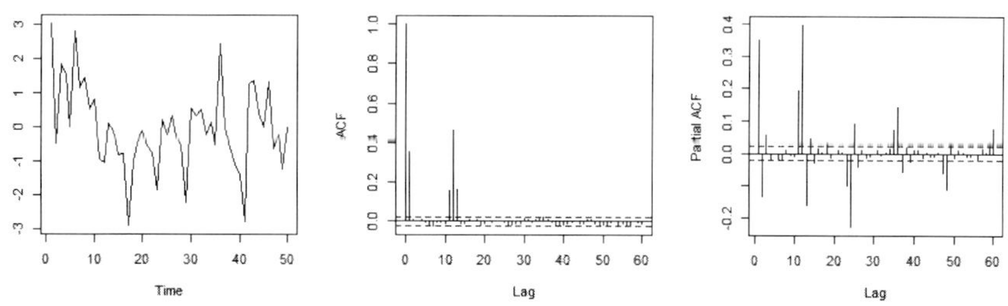

(해석) PACF는 주기인 12의 배수 시차(12, 24, 36, ...)와 이를 제외한 시차에서(도) 지수적으로(또는 순환하면서) 감소하며, ACF는 1과 12 시차에서만 유의하게 나타난다. 다만 유의한 주변 시차에서도 ACF와 PACF가 유의하게 나타나는 점을 유의하기 바란다.

```
[R 프로그램]
> x <- sim_sarima(n, model=list(ma=0.4, sma=0.7, nseasons=12, sigma2=1))
```

④ ARIMA(0,1,1)(0,1,1)[12] 모형

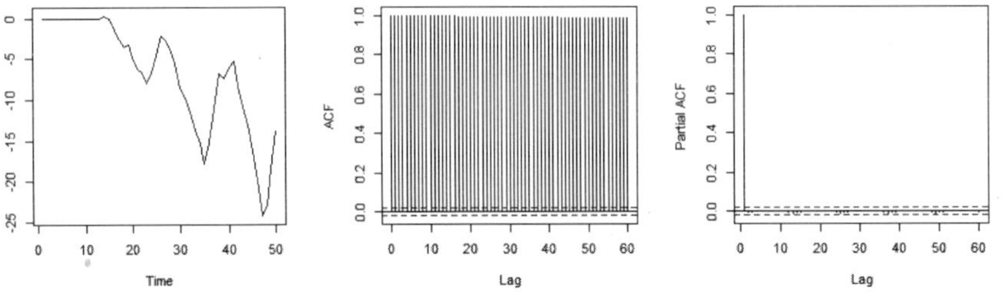

(해석) ACF와 PACF에 대한 해석이 무의미하므로, 모의실험 결과만 제시한다.

```
[R 프로그램]
> x <- sim_sarima(n, model=list(ma=0.4, sma=0.7, iorder=1, siorder=1,
                                nseasons=12, sigma2=1))
```

⑤ ARIMA(2,1,1)(1,1,1)[12] 모형

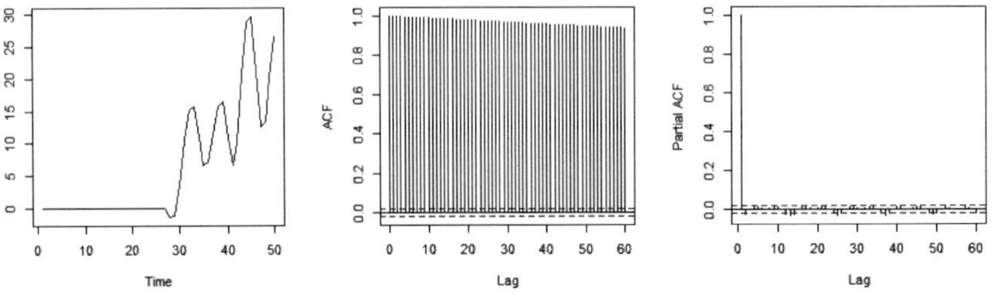

(해석) ACF와 PACF에 대한 해석이 무의미하므로, 모의실험 결과만 제시한다.

```
[R 프로그램]
> x <- sim_sarima(n, model=list(ar=c(1.2,-0.8), ma=0.4,
                                sar=0.3, sma=0.7, iorder=1, siorder=1,
                                nseasons=12, sigma2=1))
```

3.7 모형식별과 모형적합

앞절에서 모의실험을 통해 주요 ARIMA 계열의 모형에 대한 특징을 살펴보았다. 실제의 자료 분석에서는 주어진 시계열 자료에 대한 모형식별(적합할 ARMA 계열 모형의 차수 결정)이 필요하다. ACF와 PACF 그림을 통한 ARMA 모형의 차수(p, q) 결정은 다음의 절차를 따른다.

[모형식별-ACF와 PACF 그림을 통한 ARMA 모형의 차수 결정]

- AR(p) 모형: ACF가 지수적으로(또는 순환하면서) 작아지며, 처음 p개의 PACF 값만이 유의하게 나타난다.
- MA(q) 모형: PACF가 지수적으로(또는 순환하면서) 작아지며, 처음 q개의 ACF 값만이 유의하게 나타난다.
- ARMA(p,q) 모형: ACF와 PACF가 모두 지수적으로(또는 순환하면서) 작아지는 패턴을 보인다(p나 q 모두 2 이하에서 식별한다).

계절-ARMA 모형의 차수(P, Q)에 대해서도 유사한 방법이 적용된다. 즉, 주기에 배수 시차에서의 ACF, PACF 값의 패턴을 이용하여 차수를 결정하면 된다.

시계열 자료에 대해 계절성이 포함된 계절-ARIMA 모형의 적합 시, ACF 그림에서 유의하게 나타나는 시차에 대한 이해가 필요하다. 이에 대해서는 다음을 참고하기 바란다.

참고 계절-ARIMA 모형에서 유의한 자기상관의 시차

$y_t \sim ARIMA(0,0,1)(0,0,1)_{12}$ 모형은

$$y_t - \mu = (1+\theta_1 B)(1+\Theta_1 B^{12})\epsilon_t$$
$$= \epsilon_t + \theta_1\epsilon_{t-1} + \Theta_1\epsilon_{t-12} + \theta_1\Theta_1\epsilon_{t-13}$$

이다. 따라서, y_t와 y_{t-11} 간이 공분산은

$$Cov(y_t-\mu)(y_{t-11}-\mu)$$
$$= E(\epsilon_t + \theta_1\epsilon_{t-1} + \Theta_1\epsilon_{t-12} + \theta_1\Theta_1\epsilon_{t-13})(\epsilon_{t-11} + \theta_1\epsilon_{t-12} + \Theta_1\epsilon_{t-23} + \theta_1\Theta_1\epsilon_{t-24})$$
$$= E(\theta_1^2\epsilon_{t-12}^2) = \theta_1^4\sigma^2 \neq 0$$

이므로, 시차(lag) 11의 자기상관이 영(0)이 아님을 알 수 있다. 즉, $ARIMA(0,0,1)(0,0,1)_{12}$ 모형은 시차 1, 12와 교호시차인 13뿐 아니라 주변 시차인 11에서도 비-영(non-zero)의 자기상관을 가짐을 알 수 있다(ACF 그림을 통한 모형식별 시 유의할 것).

시계열 자료에 대한 ARIMA 모형의 적합 절차는 [그림 3.1]과 같다. 먼저 시계열이 정상성을 만족하지 않는 경우에는 차분이나 추세제거(detrending) 또는 변환을 통해 정상 시계열을 만든다. 모형식별은 정상 시계열 자료에 대해 어떤 차수의 모형을 적합할지를 정하는 과정이다. 차수가 정해지면 모수를 추정하고, 모형진단을 수행한다. "모형식별 -> 모수추정 -> 모형진단"의 과정을 반복적으로 수행하여 최적의 모형을 적합하게 된다.

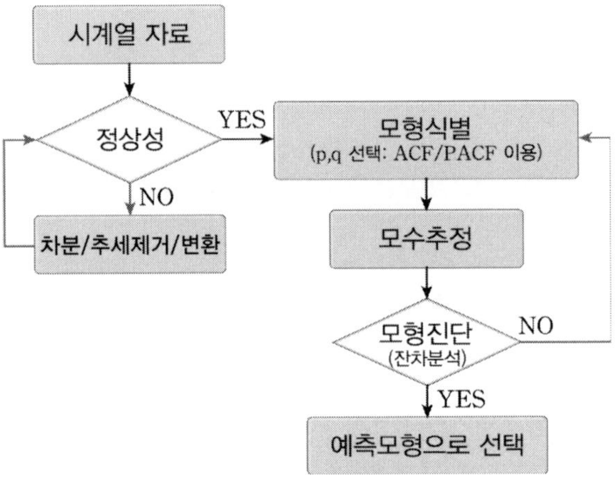

[그림 3.1] ARIMA 모형의 적합 절차

3.8 시계열 모형 평가

시계열 모형의 적합 후 예측오차에 대한 평가 측도는 다음과 같다.

○ 평균절대오차(Mean Absolute Error):

$$MAE = \frac{1}{n}\sum_{i=1}^{n} |y_i - \hat{y}_i|.$$

○ 평균제곱오차(Mean Squared Error):

$$MSE = \frac{1}{n}\sum_{i=1}^{n} (y_i - \hat{y}_i)^2.$$

○ 평균절대백분위오차(Mean Absolute Percentage Error):

$$MAPE = \frac{1}{n}\sum_{i=1}^{n} \frac{|y_i - \hat{y}_i|}{y_i} \times 100.$$

최적의 시계열 모형의 선택을 위한 모형식별기준은 다음과 같다. k = 데이터로부터 추정된 모수의 수, n = 표본의 크기, L = 가능도함수의 최댓값이라고 하자.

○ Akaike 정보기준(Akaike's Information Criterion, AIC):

.

○ 수정된 AIC(Corrected AIC): $AIC = -2\log(L) + 2k, \quad k = p+q+1\,(\text{or } \; p+q)$

$$AIC_c = AIC + \frac{2k(k+1)}{n-k-1}.$$

cf. Consistent AIC: $CAIC = -2\log(L) + (\log(n)+1)k$

○ 베이지안 정보기준(Bayesian Information Criterion, BIC):

$$BIC = -2\log(L) + k\log(n).$$

4장 실제 자료분석 예제

4.1 서론

이 절에서는 계절성을 가지는 시계열 자료에 대해 계절-ARIMA 모형을 적합하는 과정을 다룬다. 모형 적합에 앞서 기초분석 과정도 함께 제시한다.

4.2 예제 1 - 분기별 자료

예제 1

UKgas{datasets} 자료에 대해 기초분석과 함께 계절-ARIMA 모형을 적합하고, 모형의 성능평가와 예측수행을 한다. 이 자료는 1960 ~ 1986년 영국의 분기별 가스 소비량 자료이다.

(a) 기초분석

```
> data(UKgas)
> class(UKgas)
[1] "ts"

> start(UKgas); end(UKgas); frequency(UKgas)
[1] 1960    1
[1] 1986    4
[1] 4
```

```
> time(UKgas)
        Qtr1    Qtr2    Qtr3    Qtr4
1960 1960.00 1960.25 1960.50 1960.75
1961 1961.00 1961.25 1961.50 1961.75
1962 1962.00 1962.25 1962.50 1962.75
...
1984 1984.00 1984.25 1984.50 1984.75
1985 1985.00 1985.25 1985.50 1985.75
1986 1986.00 1986.25 1986.50 1986.75

> subset <- window(UKgas, start=c(1960, 1), end=c(1970, 3), frequency=4)
> # frequency= 옵션은 단위 시간당 관측치의 수를 지정(1=annual, 4=quarterly, 12=monthly 등)

> ts.intersect(UKgas, subset)
        UKgas subset
1960 Q1 160.1  160.1
1960 Q2 129.7  129.7
1960 Q3  84.8   84.8
...
1970 Q1 244.9  244.9
1970 Q2 216.1  216.1
1970 Q3 188.9  188.9

> ts.union(UKgas, subset)
         UKgas subset
1960 Q1  160.1  160.1
1960 Q2  129.7  129.7
1960 Q3   84.8   84.8
...
1986 Q2  613.1     NA
1986 Q3  347.4     NA
1986 Q4  782.8     NA

> ts.plot(UKgas)
> hist(UKgas)
```

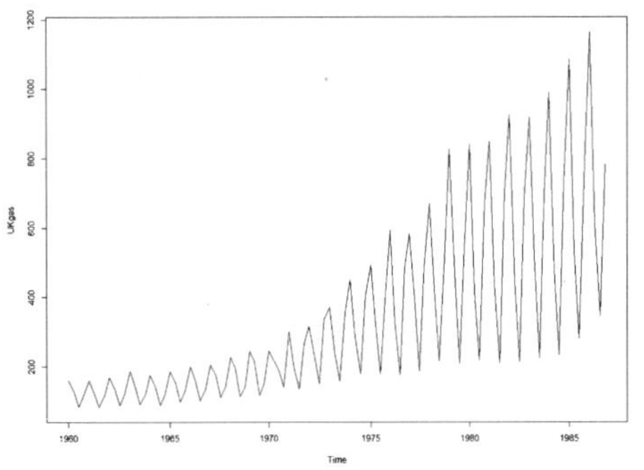

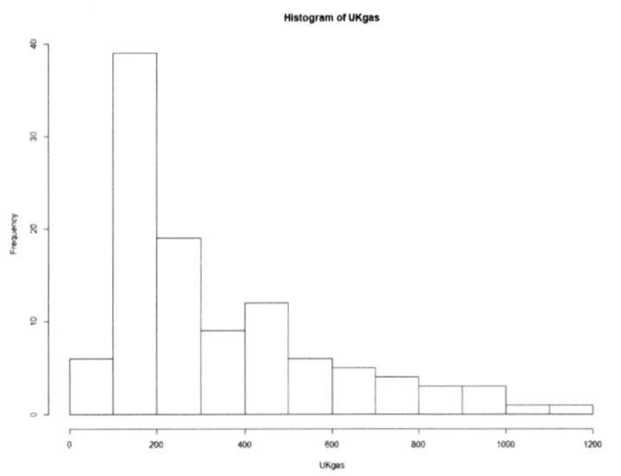

```
> plot(aggregate(UKgas))
> cycle(UKgas)
     Qtr1 Qtr2 Qtr3 Qtr4
1960    1    2    3    4
1961    1    2    3    4
1962    1    2    3    4
...
1984    1    2    3    4
1985    1    2    3    4
1986    1    2    3    4

> boxplot(UKgas ~ cycle(UKgas))
```

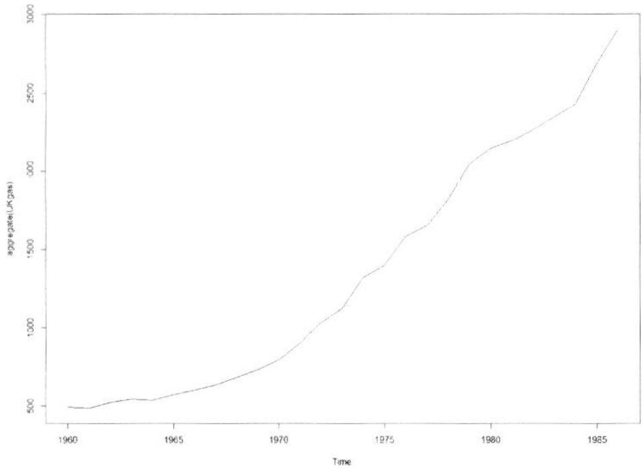

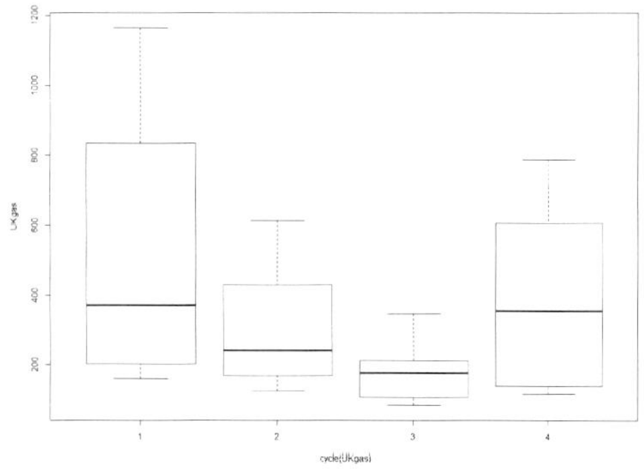

```
> ## 시계열 분해
> d <- decompose(UKgas)
> plot(d)

  > s.d <- stl(UKgas, s.window="periodic")
  > plot(s.d)
```

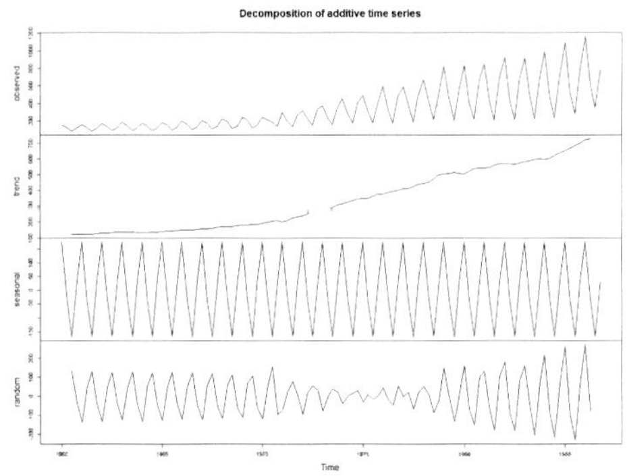

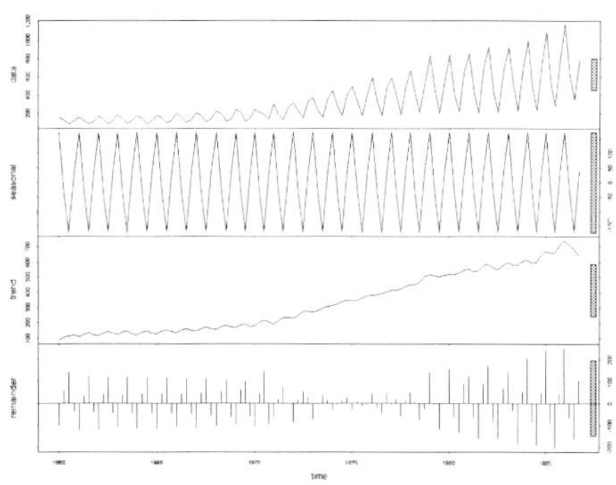

```
> trend <- d$trend
> season <- d$seasonal
> ts.plot(cbind(trend, trend*season), lty=1:2)
> legend("topleft",c("trend", "trend*seasonality"), lty=1:2)
```

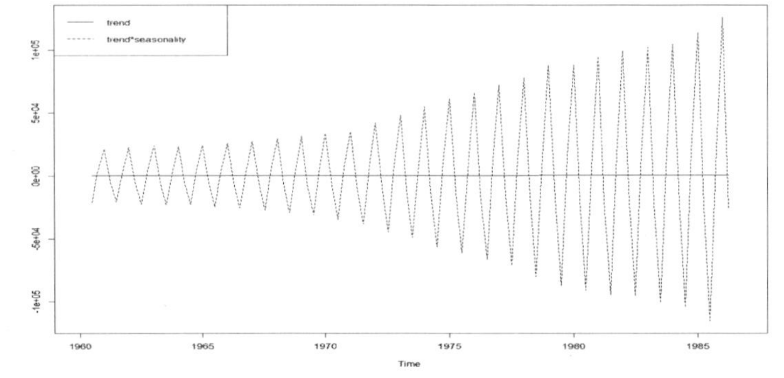


```
> monthplot(UKgas)
```

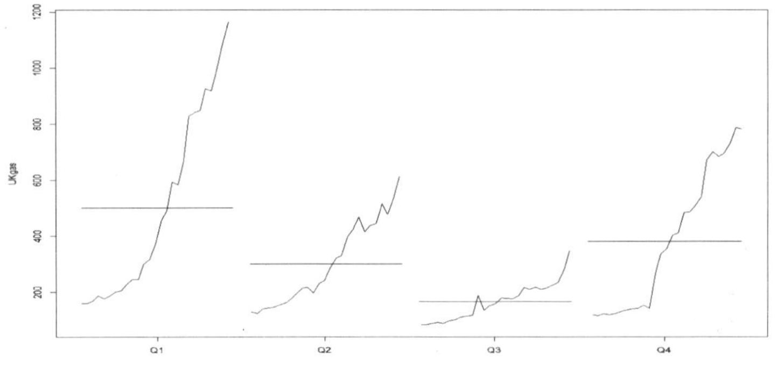

(해석) 가스 소비량의 변화가 분기별로 다소 다른 패턴을 보인다.

```
> library(forecast)
> seasonplot(UKgas)
```

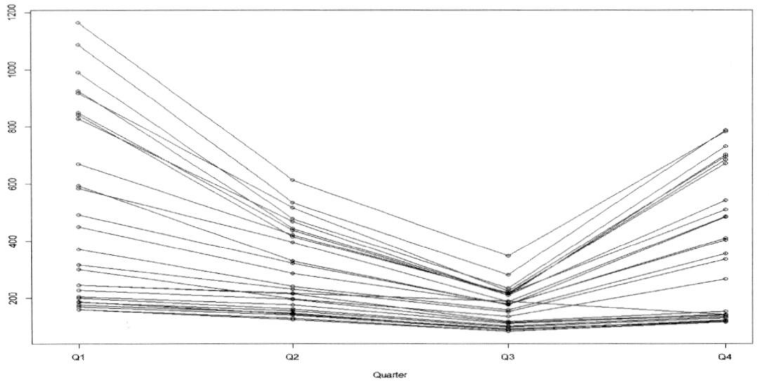

(b) ARIMA 모형 적합

이제, UKgas 자료에 대해 ARIMA 모형을 적합하기로 하자.

먼저 이 자료의 시도표에서 계절성과 추세가 뚜렷하므로 계절차분(4차분)과 1차분을 통해 정상 시계열로 전환이 필요해 보인다.

R에서 시계열의 정상성을 위해 필요한 차분의 차수결정은 {forecast} 패키지의 ndiffs( )와 nsdiffs( ) 함수를 이용한다.

```
> ## 정상 시계열을 위해 필요한 차분의 차수 결정
> # 필요한 차분의 수
> ndiffs(UKgas)    # test=c("kpss", "adf", "pp")
[1] 1
> # 필요한 계절 차분의 수
> nsdiffs(UKgas)    # m=frequency(UKgas): 디폴트 옵션
[1] 1
```

(해석) 시계열의 정상성을 만족시키기 위해 1과 4차분이 필요하다.

위의 자료에 대해 1과 4 차분된 계열에 대해 ACF와 PACF를 그리고, 이로부터 계절-ARIMA 모형의 차수를 결정한다.

[R 함수: ACF와 PACF 그림]

R에서 ACF와 PACF 그림은 acf( )와 pacf( ) 함수가 지원한다. 다른 함수로 Acf{forecast}, Pacf{forecast} 또는 acf2{astsa}가 있다.

```
> # 1과 4 차분된 시계열 생성
> a <- diff(UKgas)
> b <- diff(a, 4)
> # 차분 계열에 대한 ACF와 PACF 그림
> acf(b); pacf(b)
```

2부 단일 시계열 예측 모형

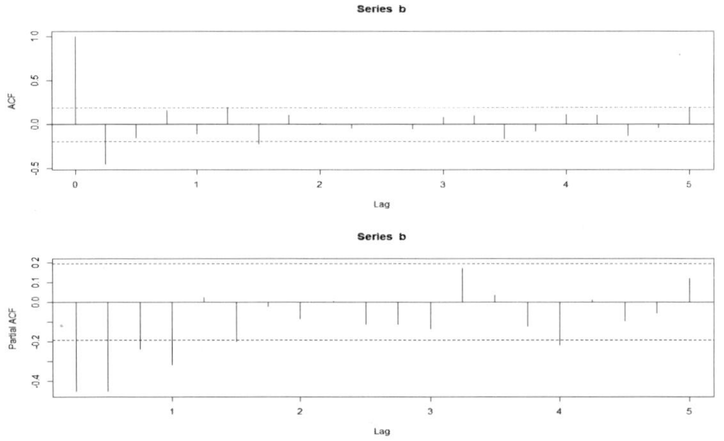

(해석) PACF가 점진적으로 감소하며, ACF가 시차 1에서 유의하게 나타나므로, 1과 4 차분된 계열에 대해 ARMA(0,1)(0,0)[4] 모형이 적합할 것으로 판단된다.

[R 함수: arima( ) 함수의 일반형식]

arima( ) 함수는 시계열 자료에 대해 ARIMA(또는 계절-ARIMA) 모형을 적합한다. 이 함수의 일반형식과 주요 옵션은 다음과 같다.

```
arima(x, order = c(0L, 0L, 0L),
      seasonal = list(order = c(0L, 0L, 0L), period = NA),
      xreg = NULL, include.mean = TRUE,
      method = c("CSS-ML", "ML", "CSS"), ...)
```

- include.mean=TRUE(비차분 계열에 대해 디폴트)는 평균(절편항)을 포함함. 차분 ARIMA 모형에 대해서는 무시됨
- method= 적합 방법을 지정. 디폴트(결측값이 없다면)로 초깃값을 조건부 최소제곱합(CSS)으로 추정 후, 최대가능도(ML) 방법으로 추정함
- fixed= 모수의 수가 길이가 같은 수치형 벡터. 모수를 고정(0) 또는 자유(NA)로 지정

차분(1과 4 차분된) 계열에 대한 ARMA(0,1)(0,0)[4] 모형은 원 계열에 대해 ARIMA(0,1,1)(0,1,0)[4] 모형을 적합하는 것과 동일하다. arima() 함수를 이용하여 이 모형을 적합하면 다음과 같다.

```
> # 계절-ARIMA(SARIMA) 모형 적합.
> (fit.1 <- arima(UKgas, order = c(0,1,1), seasonal = list(order = c(0,1,0))))
```

```
Call:
arima(x = UKgas, order = c(0, 1, 1), seasonal = list(order = c(0, 1, 0)))

Coefficients:
          ma1
      -0.9297
s.e.   0.0336

sigma^2 estimated as 1225:  log likelihood = -513.34,  aic = 1030.67
```

(c) auto.arima( ) 함수를 이용한 모형 적합

R의 auto.arima{forecast} 함수는 AIC, AICc 또는 BIC 기준에 의해 최적의 ARIMA 모형을 적합한다. 디폴트(stepwise=TRUE 옵션)로 다중회귀에서의 단계별 변수 선택과 유사한 방법을 사용한다.

[R 함수: auto.arima{forecast} 함수의 일반형식]

auto.arima{forecast} 함수의 일반형식과 주요 옵션은 다음과 같다.

```
auto.arima(y, d=NA, D=NA, max.p=5, max.q=5,
      max.P=2, max.Q=2, max.order=5, max.d=2, max.D=1,
      start.p=2, start.q=2, start.P=1, start.Q=1,
      stationary=FALSE, seasonal=TRUE,
      ic=c("aicc", "aic", "bic"), stepwise=TRUE, trace=FALSE,
      approximation=(length(x)>100 | frequency(x)>12),
      truncate=NULL, xreg=NULL,
      test=c("kpss","adf","pp"), seasonal.test=c("ocsb","ch"),
      allowdrift=TRUE, allowmean=TRUE, lambda=NULL, biasadj=FALSE,
      parallel=FALSE, num.cores=2, x=y, ...)
```

- d= 차분의 차수. 디폴트는 KPSS 검정에 의함
- D= 계절 차분의 차수. 디폴트는 OCSB 검정에 의함
- max.order= 단계별 모형 선택이 아닌 경우 p+q+P+Q의 최댓값
- stationary=FALSE(디폴트). TRUE이면 정상(stationary) 모형으로 탐색을 제한함
- seasonal=TRUE(디폴트). FALSE이면 비계절 모형으로 탐색을 제한함
- ic= 모형 선택의 기준("information criterion")
- stepwise=TRUE(디폴트)
- trace=FALSE(디폴트). TRUE이면 고려된 ARIMA 모형의 목록이 출력됨

- xreg= 외생 회귀변수로 벡터 또는 행렬. 지정 시 y와 행의 수가 동일하여야 함
- test= 단위근 검정(ndiffs( ) 함수 참고)
- seasonal.test= 계절 단위근 검정(nsdiffs( ) 함수 참고)
- allowdrift=TRUE(디폴트)는 drift 항을 포함한 모형을 고려함
- allowmean=TRUE(디폴트)는 비-영 평균을 가지는 모형이 고려됨

다음은 위의 자료에 대해 R의 auto.arima{forecast} 함수를 이용하여, 자동화된 방법으로 차분을 포함한 최적의 ARIMA 모형의 적합 과정을 보여준다.

```
> ## 모형선택: auto.arima( ) 함수는 자동으로 ARIMA(또는 SARIMA) 모형을 선택해 준다.
> (fit.1 <- auto.arima(UKgas, trace = TRUE, ic = "aicc" ))

 ARIMA(2,1,2)(1,1,1)[4]                    : Inf
 ARIMA(0,1,0)(0,1,0)[4]                    : 1099.253
 ARIMA(1,1,0)(1,1,0)[4]                    : 1079.071
 ARIMA(0,1,1)(0,1,1)[4]                    : 1032.911
 ARIMA(0,1,1)(0,1,0)[4]                    : 1030.795
 ARIMA(0,1,1)(1,1,0)[4]                    : 1032.91
 ARIMA(0,1,1)(1,1,1)[4]                    : Inf
 ARIMA(1,1,1)(0,1,0)[4]                    : 1032.078
 ARIMA(0,1,2)(0,1,0)[4]                    : 1031.488
 ARIMA(1,1,0)(0,1,0)[4]                    : 1077.142
 ARIMA(1,1,2)(0,1,0)[4]                    : 1032.042

 Best model: ARIMA(0,1,1)(0,1,0)[4]

Series: UKgas
ARIMA(0,1,1)(0,1,0)[4]

Coefficients:
          ma1
      -0.9297
s.e.   0.0336

sigma^2 estimated as 1237:  log likelihood=-513.34
AIC=1030.67   AICc=1030.79   BIC=1035.94
```

(해석) 앞서 적합된 모형과 동일한 모형이 최적모형으로 선택되었음을 확인할 수 있다. 모형 선택의 기준으로 사용된 ic="aicc"는 AIC의 변형으로 Consistent AIC(Bozdogan, 1987)이다.

(d) 잔차분석

적합된 모형에 대해 잔차분석을 실시하면 다음과 같다.

```
> par(mfrow=c(2,1))
> acf(residuals(fit.1)); pacf(residuals(fit.1))
```

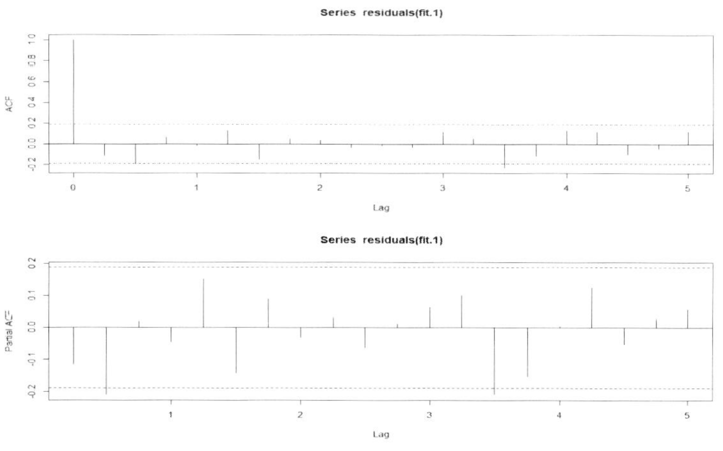

(해석) 잔차에 대한 ACF와 PACF 그림에서 뚜렷한 시계열적인 특징(자기상관 등)이 보이지 않는다.

(e) 모형의 성능 평가와 예측

다음은 적합된 모형에 대한 성능 평가와 예측을 수행한 결과이다.

```
> # 모형의 성능 평가
> library(forecast)
> accuracy(fit.1)
                   ME     RMSE      MAE       MPE     MAPE      MASE      ACF1
Training set 4.710075 34.17599 22.73018 0.1383674 6.902486 0.8073838 -0.115738

> # 적합 모형을 이용한 예측
> forecast(fit.1, 8)
        Point Forecast     Lo 80     Hi 80     Lo 95     Hi 95
1987 Q1      1201.8956 1156.8276 1246.9637 1132.9700 1270.8213
1987 Q2       651.0956  605.9163  696.2750  581.9998  720.1915
1987 Q3       385.3956  340.1052  430.6860  316.1300  454.6613
1987 Q4       820.7956  775.3945  866.1968  751.3606  890.2307
1988 Q1      1239.8913 1173.6484 1306.1341 1138.5816 1341.2010
1988 Q2       689.0913  622.5459  755.6367  587.3188  790.8637
1988 Q3       423.3913  356.5447  490.2379  321.1582  525.6244
1988 Q4       858.7913  791.6448  925.9378  756.0996  961.4830

> plot(forecast(fit.1, 8))
```

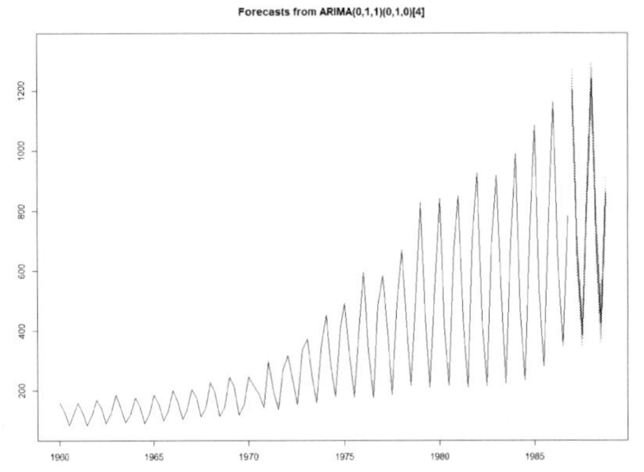

4.3 예제 2 - 월별 자료

예제 2

USAccDeaths{datasets} 자료에 대해 기초분석과 함께 계절-ARIMA 모형을 적합하고, 모형의 성능 평가와 예측을 수행한다.

(a) 기초분석

```
> data(USAccDeaths)
> class(USAccDeaths)
[1] "ts"

> start(USAccDeaths); end(USAccDeaths); frequency(USAccDeaths)
[1] 1973    1
[1] 1978   12
[1] 12

> time(USAccDeaths)
          Jan      Feb      Mar      Apr      May      Jun      Jul      Aug      Sep
1973 1973.000 1973.083 1973.167 1973.250 1973.333 1973.417 1973.500 1973.583 1973.667
1974 1974.000 1974.083 1974.167 1974.250 1974.333 1974.417 1974.500 1974.583 1974.667
1975 1975.000 1975.083 1975.167 1975.250 1975.333 1975.417 1975.500 1975.583 1975.667
1976 1976.000 1976.083 1976.167 1976.250 1976.333 1976.417 1976.500 1976.583 1976.667
1977 1977.000 1977.083 1977.167 1977.250 1977.333 1977.417 1977.500 1977.583 1977.667
1978 1978.000 1978.083 1978.167 1978.250 1978.333 1978.417 1978.500 1978.583 1978.667
```

```
          Oct      Nov      Dec
1973 1973.750 1973.833 1973.917
1974 1974.750 1974.833 1974.917
1975 1975.750 1975.833 1975.917
1976 1976.750 1976.833 1976.917
1977 1977.750 1977.833 1977.917
1978 1978.750 1978.833 1978.917

> ts.plot(USAccDeaths)
> hist(USAccDeaths)
```

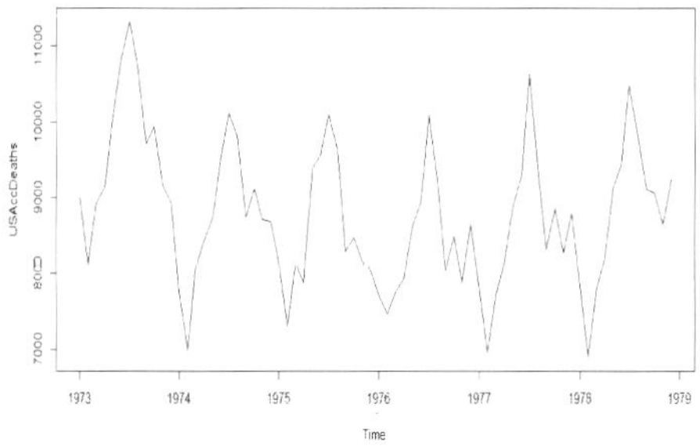

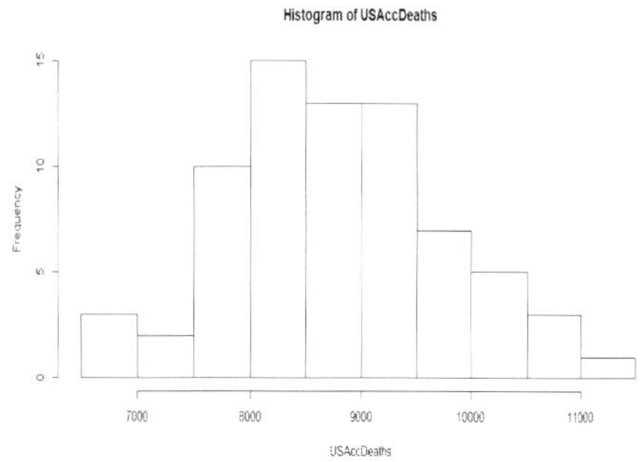


```
> plot(aggregate(USAccDeaths))
> cycle(USAccDeaths)
     Jan Feb Mar Apr May Jun Jul Aug Sep Oct Nov Dec
1973   1   2   3   4   5   6   7   8   9  10  11  12
1974   1   2   3   4   5   6   7   8   9  10  11  12
1975   1   2   3   4   5   6   7   8   9  10  11  12
1976   1   2   3   4   5   6   7   8   9  10  11  12
1977   1   2   3   4   5   6   7   8   9  10  11  12
1978   1   2   3   4   5   6   7   8   9  10  11  12

> boxplot(USAccDeaths~cycle(USAccDeaths))
```

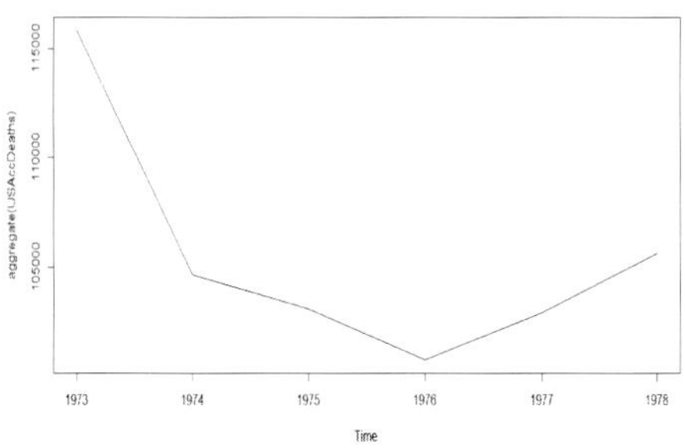

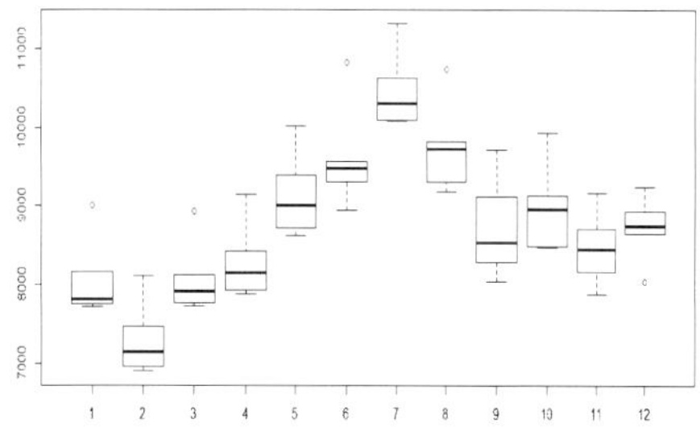

```
> ## 시계열 분해
> d <- decompose(USAccDeaths)
```

```
> plot(d)
> s.d <- stl(USAccDeaths, s.window="period")
> plot(s.d)
```

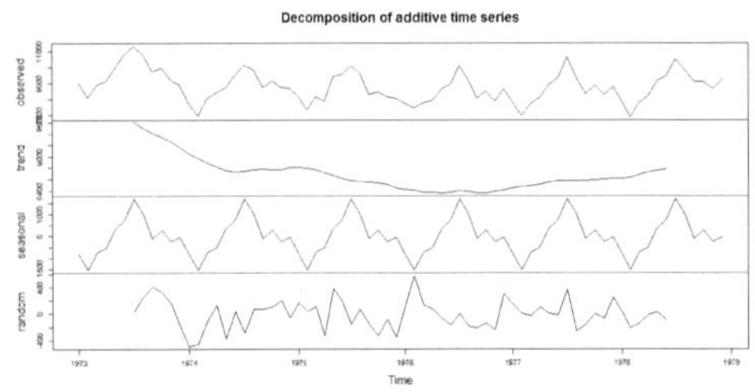

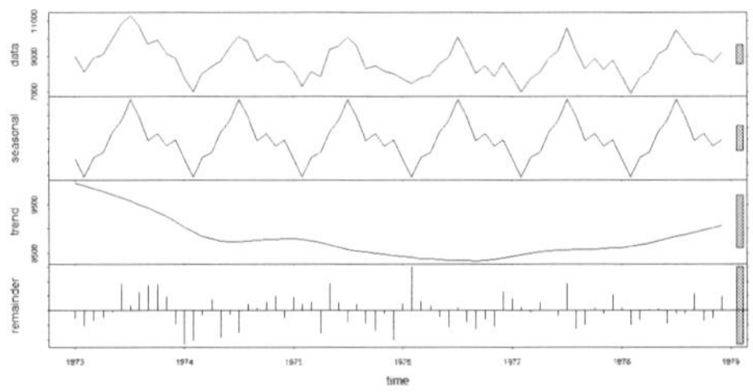

(해석) 위 그림의 해석에서 주의할 점은 y축의 척도가 다르다는 것이다. 위 그림의 추세 곡선도 마치 (하향 후 -> 상승)의 패턴처럼 보이나 실제는 변화가 크지 않다. 다음 그림은 이 현상을 잘 보여준다.

```
> trend <- d$trend
> season <- d$seasonal
> ts.plot(cbind(trend, trend*season), lty=1:2)
```

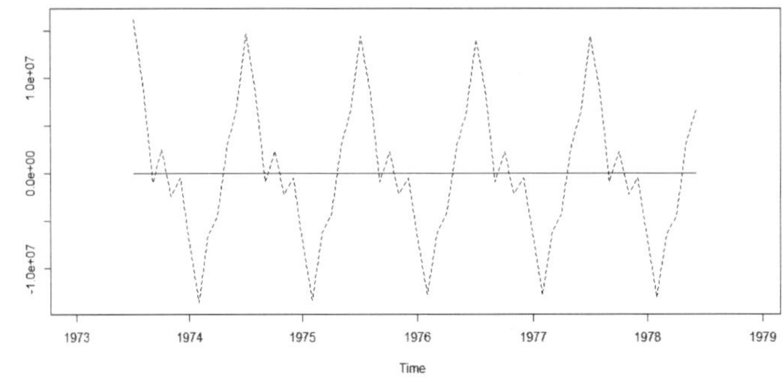


```
> monthplot(USAccDeaths)
```

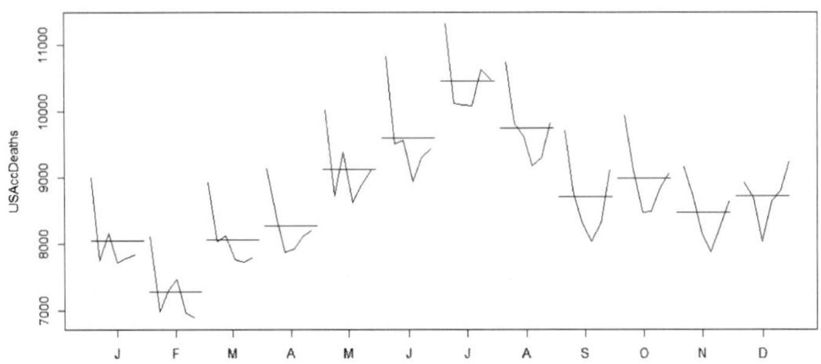

(해석) 사망자 수의 변화가 월별로 다소 다른 패턴을 보인다. 특히, 연중 전반과 후반부의 월별 증감 패턴이 구분됨을 알 수 있다.

```
> library(forecast)
> seasonplot(USAccDeaths)
```

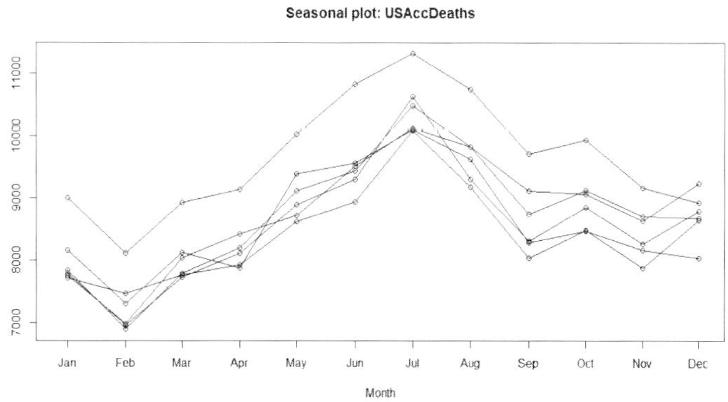

(해석) 다른 해에 비해 특정 연도에 사망자 수가 뚜렷하게 높은 것을 확인할 수 있다.

(b) ARIMA 모형 적합

이제, USAccDeaths 자료에 대해 ARIMA 모형을 적합하기로 하자.

먼저 이 자료의 시도표에서 계절성이 뚜렷하므로 계절차분(12차분)을 통해 정상 시계열로 전환이 필요해 보인다(추세가 있는 경우라면 1차분도 우선적으로 고려함).

R에서 시계열의 정상성을 위해 필요한 차분의 차수결정은 {forecast} 패키지의 ndiffs()와 nsdiffs() 함수를 이용한다.

```
> ## 정상 시계열을 위해 필요한 차분의 차수 결정
> # 필요한 차분의 수
> ndiffs(USAccDeaths, test="adf")    # test=c("kpss", "adf", "pp")
[1] 0
> # 필요한 계절 차분의 수
> nsdiffs(USAccDeaths)    # m=frequency(USAccDeaths): 디폴트 옵션
[1] 1
```

(해석) 시계열의 정상성을 만족시키기 위해 12차분이 필요하다. 1차분은 불필요한 것으로 나타났다.

```
> # 12차분 계열에 대한 ACF와 PACF 그림
> a <- diff(USAccDeaths, 12)
> par(mfrow=c(1,2))
> acf(a); pacf(a)
```

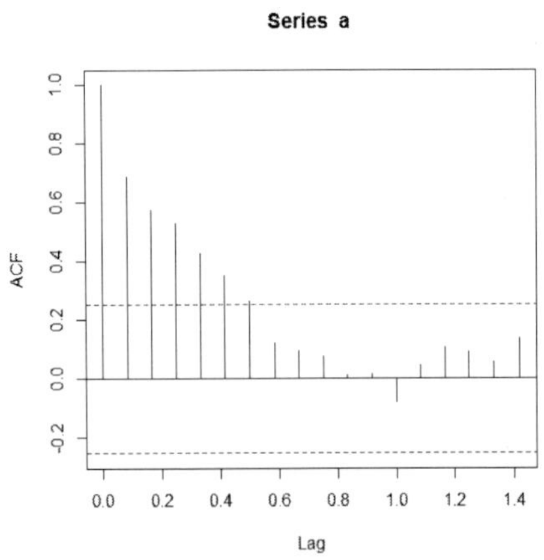

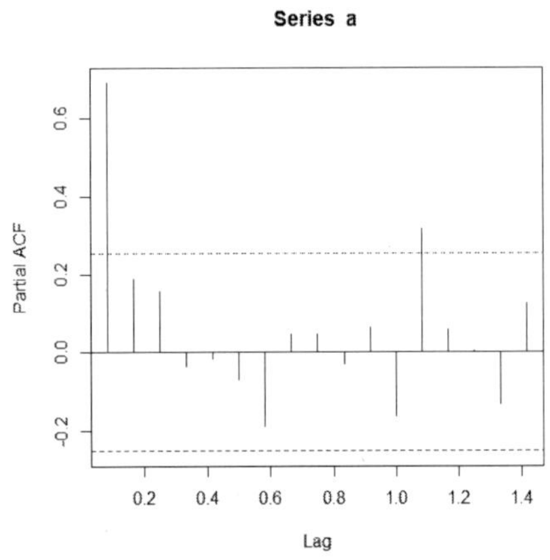

```
> (fit.1 <- auto.arima(USAccDeaths, d = 0, D = 1, trace=TRUE, ic="aicc"))

 Best model: ARIMA(1,0,1)(0,1,1)[12] with zero mean

Series: USAccDeaths
ARIMA(1,0,1)(0,1,1)[12] with zero mean

Coefficients:
         ar1      ma1     sma1
      0.9635  -0.4065  -0.6035
s.e.  0.0443   0.1321   0.2001

sigma^2 estimated as 100840:  log likelihood=-432.36
AIC=872.72   AICc=873.45   BIC=881.1

> ## 원 계열에 대해 최적의 모형 탐색.
> (fit.2 <- auto.arima(USAccDeaths, trace=TRUE, ic="aicc"))

  Best model: ARIMA(0,1,1)(0,1,1)[12]

Series: USAccDeaths
ARIMA(0,1,1)(0,1,1)[12]

Coefficients:
          ma1     sma1
      -0.4303  -0.5528
s.e.   0.1228   0.1784

sigma^2 estimated as 102860:  log likelihood=-425.44
AIC=856.88   AICc=857.32   BIC=863.11
```

(해석) 앞서 적합된 모형과는 다른 모형이 최적모형으로 선택되었다. 즉, 두 개의 모형이 모두 선택 가능한 것으로 판단된다(모형 평가를 통해).

(c) 잔차분석

적합된 모형에 대해 잔차분석을 실시하면 다음과 같다.

```
> # 12차분만 시행한 모형의 잔차
> par(mfrow=c(1,2)); acf(residuals(fit.1)); pacf(residuals(fit.1))
```

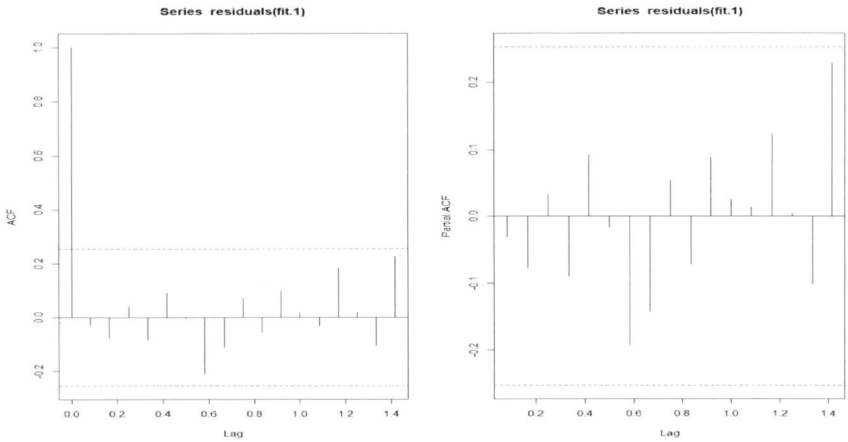

(해석) 잔차에 대한 ACF와 PACF 그림에서 뚜렷한 시계열적인 특징(자기상관 등)이 보이지 않는다.

```
> # 12차분과 1차분을 시행한 모형의 잔차
> par(mfrow=c(1,2)); acf(residuals(fit.2)); pacf(residuals(fit.2))
```

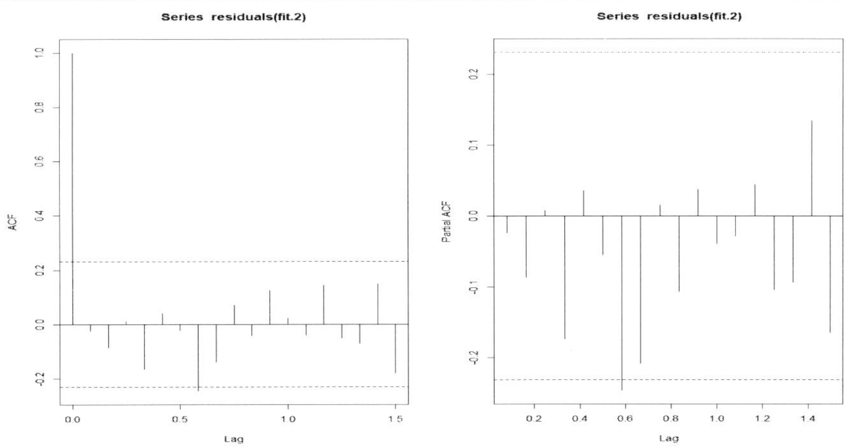

(d) 모형의 성능 평가와 예측

다음은 적합된 모형에 대한 성능 평가와 예측을 수행한 결과이다.

```
> # 모형의 성능 평가
> library(forecast)
> fit.1$aic
[1] 872.7254

> fit.2$aic
[1] 856.88

> round(accuracy(fit.1), 3)
                 ME    RMSE     MAE    MPE  MAPE  MASE   ACF1
Training set -5.205 282.572 201.641 -0.102 2.357 0.461 -0.033

> round(accuracy(fit.2), 3)
                 ME    RMSE     MAE   MPE  MAPE MASE   ACF1
Training set 58.835 285.361 200.952 0.665 2.349 0.46 -0.024

> # 적합 모형을 이용한 예측
> forecast(fit.2, 5)
         Point Forecast    Lo 80     Hi 80    Lo 95     Hi 95

Jan 1979       8336.061 7931.798  8740.324 7717.794  8954.328
Feb 1979       7531.829 7066.619  7997.040 6820.351  8243.307
Mar 1979       8314.644 7795.594  8833.694 7520.825  9108.462
Apr 1979       8616.869 8049.062  9184.676 7748.483  9485.255
May 1979       9488.913 8876.216 10101.609 8551.874 10425.951

> plot(forecast(fit.2, 12))
```

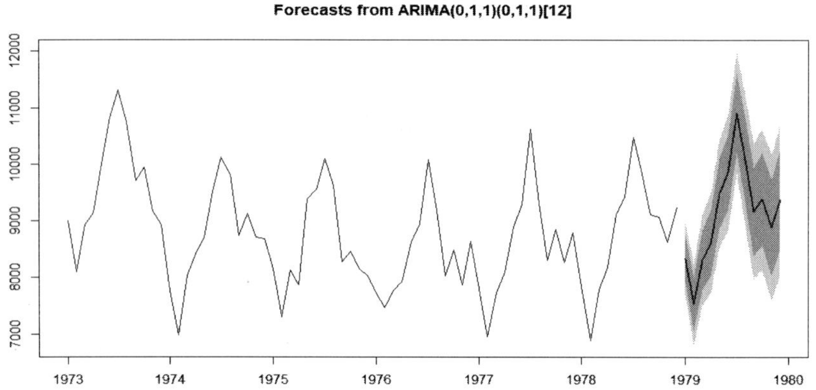

5장 시계열 분석의 주요 개념과 이론

5.1 서론

앞 장에서는 R을 이용한 자료분석의 절차로, 시계열 자료에 대한 ARIMA 모형의 적합 과정을 다루었다. 이 장에서는 이들 분석 과정에서 사용된 주요 시계열 검정법을 소개하고, ARIMA 모형을 통한 미래 예측 및 기타 시계열 분석에서 자주 언급되는 여러 가지 주요 개념을 소개한다.

이 장에서 다루어지는 주요 내용으로는 계열상관의 검정, 단위근과 정상성 검정, AR, MA 및 ARIMA 모형을 통한 미래 예측(forecasting)의 특징을 다룬다. 아울러 소개될 주요 개념 및 내용에는 백색잡음, 약정상성과 강정상성, 확률적 추세와 결정적 추세, 차분-정상과 추세-정상, 단위근, 임의보행, 정상성 조건과 가역성 조건, ARMA 모형의 mean reverting 성질, Integration의 의미, 이분산성 시계열의 정상화, 허구적 회귀 등이 포함된다.

5.2 주요 검정법 소개

5.2.1 계열상관의 검정

시계열 분석에서 자주 사용되는 계열상관(serial correlation)에 대한 두 가지 검정법을 소개한다.

(a) Durbin-Watson 통계량

Durbin-Watson 통계량(d)은 잔차들 간의 계열 의존성(serial dependence)을 나타내는 측도로 $d = \sum_{i=2}^{n}(e_i - e_{i-1})^2 / \sum_{i=1}^{n} e_i^2$ 으로 정의된다. 통계량 d에 대한 해석 기준은 다음의 [표 5.1]과 같다.

[표 5.1] Durbin-Watson 통계량에 대한 해석

DW	〈2	2	〉2
해석	양의 계열상관	계열상관이 없음	음의 계열상관

Durbin-Watson 검정은 일차 자기상관이 영인지에 대한 검정으로, d 통계량에 기초한 검정법이다.

(b) Ljung & Box(1978) 검정

잔차들의 h차수까지의 자기상관이 모두 영인지에 대한 검정, 즉 귀무가설

$$H_0 : \rho_1(e) = \rho_2(e) = \cdots = \rho_h(e) = 0$$

에 대해 검정통계량

$$Q = n(n+2)\Sigma_{k=1}^{h} \frac{\hat{\rho}_k^2(e)}{n-k}$$

이 $\chi_\alpha^2(h-p-q)$보다 크면 귀무가설을 기각한다. 여기서 $\hat{\rho}_k$는 시차(lag) k의 표본자기상관계수이고, h는 검정을 원하는 시차의 크기이며(주로 $h = 1, 3, 5, 10, 20$을 사용), p와 q는 적합된 ARIMA 모형에서의 차수이다. 이 검정은 포트맨토(Portmanteau) 검정으로도 알려져 있다.

5.2.2 단위근 검정과 정상성 검정

시계열 분석에서 단위근(unit root)과 정상성(stationarity)에 대한 검정에는 다소간의 혼란이 존재한다. 다음은 두 검정의 차이를 기술한 것이다.

(a) 단위근 검정: ADF 검정

- 귀무가설: 과정이 단위근("차분 정상성")을 가진다.
- 대립가설: 과정이 단위근을 가지지 않는다. 이것은 (ADF 검정의 버전에 따라) 성상성 또는 추세 정상성을 의미한다.

- 검정법: DF(Dickey-Fuller), ADF(Augmented Dickey-Fuller), PP(Phillips-Perron), Zivot-Andrews, ADF-GLS 검정

(b) 정상성 검정: KPSS 검정

- 귀무가설: 과정이 추세-정상적(trend-stationary)이다.
- 대립가설: 과정이 단위근(unit root)을 가진다.

- 검정법: KPSS(비모수적), Leybourne-McCabe(모수적) 검정

단위근 검정과 정상성 검정은 서로 보완적인 역할을 수행한다. [그림 5.1]은 분석자들의 혼란을 줄이기 위해, 단위근과 정상성에 대한 검정 절차를 제안한 그림이다.

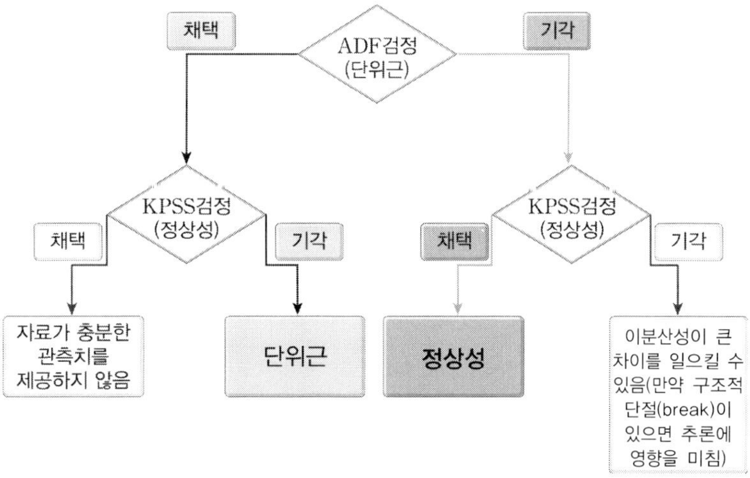

[그림 5.1] 시계열의 단위근과 정상성 검정 절차

R에서 이들 검정을 수행하는 함수에는 adf.test{tseries}, kpss.test{tseries}, pp.test{tseries}, PP.test{stats} 등이 있다. 여기서 주의할 점은 계절 단위근(seasonal unit root)에 대해서는 별도의 검정이 필요하다.

또한, 단위근과 계절 단위근에 대한 검정은 앞서 다룬바 있는 ndiffs()와 nsdiffs() 함수를 이용하면 편리하다. 두 함수는, 단위근(계절 단위근) 검정을 이용하여, 시계열이 정상적이 되기 위해 요구되는 차분 또는 계절 차분의 수를 결정해 준다. 이 함수의 일반형식은 다음과 같다.

```
ndiffs(x, alpha=0.05, test=c("kpss","adf", "pp"), max.d=2)
nsdiffs(x, m=frequency(x), test=c("ocsb","ch"), max.D=1)
```

- test="kpss", "adf", "pp"
- test="seas"(디폴트), "ch", "hegy", "ocsb"

위의 nsdiffs() 함수의 옵션에서 test="ocsb"은 계절 단위근(H_0), test="ch"(Canova-Hansen)는 결정적 계절성(deterministic seasonality)(H_0)에 대한 검정을 수행한다.

예제 1

USAccDeaths 자료에 대해 단위근 및 독립성 검정을 수행한다.

(a) 단위근 검정: adf.test( ) 함수

adf.test( ) 함수는 단위근(또는 차분 정상성) 귀무가설(H_0)에 대한 검정을 수행한다. 대립가설이 정상성(또는 추세 정상성)임에 유의할 필요가 있다.

```
> library(tseries)
> adf.test(USAccDeaths)

	Augmented Dickey-Fuller Test

data:  USAccDeaths
Dickey-Fuller = -3.8221, Lag order = 4, p-value = 0.02268
alternative hypothesis: stationary
```

(해석) 유의수준 5%에서 귀무가설을 기각한다. 즉, 단위근이 존재하지 않는다.

위의 결과는 다음 결과와 일치한다.

```
> ndiffs(USAccDeaths, test="adf")
[1] 0
```

(해석) ADF 검정에 기초한 결과 유의수준 5%에서 차분이 필요하지 않다.

또한, 계절 단위근에 대한 검정은 nsdiffs( ) 함수를 이용할 수 있다.

```
> nsdiffs(USAccDeaths, test="seas")     # m=frequency(USAccDeaths): 디폴트
[1] 1
```

(해석) test="seas"(디폴트) 검정에 기초한 결과 1차 계절 차분이 필요하다. 이 사실은 계절 단위근이 존재한다는 것을 의미한다.

(b) 독립성 검성: Box.test( ) 함수

Box.test( ) 함수는 k차(lag=k옵션)까지의 자기상관이 모두 영(H_o)인지에 대한 Ljung-Box 검정을 수행한다. 이 검정은 Portmanteau 검정 또는 Box-Pierce 검정이라고도 한다.

```
> # 원 자료에 대한 Ljung-Box 검정
> Box.test(USAccDeaths, type="Ljung-Box")     # lag=1(디폴트)

	Box-Ljung test

data:  USAccDeaths
X-squared = 37.56, df = 1, p-value = 8.865e-10

> # 비교: 잔차 계열에 대한 Ljung-Box 검정
> # fit.1 <- arima(USAccDeaths, order = c(0,1,1),
                 seasonal = list(order = c(0,1,1)))
> Box.test(residuals(fit.1), type="Ljung-Box")

	Box-Ljung test

data:  residuals(fit.1)
X-squared = 0.042995, df = 1, p-value = 0.8357
```

5.3* ARIMA 모형의 예측

시계열 자료 $y_1, y_2, \cdots, y_T$가 주어졌을 때, 마지막 시점 T에서 k 시점 후의 예측은 일반적으로

$$\hat{y}_T(k) = E(y_{T+k} | y_1, y_2, \cdots, y_T)$$

을 사용한다. 이 예측을 MMSE(minimum MSE) 예측이라고 한다.

(a) 미래값 y_{T+k}에 대한 신뢰구간:

실제 미래값 y_{T+k}와 예측치 $\hat{y}_T(k)$의 차이를

$$e_{T+k} = y_{T+k} - \hat{y}_T(k)$$

이라고 할 때, y_{T+k}에 대한 95% 신뢰구간은 다음과 같이 주어진다.

$$\hat{y}_T(k) \pm 1.96\sqrt{Var(e_{T+k})}.$$

(b) ARIMA 모형을 통한 미래 예측의 특징:

(i) AR(p) 예측의 특징: $\hat{y}_T(k) \to \mu$ as $k \to \infty$. 즉, 미래 예측값은 점차 $E(y_{T+k}) = \mu$에 가까워진다. 계절 AR(P) 모형의 경우도 동일하다.

(ii) MA(q) 예측의 특징: $\hat{y}_T(k) = \mu$ for $k > q$. 즉, 최종 시점 T에서 q 시차까지만 예측이 가능하다. $q+1$ 이후에는 예측 능력이 없다. 계절 MA(Q) 경우도 유사하다(Q 시차까지만 예측이 가능).

(iii) ARMA(p, q) 예측의 특징: $\hat{y}_T(k) \to \mu$ as $k \to \infty$. 즉, ARMA 모형은 단기 예측에 유효하며, 장기 예측에는 사용할 수 없다. 계절-ARIMA의 경우도 유사하다.

(iv) 이외에도, ARIMA에서 상수항의 포함여부와 누적(Integrate)의 차수 등에 따라 그 결과가 달라진다.

5.4 기타 시계열 분석의 주요 개념

이 절에서는 시계열 분석에서 자주 사용되는 몇 가지 주요 개념과 관련 내용을 소개한다.

2부 단일 시계열 예측 모형

(a) 백색잡음(white noise)이란?

백색잡음은 일정한 평균과 분산을 가지는 무상관인(uncorrelated) 확률변수들의 모임이다.

- [표기법] $\epsilon_t \sim WN(0,\ \sigma^2)$: 평균이 0이고 분산이 σ^2인 백색잡음
- ($i.i.d.\ \ WN$) 만약 모든 $s \neq t$에 대해 ϵ_s와 ϵ_t가 독립이면, $\epsilon_t \sim i.i.d.\ WN(0,\ \sigma^2)$이다.
- (Gaussian $WN \Rightarrow i.i.d.$) 만약 ϵ_t가 정규분포를 따른다면, "무상관 + 정규분포 =〉 독립" 이므로 $\epsilon_t \sim i.i.d.\ \ N(0,\ \sigma^2)$이다.

(b) 강정상성과 약정상성

① (강정상성) 강정상성(strong stationary) 또는 절대(또는 순)정상성(strict stationary)은 엄격한 의미의 정상성(협의의 정상성)으로, 어떠한 시점들에서의 결합확률밀도함수가 시간축을 이동하여도 변하지 않는 경우를 말한다.

② (약정상성) 유한개의 관측값으로 강정상성을 보이는 것은 현실적으로 불가능하므로, 시계열 분석에서는 1, 2차의 적률에 기반한 약정상성을 일반적으로 사용한다. 약정상성은 보다 넓은 의미의 정상성(광의의 정상성)으로 이차정상성(second-order stationary) 또는 공분산정상성(covariance stationary)이라고도 한다.

③ 어떤 시계열이 강정상성을 따르면 약정상성도 만족하나, 그 역은 성립하지 않는다. 다만 시계열이 정규분포를 따르는 경우에는 그 역도 성립한다(즉, 두 정상성은 동치임).

④ 많은 시계열 이론들은 정상성 가정을 전제로 하므로, 정상성이 아닌 시계열은 정상성을 만족하도록 변환을 해주어야 한다.

(c) 확률적 추세와 결정적 추세

결정적 추세(deterministic trend)(또는 비확률적 추세)는 방정식으로 직접 결정할 수 있는 추세이다. 예를 들어, 과정 $y_t = ct + \epsilon_t$은 결정적 추세를 가지며 기댓값은 $E(y_t) = ct$이고, 상수의 분산 $Var(y_t) = \sigma^2$을 가진다($\epsilon_t \sim i.i.d(0,\ \sigma^2)$). 이 계열은 시간에 따라 직선적인 형태를 보이며, 각 점에서 작은 변동을 가지는 형태를 취한다.

반면, 확률적 추세(stochastic trend)는 $y_t = c + y_{t-1} + \epsilon_t(\epsilon_t \sim i.i.d(0, \sigma^2))$의 경우와 같이 과정의 랜덤 성분으로 인해 각 실행에서 변화를 가져올 수 있다. 이 과정은 y_t의 기댓값은 ct로

위와 동일하나($y_0 = 0$), 비-상수인 분산을 가진다($Var(y_t) = t\sigma^2$). 그 이유는 ϵ_t에 의해 생성되는 확률 성분이 y_{t-1}의 합에 의해 시간에 따라 축적되기 때문이다. 이것은 각 반복에서, 확률보행에서와 같이, 매우 다른 실행(결과)을 제공할 수 있다. 많은 반복을 통한 "평균적" 실행은 일반적인 추세를 여전히 따르지만, 훨씬 큰 잡음을 가지며 주어진 임의의 반복에 대해 추세는 사실상 확률적이다.

(d) 차분-정상과 추세-정상 시계열

차분-정상(difference stationary) 시계열은 차분을 통해 정상 시계열이 되는 경우를 말한다. 예를 들어, 순수 임의보행($\Delta y_t = y_t - y_{t-1} = \epsilon_t$)과 상수항을 갖는 임의보행($\Delta y_t = y_t - y_{t-1} = a + \epsilon_t$)은 차분-정상 시계열이다.

추세-정상(trend stationary) 시계열은 비확률적 추세를 가지고 있는 시계열로(예를 들어, $y_t = \beta_0 + \beta_1 t + \epsilon_t$), 비확률적 추세를 제거(detrend)할 경우 정상 시계열이 되는 비정상 시계열을 말한다($y_t - E(y_t) = y_t - (\beta_0 + \beta_1 t) = \epsilon_t$: 정상 시계열).

참고로, 모형 $y_t = \beta_0 + \beta_1 t + y_{t-1} + \epsilon_t$은 "상수항을 갖는 확률보행에 비확률적 추세가 포함된 모형"이다. 즉, 이 모형은 확률적 추세와 비확률적 추세가 모두 포함된 모형이다. 이 모형은 (i) 차분을 해도 여전히 비정상 시계열이며(즉, $\Delta y_t = \beta_0 + \beta_1 t + \epsilon_t$: 비정상), (ii) 차분 계열에 대해 추세를 제거함으로써 정상 시계열을 만들 수 있다($\Delta y_t - E(\Delta y_t) = \epsilon_t$: 정상).

단위근과 추세-정상 과정은 많은 유사한 성질을 가지나, 또한 많은 다른 특징을 가진다. 과정이 '단위근을 가지지 않으나 추세-정상인' 비정상 계열이 가능하다. 단위근과 추세-정상 계열 모두 평균은 시간에 따라 증가 또는 감소할 수 있다. 그러나 충격이 존재할 경우, 단위근 과정은 평균에 영구적인 영향을 가지나(시간의 경과에 따라 수렴이 없음), 추세-정상 과정은 "평균-복귀적(mean-reverting)" 성질을 가진다(즉, 충격은 일시적이며 시계열이 추세에 의해 시간에 따라 결정적으로(deterministically) 변하는 과정의 장기 평균으로 다시 수렴한다).

(e) 단위근(unit root) 과정이란?

단위근은 시계열 모형 등에서 추론에 문제를 일으킬 수 있는 몇몇 확률 과정의 특징 가운데 하나이다. 확률 과정이 단위근을 가진다는 것은 과정의 특성 방정식이 1을 근으로 가지는 경우를 말한다. 이러한 과정은 비정상(non-stationary)이지만 반드시 추세를 가지는 것은 아니다.

특성 방정식의 다른 근들이 단위원 내부에 있으면(즉, 절댓값이 1보다 작으면), 일차 차분만으로 정상 과정이 되나, 그렇지 않은 경우에는 정상 과정이 되기 위해 몇 차에 걸친 차분이 필요하다. 이러한 특징으로 인해 단위근 과정을 "차분-정상(difference stationary)"이라고 한다.

유의

과정의 특성방정식의 근이 1보다 클 때, 그 과정을 폭발(explosive) 과정이라고 한다. 이 경우를 간혹 단위근 과정으로 잘못 부르는 경우가 있다.

(f) 확률보행(또는 임의보행) 과정

확률보행(random walk) 과정은, 경제 시계열에서 자주 나타나는 비정상 시계열 과정의 일종으로, 상수항이 없는 경우(without drift)와 상수항을 갖는 경우(with drift)로 나뉜다.

(i) 상수항이 없는(또는 추세선이 없는) 확률보행(ranom walk without drift) 과정은 다음과 같다.

$$y_t = y_{t-1} + \epsilon_t, \ \epsilon_t \sim WN(0, \sigma^2).$$

이 과정은 임의 충격에 대해 지속성을 가지는 시계열로, 1차 차분을 통해 백색잡음 과정이 된다(즉, 차분-정상이다).

(ii) 상수항을 갖는(또는 추세선을 갖는) 확률보행(random walk with drift) 과정은 다음과 같다.

$$y_t = a + y_{t-1} + \epsilon_t, \ \epsilon_t \sim WN(0, \sigma^2).$$

이 과정은 확률적 추세(stochastic trend)[9]를 가지는 시계열로, 상수항이 0보다 큰 경우에는 위쪽으로, 0보다 작은 경우에는 아래쪽으로 흘러간다(drift). 실제 많은 경제 시계열은 꾸준한 추세를 가지고 있다. 예를 들어, 몇몇 주식의 일일 거래량을 보면 전체 거래량이 증가함에 따라 상승 추세를 가지는 경향이 있다. 이 경우 이러한 상수항(drift)을 모형에 포함시켜야 할 것이다.

[용어] 비정상성, 단위근, 임의 보행은 유사하게 취급될 수 있는 용어이다. 보다 엄밀히, "비정상성⊃ 단위근⊃ 확률보행"의 (차례대로 축소되는) 개념으로 생각할 수 있다.

(g) AR 모형의 정상성 조건(stationary conditions)

정상성 조건(Wald 조건): "정상 과정은 서로 무상관인 확률변수들의 선형결합으로 이루어지며, 그 선형결합의 평균과 분산은 유한하다. 만약 분산이 발산하면 비정상적이다."

---

9) 확률적 추세는 예측 불가능한(unpredictable) 체계적 패턴으로 결정적 추세와는 구분된다.

MA 모형은 자체적으로 정상성을 만족한다. 그 이유는 MA(q) 모형 $y_t = \epsilon_t + \theta_1 \epsilon_{t-1} + \cdots + \theta_q \epsilon_{t-q} = \theta(B)\epsilon_t$은 (i) 서로 무상관인 확률변수들의 선형결합이고, (ii) $Var(y_t) = \sigma^2(1 + \theta_1^2 + \theta_2^2 + \cdots + \theta_q^2) < \infty$이므로 Wald 조건을 만족하기 때문이다.

반면, 다음의 AR 모형

$$y_t = \phi_1 y_{t-1} + \phi_2 y_{t-2} + \cdots + \phi_p y_{t-p} + \epsilon_t \ (\Leftrightarrow \phi(B) y_t = \epsilon_t))$$

의 경우에는 자기회귀계수 $\phi_1, \phi_2, \cdots, \phi_p$에 대한 제약이 없으면 비정상 확률 과정이 된다. 따라서 y_t가 정상성을 만족하기 위해서는 제약조건이 필요하다.

일반적으로 AR(p) 모형의 정상성 조건은 다음과 같다.

"특성방정식 $\phi(B) = 0$의 모든 근의 절댓값이 1보다 커야 한다."

예를 들어, AR(1) 모형의 정상성 조건은 $|\phi| < 1$ 이다[10]. AR(1) 모형에서 평균은 $E(y_t) = 0$이며, $|\phi| < 1$이면 분산 $\gamma(0) = Var(y_t) = \sigma^2/(1-\phi^2)$이 유한하게 된다. (이 사실로부터 공분산은 $\gamma(k) = \phi^k \gamma(0)$이고[11], 자기상관계수는 $\rho(k) = \gamma(k)/\gamma(0) = \phi^k$이 됨을 알 수 있다. 즉, AR(1) 모형이 정상성을 만족하면 k가 커짐에 따라 ACF는 지수적으로 감소함을 알 수 있다.)

AR(p) 모형의 정상성 조건은 AR(p) 모형의 적합 조건으로 이해될 수 있으며, 이 조건은 모형의 계수에 대한 특별한 조건을 요구하나(p가 3 이상이면 비현실적임), ACF가 지수적으로(또는 순환적으로) 감소하는지를 체크함으로써 보다 쉽게 확인할 수 있다.

AR 모형의 ACF 특성으로, AR 모형이 정상성을 만족하면 ACF는 급격히 감소하는 지수함수 또는 사인함수의 형태를 취한다.

(h) MA 모형의 가역성 조건(invertibility conditions)

시계열 모형은 현재의 관측 y_t가 과거의 관측으로 표현될 수 있어야 한다. 그래야만 과거의 자료로 미래의 값을 예측할 수 있기 때문이다. AR 모형($\phi(B) y_t = \epsilon_t$)의 경우에는 모형식 자체가 이 사실이 만족되도록 고안된 모형이다(즉, 특성 함수로 불리는 $\phi(B)$가 식의 좌변에 위치함[12]).

---

10) AR(1) 모형은 다음과 같이 무상관인 확률변수들의 (무한) 선형결합이다.

즉, $y_t = \phi y_{t-1} + \epsilon_t = \phi(\phi y_{t-2} + \epsilon_{t-1}) = \phi^2 y_{t-2} + \phi \epsilon_{t-1} + \epsilon_t = \cdots = \sum_{j=0}^{\infty} \phi^j \epsilon_{t-j}$이다.

11) 공분산에 대한 증명은 이론서를 참고하기 바란다.

12) 특성함수는 후향연산자의 함수로 y_t항에 적용될 경우 과거의 관측들로 전환해 준다.

반면, MA 모형의 경우에는

$$y_t = \epsilon_t + \theta_1 \epsilon_{t-1} + \cdots + \theta_q \epsilon_{t-q} = \theta(B)\epsilon_t$$

와 같이 특성함수가 우변에 위치한다. MA 모형이 가역성(역함수의 존재성)을 만족하기 위해서는

$$\theta^{-1}(B)y_t - \epsilon_t$$

와 같이 특성함수가 좌변에 나타날 수 있어야 한다. 즉, 역함수 $\theta^{-1}(B)$가 존재하여야 과거의 자료로 미래를 예측할 수 있게 된다.

일반적으로 MA(q) 모형의 가역성 조건은, AR 모형의 정상성 조건과 유사하게, 다음과 같다.

"특성방정식 $\theta(B) = 0$의 모든 근의 절댓값이 1보다 커야 한다."

예를 들어, MA(1) 모형의 가역성 조건은 $|\theta| < 1$이다. 즉, $|\theta| < 1$이면

$$(1+\theta B)^{-1} y_t = \epsilon_t \Rightarrow (1 - \theta B + \theta^2 B^2 - \cdots) y_t = \epsilon_t$$
$$\Rightarrow y_t = \theta y_{t-1} - \theta^2 y_{t-2} + \cdots + \epsilon_t$$

가 성립한다[13)]. 다시 말하면, $|\theta| < 1$이므로 현시점의 관측은 과거로 갈수록 영향력이 지수적으로 감소하는 시계열 자료들의 지수평활값(즉, 이동평균값)이 된다. 따라서 MA 모형을 사용할 때 가역성을 가정한다는 것은 과거의 자료일수록 그 효과가 지수적으로 감소한다는 것을 가정함을 의미한다. 만약 가역성이 만족되지 않으면, 모든 과거 시계열 자료들이 동등한 비중으로 현시점 자료에 영향을 미치게 된다.

MA 모형의 가역성 조건은 MA(q) 모형의 적합 조건으로 이해될 수 있으며, 이 조건은 모형의 계수에 대한 특별한 조건을 요구하나(q가 3 이상이면 비현실적임), PACF가 지수적으로(또는 순환적으로) 감소하는지를 체크함으로써 보다 쉽게 확인할 수 있다.

MA 모형의 PACF 특성으로, MA 모형이 가역성을 만족하면 PACF는 급격히 감소하는 지수함수 또는 사인함수의 형태를 취한다.

한편, AR 모형을 적용할 때는 시계열 자료에 비중의 지수적 감소를 가정할 필요가 없다. 왜냐하면 이미 p 시점까지의 과거 자료만이 영향을 미치도록 설계하였기 때문이다.

---

13) 앞서 언급한 바와 같이, 책에 따라 MA 모형의 특성함수 $\theta(B)$의 정의가 다르므로 유의할 것(부호 차이). 여기서는 R에서 사용되는 기호를 사용하였다.

(i) ARMA 모형의 평균 복귀 성질

ARMA 모형은 본질적으로 정상성을 만족한다. 달리 말하면 평균 복귀(mean reverting)의 성질을 가진다. 즉, x_t의 값이 장기 평균보다 크면 다음 값은 아래 방향으로, 장기 평균보다 작으면 위쪽 방향으로 향하는 경향을 가진다. 또한, 이들 모형은 감소하는 자기상관을 가진다. 즉, 만약 관측이 충분히 진행되면 현재의 값은 완전히 잊혀지게 된다.

(j) 누적(Integration)의 의미

추세를 갖는 비정상 시계열은 차분을 통해 정상화된다. 예를 들어, 1차 차분

$$z_t = y_t - y_{t-1}$$

으로부터, 비정상 시계열 y_t는

$$\begin{aligned} y_t &= z_t + y_{t-1} = z_t + (z_{t-1} + y_{t-2}) = z_t + z_{t-1} + y_{t-2} \\ &= \cdots = z_t + z_{t-1} + \cdots + z_1 + y_0 \end{aligned}$$

와 같이 정상 시계열의 누적(integrate)으로 표현된다.

일반적으로, d차 차분을 통해 정상 시계열이 되는 비정상 시계열 y_t을 "d차 누적된(integrated of order d) 계열"이라고 하고, 기호로는 $y_t \sim I(d)$로 표기한다.

(k) 이분산성 시계열의 정상화

이분산성(heteroskedasticity)을 가지는 시계열은 일반적으로 박스-콕스(Box-Cox)의 멱변환(power transformation)을 통해 정상화(안정화)된다.

$$z_t = \begin{cases} \dfrac{y_t^{\lambda} - 1}{\lambda}, & \lambda \neq 0 \\ \log y_t, & \lambda = 0 \end{cases}$$

예를 들어, 아래의 그림은 AirPassengers 자료에 대해 로그 변환을 수행한 결과 분산이 안정화되는 과정을 보여준다.

```
> library(car)
> powerTransform(AirPassengers)     # 박스-콕스 변환의 차수 결정
Estimated transformation parameters
AirPassengers
    0.1480226    # λ ≈ 0.148은 로그변환에 해당

> plot(AirPassengers); plot(log10(AirPassengers))
```

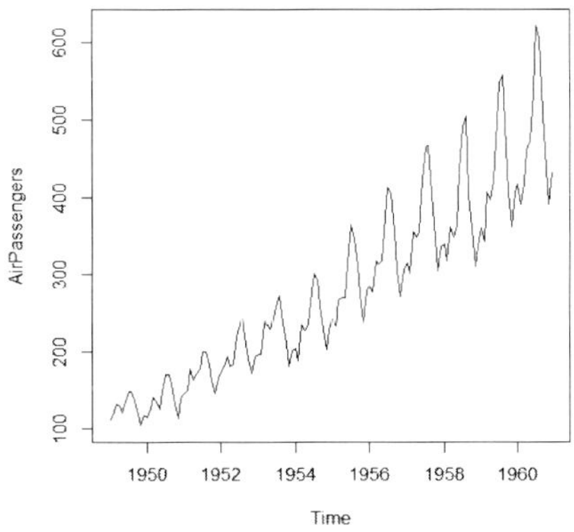

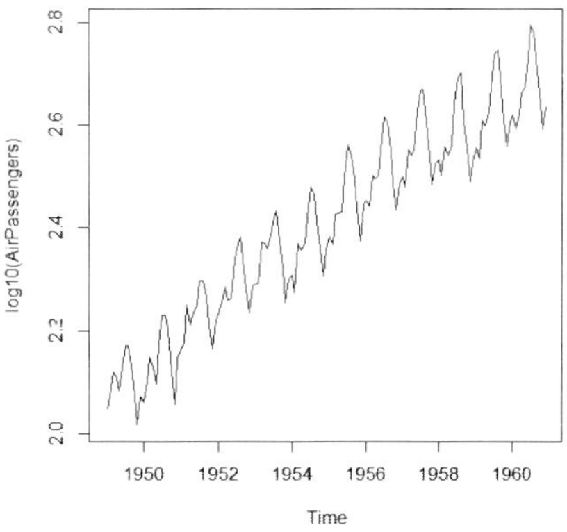

(l) 허구적 회귀

시계열에서 허구적 회귀(spurious regression)는 실제로는 서로 독립적인(아무 관련이 없는) 비정상 시계열 변수 간에 선형회귀모형의 적합결과가 통계적으로 유의미하게 나타나는 경우를 말한다. 예를 들어, 서로 독립인 두 비정상 시계열이 모두 강한 계절성과 추세를 가지는 경우, 이들 간의 선형회귀의 결과는 매우 유의미하게 나타날 수 있다(이때 차분 계열에 대해서는 아무런 유의성이 없는 것으로 나타날 것임). 이러한 결과는 아무런 의미를 갖지 못하며 허구적이므로, 회귀분석에서 매우 주의를 기하여야 한다.

Granger와 Newbold(1974)는 회귀분석에서 R^2값이 (잔차에 대한) DW 값보다 큰 경우에는 허구적 회귀의 가능성을 의심해보아야 한다고 주장한 바 있다.

두 시계열 변수 간의 회귀모형 적합에 대해서는 다음 장에서 다루기로 한다.

3부

여러 개의 시계열 자료에 대한 분석

6장

ARIMA 오차 회귀모형

6.1 서론

앞의 여러 장에 걸쳐 단일 시계열 자료에 대한 분석을 다루었다. 이 장에서는 두 개 이상의 시계열에 대한 분석을 다룬다.

반응변수 시계열을 (동 시차의) 여러 개의 독립변수 시계열로 모형화할 때, 오차항이 서로 연관되는 경우가 발생한다. 이때에는 OLS(또는 WLS)의 방법을 사용할 수가 없으므로, 오차항에 대해 보다 일반화된 구조를 허용하는 일반화최소제곱법(GLS: 6.2절)을 사용하여 회귀계수를 추정한다.

이 장에서는 GLS 추정법을 소개하고, 이에 기반하여 서로 연관된 오차항을 가지는 회귀모형을 소개한다. 먼저 AR 오차를 가지는 회귀모형을 소개하고, 보다 일반화된 모형으로 ARIMA 오차를 가지는 회귀모형을 소개한다.

6.2 일반화최소제곱회귀

일반화최소제곱(generalized least squares, 이하 GLS)법은 상관된 오차(correlated errors)를 가지는 회귀모형을 적합하는 데 유용한 방법이다(회귀의 문제에서 연속된 오차는 서로 상관되는 경우가 자주 발생함). 이 방법은 비정상성(non-stationary)의 평균을 가지는 시계열 자료에 대한 회귀를 수행하거나, 오차항이 ARMA 과정을 따르는 경우의 회귀를 수행할 때 유용하다.

OLS의 경우에는 오차항의 분산에 대해 $\sigma^2 I$ 형태를 가정한다. GLS에서는 오차항에 대해 공분산 행렬 Σ를 가정한다. 만약 Σ가 알려져 있다면, 회귀모형의 양변에 $\Sigma^{-1/2}$를 곱해주면 직접 OLS를 적용할 수 있는 구조로 쉽게 변형된다. 만약 Σ를 모르는 경우라면, (i) 먼저 OLS를 적용하여 회귀계수를 추정한 뒤, (ii) 잔차를 이용하여 Σ를 추정하고, 이 과정을 반복한다. (오차에 대해 정규분포를 가정하에서) 수렴된 값은 최대가능도추정치(MLE)가 된다.

R의 gls{nlme} 함수는 GLS 회귀를 제공한다.

예제 1

longley{datasets} 자료에 대해 GLS 회귀를 수행한다.

```
> library(nlme)
> g <- gls(Employed~GNP+Population, correlation=corAR1( ),data=longley)
> # 위 옵션은 correlation=corARMA(p=1, q=0)과 동일함
> # method="REML"(디폴트). "ML" 옵션 사용 시 다소 차이가 있음
```

[유의] 잔차에 대한 상관구조(correlation= 옵션)를 지정하기 위해서는 먼저 OLS 적합을 실시하고, 잔차에 대한 분석(acf, pacf, Durbin-Watson 검정, Ljung-Box 검정 등)을 통해 ARMA 모형의 차수를 구한 뒤, 이를 위 모형식에 지정한다(이 절차에 대해서는 6.3절을 참고할 것).

```
> summary(g)
Generalized least squares fit by REML    # REML은 Σ에 대한 불편추정량을 제공해줌
  Model: Employed ~ GNP + Population
  Data: longley
       AIC      BIC    logLik
  44.66377 47.48852 -17.33188

Correlation Structure: AR(1)
 Formula: ~1
 Parameter estimate(s):
      Phi
0.6441692    # 일차자기회귀계수의 추정치
```

```
Coefficients:
               Value Std.Error   t-value p-value
(Intercept) 101.85813 14.198932  7.173647  0.0000
GNP           0.07207  0.010606  6.795485  0.0000
Population   -0.54851  0.154130 -3.558778  0.0035

 Correlation:    # 계수 추정량들 간의 상관계수 추정
           (Intr) GNP
GNP         0.943
Population -0.997 -0.966

Standardized residuals:
       Min         Q1        Med         Q3        Max
-1.5924564 -0.5447822 -0.1055401  0.3639202  1.3281898

Residual standard error: 0.689207
Degrees of freedom: 16 total; 13 residual

> round(intervals(g)$coef, 2)
             lower   est.  upper
(Intercept) 71.18 101.86 132.53
GNP           0.05   0.07   0.09
Population   -0.88  -0.55  -0.22
attr(,"label")
[1] "Coefficients:"

> round(intervals(g)$corStruct, 2)
    lower est. upper
Phi -0.44 0.64  0.96
attr(,"label")
[1] "Correlation structure:"
```

[참고] OLS 추정과의 비교

```
> # OLS 추정 결과
>  o <- lm(Employed ~GNP + Population, data=longley)
>  summary(o, cor=T)

Call:
lm(formula = Employed ~ GNP + Population, data = longley)

Residuals:
     Min       1Q    Median       3Q      Max
-0.80899 -0.33282 -0.02329  0.25895  1.08800
```

```
Coefficients:
             Estimate Std. Error t value Pr(>|t|)
(Intercept) 88.93880   13.78503   6.452 2.16e-05 ***
GNP          0.06317    0.01065   5.933 4.96e-05 ***
Population  -0.40974    0.15214  -2.693   0.0184 *

---
Signif. codes:  0 '***' 0.001 '**' 0.01 '*' 0.05 '.' 0.1 ' ' 1

Residual standard error: 0.5459 on 13 degrees of freedom
Multiple R-squared:  0.9791,       Adjusted R-squared:  0.9758
F-statistic: 303.9 on 2 and 13 DF,  p-value: 1.221e-11

Correlation of Coefficients:
           (Intercept) GNP
GNP         0.98
Population -1.00       -0.99

> # 신뢰구간 비교
> round(confint(o), 2)
            2.5 % 97.5 %
(Intercept) 59.16 118.72
GNP          0.04   0.09
Population  -0.74  -0.08

> # 두 모형 간의 비교
> anova(g, o)
  Model df      AIC      BIC    logLik   Test  L.Ratio p-value
g     1  5 44.66377 47.48852 -17.33188
o     2  4 46.38923 48.64903 -19.19462 1 vs 2 3.725466  0.0536
```

(해석) 두 모형 간에 무시할 수 없는 유의성이 존재하며, BIC 등의 측도에서 GLS 방법이 다소 우수하다. 계수 추정값과 표준오차에서 큰 차이를 보이지는 않는다.

GLS를 이용한 회귀계수 추정의 다른 예는 다음 절(ARIMA 오차를 가지는 회귀)을 참고하기 바란다.

6.3 ARIMA 오차 회귀모형

시계열 변수에 대해 회귀를 수행할 때, 오차(잔차)가 시계열 구조를 가지는 경우가 흔히 발생한다. 이 경우에는 OLS 회귀에서의 오차항에 대한 독립성 가정이 위배된다. 즉, 오차의 시계열 구조를 무시하게 되면, 회귀계수의 추정치와 표준오차가 잘못 추정된다.

오차가 자기회귀(AR) 구조(또는 더 일반화된 ARIMA 구조)를 가질 때, 회귀계수와 표준오차를 조정(adjust)할 수 있다.

6.3.1 자기회귀(AR) 오차를 가지는 회귀모형

시계열 변수 y_t와 x_t에 대해, 자기회귀 오차를 가지는 단순선형회귀모형은 다음과 같이 표현된다.

$$y_t = \beta_0 + \beta_1 x_t + \epsilon_t,$$
$$\epsilon_t = \phi_1 \epsilon_{t-1} + \phi_2 \epsilon_{t-2} + \cdots + w_t, \quad w_t \sim i.i.d.\ N(0, \sigma^2)\ .$$

만약 $\Phi(B) = 1 - \phi_1 B - \phi_2 B^2 - \cdots$ 이라고 하면, 오차항에 대한 AR 모형은 다음과 같이 표현된다.

$$\Phi(B)\epsilon_t = w_t.$$

만약 역연산자 $\Phi^{-1}(B)$가 존재한다면, $\epsilon_t = \Phi^{-1}(B) w_t$ 이다. 따라서 위 모형은 다음과 같이 표현된다.

$$y_t = \beta_0 + \beta_1 x_t + \Phi^{-1}(B) w_t, \tag{1}$$

여기서 w_t는 백색잡음(white noise) 계열이다.

Note. 위 모형은 예측 시계열이 여러 개인 다중선형회귀모형으로 자연스럽게 확장될 수 있다. 또한 시간(t)에 따라 선형적인 추세가 있는 경우에는, 시간(t) 자체가 하나의 독립 시계열로 모형에 포함될 수 있다(예를 들어, $y_t = \beta_0 + \beta_1 t + \beta_2 x_t + \epsilon_t$). 참고로, R의 모형식 표현에서 시간($t$) 변수를 예측변수로 추가할 때는 time(예측변수) 함수가 유용하다.

모형적합 절차(Cochrane–Orcutt Procedure)

앞의 식 (1)의 양변에 $\Phi(B)$를 곱하면

$$\Phi(B)y_t = \Phi(B)\beta_0 + \beta_1\Phi(B)x_t + w_t \qquad (2)$$
$$\Leftrightarrow y_t^* = \beta_0^* + \beta_1 x_t^* + w_t$$

이다. 여기서 y_t^*, x_t^*, β_0^*는 다음과 같다.

$$\begin{aligned} y_t^* &= \Phi(B)y_t = y_t - \phi_1 y_{t-1} - \cdots - \phi_p y_{t-p}, \\ x_t^* &= \Phi(B)x_t = x_t - \phi_1 x_{t-1} - \cdots - \phi_p x_{t-p}, \\ \beta_0^* &= \Phi(B)\beta_0 = (1-\phi_1 - \cdots - \phi_p)\beta_0. \end{aligned}$$

Note. 위의 마지막 식으로부터 β_0는 시간에 따라 변하지 않는 미지의 상수임을 나타낸다. 즉, 어떤 후향연산자(B)에도 영향을 받지 않음을 알 수 있다.

모형 (2)에서 w_t는 백색잡음 계열이므로 통상적인 OLS 방법으로 모형을 적합할 수 있다. 모형 (2)의 적합 결과를 이용하여 모형 (1)의 회귀계수의 추정치를, 다음의 반복적인 방법으로 조정(adjust)해 나간다.

- 모형 (2)로부터 추정된 $\hat{\beta}_1$은 모형 (1)에서 기울기 모수에 대한 수정된 추정치가 된다(표준오차 역시 수정이 된다).
- 모형 (1)의 절편항의 추정치 조정은 $\beta_0^* = (1-\phi_1 - \cdots - \phi_p)\beta_0$ 관계로부터 다음과 같이 수행된다(표준오차에 대한 수정도 수행된다).

$$\hat{\beta}_0 = \frac{\hat{\beta}_0^*}{1-\hat{\phi}_1 - \cdots - \hat{\phi}_p}.$$

표준오차 역시 다음과 같이 조정된다.

$$s.e.(\hat{\beta}_0) = \frac{s.e.(\hat{\beta}_0^*)}{1-\hat{\phi}_0 - \cdots - \hat{\phi}_p}.$$

즉, 위의 과정을 추정치가 수렴할 때까지 반복하여 회귀계수(와 표준오차)에 대한 추정치를 얻게 된다.

예제 2 (경제 측도 자료)

분석에 사용될 자료는 어느 나라의 76년($n = 76$)에 걸친 경제 상태의 측도 자료(y)이다. 예측변수(x)는 선행 경제 상태를 나타내는 변수이다.

```
> x = ts(scan("C:/econ_x.dat"))
> y = ts(scan("C:/econ_y.dat"))
> par(mfrow=c(2,1)); plot.ts(x); plot.ts(y)
```

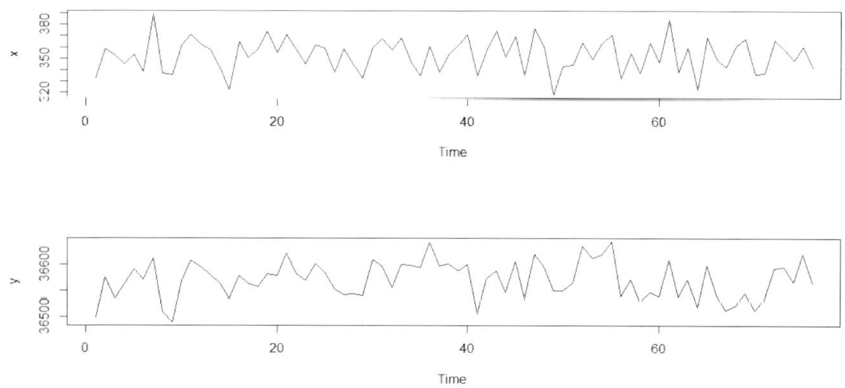

```
> plot.ts(x, y, xy.lines=F, xy.labels=F)
```

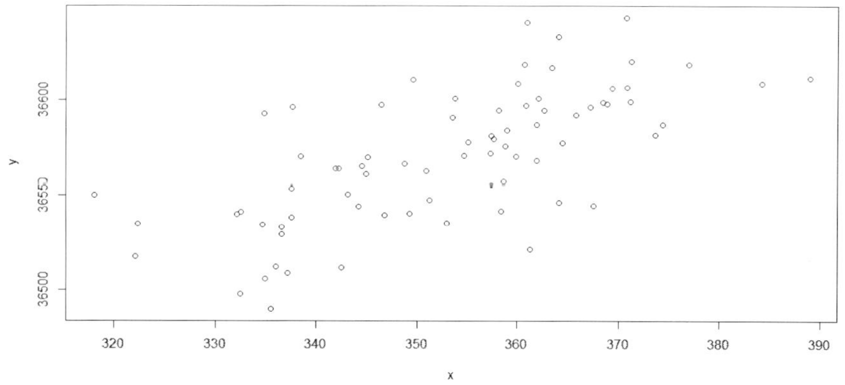

[단계 1] OLS 회귀적합: 동 시간에서 두 변수 간의 선형회귀 관계를 추정

```
> reg <- lm(y~x)
> summary(reg)

Call:
lm(formula = y ~ x)

Residuals:
    Min      1Q  Median      3Q     Max
-61.998 -16.403   2.365  12.663  57.931

Coefficients:
             Estimate Std. Error t value Pr(>|t|)
(Intercept) 3.600e+04  7.152e+01 503.377  < 2e-16 ***
x           1.610e+00  2.023e-01   7.957 1.56e-11 ***
---
Signif. codes:  0 '***' 0.001 '**' 0.01 '*' 0.05 '.' 0.1 ' ' 1

Residual standard error: 25.83 on 74 degrees of freedom
Multiple R-squared:  0.4611,	Adjusted R-squared:  0.4538
F-statistic: 63.31 on 1 and 74 DF,  p-value: 1.565e-11
```

(해석) 회귀식은 유의하나, 설명력은 높지 않은 수준이다.

위의 OLS 회귀에서 time(x) 변수를 추가한 결과(즉, lm(y~x+time(x)), time(x) 변수는 유의하지 않아 시간에 따른 선형적인 변화(추세)는 없는 것으로 나타났다(결과는 생략).

[단계 2] 잔차의 AR 구조 파악

```
> library(astsa)
> acf2(residuals(reg))
      ACF  PACF
 [1,] 0.64  0.64
 [2,] 0.36 -0.07
 [3,] 0.08 -0.20
 ......
[18,] 0.12  0.10
[19,] 0.10 -0.08
```

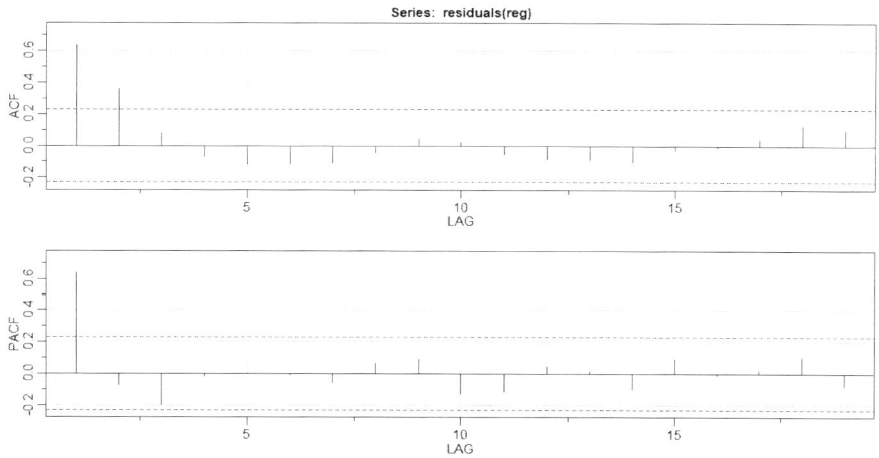

(해석) 잔차에 대한 ACF와 PACF 그림으로부터, 오차는 AR(1) 구조를 따르는 것으로 보인다.

[단계 3] AR 계수 추정: 잔차를 적합하는 AR(1) 모형의 계수를 추정하고, 모형 진단 결과도 함께 제시함

```
> ar1res <- sarima(residuals(reg), 1,0,0, no.constant=T)    # AR(1) 모형 적합
initial  value 3.229004
iter   2 value 2.958676
iter   3 value 2.958511
......
converged
```

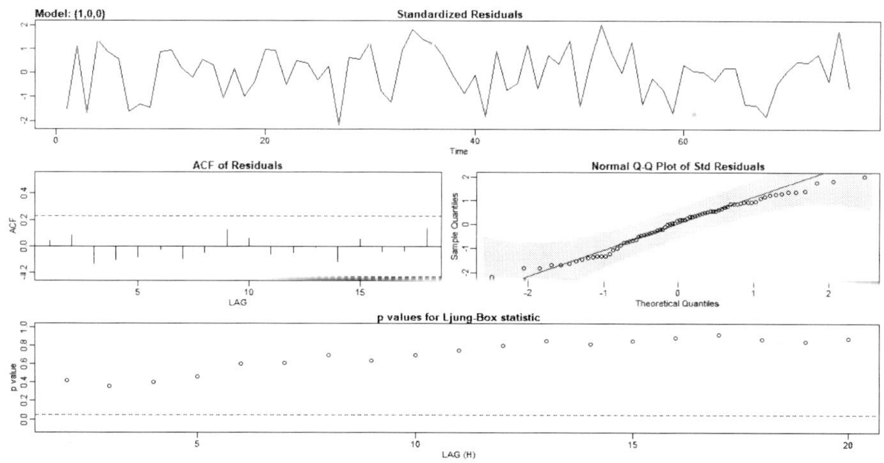

```
> ar1res
$fit

Call:
stats::arima(x = xdata, order = c(p, d, q), seasonal = list(order = c(P, D,
    Q), period = S), xreg = xmean, include.mean = FALSE, transform.pars = trans,
    fixed = fixed, optim.control = list(trace = trc, REPORT = 1, reltol = tol))

Coefficients:
         ar1
      0.6488
s.e.  0.0875

sigma^2 estimated as 378.1:  log likelihood = -333.64,  aic = 671.29

$degrees_of_freedom
[1] 75

$ttable
    Estimate     SE t.value  p.value
ar1   0.6488 0.0875  7.4136        0

$AIC
[1] 8.832745

$AICc
[1] 8.833456

$BIC
[1] 8.89408
```

(해석) AR(1) 모형의 계수 추정치는 0.6488이고, 추정치의 표준오차는 0.0875이다.

[단계 4] 변수 생성: [단계 3]의 결과를 이용하여 새로운(조정된) 변수를 다음과 같이 생성한다.

$$x_t^* = x_t - 0.6488\, x_{t-1}.$$

$$y_t^* = y_t - 0.6488\, y_{t-1}.$$

```
> x1 <- ts.intersect(x, lag(x, -1))
> y1 <- ts.intersect(y, lag(y, -1))
> x1; y1
Time Series:
Start = 2
```

```
End = 76
Frequency = 1
         x lag(x, -1)
 2 358.8267   332.4641
 3 352.9803   358.8267
 4 345.0131   352.9803
 ......
75 360.6929   348.8217
76 342.3065   360.6929
Time Series:
Start = 2
End = 76
Frequency = 1
         y lag(y, -1)
 2 36575.77   36497.94
 3 36535.10   36575.77
 4 36561.26   36535.10
 ......
75 36618.92   36566.72
76 36564.12   36618.92

> xnew <- x1[,1] - 0.6488*x1[,2]
> ynew <- y1[,1] - 0.6488*y1[,2]
```

[단계 5] 조정된 변수에 대해 OLS 회귀 적합

```
> adj_reg <- lm(ynew ~ xnew)
> summary(adj_reg)

Call:
lm(formula = ynew ~ xnew)

Residuals:
    Min      1Q  Median      3Q     Max 
-43.496 -12.986   2.837  15.272  38.594 

Coefficients:
             Estimate Std. Error t value Pr(>|t|)    
(Intercept) 1.264e+04  1.476e+01  856.50   <2e-16 ***
xnew        1.635e+00  1.174e-01   13.93   <2e-16 ***
---
Signif. codes:  0 '***' 0.001 '**' 0.01 '*' 0.05 '.' 0.1 ' ' 1

Residual standard error: 19.51 on 73 degrees of freedom
Multiple R-squared:  0.7266,	Adjusted R-squared:  0.7228 
F-statistic:   194 on 1 and 73 DF,  p-value: < 2.2e-16
```

(해석) 모형 $y_t^* = \beta_0^* + \beta_1 x_t^* + w_t$ 에 대한 OLS 추정 결과이다. 모형이 유의하며 기울기는 1.635, 표준오차는 0.1174로 추정되었으며, 이는 원 모형에 대한 조정된 추정치이다. 원 모형의 절편에 대한 조정된 추정치와 표준오차는 각각 $12640/(1-0.6488)=35990.89$와 $14.76/(1-0.6488)=42.03$이다. 이 과정은 수렴이 이루어질 때까지 반복된다.

```
> acf2(residuals(adj_reg))
       ACF  PACF
 [1,] 0.06 0.06
 [2,] 0.05 0.04
......
[19,] 0.13 0.08
```

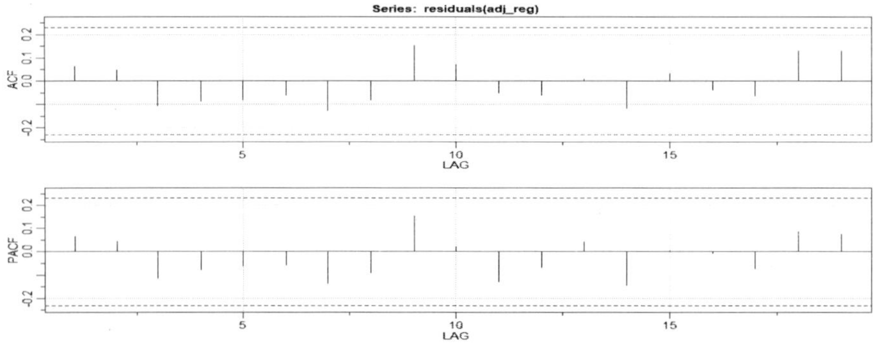

R의 cochrane.orcutt{orcutt} 함수를 이용하면 [단계 1]~[단계 5]의 과정을 쉽게 수행할 수 있다.

```
> install.packages("orcutt")
> library(orcutt)
> cochrane.orcutt(reg)
Cochrane-orcutt estimation for first order autocorrelation

Call:
lm(formula = y ~ x)

 number of interaction: 4
 rho 0.63843

Durbin-Watson statistic
(original):    0.69523 , p-value: 4.72e-11
(transformed): 1.83115 , p-value: 2.515e-01

 coefficients:
 (Intercept)           x
35994.746022    1.634731
```

```
> summary(cochrane.orcutt(reg))
Call:
lm(formula = y ~ x)

             Estimate Std. Error t value  Pr(>|t|)
(Intercept) 3.5995e+04 4.2214e+01 852.683 < 2.2e-16 ***
x           1.6347e+00 1.1804e-01  13.849 < 2.2e-16 ***
---
Signif. codes:  0 '***' 0.001 '**' 0.01 '*' 0.05 '.' 0.1 ' ' 1

Residual standard error: 19.5127 on 73 degrees of freedom
Multiple R-squared:  0.7243 ,  Adjusted R-squared:  0.7205
F-statistic: 191.8 on 1 and 73 DF,  p-value: < 4.097e-22

Durbin-Watson statistic
(original):     0.69523 , p-value: 4.72e-11
(transformed): 1.83115 , p-value: 2.515e-01
```

(해석) 기울기 추정치 1.635와 이의 표준오차 0.11804는 원 모형에 대한 조정된 추정치이다. 따라서 y_t와 x_t 간의 추정된 관계식은 $y_t = 35995 + 1.635x_t$ 이고, 오차에 대한 추정된 관계식은 $e_t = 0.6384\, e_{t-1} + w_t$이다. 여기서 예측된 y는 동 시차 x의 선형함수이고, 잔차는 전 시차의 영향을 받는 점에 주목하기 바란다.

이 절에서 소개한 Cochrane-Orcutt 절차는 잔차제곱합이 항상 최소로 되지는 않는 잠재적인 문제점을 가지므로, 다음 절에 소개되는 보다 일반화된 방법을 사용한다.

6.3.2 ARIMA 오차를 가지는 회귀모형

ARIMA 오차를 가지는 회귀모형 역시 OLS 추정에 의한 회귀계수와 표준오차를 갱신(조정)해 나가는 과정이 위의 방법과 유사하다. (i) 먼저, 회귀모형(예: $y_t = \beta_0 + \beta_1 t + \beta_2 x_t + \epsilon_t$)에 대해 OLS 추정을 실시한다. (ii) 잔차에 대해 ARIMA 구조를 파악한다. (iii) 잔차가 ARIMA 구조를 가지면, 잔차에 대해 ARIMA 추정을 사용하여 회귀모형을 동시에 추정한다(최대가능도 방법으로). (iv) (iii)에서 적합된 회귀모형에 대해 잔차 구조를 파악한다. 만약 백색잡음이 만족되면 모형적합을 끝내고, 그렇지 않으면 잔차가 백색잡음을 만족할 때까지 오차에 대해 ARIMA 적합을 통한 조정(수정)을 반복한다.

R의 gls{nlme}와 arima( ) 또는 sarima{astsa} 함수를 이용하여 ARIMA(또는 상관된) 오차를 가지는 회귀모형을 적합할 수 있다. (반면 cochrane.orcutt{orcutt} 함수는 오차가 일차자기상관(AR(1))을 가지는 경우에 한해 Cochrane-Orcutt 절차를 수행한다.)

gls{nlme}와 arima( ) 함수의 사용법은 다음과 같다.

- gls{nlme} 함수 이용: 이 방법은 오차가 임의의 상관구조 행렬을 가지는 경우에 회귀계수를 추정하는 방법(일반화최소제곱법)으로, 시계열 구조(를 가지는 오차)에만 국한되는 방법이 아닌 보다 일반적인 방법이라고 할 수 있다. method="ML"을 사용할 경우, 아래의 arima( )의 경우와 동일한 결과를 제공한다(디폴트는 method="REML"임).

```
library(nlme)
gls(y ~ x1 + x2, correlation=corARMA(p=p, q=q), method="ML")
```

- arima( ) 함수 이용: 이 방법은 보다 빠른 방법으로, seasonal=list(order=c(P,D,Q)) 옵션을 추가하여 SARIMA 오차 회귀모형까지 적합 가능하다.

```
arima(y, order=c(p, d, q), xreg=X)
```

예제 3 ([예제 2]의 계속)

AR(1) 오차를 가지는 회귀모형을 gls{nlme}와 arima( ) 함수를 이용하여 적합하는 방법을 소개한다. 모형을 갱신하는 방법과 모형 간의 성능비교도 함께 제시한다.

(a) gls{nlme} 함수 이용: 오차분산 Σ(ARMA 구조를 포함)를 가지는 회귀적합

```
> library(nlme)
> gls <- gls(y~x, correlation=corARMA(p=1, q=0), method="ML")
> summary(gls)
Generalized least squares fit by maximum likelihood
  Model: y ~ x
  Data: NULL
       AIC      BIC    logLik
  675.1457 684.4686 -333.5728

Correlation Structure: AR(1)
 Formula: ~1
 Parameter estimate(s):
      Phi
0.6495928
```

```
Coefficients:
               Value Std.Error  t-value p-value
(Intercept) 35986.29  42.02166 856.3748       0
x               1.65   0.11788  14.0151       0

 Correlation:
  (Intr)
x -0.989

Standardized residuals:
        Min          Q1         Med          Q3         Max
-2.41574987 -0.64497524  0.09649042  0.52680591  2.27864192

Residual standard error: 25.54999
Degrees of freedom: 76 total; 74 residual
```

(해석) [예제 2]의 결과와 유사하다.

```
(b) arima( ) 함수 이용

> arima <- arima(y, order=c(1,0,0), xreg=cbind(x))
> arima

Call:
arima(x = y, order = c(1, 0, 0), xreg=cbind(x))

Coefficients:
         ar1  intercept  cbind(x)
      0.6496 35986.2860    1.6521
s.e.  0.0874    41.4672    0.1163

sigma^2 estimated as 377.3:  log likelihood = -333.57,  aic = 675.15


> # 모형비교 및 개선
> anova(gls, reg)    # OLS와 GLS 회귀모형의 비교
    Model df      AIC      BIC    logLik   Test  L.Ratio p-value
gls     1  4 675.1457 684.4686 -333.5728
reg     2  3 713.8736 720.8658 -353.9368 1 vs 2 40.72795  <.0001
```

(해석) AR(1) 오차를 가지는 회귀모형(gls)의 성능이 OLS 회귀모형보다 성능이 우수하다(그 차이가 통계적으로 유의하다).

```
> # update( ) 함수를 이용한 모형 갱신
> gls.1 <-  update(gls, correlation=corARMA(p=1,q=1))
> anova(gls.1, gls)
      Model df      AIC      BIC    logLik   Test   L.Ratio p-value
gls.1     1  5 676.7411 688.3948 -333.3706
gls       2  4 675.1457 684.4686 -333.5728 1 vs 2 0.4045304  0.5248
```

(해석) 오차에 대해 ARMA(1,1)과 AR(1) 모형의 적용 간에 유의한 차이가 없다. 따라서 보다 단순한 AR(1) 모형을 선택한다(AIC 등의 기준 값도 더 작음).

예제 4

분석에 사용될 자료는 가상의 자료로, 예측변수 x와 반응변수 y로 이루어진 100개의 연간 자료이다.

```
> library(astsa)
> x=ts(scan("C:/sim_x.dat"))
> y=ts(scan("C:/sim_y.dat"))
> par(mfrow=c(2,1)); plot.ts(x); plot.ts(y)
```

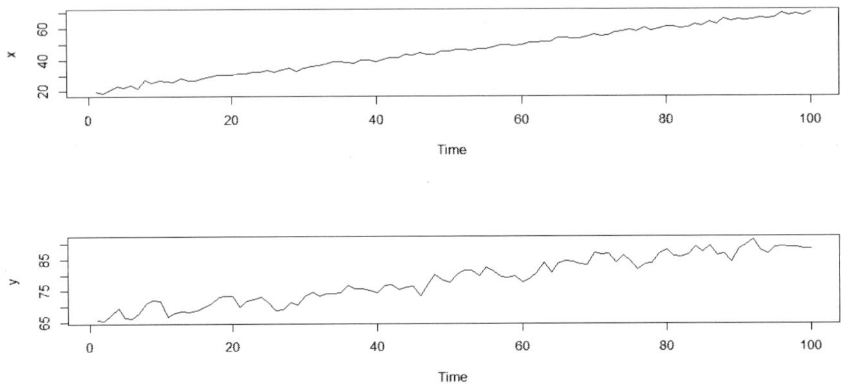


```
> par(mfrow=c(1,1))     # plot.ts(x, y, xy.lines=F, xy.labels=F)
> plot(x, y, pch=20)
```

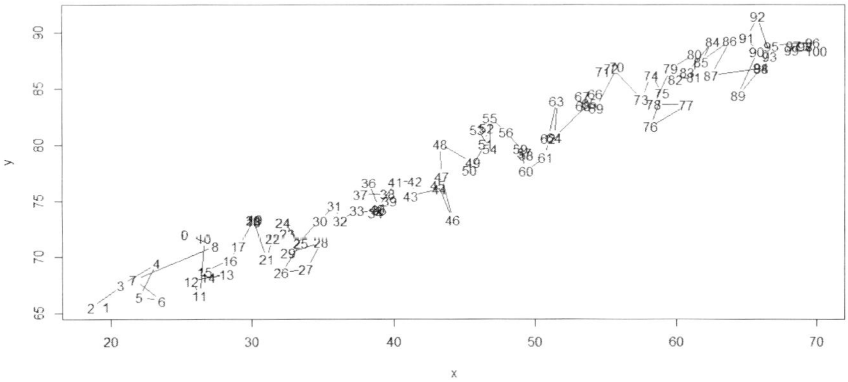

[단계 1] 통상의 회귀모형 적합

```
> trend <- time(y)
> reg <- lm(y~trend+x)    # 1차 OLS 회귀
> summary(reg)

Call:
lm(formula = y ~ trend + x)

Residuals:
    Min      1Q  Median      3Q     Max
-4.4976 -1.1249 -0.1936  1.3783  3.4412

Coefficients:
            Estimate Std. Error t value Pr(>|t|)
(Intercept) 57.76368    3.84726  15.014   <2e-16 ***
trend        0.03450    0.09416   0.366    0.715
x            0.41798    0.18859   2.216    0.029 *
---
Signif. codes:  0 '***' 0.001 '**' 0.01 '*' 0.05 '.' 0.1 ' ' 1

Residual standard error: 1.774 on 97 degrees of freedom
Multiple R-squared:  0.9416,       Adjusted R-squared:  0.9404
F-statistic: 782.1 on 2 and 97 DF,  p-value: < 2.2e-16
```

(해석) 추세가 유의하지 않다. 그러나 x 또한 시간에 따라 증가하고 있으며 시간과 강한 상관을 보인다 $(r = 0.998)$. 예측변수 x와 t 간의 다중공선성을 줄이기 위해 x에서 추세를 제거하고, 추세 제거된 (de-trended) x(여기서는 dx)와 시간(t)을 예측변수로 하는 회귀를 수행한다.

```
> dx = residuals(lm(x~trend))
> reg <- lm(y~trend+dx)    # 추세가 제거된(detrended) x, 즉 dx를 사용한 1차 OLS 회귀
> summary(reg)

Call:
lm(formula = y ~ trend + dx)

Residuals:
    Min      1Q  Median      3Q     Max
-4.4976 -1.1249 -0.1936  1.3783  3.4412

Coefficients:
             Estimate Std. Error  t value   Pr(>|t|)
(Intercept)  66.253549   0.357552 185.298   <2e-16 ***
trend         0.242735   0.006147  39.489   <2e-16 ***
dx            0.417980   0.188592   2.216    0.029 *
---
Signif. codes:  0 '***' 0.001 '**' 0.01 '*' 0.05 '.' 0.1 ' ' 1

Residual standard error: 1.774 on 97 degrees of freedom
Multiple R-squared:  0.9416,       Adjusted R-squared:  0.9404
F-statistic: 782.1 on 2 and 97 DF,  p-value: < 2.2e-16
```

[단계 2] 잔차의 ARIMA 구조 파악

```
> acf2(resid(reg))     # 잔차의 ACF와 PACF
       ACF  PACF
 [1,]  0.47  0.47
 [2,]  0.10 -0.16
 ......
[20,]  0.02  0.08
```

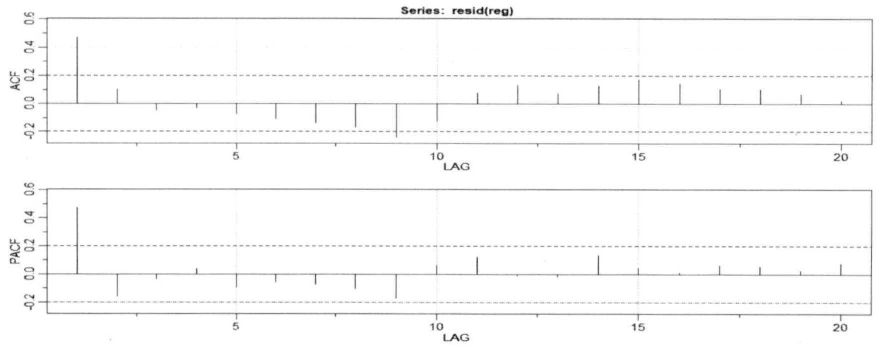

(**해석**) 잔차의 ACF와 PACF 모두 1차에서만 spike를 보이고 2차 이후는 효과가 미미하므로, 잔차에 대해 AR(1), MA(1) 또는 ARIMA(1,0,1)을 고려할 수 있다. 여기서는 MA(1)을 적합하고 이후 분석을 진행하기로 한다.

[**단계** 3] MA(1) 잔차를 가지는 조정 회귀 적합과 모형 진단

```
> # MA(1) 잔차를 가지는 조정 회귀 수행. 예측변수는 trend와 dx
> adj.reg <- sarima(y, 0,0,1, xreg=cbind(trend, dx))
initial  value 0.558215
iter   2 value 0.434071
iter   3 value 0.433960
......
converged
```

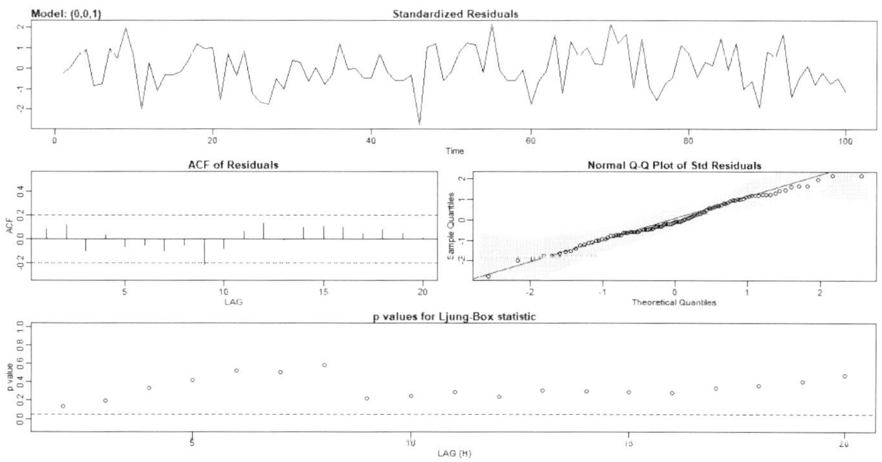


```
> adj.reg
$fit

Call:
stats::arima(x = xdata, order = c(p, d, q), seasonal = list(order = c(P, D,
    Q), period = S), xreg = xreg, transform.pars = trans, fixed = fixed,
optim.control = list(trace = trc,
    REPORT = 1, reltol = tol))

Coefficients:
         ma1  intercept   trend      dx
      0.4551    66.2633  0.2423  0.4364
s.e.  0.0753     0.4489  0.0077  0.1421

sigma^2 estimated as 2.381:  log likelihood = -185.38,  aic = 380.76
```

```
$degrees_of_freedom
[1] 96

$ttable
          Estimate     SE  t.value p.value
ma1         0.4551 0.0753   6.0475  0.0000
intercept  66.2633 0.4489 147.6059  0.0000
trend       0.2423 0.0077  31.4466  0.0000
dx          0.4364 0.1421   3.0711  0.0028

$AIC
[1] 3.807608

$AICc
[1] 3.811818

$BIC
[1] 3.937866
```

(해석) 잔차분석 결과 문제가 없으므로 위 모형을 적합모형으로 채택한다. y_t와 x_t 간의 추정된 관계식은 $y_t = 66.26 + 0.24\,t + 0.44\,dx_t + e_t$ 이다. 여기서 추정된 오차는 다음의 관계식을 만족한다. $e_t = w_t + 0.46\,w_{t-1}$, $w_t \sim i.i.d.\ N(0, \sigma^2)$.

```
> acf2(resid(adj.reg$fit))
      ACF  PACF
 [1,]  0.09  0.09
 [2,]  0.12  0.11
 [3,] -0.10 -0.12
......
[19,]  0.04  0.03
[20,]  0.00  0.04
```

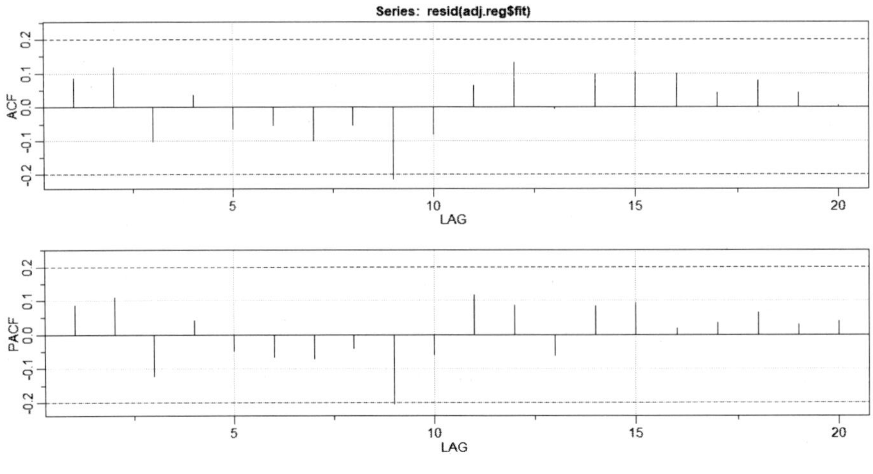

위의 결과는 gls{nlme} 함수를 통해 구할 수도 있다.

```
> library(nlme)
> summary(gls(y ~ trend+dx, correlation = corARMA(form = ~ 1,p=0,q=1))) #For
comparison
Generalized least squares fit by REML
  Model: y ~ trend + dx
  Data: NULL
       AIC      BIC    logLik
  391.8329 404.7064 -190.9164

Correlation Structure: ARMA(0,1)
 Formula: ~1
 Parameter estimate(s):
  Theta1
0.458984

Coefficients:
               Value Std.Error   t-value p-value
(Intercept) 66.26343 0.4569851 145.00130   0.000
trend        0.24235 0.0078442  30.89495   0.000
dx           0.43694 0.1434819   3.04526   0.003

 Correlation:
      (Intr) trend
trend -0.867
dx     0.003 -0.004

Standardized residuals:
        Min          Q1         Med          Q3         Max
-2.61498789 -0.65752163 -0.09696218  0.81290517  2.00407917

Residual standard error: 1.723764
Degrees of freedom: 100 total; 97 residual
```

예제 5 **(빙하 퇴적층 자료)**

이 자료는 11,834년 전을 시작점으로 이후 455년 간 미국 메사추세츠 지역에서 봄 해빙기에 쌓인 모래와 토사 퇴적층의 두께를 측정한 연도별 자료이다. 이 자료에 대해 시간을 예측변수로 하는 ARIMA 오차 회귀모형을 적합한다. (이 자료는 원래 ARIMA 모형이 더 잘 적합하나, 예시를 위해 이 절차를 제시한다.)

```
> library(astsa)
> data(varve)
> plot.ts(varve)
```

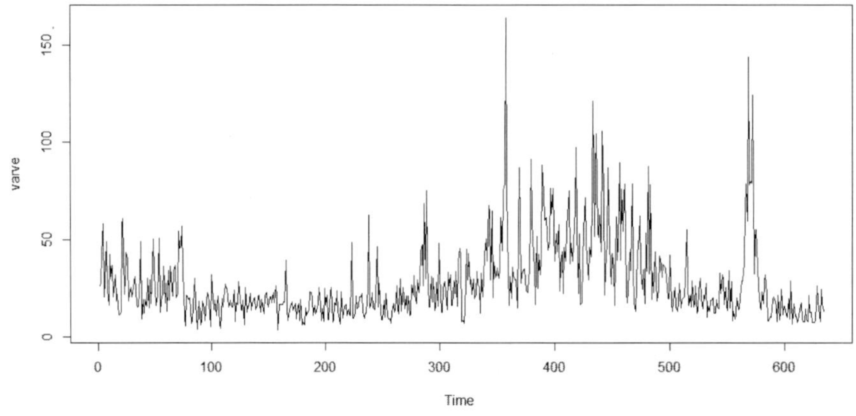

```
> varve=ts(varve[1:455])
> lvarve=log(varve,10)
> par(mfrow=c(1,2))
> plot.ts(varve); plot.ts(lvarve)
```

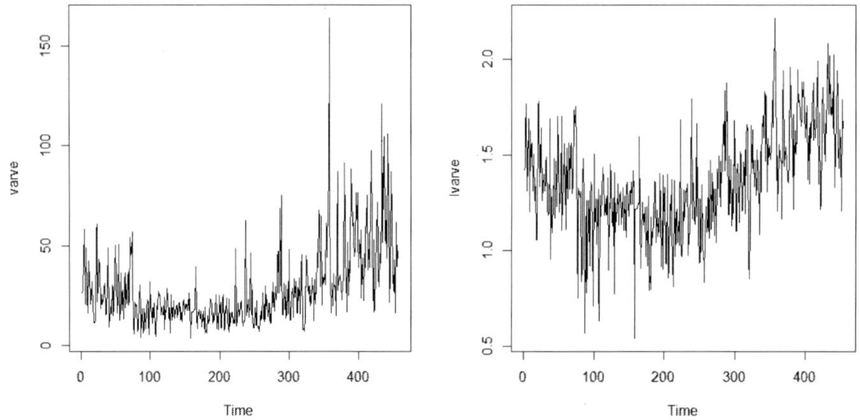

(해석) 좌측의 그림에서 원 자료의 분산이 일정하지 않으며 이상치의 문제를 가지므로, 분산 안정화와 이상치 효과의 완화를 위해 로그($\log_{10}$) 변환을 실시하였다(우측 그림 참고).

변환된 자료의 패턴이 곡선적인 형태를 보이므로 다음의 회귀모형을 적합하기로 한다.

$$\log_{10} y = \beta_0 + \beta_1 (t - \bar{t}) + \beta_2 (t - \bar{t})^2 + \epsilon \,.$$

여기서 t(년)$= 1, 2, \cdots, 455$이다. 시간 변수에 대해 중심화를 시킨 이유는 예측변수 t(일차항)와 t^2(이차항) 간의 다중공선성 문제를 피하기 위한 절차로 이해할 수 있다.

```
> # 회귀모형 적합과 잔차분석
> trend = time(lvarve)-mean(time(lvarve))
> trend2 = trend^2
> reg = lm(lvarve~trend+trend2) # first ordinary regression.
> summary(reg)

Call:
lm(formula = lvarve ~ trend + trend2)

Residuals:
     Min       1Q   Median       3Q      Max
-0.68884 -0.12418  0.01212  0.13195  0.74037

Coefficients:
             Estimate Std. Error  t value   Pr(>|t|)
(Intercept)  1.220e+00  1.502e-02   81.19   <2e-16 ***
trend       9.047e-04  7.626e-05   11.86   <2e-16 ***
trend2      8.283e-06  6.491e-07   12.76   <2e-16 ***
---
Signif. codes:  0 '***' 0.001 '**' 0.01 '*' 0.05 '.' 0.1 ' ' 1

Residual standard error: 0.2137 on 452 degrees of freedom
Multiple R-squared:  0.4018,      Adjusted R-squared:  0.3991
F-statistic: 151.8 on 2 and 452 DF,  p-value: < 2.2e-16

> acf2(resid(reg))
       ACF  PACF
 [1,]  0.28  0.28
 [2,]  0.11  0.03
  ......
[32,] -0.03 -0.03
```

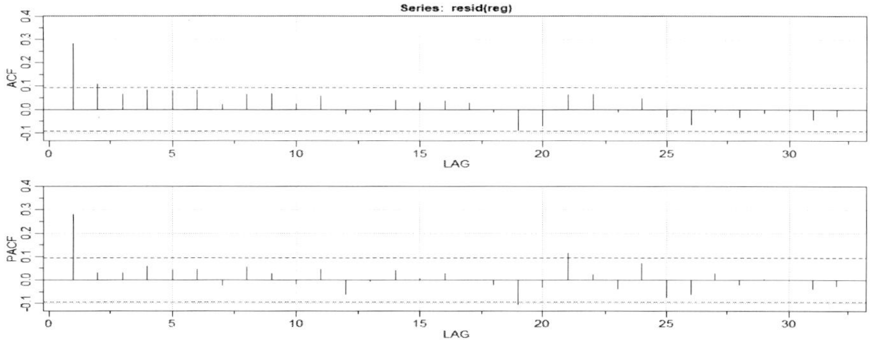

(해석) 잔차에 대한 ACF와 PACF로부터 잔차에 대해 ARIMA(1,0,1), AR(1) 또는 MA(1) 모형의 적합을 고려할 수 있다. 여기서는 예시로 AR(1) 모형을 적합하기로 한다.

```
> # AR(1) 오차를 가지는 회귀모형 적합
> adj.reg = sarima (lvarve, 1,0,0, xreg=cbind(trend,trend2)) #AR(1) for residuals
initial  value -1.545602
iter   2 value -1.586859
iter   3 value -1.586860
......
converged
```

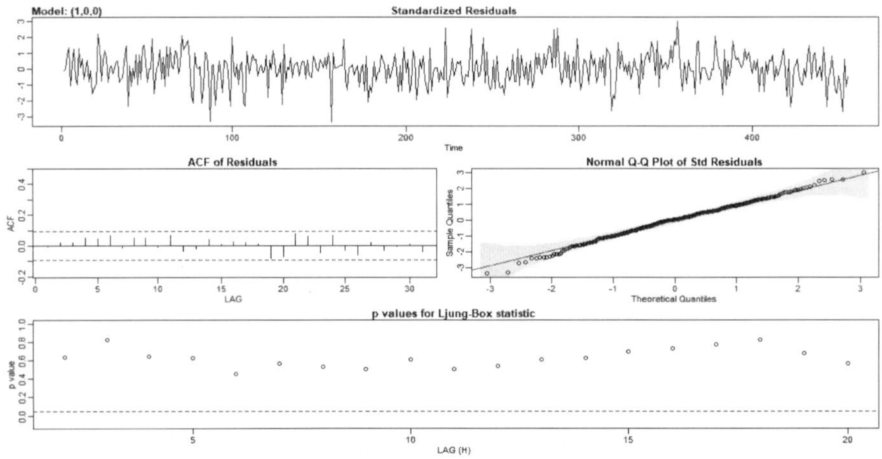

(해석) 잔차분석의 결과 모형이 잘 적합함을 알 수 있다. 따라서 적합모형을 최종모형으로 선택한다.

```
> adj.reg #Note that the squared trend is not significant and may be dropped
$fit

Call:
stats::arima(x = xdata, order = c(p, d, q), seasonal = list(order = c(P, D,
    Q), period = S), xreg = xreg, transform.pars = trans, fixed = fixed,
optim.control = list(trace = trc,
    REPORT = 1, reltol = tol))

Coefficients:
         ar1  intercept  trend  trend2
      0.2810     1.2202  9e-04       0
s.e.  0.0466     0.0202  1e-04       0

sigma^2 estimated as 0.04176:  log likelihood = 76.86,  aic = -143.72
```

```
$degrees_of_freedom
[1] 451

$ttable
          Estimate     SE t.value p.value
ar1         0.2810 0.0466  6.0290  0.0000
intercept   1.2202 0.0202 60.2954  0.0000
trend       0.0009 0.0001  8.0967  0.0000
trend2      0.0000 0.0000  0.1681  0.8666

$AIC
[1] -0.315863

$AICc
[1] -0.3156676

$BIC
[1] -0.270585

> adj.reg$fit$coef #Note that R actually prints 0's for trend2 because the estimates are so small. This command prints the actual values.
         ar1    intercept         trend        trend2
2.810406e-01 1.220182e+00 9.029253e-04 8.258442e-06
```

(해석) 추정된 모형은 다음과 같다.

$$\log_{10} y = 1.22018 + 0.0009029(t - \bar{t}) + 0.00000826(t - \bar{t})^2 .$$

여기서 $e_t = 0.2810\, e_{t-1} + w_t$이고 $w_t \sim i.i.d\ N(0,\, \sigma^2)$이다. (예측된 y는 동 시차의 선형함수이고, 잔차는 전 시차의 함수임에 유의할 것.)

6.4 관련 모형 소개

앞 절에서 다루어진 ARIMA 오차를 가지는 회귀모형과 관련된 모형으로 ARIMAX 모형과 전이함수모형을 소개한다. 이들 모형은 구분이 다소 모호할 수 있으므로 여기서는 그 차이점을 중심으로 기술한다.

설명의 단순화를 위해 (i) 비계절형 ARIMA 모형, (ii) 정상 시계열, (iii) 한 개의 공변량을 가정하기로 한다(자연스럽게 계절형과 비정상 시계열 및 여러 개의 공변량으로 확장 가능하다).

시계열을 $y_1, y_2, \cdots, y_n$이라고 하자. 먼저, 공변량이 없는 $ARMA(p.\ q)$ 모형은 다음과 같다.

$$y_t = \phi_1 y_{t-1} + \cdots + \phi_p y_{t-p} + \theta_1 z_{t-1} + \cdots + \theta_q z_{t-q} + z_t.$$

여기서 z_t는 백색잡음 계열이다.

(a) ARIMAX 모형

ARIMAX 모형은 위 모형의 우변에 공변량이 더해진 모형이다. 즉,

$$y_t = \beta x_t + \phi_1 y_{t-1} + \cdots + \phi_p y_{t-p} + \theta_1 z_{t-1} + \cdots + \theta_q z_{t-q} + z_t.$$

이다. 여기서 x_t는 시간 t에서의 공변량이다. 이 모형의 단점으로는 공변량 계수 β에 대한 해석이 어렵다는 점이다. 그 이유는 β가 반응변수의 전시차가 주어진 조건하에서의 효과이므로 그 해석이 직관적이지 않다.

위 모형을 후향 연산자를 이용하여 표현하면

$$\phi(B) y_t = \beta x_t + \theta(B) z_t \quad \text{또는} \quad y_t = \frac{\beta}{\phi(B)} x_t + \frac{\theta(B)}{\phi(B)} z_t$$

이다. 여기서 $\phi(B) = 1 - \phi_1 B - \cdots - \phi_p B^p$이고 $\theta(B) = 1 + \theta_1 B + \cdots + \theta_q B^q$ 이다. 주목할 점은 AR 계수가 공변량 및 오차항과 어떻게 결합되었는지이다.

(b) ARMA 오차를 가지는 회귀모형

ARMA 오차를 가지는 회귀모형은 다음과 같이 표현된다.

$$y_t = \beta x_t + n_t,$$
$$n_t = \phi_1 n_{t-1} + \cdots + \phi_p n_{t-p} + \theta_1 z_{t-1} + \cdots + \theta_q z_{t-q} + z_t.$$

여기서 회귀계수는 통상적인 방법으로 해석될 수 있다. 따라서 예측력의 비교와는 별개로 해석적인 측면에서 ARIMAX 모형보다 매력적이다.

이 모형을 후향연산자를 이용하여 나타내면 다음과 같다.

$$y_t = \beta x_t + \frac{\theta(B)}{\phi(B)} z_t.$$

(c) 전이함수모형

앞서 소개한 두 개 모형은 전이함수모형으로 불리는 다음 모형의 특별한 경우라고 할 수 있다. Box와 Jenkins가 제시한 전이함수(transfer function)모형은 다음과 같다.

$$y_t = \frac{\beta(B)}{v(B)} x_t + \frac{\theta(B)}{\phi(B)} z_t.$$

이 모형은 공변량의 시차 효과(lagged effects)를 허용하며($\beta(B)$ 연산자를 통해), 아울러 공변량의 감쇠 효과(decaying effects)를 허용한다($v(B)$ 연산자를 통해). 간혹 이 모형은 '동적회귀모형(dynamic regression model)[14]'으로도 불린다.

Box와 Jenkins에 기술된 전이함수모형에서 전이함수의 차수를 정하는 문제는 다소 애매하고 어려움이 있으나, Pankratz(1991)와 Hyndman(1998)에는 개선된 절차를 소개하고 있다.

용어 (전이함수)

ARIMA 오차 회귀모형에서 예측자가 βx_t 대신 시차 설명변수의 (무한)선형결합

$$\begin{aligned} \nu(B)x_t &= (\nu_0 + \nu_1 B + \nu_2 B^2 + \cdots)x_t \\ &= \nu_0 x_t + \nu_1 x_{t-1} + \nu_2 x_{t-2} + \cdots \end{aligned}$$

인 경우를 생각하자(이 모형은 전이함수모형의 단순한 형태에 속한다). 이때 $\nu(B)$는 "x_t의 변화가 어떻게 y_t로 전이(transfer)되는지를 나타내는 함수"라는 의미에서 전이함수(transfer function) 또는 충격반응함수(impulse response function)로 불린다.

14) 동적회귀모형에 대한 보다 일반적인 정의는 7.4절을 참고하기 바란다.

비정상성 자료에 대한 처리

ARIMA 오차의 경우, $\phi(B)$를 $\nabla^{d}\phi(B)$으로 대체한다. 여기서 $\nabla=(1-B)$는 차분연산자이다. 이것은 ARMA 오차의 모형을 적합하기 전, y_t와 x_t 모두에 차분을 적용해야 함을 뜻한다. 실제 비정상 오차를 가지는 모형은 그 추정이 일치성을 만족하지 않고 "허구적 회귀(spurious regression)[15]"를 유발할 수 있기 때문에 모든 변수에 대해 먼저 차분을 수행해야 한다.

R 함수 소개

R의 arima() 함수(와 {forecast} 패키지의 Arima() 및 auto.arima() 함수)는 ARIMA 오차를 가지는 회귀를 적합한다(xreg= 옵션). 차분을 정하면 모형 추정에 앞서 모든 변수에 대해 차분이 수행된다.

ARIMAX 모형은 ARIMA 모형에 다른 시계열이 입력 변수로 추가된 모형으로, "동적회귀모형"으로도 불리며(Pankratz, 1991), 모형 적합은 다음 장(7장)을 참고하기 바란다.

전이함수모형은 {TSA} 패키지의 arimax() 함수를 통해 적합할 수 있다.

15) 허구적 회귀에 대해서는 5.4절을 참고하기 바란다.

7장 분포시차모형과 동적회귀모형

7.1 서론

이 장에서는 여러 개의 시계열에 대한 분석으로 교차상관분석과 분포시차모형을 다룬다.

교차상관분석에서는 여러 시계열들 간의 관계를 파악하는 방법으로, 어느 시계열이 다른 시계열을 선행(lead) 또는 후행(lag)하는 관계에 있는지를 알아낸다. 예를 들어, 실업률 급증 한 달 전에 대중교통의 수요가 증가한다거나, 실업률 증가 3개월 후에 주택 가격이 하락하고, 여행 취소가 증가하는 등을 파악할 수 있다(교차상관분석을 통한 UN Global Pulse의 결과임). 이 경우 대중교통의 수요는 실업률 증가를 미리 알려주는 선행지표가 되며, 주택 가격 등은 후행지표가 된다. 선행지표는 특정 시계열의 예측변수로 활용될 수 있으며, 후행지표는 관련된 정책수립 등에 이용될 수 있을 것이다.

현 시점의 반응변수를 현 시점과 이전 시점 독립변수의 값들로 모형화하는 방법도 가능하다(distributed lag model, 이하 DL 모형). 특히, 이전 시점의 독립변수만으로 (현 시점의) 반응변수를 모형화할 경우, 그 적용이 매우 편리할 수 있다(독립변수의 예측이 불필요하므로). 두 계열 간의 시차연관성은 교차상관분석을 통해 확인할 수 있다. 또한, 이전 시차의 반응변수도 예측변수에 포함시킬 수 있다(autoregressive distributed lag model, 이하 ARDL 모형).

7.2 교차상관분석 - CCF 분석

교차상관(cross-corelation)분석은 2개 또는 그 이상의 시계열 간의 관계를 파악하는 데 유용하다. 두 개의 시계열(y_t와 x_t) 간의 관계에서, y_t가 x-계열의 과거 시차와 관계될 수 있다. 교차상관함수(cross correlation function, 이하 CCF)는 y_t의 예측에 유용하게 사용될 수 있는 x-변수의 시차(lags)를 찾는 데 유용하다.

CCF는, $h = 0, \pm 1, \pm 2, \cdots, \pm p$에 대해 x_{t+h}와 y_t 간의 상관계수의 집합으로 정의된다. h가 음인 경우는 t보다 이전 시점의 x 변수와 t 시점의 y 변수 간의 상관을 의미한다.

- 한 개 또는 그 이상의 x_{t+h}가 y_t의 예측변수로 사용되고, h가 음(negative)일 때, "x가 y를 선행한다(x leads y)"라고 말한다.
- 한 개 또는 그 이상의 x_{t+h}가 y_t의 예측변수로 사용되고, h가 양(positive)일 때, "x가 y를 후행한다(x lags y)"라고 말한다.

몇몇 문제에서는 어떤 변수가 선행 또는 후행하는 변수인지를 찾는 데 목적이 있으며, 미래의 y값을 예측하는 것이 목적인 경우에는 선행하는 x 변수를 찾는 것이 유용하다.

R의 ccf() 함수는 CCF 분석을 수행한다. 이 함수의 일반형식은 다음과 같다.

```
ccf(x, y, lag.max = NULL, type = c("correlation", "covariance"),
    plot = TRUE, na.action = na.fail, ...)
```

예제 1

fdeaths와 mdeaths은 {datasets}에서 제공되는 자료로 1974 ~ 1979년 영국에서 발생한 여성과 남성의 폐질환으로 인한 사망자 수를 나타내는 월별 시계열 자료이다. 이 자료는 남성 사망자가 더 큰 빈도를 보이는 자료이다.

```
> plot(mdeaths, ylim=c(300, 3000), ylab=" ")
> lines(fdeaths, lty=2, col="red")
> legend("topright", c("mdeath", "fdeath"), col=c("black", "red"), lty=c(1,2))
```

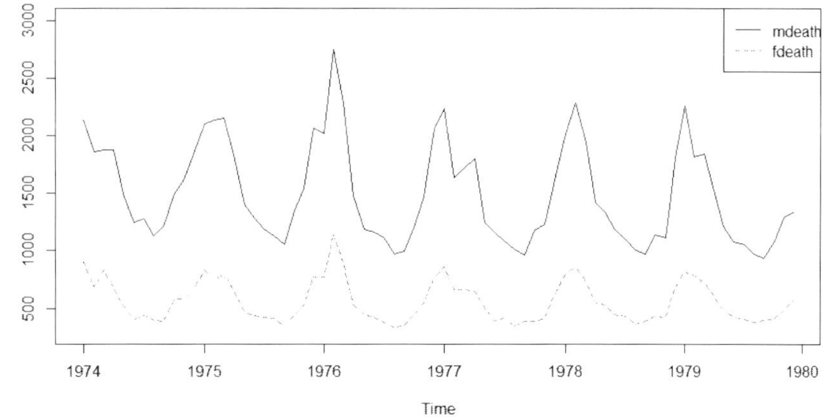


```
> # 참고: 한 그림에 두 개의 y축을 사용하여 겹쳐 그림
> par(mar=c(3,5,1,5))
> plot(mdeaths)
> par(new=TRUE)
> plot(fdeaths, yaxt="n", ylab="", col=2, lty=2)
> axis(4)
> mtext("fdeath", side=4, line=3)
```

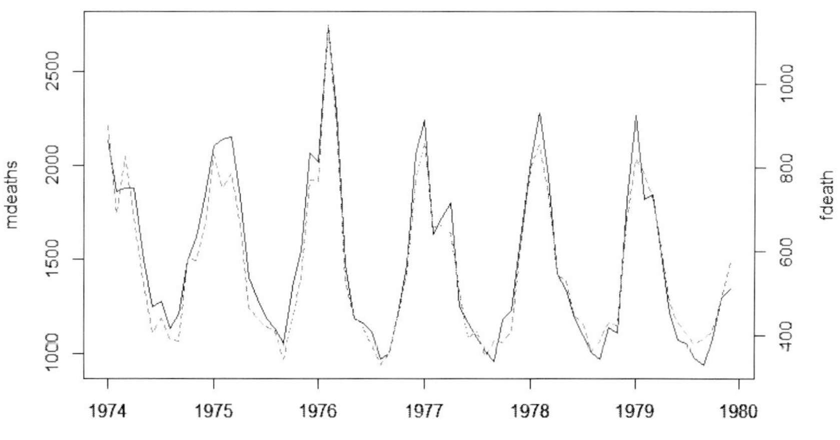


```
> # CCF 분석: ccf( ) 함수 이용
> par(mar=c(5.1,4.1,4.1,2.1))     # mar=c(5,4,4,2)+0.1 (디폴트)
> ccf(mdeaths, fdeaths, ylab="cross-correlation")
```

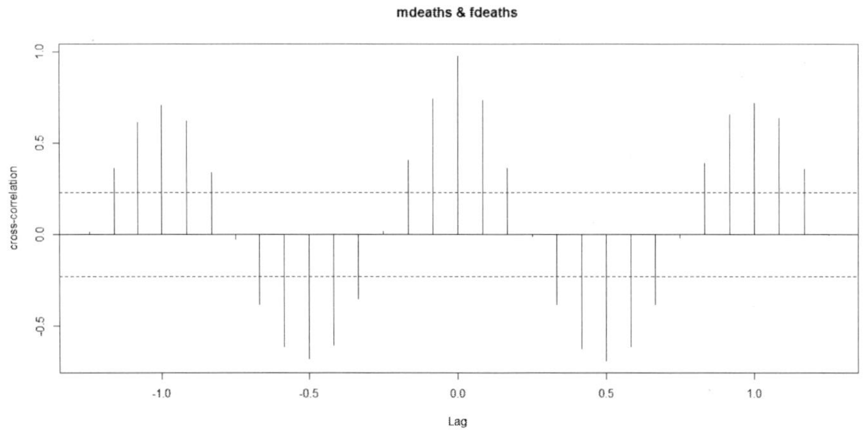

(해석) 위 그림에서는 $h = \pm 15$ (디폴트)까지의 교차상관을 보여준다. 두 시계열 x_t(mdeaths)와 y_t(fdeaths) 간에 동 시차(lag=0)에서의 상관이 가장 높게 나타나고 있다. 즉, 두 변수 간의 관계를 동행변수로 볼 수 있다.

```
> # 시차산점도: 선행시점 예측변수와 반응변수 간의 산점도
> library(astsa)    # {astsa}: applied statistical time series analysis
> lag2.plot(mdeaths, fdeaths, 8)    # 두 시계열의 시차 산점도
> # 1개의 시계열의 경우에는 lag1.plot( ) 함수 이용
```

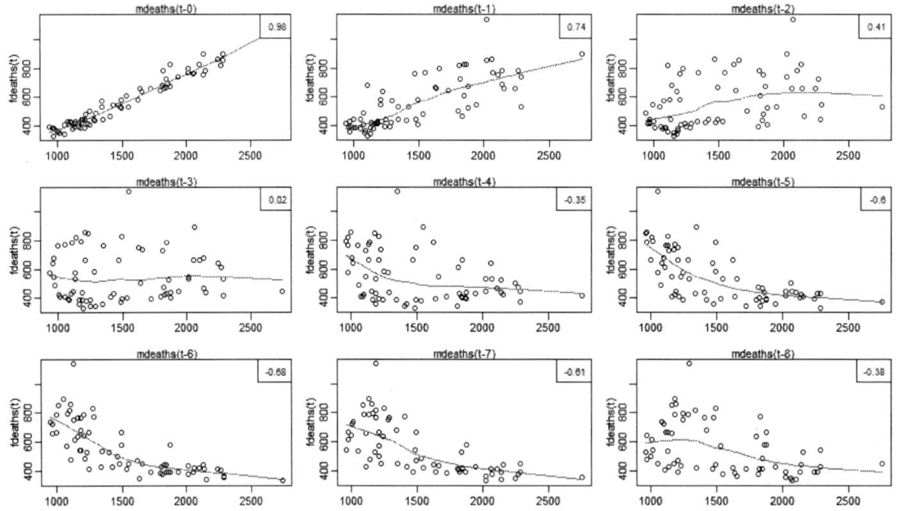

예제 2 ([예제 1]의 계속)

두 시계열(mdeaths, fdeaths) 간에 계절성으로 인한 허구적 상관이 존재하는지를 알아보기 위해, 계절 차분을 실시한 후 CCF 분석을 수행한다. 여기서 계절차분은 일종의 백색화(또는 사전 백색화)를 수행하는 과정이다.

용어 백색화(whitening) 또는 사전 백색화(prewhitening)

보통 강한 자기 상관을 가지는 두 시계열 간의 의존성은 파악하기가 어렵다. 백색화는 자기 상관으로부터 두 계열 간에 존재하는 순수한 선형적인 연관을 풀어내기 위해, 두 시계열로부터 자기 상관을 (차분 등을 이용하여) 제거하는 과정이다. 즉, 백색잡음 계열로 만드는 과정이다. 또한 백색화는 선형 연산이기 때문에 백색화 이후에도 원 계열 간에 존재하는 어떠한 선형 관계도 그대로 보존된다. 두 시계열 간의 회귀를 수행하기에 앞서 이 분석 과정은 매우 중요하다.

```
> d <- ts.intersect(diff(mdeaths, 12), diff(fdeaths, 12))
> d.md <- d[,1]; d.fd <- d[,2]
> par(mfrow=c(2,1))
> ts.plot(d.md); ts.plot(d.fd)
```

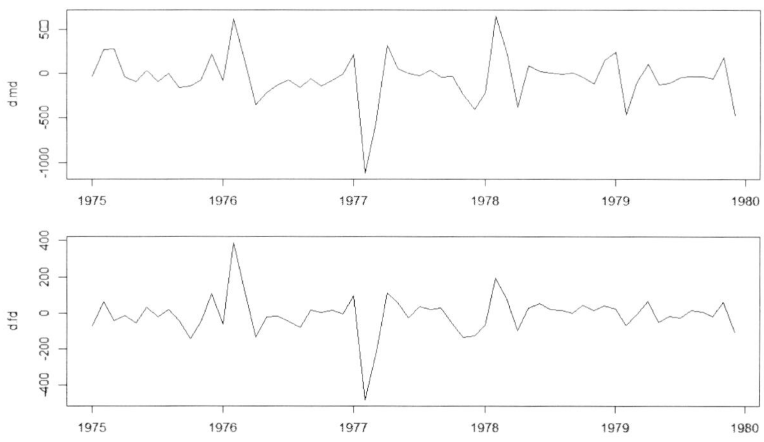


```
> ccf(d.md, d.fd)
```

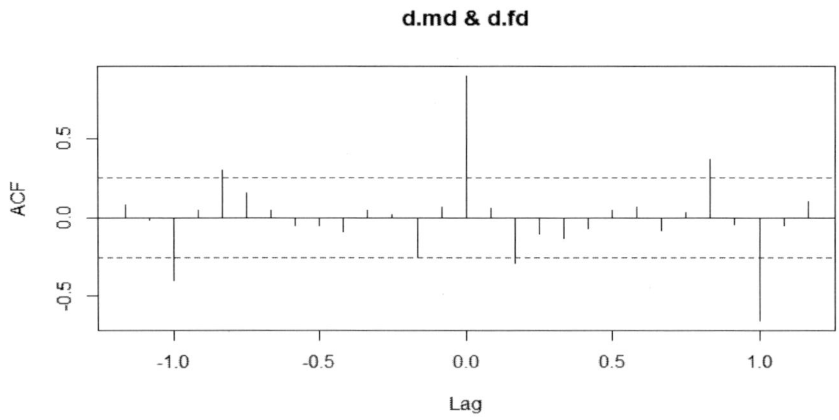

(해석) 차분을 통해 백색화된 두 시계열에 대해 CCF 분석을 수행한 결과이다. CCF가 시차 0, 12, -12에서 유의성이 뚜렷하다. 즉, mdeaths와 fdeaths 간에 동시차의 강한 양의 관계를 알 수 있으며 (mdeaths가 크면 fdeaths도 큼), 동시차의 양의 관계가 12개월 전(또는 후)에 음의 관계로 영향을 미침(주고받음)을 알 수 있다.

예제 3

두 시계열 간에 허구적 상관의 존재 여부를 판단하고, ARIMA 오차를 가지는 회귀를 적합한다. 분석에는 bluebird{TSA} 자료를 사용한다. 이 자료는 뉴질랜드 Bluebird 사 감자 칩의 price와 log(sales)에 대한 주별(weekly) 시계열 자료이다(판매 분포가 우편향이 심해(-> 정상성 위배) 로그 변환이 실시되었음).

```
> library(TSA)
> data(bluebird); chip <- bluebird
> plot(chip)
```

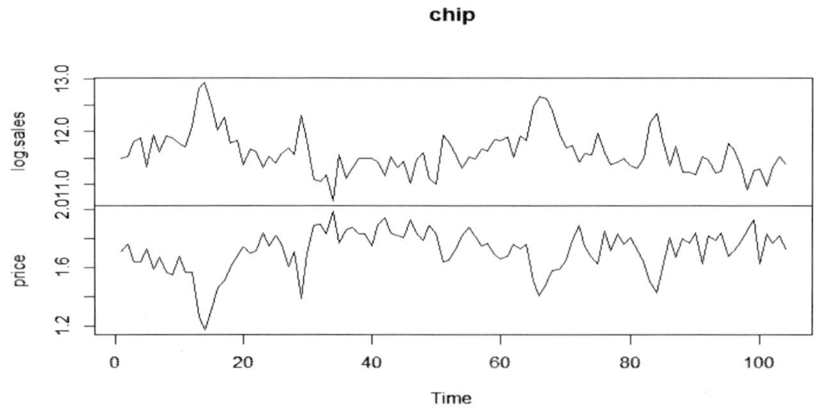

두 시계열의 시도표 상에서 강한 음의 연관이 있는 것으로 보인다. 허구적 회귀의 존재 여부를 알아보기 위해 1차 차분을 통한 백색화를 수행한다. 다음은 백색화 전과 후의 두 시계열에 대한 CCF 분석을 수행한 것이다.

```
> # 차분 전과 후 시계열에 대해 CCF 분석
> sales <- chip[,1]; price <- chip[,2]
> par(mfrow=c(1,2))
> ccf(y=sales, x=price, ylab="CCF")
> ccf(y=diff(sales), x=diff(price), ylab="CCF")
> # 위의 명령은 prewhiten(sales, price)와 동일; prewhiten{TSA}
```

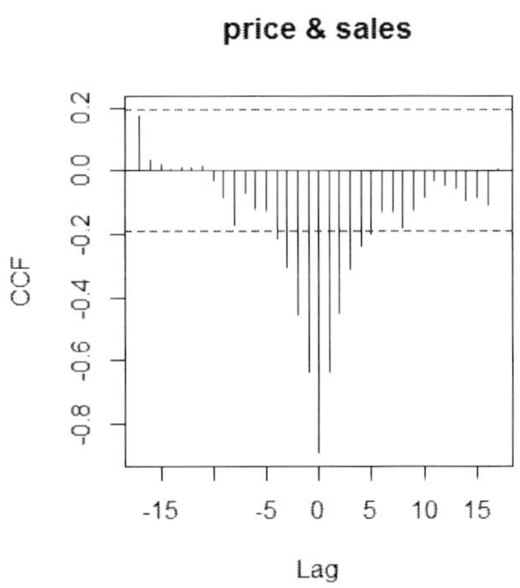

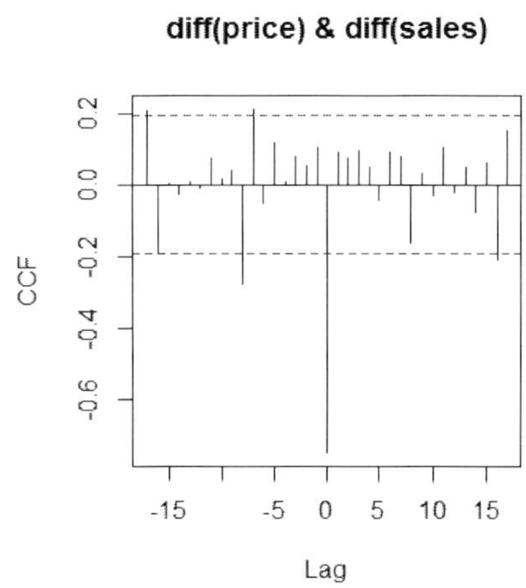

(해석) 1차 차분(백색화)된 두 시계열의 0 시차에서만 유의하므로, 동 시차의 price와 sales 간에 강한 음의 관계가 있음을 나타낸다. 즉, 높은 가격은 낮은 판매와 연관이 있다. 또한, 이 결과는 차분 전 동(0) 시차의 주변의 다른 시차에서도 존재하던 상관관계들은 허구적 상관이었음 보여준다.

이제, 이 자료에 대해 OLS 회귀를 수행하고, 그 잔차에 대해 ARIMA 모형의 적합을 고려하자.

```
> # OLS 회귀 적합과 잔차분석
> summary(m1 <- lm(sales~price, data=chip))

Call:
lm(formula = sales ~ price, data = chip)

Residuals:
     Min       1Q   Median       3Q      Max
-0.54950 -0.12373  0.00667  0.13136  0.45170

Coefficients:
            Estimate Std. Error t value Pr(>|t|)
```

```
(Intercept)   15.890      0.217   73.22   <2e-16 ***
price         -2.489      0.126  -19.75   <2e-16 ***
---
Signif. codes:  0 ‘***’ 0.001 ‘**’ 0.01 ‘*’ 0.05 ‘.’ 0.1 ‘ ’ 1

Residual standard error: 0.188 on 102 degrees of freedom
Multiple R-squared:  0.7926,       Adjusted R-squared:  0.7906
F-statistic: 389.9 on 1 and 102 DF,  p-value: < 2.2e-16

> acf(residuals(m1)); pacf(residuals(m1))
```

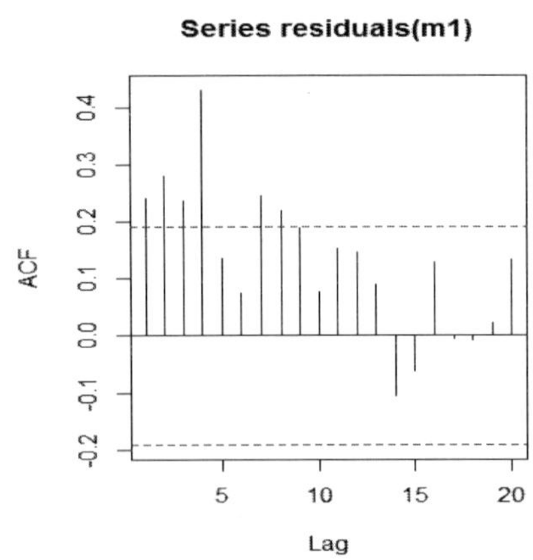

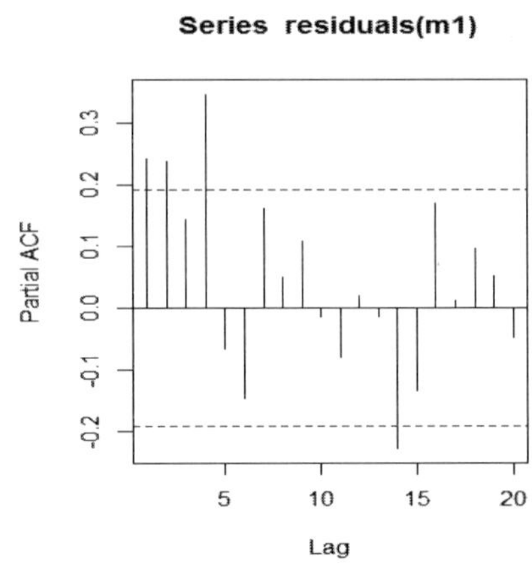

(해석) 잔차에 자기상관이 존재한다. ACF는 처음 4개 시차에서 유의하며, PACF는 시차 1,2,4,14에서 유의하게 나타나고 있다.

잔차에 대해 ARMA 모형을 적합한다. 모형식별을 위해 표본 확장된 ACF(sample extended ACF, 이하 EACF) 행렬을 이용한다. EACF를 통한 모형의 식별 방법은 다음과 같다. 예를 들어, [그림 7.1]에서 꼭짓점 (1,1)에서 영(0)인 삼각행렬이 만들어지므로 ARMA(1,1)으로 식별하게 된다.

$AR \backslash MA$		q						
		0	1	2	3	4	5	···
	0	x	x	x	x	x	x	···
	1	x	O	O	O	O	O	···
p	2	*	x	O	O	O	O	···
	3	*	*	x	O	O	O	···
	4	*	*	*	x	O	O	···

[그림 7.1] ARMA(1,1) 모형의 EACF 행렬
(x: 영이 아님, O: 영, *: (−1, 1) 사이의 값)

위의 잔차는 아래 결과에서와 같이 꼭짓점 (1,4)에서 영(0)의 삼각행렬이 만들어지므로 ARMA(1,4) 모형으로 식별한다.

```
> eacf(residuals(m1))      # eacf{TSA}
AR/MA
  0 1 2 3 4 5 6 7 8 9 10 11 12 13
0 x x x x o o x x o o o  o  o  o
1 x o o x o o o o o o o  o  o  o
2 x x o x o o o o o o o  o  o  o
3 x x o x o o o o o o o  o  o  o
4 o x x o o o o o o o o  o  o  o
5 x x x o x o o o o o o  o  o  o
6 x x o x x x o o o o o  o  o  o
7 x o x o o o o o o o o  o  o  o
```

마지막으로, ARMA(1,4) 오차를 가지는 회귀모형을 적합한 결과는 나음과 같다. Ljung-Box 검정 등의 잔차분석은 생략한다.

```
> (m2 <- arima(sales, order=c(1,0,4), xreg=data.frame(price)))

Call:
arima(x = sales, order = c(1, 0, 4), xreg = data.frame(price))

Coefficients:
         ar1      ma1     ma2     ma3     ma4  intercept    price
      0.1989  -0.0554  0.2521  0.0735  0.5269    15.7792  -2.4234
s.e.  0.1843   0.1660  0.0865  0.1084  0.1376     0.2166   0.1247

sigma^2 estimated as 0.02556:  log likelihood = 42.35,  aic = -70.69
```

7.3 분배(분포)시차모형

분배시차(distributed lag, 이하 DL)모형은 선행시차의 예측변수를 포함하는 회귀모형을 말한다(동행시차가 함께 포함되어도 무방함).

예제 4

[예제 1]의 자료에 대해 분배시차모형을 적합한다.

```
> ## 분배시차모형의 예
> # 1,2,6 선행시차의 예측변수(x_{t-1}, x_{t-2}, x_{t-6})를 이용한 회귀분석
> # 반응변수의 선행시차도 예측변수에 포함될 수 있음
> data.1 <- ts.intersect(fdeaths, m.1=lag(mdeaths,-1), m.2=lag(mdeaths,-2),
                         m.6=lag(mdeaths,-6))
> summary(r1 <- lm(fdeaths ~ m.1+m.2+m.6, data=data.1) )

Call:
lm(formula = fdeaths ~ m.1 + m.2 + m.6, data = data.1)

Residuals:
    Min      1Q  Median      3Q     Max
-156.18  -50.36   -9.11   38.36  433.78

Coefficients:
             Estimate Std. Error  t value  Pr(>|t|)
(Intercept) 501.13512   93.16892    5.379  1.21e-06 ***
m.1           0.31969    0.05023    6.364  2.68e-08 ***
m.2          -0.13151    0.04175   -3.150  0.00251 **
m.6          -0.14828    0.03509   -4.226  7.95e-05 ***
---
Signif. codes:  0 '***' 0.001 '**' 0.01 '*' 0.05 '.' 0.1 ' ' 1

Residual standard error: 91.92 on 62 degrees of freedom
Multiple R-squared:  0.7438,      Adjusted R-squared:  0.7314
F-statistic: 59.99 on 3 and 62 DF,  p-value: < 2.2e-16
```

(해석) 동행시차 대신 선행시차만으로 예측 모형을 구축할 경우, 문제의 성격에 따라 실제 적용에 유리할 수 있다. 다만, 모형의 성능이 확보되어야 하나 본 예제의 경우 동행시차의 예측변수를 사용한 경우보다 성능이 크게 떨어지는 것을 확인할 수 있다(아래 [참고]).

참고 **비교 모형: 동행시차의 예측변수를 사용한 회귀모형**

```
> summary(r1 <- lm(fdeaths ~ mdeaths))

Call:
lm(formula = fdeaths ~ mdeaths)

Residuals:
    Min      1Q  Median      3Q     Max
-68.344 -33.239  -2.029  23.434 111.971
Coefficients:
            Estimate Std. Error t value Pr(>|t|)
```

```
(Intercept) -45.25980   16.72648  -2.706  0.00855 **
mdeaths       0.40506    0.01075  37.694  < 2e-16 ***
---
Signif. codes:  0 '***' 0.001 '**' 0.01 '*' 0.05 '.' 0.1 ' ' 1

Residual standard error: 39.22 on 70 degrees of freedom
Multiple R-squared:  0.953, Adjusted R-squared:  0.9524
F-statistic:  1421 on 1 and 70 DF,  p-value: < 2.2e-16
```

```
> # 잔차분석
> par(mfrow=c(2,2))
> plot(r1)
```

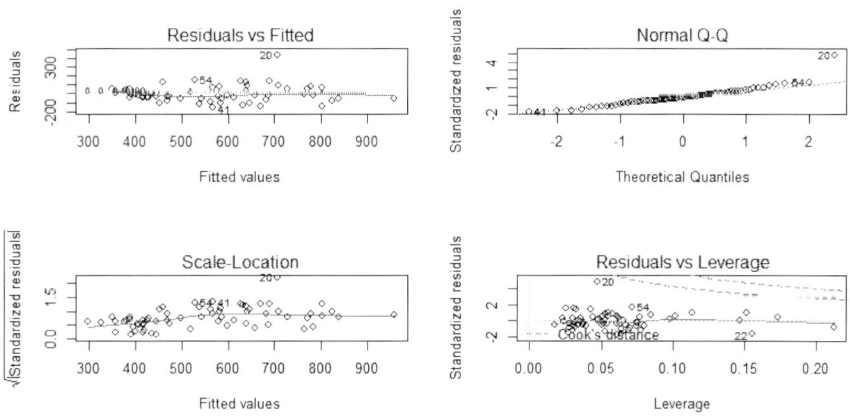

```
> acf2(residuals(r1))      # act2{astsa}
```

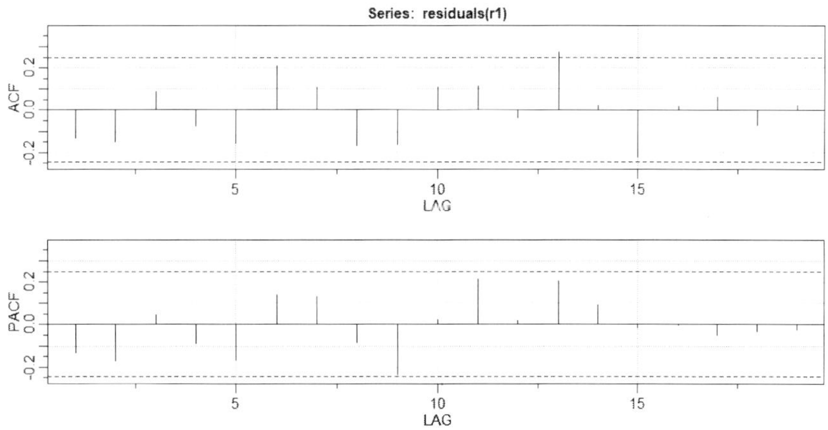

(해석) 몇 개의 이상점이 발견되나(잔차그림), 잔차에 대한 ACF와 PACF가 특이한 패턴을 보이지 않음으로 모형이 잘 적합함을 알 수 있다.

예제 5 (lag( ) 함수의 활용 예제)

이 예제를 통해 두 시계열 객체 ts와 xts(또는 zoo) 객체에 대해 lag( ) 함수의 적용 결과가 어떻게 다른지 살펴보기 바란다. 또한 xts{xts} 함수를 통해 xts(extensible time-series) 객체를 생성하는 방법도 유용하다. lm( ) 함수와 dynlm{dynlm} 함수에서의 lag( ) 함수의 활용에 대해서 다룬다.

(a) ts 객체에서의 lag( ) 함수

```
> set.seed(123)
> y<-ts(rnorm(10)); x<-ts(rnorm(10))
> x
Time Series:
Start = 1
End = 10
Frequency = 1
 [1]  1.2240818  0.3598138  0.4007715  0.1106827 -0.5558411
 [6]  1.7869131  0.4978505 -1.9666172  0.7013559 -0.4727914

> class(x)
[1] "ts"

> lm(y~x)

Call:
lm(formula = y ~ x)

Coefficients:
(Intercept)            x
   -0.03609      0.53071

> lag(x)     # lag(x,1)과 동일
Time Series:
Start = 0
End = 9
Frequency = 1
 [1]  1.2240818  0.3598138  0.4007715  0.1106827 -0.5558411
 [6]  1.7869131  0.4978505 -1.9666172  0.7013559 -0.4727914
```

(해석) start와 end가 1시차 앞으로 당겨져 있으나, lm( ) 함수에는 영향을 주지 않는다(아래 참고).

```
> lm(y~lag(x))

Call:
lm(formula = y ~ lag(x))
```

```
Coefficients:
(Intercept)       lag(x)
   -0.03609      0.53071
```

(해석) y~x 또는 y~lag(x, -1)의 결과와 동일하다. 즉, ts 객체에 대해서는 lag( ) 함수가 lm( )에 영향을 미치지 않는다. 시계열 ts 객체의 start와 end를 고려하여 회귀를 수행하고자 할 때는 dynlm{dynlm} 함수를 이용한다([예제 6] 참고).

(b) xts 객체에서의 lag( ) 함수

```
> library(xts)
> yy<-xts(y, as.Date(1:10))
> xx<-xts(x, as.Date(1:10))
> xx
                 [,1]
1970-01-02  1.2240818
1970-01-03  0.3598138
1970-01-04  0.4007715
......
1970-01-10  0.7013559
1970-01-11 -0.4727914

> class(xx)
[1] "xts" "zoo"

> lm(yy~xx)

Call:
lm(formula = yy ~ xx)

Coefficients:
(Intercept)           xx
   -0.03609      0.53071

> lag(xx)     # lag(xx,1)과 동일
                 [,1]
1970-01-02         NA
1970-01-03  1.2240818
1970-01-04  0.3598138
......
1970-01-10 -1.9666172
1970-01-11  0.7013559
```

(해석) 시계열 자료가 한 시차 뒤로 이동했음에 유의할 것.

```
> lm(yy ~ lag(xx))
```

```
Call:
lm(formula = yy ~ lag(xx))

Coefficients:
(Intercept)      lag(xx)
    0.13811      0.02492
```

(해석) 1열의 날짜를 통해 자료가 매칭되며, 이를 통해 lm( ) 함수가 수행된다.

(c) dynlm{dynlm} 함수를 이용

dynlm{dynlm} 함수를 이용하면 이전 시차의 예측변수를 가지는 시계열 회귀의 적합에 편리하다. dynlm( ) 함수는 lm( ) 함수와는 달리 ts 객체에 대해 start와 end를 고려(매칭)하여 회귀를 수행한다. 따라서 이 함수를 사용하면 ts와 xts(또는 zoo) 객체의 구분 없이, 날짜 기반으로 자료를 매칭해주므로 시계열 회귀에 유용하다. 특히, L( ) 함수를 통해 예측변수로 사용될 전 시차(양의 정수)를 지정해주기만 하면 된다.

```
> library(dynlm)
> dynlm(y~L(x))     # y~L(x,1) 또는 y~lag(x,-1)과 동일

Time series regression with "ts" data:
Start = 2, End = 10

Call:
dynlm(formula = y ~ L(x))

Coefficients:
(Intercept)         L(x)
    0.13811      0.02492

> predict(dynlm(y~L(x)))
         2          3          4          5          6
0.16861011 0.14707333 0.14809396 0.14086521 0.12425603
         7          8          9         10
0.18263537 0.15051308 0.08910075 0.15558425

> predict(lm(yy ~ lag(xx)))
         2          3          4          5          6
0.16861011 0.14707333 0.14809396 0.14086521 0.12425603
         7          8          9         10
0.18263537 0.15051308 0.08910075 0.15558425
```

(해석) ts 객체에 lm( ) 함수 대신 dynlm{dynlm} 함수를 적용하면 날짜 기반의 매칭을 수행할 수 있다. xts 객체에 대해 lm( ) 함수를 수행한 결과와 동일함을 알 수 있다.

7.4 동적회귀모형

동적모형(dynamic model)은 한 시점의 반응변수가 다른 시점의 반응변수와 관계를 맺고 있는 (연관된) 모형을 통칭하는 모형이다. 동적회귀모형은 동적모형에 다른 계열이 독립변수로 추가된 모형을 말한다. 따라서 ARDL 모형은 동적회귀모형의 한 형태이다. 예를 들면, 오늘의 담배소비량(y_t)은 명백히 과거의 담배소비량(y_{t-1})과 관련되어 있으며, 다른 공변량(x_t)(예를 들어, 현재의 소득)에 대한 통제 후에(효과를 제거한 후의) 과거 소비량의 영향력을 알고자 할 때이다. 해당 동적회귀모형(또는 ARDL 모형)의 형태는 다음과 같다.

$$y_t = \beta_1 + \beta_2 x_t + \gamma y_{t-1} + \epsilon_t.$$

동적회귀모형은 분배시차(DL)모형에서 선행시차의 반응변수가 예측변수로 추가된 모형이다. 예를 들어, (반응변수의 선행시차가 이미 포함된) ARMA 모형에 독립변수 계열이 추가된 ARMAX 모형도 동적회귀모형에 해당된다. 한편, 전이함수모형(transfer function model)은 현 시차의 반응변수를 이전 시차의 반응변수와 현 시차 및 이전 시차의 독립변수로 모형화하는 방법을 통칭하는 용어이다. 간혹, 동적회귀모형, 전이함수모형, 분배시차모형을 혼용하여 칭하기도 한다.

R의 {dynlm}과 {dlm} 패키지는 동적회귀(선형)모형을 지원한다.

예제 6 (동적모형)

dynlm{dynlm} 함수를 이용하여 동적모형을 적합한다. UKDriverDeaths 자료를 이용한다.

```
> # 승법 SARIMA(1,0,0)(1,0,0)[12] 모형 적합
> # UK seatbelt 자료
> data("UKDriverDeaths", package="datasets")
> uk <- log10(UKDriverDeaths)
> dfm <- dynlm(uk~L(uk,1)+L(uk,12))     # 1, 12 이전 시차를 사용
> dfm

Time series regression with "ts" data:
Start = 1970(1), End = 1984(12)

Call:
dynlm(formula = uk ~ L(uk, 1) + L(uk, 12))

Coefficients:
(Intercept)     L(uk, 1)    L(uk, 12)
     0.1826       0.4310       0.5112
```

```
> # start= 와 end= 옵션: 기간을 명확히 지정
> dfm <- dynlm(uk~L(uk,1)+L(uk,12), start=c(1975,1), end=c(1982,12))
> dfm

Time series regression with "ts" data:
Start = 1975(1), End = 1982(12)

Call:
dynlm(formula = uk ~ L(uk, 1) + L(uk, 12), start = c(1975, 1),
    end = c(1982, 12))

Coefficients:
(Intercept)     L(uk, 1)    L(uk, 12)
     0.5418       0.2072       0.6228

> # 모형 개선: lag 12 제거
> dfm0 <- update(dfm, . ~ .-L(uk,12))
> anova(dfm0, dfm)
Analysis of Variance Table

Model 1: uk ~ L(uk, 1)
Model 2: uk ~ L(uk, 1) + L(uk, 12)
  Res.Df     RSS Df Sum of Sq      F    Pr(>F)
1     94 0.24019
2     93 0.13598  1   0.10421 71.272 4.007e-13 ***
---
Signif. codes:  0 '***' 0.001 '**' 0.01 '*' 0.05 '.' 0.1 ' ' 1

> # season 항 추가: 계절 가변수를 사용하는 것과 동일
> dfm1 <- dynlm(uk~1, start=c(1975,1), end=c(1982,12))
> dfm2 <- dynlm(uk~season(uk), start=c(1975,1), end=c(1982,12))
> anova(dfm1, dfm2)
Analysis of Variance Table

Model 1: uk ~ 1
Model 2: uk ~ season(uk)
  Res.Df     RSS Df Sum of Sq      F    Pr(>F)
1     95 0.32151
2     84 0.07277 11   0.24874 26.102 < 2.2e-16 ***
---
Signif. codes:  0 '***' 0.001 '**' 0.01 '*' 0.05 '.' 0.1 ' ' 1

> plot(uk)
> lines(fitted(dfm0), col = 2)
> lines(fitted(dfm2), col = 4)
```

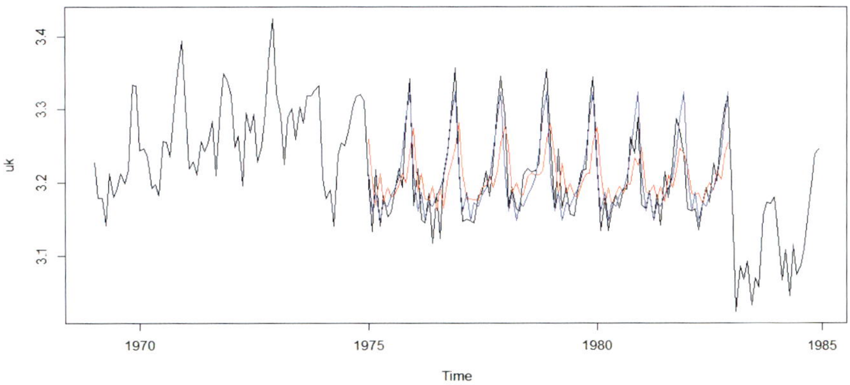


```
> # L( ) 함수에서 여러 개의 시차를 한꺼번에 지정하기
> dfm3 <- dynlm(uk~L(uk, c(1,11,12)), start=c(1975,1), end=c(1982,12))
> anova(dfm, dfm3)
Analysis of Variance Table

Model 1: uk ~ L(uk, 1) + L(uk, 12)
Model 2: uk ~ L(uk, c(1, 11, 12))
  Res.Df     RSS Df Sum of Sq      F Pr(>F)
1     93 0.13598
2     92 0.13253  1 0.0034481 2.3936 0.1253
```

예제 7 (동적회귀모형)

USMacroG{AER} 자료는 1950 ~ 2000년 기간 미국의 거시경제를 나타내는 분기별 자료이다. 변수 dpi (x_t)는 가처분 소득을, consumption(y_t)은 소비를 나타낸다(단위: 10억 달러). 이 자료에 대해 동적회귀모형을 적합하고, 경쟁모형(분포시차모형)과 비교를 수행한다.

- 동적회귀모형(lm): $y_t \sim \beta_0 + \beta_1 x_t + \beta_2 y_{t-1}$ (적합모형)
- 분포시차노형(lm1): $y_t \sim \beta_0 + \beta_1 x_t + \beta_2 x_{t-1}$ (비교모형)

```
> library("dynlm")
> data("USMacroG", package = "AER")
> plot(USMacroG[, c("dpi", "consumption")], lty=c(3, 1),
       lwd=2, plot.type="single", ylab="")
> legend("topleft", legend=c("income", "consumption"),
       lwd=2, lty=c(3, 1), bty="n")
```

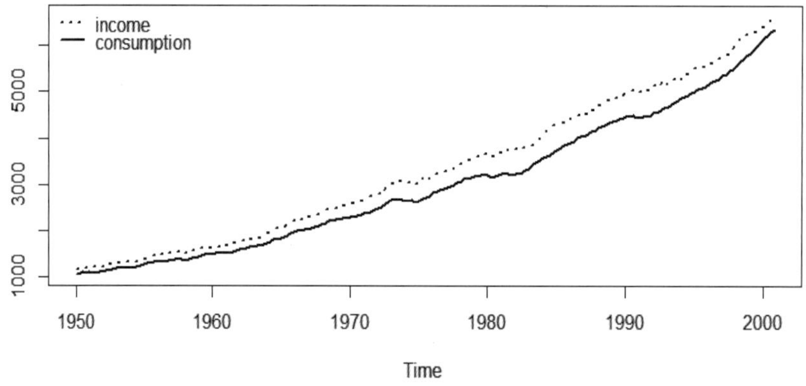


```
> # 동적회귀모형(lm) 적합 및 분포시차모형(lm1)과의 비교
> lm <- dynlm(consumption ~ dpi + L(consumption), data=USMacroG)
> lm1 <- dynlm(consumption ~ dpi + L(dpi), data=USMacroG)
> summary(lm)

Time series regression with "ts" data:
Start = 1950(2), End = 2000(4)

Call:
dynlm(formula = consumption ~ dpi + L(consumption), data = USMacroG)

Residuals:
     Min       1Q   Median       3Q      Max
-101.303   -9.674    1.141   12.691   45.322

Coefficients:
                Estimate Std. Error t value Pr(>|t|)
(Intercept)     0.535216   3.845170   0.139    0.889
dpi            -0.004064   0.016626  -0.244    0.807
L(consumption)  1.013111   0.018161  55.785   <2e-16 ***
---
Signif. codes:  0 '***' 0.001 '**' 0.01 '*' 0.05 '.' 0.1 ' ' 1

Residual standard error: 21.52 on 200 degrees of freedom
Multiple R-squared:  0.9998,	Adjusted R-squared:  0.9998
F-statistic: 4.627e+05 on 2 and 200 DF,  p-value: < 2.2e-16

> summary(lm1)

Time series regression with "ts" data:
Start = 1950(2), End = 2000(4)
```

```
Call:
dynlm(formula = consumption ~ dpi + L(dpi), data = USMacroG)

Residuals:
    Min      1Q  Median     3Q     Max
-190.02  -56.68    1.58  49.91  323.94

Coefficients:
             Estimate Std. Error t  value   Pr(>|t|)
(Intercept) -81.07959    14.50814  -5.589   7.43e-08 ***
dpi           0.89117     0.20625   4.321   2.45e-05 ***
L(dpi)        0.03091     0.20754   0.149   0.882
---
Signif. codes:  0 '***' 0.001 '**' 0.01 '*' 0.05 '.' 0.1 ' ' 1

Residual standard error: 87.58 on 200 degrees of freedom
Multiple R-squared:  0.9964,	Adjusted R-squared:  0.9964
F-statistic: 2.785e+04 on 2 and 200 DF,  p-value: < 2.2e-16

> deviance(lm)
[1] 92644.15
> deviance(lm1)
[1] 1534001
```

(해석) 동적회귀모형(lm)이 분포시차모형(lm1)보다 다소 우수함을 알 수 있다(Multiple R-squared와 deviance 관점에서).

```
> plot(merge(as.zoo(USMacroG[,"consumption"]), fitted(lm),
            fitted(lm1), 0, residuals(lm),
            residuals(lm1)), screens=rep(1:2, c(3, 3)),
            col=rep(c(1,2,4),2), lty=rep(c(1,1,2),2),
            xlab="Time",
            ylab=c("Fitted values", "Residuals"), main = "")
> legend(1950, 6500, c("observed", "lm", "lm1"),
            col=c(1,2,4), lty=c(1,1,2), bty="n")
```

8장 개입분석과 이상점 탐지

8.1 서론

이 장에서는 시계열 자료에 대한 개입분석과 이상점 탐지를 다룬다.

개입분석(intervention analysis)은 시계열 자료에 영향을 주는 사건이 언제 발생했는지를 아는 경우, 이들이 어떠한 형태로 자료에 영향을 미칠지를 모형화한 후 이들 효과를 추정하고 유의성 여부를 판단하는 분석이다.

시계열에서 이상점(outliers)은 사전에 알 수 없는 이유들로 인해 영향을 받은 자료값을 의미한다. 이상점은 잘못된 모형 적합을 유발하므로 이에 기초한 추론들은 문제를 지닌다. 이상점 탐지(outlier detection)는 잔차를 이용하여 이상점의 존재 여부를 판단하고 원인을 규명하여 모형에 반영하는 분석이다.

8.2 개입분석

정책의 변화, 유가인상, 파업, 자연재해, 상품광고 등과 같이 시계열 자료에 영향을 미칠 가능성이 있는 사건들을 개입(intervention)이라고 하며, 이들을 입력변수로 사용하는 시계열모형을 개입모형(intervention model) 또는 간섭된 시계열모형(interrupted time series model)이라고 한다. 개입이 발생하면 해당 시점의 관측값이 이전 관측값에 비해 월등히 큰 값 또는 작은 값을 가지며, 개입 이후 관측값들에 영향을 미쳐 시계열 모형을 구축하는 데 어려움을 줄 수 있다. 따라서 시계열 자료에 영향을 줄 수 있는 사건의 발생 시점 및 그 원인을 아는 경우, 이들이 자료에 미치는 영향을 모형에 포함시키고 그 효과를 추정하고 이후의 분석에 반영하고자 하는 것이 개입분석의 주된 관심사이다.

관측된 계열 y_t에 대한 개입이 없는 ARIMA 모형은 다음과 같다.

$$y_t = \frac{\theta(B)}{\phi(B)}\epsilon_t.$$

개입효과를 포함하는 개입모형은 다음과 같이 표현된다.

$$y_t = \frac{w(B)}{\delta(B)}B^b I_t^{(T)} + \frac{\theta(B)}{\phi(B)}\epsilon_t.$$

위 식의 첫 번째 항은 개입효과를 나타내는 입력계열이고, 두 번째 항은 시계열 자체의 움직임을 나타내는 ARIMA 모형 부분이다(따라서 개입 시계열 모형은 입력계열이 개입변수인 전이함수 모형으로 간주할 수 있다). 첫 번째 항에서

$$w(B) = w_0 - w_1 B - \cdots w_s B^s,$$
$$\delta(B) = 1 - \delta_1 B - \cdots \delta_r B^r,$$

이고, $I_t^{(T)}$는 개입변수로 개입의 효과가 지속되는 기간에 따라 펄스함수 또는 계단함수로 정의된다(다음 절 참고). b는 개입효과에 대한 지연시간으로 개입의 효과가 개입 시점에 즉시 반영되는 경우에는 영(0)이 된다. 예를 들어, 전쟁이 일어나면 즉시 개입효과가 반영되지만, 금리 정책의 효과는 시차를 두고 일어난다.

개입분석의 기본 가정은 다음과 같다. (a) 개입 시점을 안다. (b) 개입의 속성과 크기를 안다(즉, 개입시점에서 발생한 동태모형의 형태를 안다). (c) 개입 시점 전과 후의 잡음항의 모형(개입효과 제외 시 모형)은 동일하다. 예를 들어, 외환위기 때 소비가 많이 감소했는데, 그 시기를 빼고 시계열을 연결하면 동일한 ARIMA 모형을 따른다.

개입분석의 절차는 다음과 같다.

① 개입 발생 이전 시점의 관측값들을 이용하여 ARIMA 모형을 적합한다(두 번째 항 추정).
② 전체 관측값을 이용하여 개입모형을 적합하고, 개입의 효과를 검정한다.
③ 개입 전과 후의 시계열을 비교해 개입의 통계적 유의성을 평가한다.

8.2.1 개입변수의 형태

Box and Tiao(1975)는 다음과 같이 두 가지 형태의 개입변수를 제안하였다. 개입변수들은 일반적인 시계열변수와는 달리 어떤 사건의 발생이 지속되는 기간에 따라 펄스함수와 계단함수의 두 가지 형태를 따른다.

(1) 펄스함수(pulse function) 또는 지시함수(indicator function)

펄스함수는 어떤 사건이 T 시점에서 발생하여 그 효과가 T 시점에만 영향을 미치는 경우에 사용하며 다음과 같이 정의한다.

$$P_t^{(T)} = \begin{cases} 0 & , t \neq T \\ 1 & , t = T \end{cases}$$

(2) 계단한수(step function)

계단함수는 법안의 통과 등과 같이 어떤 사건이 T 시점에서 발생하여 그 효과가 발생시점 이후로 지속적으로 영향을 미치는 경우에 사용하며 다음과 같이 정의한다.

$$S_t^{(T)} - \begin{cases} 0 & , t < T \\ 1 & , t \geq T \end{cases}$$

여기서, 지시함수와 계단함수 사이에는

$$P_t^{(T)} = S_t^{(T)} - S_{t-1}^{(T)} = (1-B)S_t^{(T)}$$

의 관계가 성립한다.

8.2.2 개입효과의 반응형태

개입의 효과가 반응변수에 반영되는 형태로 Box와 Tiao는 다음과 같은 형태를 제안하고 있다.

(1) 개입의 효과가 b시차 후에 반영되며 그 크기가 w로 일정한 경우: 개입의 효과가 즉시 반영되는 경우에는 $b=0$이 된다.

(2) 개입의 효과가 b시차 후에 반영되며 그 크기가 점차로 줄어드는 경우: 예를 들어, 광고 또는 세금 인상 등의 효과는 어느 정도의 시간이 경과하면 거의 상품의 판매량에 반영되지 않을 것이라고 생각할 수 있다.

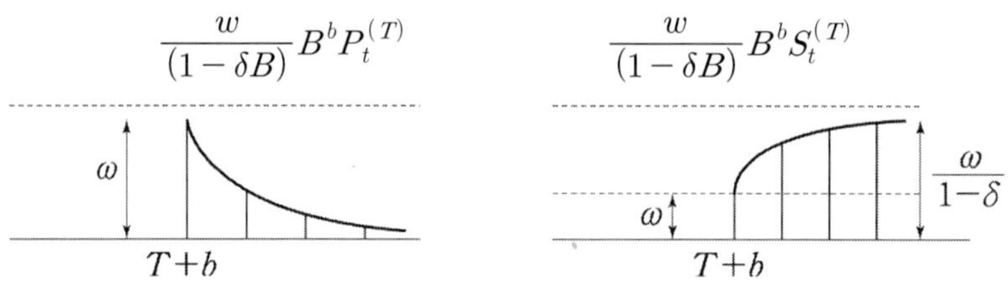

(3) 개입의 교화가 b 시차 후에 반영되며 선형으로 증가하는 경우: $\delta(B)=0$의 근이 1인 경우 개입의 효과가 누적되어 선형추세를 가진다.

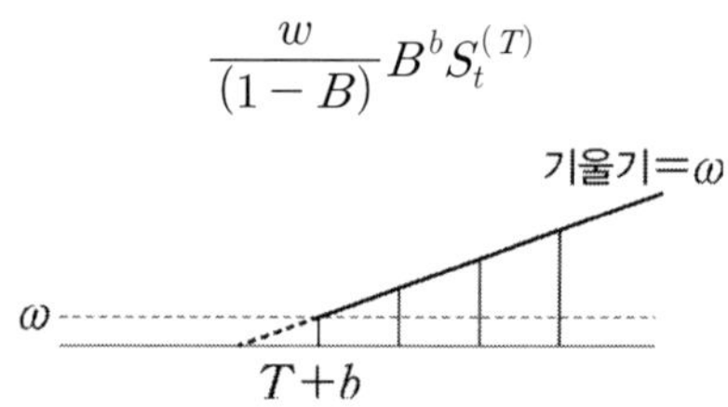

(4) 반응변수에 반영되는 효과는 점차로 줄어드나 개입이 발생하기 이전의 수준과는 다른 새로운 수준으로 수렴하는 경우. 즉, 개입에 의해 반응변수의 수준에 항구적인 변화가 생기는 경우: 예를 들어, 상품의 가격이 인상되리라는 것이 알려진 후 인상 전까지는 판매량이 증가하나 인상된 후에는 판매량이 줄어들고 일정 기간 후부터 점차로 판매량이 서서히 증가하리라고 생각할 수 있다.

$$[\frac{w_1}{1-\delta B}+\frac{w_2}{1-B}]BP_t^{(T)}$$

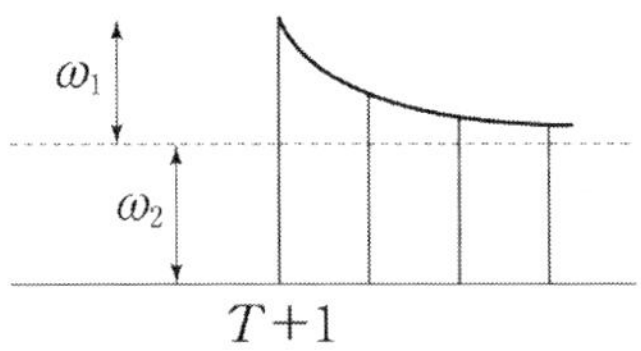

$$[w_0+\frac{w_1 B}{1-\delta B}+\frac{w_2 B}{1-B}]P_t^{(T)}$$

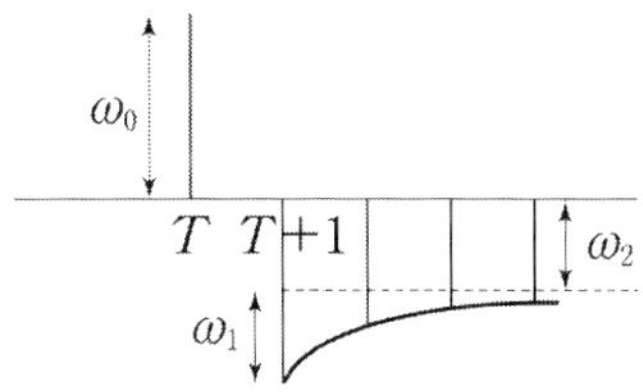

(5) 여러 개의 개입들이 결합되어 동시에 반응변수에 영향을 미치는 경우: 다중개입모형 (multiple intervention model)이라고 한다.

예제 1

airmiles{TSA} 자료에 대해 개입분석을 실시한다. 이 자료는 1996년 1월 ~ 2005년 5월 기간 미국의 항공기 승객의 월별 마일(miles)을 측정한 자료이다. 2001년 9월에 개입이 일어난 자료이다(9/11 테러).

```
> library(TSA)
> data(airmiles)
> plot(log(airmiles), ylab="Log(airmiles)")
```

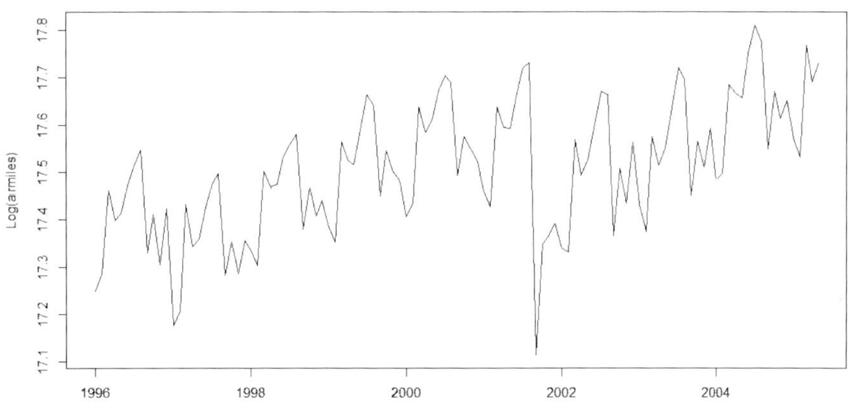

개입효과를 모형에 포함하기 전에, 개입 이전 시점(2001년 8월)까지의 자료를 이용하여 ARIMA 모형을 적합한다.

```
> ## ARIMA 모형 적합(개입 이전 자료 이용)
> library(forecast)
> pre.model <- auto.arima(window(log(airmiles), end=c(2001,8)), trace=T)
```

```
 ARIMA(2,1,2)(1,1,1)[12]                    : -197.1535
 ARIMA(0,1,0)(0,1,0)[12]                    : -191.9266
 ......
 Best model: ARIMA(0,1,1)(0,1,1)[12]

> future <- length(window(airmiles, start=c(2001, 9)))
> forecast <- forecast(pre.model, future)
> par(mfrow=c(1,2))
> ts.plot(window(log(airmiles), start=c(2001,9)), forecast$mean, lty=1:2, col=1:2)
> legend("topleft", c("Observed", "Forecasted"), lty=1:2, col=1:2)
> diffs <- log(airmiles)-forecast$mean
> ts.plot(diffs, ylab="differences")
> mean(diffs)
[1] -0.1086306
```

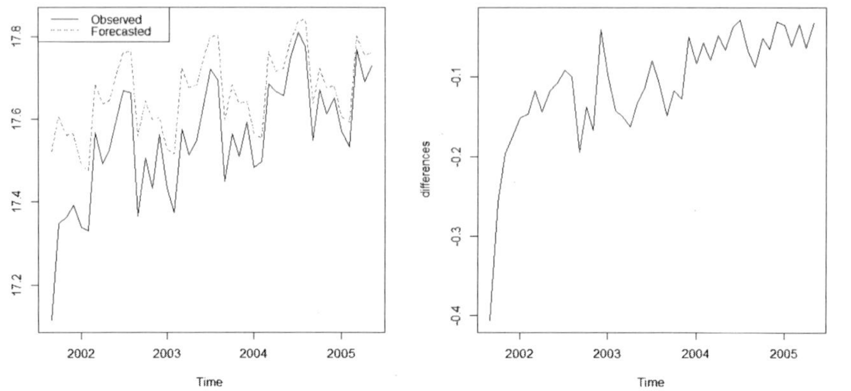

(해석) 개입 이전의 자료로 적합한 모형으로부터 미래 시전의 예측값과 실제값을 그린 것이다. 평균 0.1086 만큼 과대 추정이 이루어졌음을 알 수 있다.

원 자료의 시도표상에서 69번째 자료(2001년 9월)에 대해 다음의 개입효과를 고려하기로 하자.

$$w_0 P_t^{(T)} + \frac{w_1}{1-w_2 B} P_t^{(T)}.$$

위 식에서 T는 2001년 9월을 나타낸다. 또한 $w_0 + w_1$은 즉각적인 9/11 효과를 나타내며, $w_1(w_2)^k$는 k시차(개월) 이후의 9/11 효과를 나타낸다.

R의 arimax{TSA} 함수를 이용하여 위의 개입모형을 적합하자(xtransf= 와 transfer= 옵션 이용). 아래에서 xtransf= 에서 개입이 발생한 시점인 69행의 값만 1이고, 나머지는 모두 영(0)인 두 개 열의 데이터 프레임을 지정하였고, transfer= 옵션에서 리스트의 인수로 지정된 c(0,0)와 c(1,0)는 각각 개입효과의 첫 번째 항과 두 번째 항에 대한 차수를 나타낸다. 즉, c(r,s)는 다음 식에서 분모와 분자의 차수 r과 s를 나타낸다.

$$\frac{w(B)}{\delta(B)} = \frac{w_0 - w_1 B - \cdots - w_s B^s}{\delta_0 - \delta_1 B - \cdots - \delta_r B^r} .$$

```
> int.model <-arimax(log(airmiles), order=c(0,1,1),
              seasonal=list(order=c(0,1,1), period=12),
              xtransf=data.frame(I911=1*(seq(airmiles)==69),
                                 I911=1*(seq(airmiles)==69)),
              transfer=list(c(0,0),c(1,0)),
              method='ML')
> summary(int.model)

Call:
arimax(x=log(airmiles),  order=c(0,1,1),  seasonal=list(order=c(0,1,1),  period=12),
      method="ML", xtransf=data.frame(I911=1*(seq(airmiles)==69),
       I911 = 1*(seq(airmiles)==69)), transfer=list(c(0,0), c(1,0)))

Coefficients:
          ma1     sma1  I911-MA0  I911.1-AR1  I911.1-MA0
      -0.5379  -0.7644   -0.1290      0.8901     -0.2419
s.e.   0.0854   0.1532    0.0606      0.1239      0.0513

sigma^2 estimated as 0.0009739:  log likelihood = 199.42,  aic = -388.84

Training set error measures:
                     ME        RMSE         MAE         MPE       MAPE        MASE
ACF1
Training  set  0.002597807  0.02994997  0.0194799  0.01468365  0.1113953  0.2224126
-0.06351942

> library(lmtest)
> coeftest(int.model)

z test of coefficients:

            Estimate Std. Error z value  Pr(>|z|)
ma1        -0.537855   0.085418 -6.2968 3.039e-10 ***
sma1       -0.764374   0.153237 -4.9882 6.095e-07 ***
I911-MA0   -0.128990   0.060631 -2.1275   0.03338 *      # w0의 추정치
I911.1-AR1  0.890105   0.123909  7.1835 6.794e-13 ***    # w2의 추정치
I911.1-MA0 -0.241918   0.051329 -4.7131 2.440e-06 ***    # w1의 추정치
---
Signif. codes:  0 '***' 0.001 '**' 0.01 '*' 0.05 '.' 0.1 ' ' 1

> plot(log(airmiles), ylab="Log(airmiles)")
> points(fitted(int.model), col="red")
```

3부 여러 개의 시계열 자료에 대한 분석

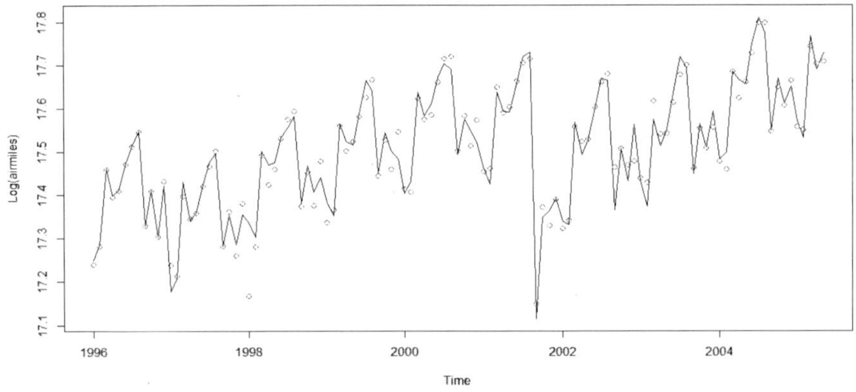

(해석) 개입모형의 모든 효과가 통계적으로 유의하게 나타났다. 시도표를 통해 개입모형이 자료를 잘 적합함을 알 수 있다.

위의 결과로부터 $w_0 + w_1 = -0.129 - 0.242 = -0.371$, $\exp(-0.371) = 0.690$이므로, 9/11의 즉시 효과는 69% 수준이며(즉, 31% 감소 효과), $w_1(w_2)^k = (-0.242)(0.890)^k$는 k 시차 이후의 효과를 나타낸다($k=1$이면 $\exp(-0.215) = 0.807$). 9/11의 개입효과를 그림으로 나타내면 다음과 같다.

```
> E911 <- 1*(seq(airmiles)==69)
> plot(ts(E911*(-0.129)+
        filter(E911,filter=0.890,method="recursive")*(-0.242),
        frequency=12, start=1996),ylab="9/11 Effects",type="h"); abline(h=0)
```

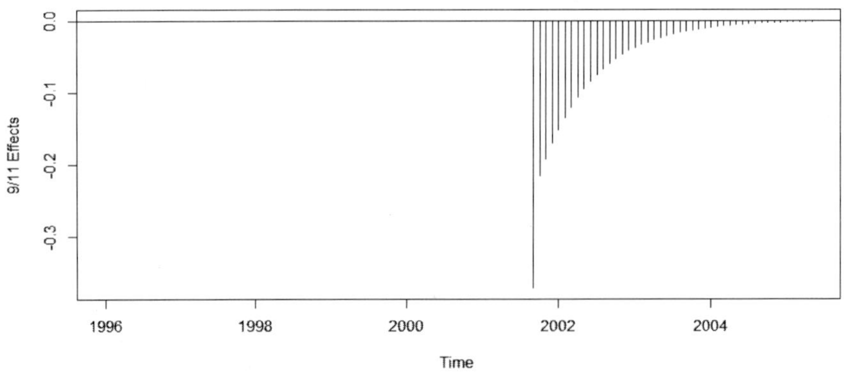

개입효과를 무시하고 전체 자료에 대해 ARIMA 모형을 적합하고, 개입모형과 비교를 수행한다.

```
> ## 전체 자료에 대해 ARIMA 모형 적합
> arima <- auto.arima(log(airmiles), trace=T)

 ARIMA(2,0,2)(1,1,1)[12] with drift         : Inf
 ARIMA(0,0,0)(0,1,0)[12] with drift         : -201.5575
 ......
 ARIMA(2,0,2)(2,1,0)[12]                    : Inf

 Best model: ARIMA(1,0,1)(2,1,0)[12]

> summary(arima)
Series: log(airmiles)
ARIMA(1,0,1)(2,1,0)[12]

Coefficients:
         ar1      ma1     sar1     sar2
      0.9392  -0.4254  -0.4690  -0.2223
s.e.  0.0410   0.1083   0.1006   0.0950

sigma^2 estimated as 0.003204:  log likelihood=147.37
AIC=-284.74   AICc=-284.11   BIC=-271.67

Training set error measures:
                      ME       RMSE         MAE        MPE       MAPE      MASE
ACF1
Training  set  0.008094132  0.05244721  0.02856046  0.0457115  0.1637807  0.3743434  -
0.003616399

> plot(log(airmiles), ylab="Log(airmiles)")
> points(fitted(arima), col="red")
```

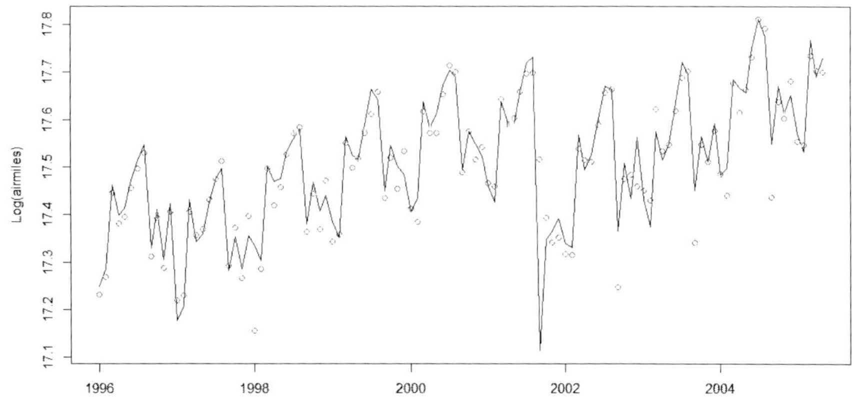

(해석) ARIMA 모형의 성능이 개입모형에 비해 떨어짐을 알 수 있다(AIC, MAPE 등). 시도표 상으로도 이 사실을 확인할 수 있다.

8.3 이상점 탐지

이상점은 분석에 영향을 미치나 그 원인을 모르는 자료이다. 이상점 탐지(outlier detection) 또는 이상 탐지(anomaly detection)는 이상점의 존재 여부를 판단하고, 이를 통해 자료의 입력 또는 기입 과정에서의 오류 등을 파악한다. 또한 이상점의 원인(파업, 정책변화 및 시장구조의 급격한 변화 등)이 규명된다면 이를 개입의 형태로 보아 개입모형을 적합할 수 있다.

시계열에서의 이상점(outliers)은 다음과 같이 여러 가지 형태가 있다.

(1) Additive Outlier(AO)

한 시점(T)에서만 시계열의 관측값에 영향을 미치는 이상점으로, 시계열을 관측하는 과정에서 발생하는 오차(measurement error)이다. 고립된 spike 형태를 보인다.

(2) Innovational Outlier(IO)

한 시점(T)의 시계열의 관측값에만 영향을 미치지 않고, 이상점이 발생한 이후의 관측값에 지속적으로 영향을 미치는 형태의 이상점이다. T 시점 이후의 모든 관측값에 어떤 효과($w_I \psi_j$)가 더해진 형태이다(연속적으로 발생한 일련의 AO 효과로도 볼 수 있음).

(3) Transient(or Temporary) Change(TC)

관측값의 수준에 생긴 변화가 단기간 지속되고 또한 변화의 크기도 점차적으로 줄어드는 경우이다. 감쇠(damping) 효과 δ의 크기에 의해 지수적으로 감소한다.

(4) Level Shift(LS) 또는 Seasonal Level Shift(SLS)

한 시점(T) 이후의 모든 관측값의 수준에 항구적인 변화가 발생하는 경우이다. T 시점 이후의 모든 관측값에 동일한 효과가 더해져 시계열의 수준이 변화한 형태이다. 시스템의 변화 또는 관측기기에 변화가 발생한 경우 등에 해당한다.

(5) Consecutive AO's 또는 Patches of Outliers

이상점이 연속적으로 발생하는 경우 연속적인 AO가 발생했다고 간주한다. IO와 TC 등이 연속적인 AO에 의해 근사될 수 있다.

이상점 탐지(outlier detection)에서는 이상점의 종류와 발생 시점을 찾아내어 이를 모형에 반영한다. 이 과정에서 오염되지 않은 시계열의 모형은 알고 있다고 가정한다(즉, $\phi(B)$와 $\theta(B)$를 안다고 가정한다). 알고 있는 모형에서 이상점이 잔차에 미치는 효과를 추정하고, 이를 이용하여 잔차를 조정하는 과정을 반복하여, 추가적인 이상점이 탐지되지 않을 때까지 반복한다(자세한 절차는 Tsay(1988)을 참고). 이상점 탐지의 절차는 다음과 같이 요약된다.

① 이상점의 탐지(outlier detection)
② 이상점의 조정(outlier adjustment)
③ 조정된 시계열을 이용한 모수의 추정

참고 이상점(또는 개입)의 종류에 따른 형태 시각화: filter{stats} 함수 이용

```
> ts <- ts(rep(0, 50))
> ts[20] <- 1

> LS <- filter(ts, filter = 1, method = "recursive")
> plot(LS, main = "Level Shift - TC delta = 1", type = "s")

> AO <- filter(ts, filter = 0, method = "recursive")
> plot(AO, main = "Additive Outlier - TC delta = 0", type = "s")

> TC_0_3 <- filter(ts, filter = 0.3, method = "recursive")
> TC_0_8 <- filter(ts, filter = 0.8, method = "recursive")
> plot(TC_0_3, main = "TC delta = 0.3")
> plot(TC_0_8, main = "TC delta = 0.8")
```

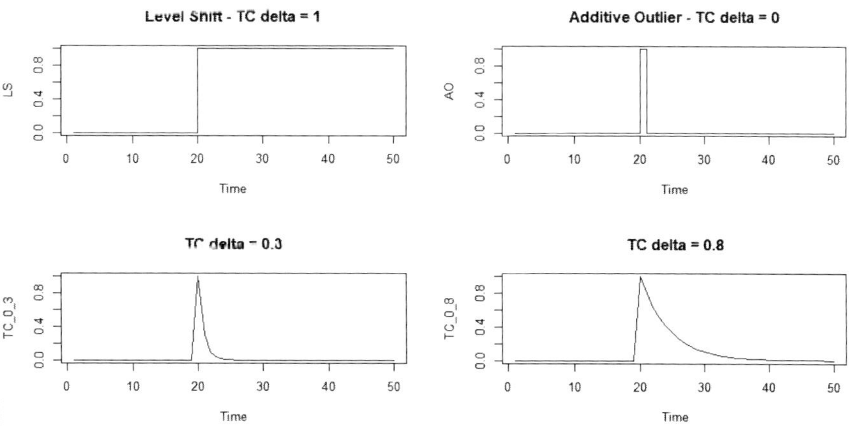

R 패키지 {tsouliers}를 이용하여 이상점 탐지 분석을 수행한다.

예제 2

앞 절에서 다룬 airmiles{TSA} 자료에 대해 이상점 탐지 분석을 수행한다. 다만, 여기서는 개입(9/11 개입)의 시점은 모른다고 가정한다. R의 tso{tsoutliers} 함수를 이용한다.

```
> library(tsoutliers)
> out <- tso(log(airmiles), types = c("TC", "AO", "LS", "IO", "SLS"))
> out
Series: log(airmiles)
Regression with ARIMA(2,0,0)(0,1,1)[12] errors

Coefficients:
         ar1     ar2     sma1     TC69
      0.5279  0.4343  -0.6438  -0.3524
s.e.  0.0917  0.0912   0.1407   0.0276

sigma^2 estimated as 0.001154:  log likelihood=198.19
AIC=-386.37   AICc=-385.74   BIC=-373.3

Outliers:
  type ind    time coefhat  tstat
1   TC  69 2001:09 -0.3524 -12.78
```

(해석) 이상점의 종류(TC)와 시점(69번 자료: 2001년 9월)을 제시하고 있다. tstat는 해당 유형의 이상점(TC)을 대립가설로 하는 검정의 검정통계량이다(귀무가설: 어떤 유형의 이상점도 아니다).

```
> plot(out)
```

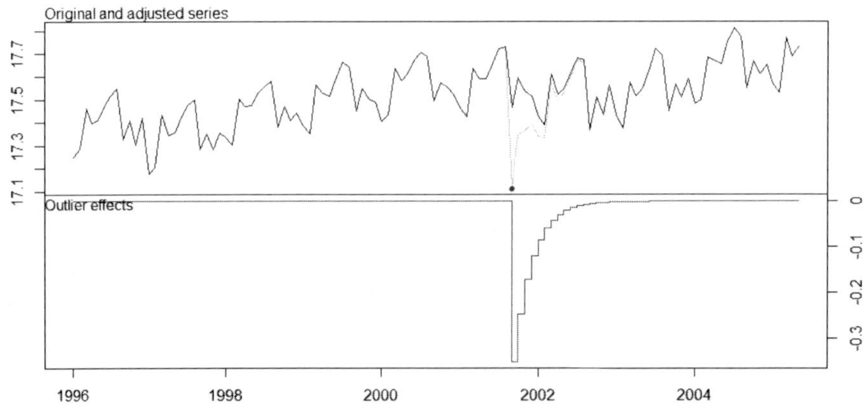

```
> out$outliers
  type ind    time    coefhat      tstat
1   TC  69 2001:09 -0.3524161 -12.77617

> # 탐지된 이상점의 시간 색인(time index)
> (out_id <- out$outliers$ind)
[1] 69

> # 탐지된 이상점의 달력 년(calendar years)
> out$outliers$time
[1] 2001:09
Levels: 2001:09

> # 시계열의 길이
> n <- length(airmiles)
> # 시계열에서 발견된 동일한 시간 색인에서 TC 이상치
> (out_df <- outliers("TC", out_id))   # 데이터프레임에서 outliers를 정의
  type ind coefhat
1   TC  69       1

> # TC의 효과가 저장된 1열 구조의 행렬
> (TC <- outliers.effects(out_df, n))
              TC69
  [1,] 0.000000e+00
  [2,] 0.000000e+00
......
 [68,] 0.000000e+00
 [69,] 1.000000e+00
 [70,] 7.000000e-01
......
[113,] 1.528670e-07

> # 수치로 변환
> coefhat <- as.numeric(out$outliers["coefhat"])

> # TC 효과
> TC_eff <- coefhat*TC

> # TC 효과 자료의 시계열
> TC_effect <- ts(TC_eff, frequency = frequency(airmiles), start = start(airmiles))

> # TC 효과 제거 계열=(원 계열 - TC 효과 계열)
> diffs <- log(airmiles) - TC_effect

> # (원 계열, 차이 계열, TC 효과 계열) 그림
> plot(cbind(log(airmiles), diffs, TC_effect))
```

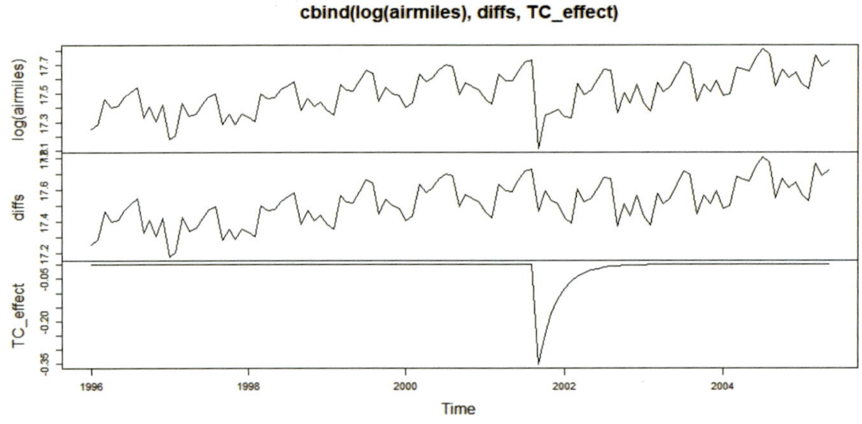


```
> # 원 계열과 TC 효과 제거 계열의 시각화
> plot(log(airmiles), type ='b', ylab = "Log(airmiles)")
> lines(diffs, col = 'red', lty = 3, type ='b')
```

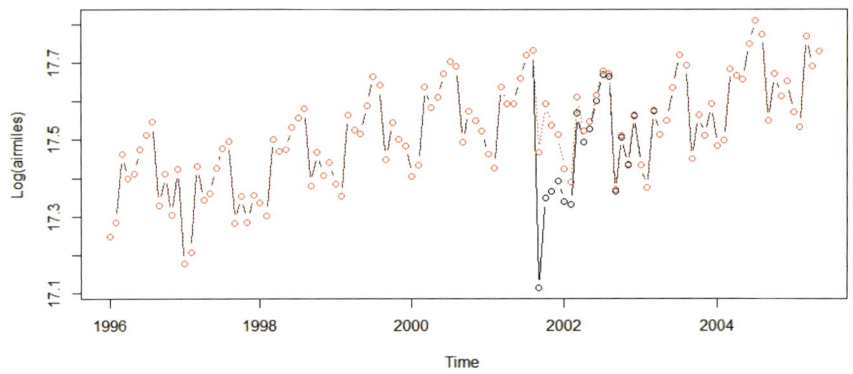


```
> # [예제 1]의 개입 효과와 TC 효과와의 비교
> E911 <- 1*(seq(airmiles)==69)
>
plot(ts(E911*(-0.129)+filter(E911,filter=0.890,method="recursive",side=1)*(-0.242),
    frequency=12, start=1996),ylab="9/11 Effects",type="h"); abline(h=0)
> lines(TC_effect, col ='red', lty = 3)
> legend("bottomleft", c("Intervention", "Outlier-TC"), lty = 1:2, col = 1:2)
```

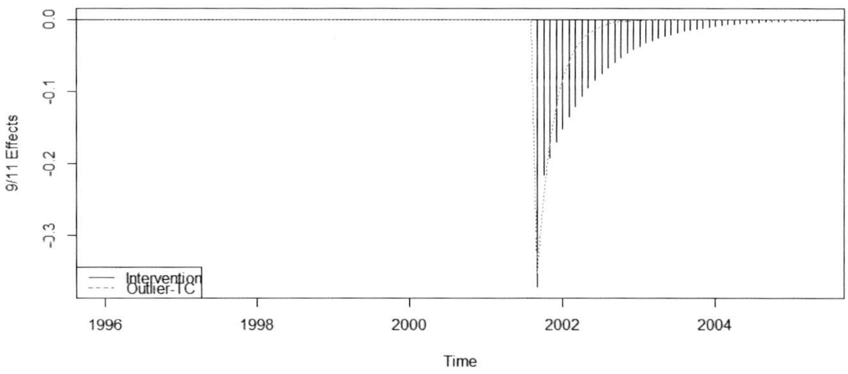

(해석) [예제 1]의 개입 효과와 TC 효과를 비교한 결과 유사한 형태를 취하나, TC 효과가 보다 빠르게 감소하는 형태를 보인다. [예제 1]에서 입력(개입) 변수로 두 개항의 합의 형태를 사용하였다. 두 번째 항만을 입력변수로 사용한 결과를 아래에 제시하였다.

```
> # [예제 1]의 개입 효과(입력변수로 두 번째 항만 이용하여 적합)와 TC 효과와의 비교
> E911 <- 1*(seq(airmiles)==69)
> plot(ts(filter(E911,filter=0.695,method="recursive",side=1)*(-0.346),
        frequency=12, start=1996),ylab="9/11 Effects",type="h"); abline(h=0)
> lines(TC_effect, col ='red', lty = 3)
> legend("bottomleft", c("Intervention", "Outlier-TC"), lty = 1:2, col = 1:2)
```

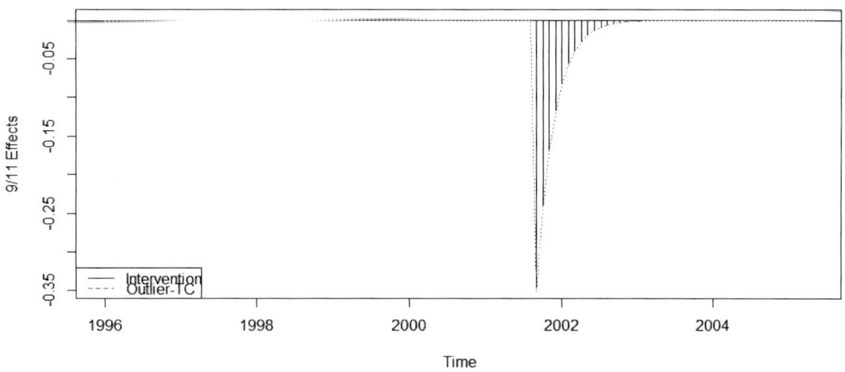

(해석) [예제 1]의 변형모형에 대한 개입효과와 TC 효과가 매우 유사함을 알 수 있다.

예제 3

chicken{fma} 자료에 대해 이상점 탐지 분석을 수행한다. R의 tso{tsoutliers} 함수를 이용한다. {tsoutlier} 패키지의 outlier.effects( ) 함수를 이용하여 ARIMA 오차 회귀모형에서 회귀자(regressors)를 만들 수 있다. {tsoutliers} 패키지는 auto.arima{forecast} 함수와 잘 작동하므로, 이 함수를 이용하여 ARIMA 오차 회귀모형을 적합한다(xreg= 옵션). 아래 분석에서 TC의 감쇠 모수(δ)로 0.7(디폴트)이 사용되었으나, 이 값은 원하는 감쇠 곡선을 얻기 위해 다른 값으로 변경될 수 있다(tso( ) 함수의 delta= 옵션).

```
> library(tsoutliers)
> library(expsmooth)
> library(fma)     # chicken{fma} 자료
> outlier <- tsoutliers::tso(chicken, types=c("AO","LS","TC"), maxit.iloop=10)
> outlier
Series: chicken
Regression with ARIMA(0,1,0) errors

Coefficients:
         LS12     TC20
      37.1400  36.3763
s.e.  11.7778  10.8586

sigma^2 estimated as 142.9:  log likelihood=-268.08
AIC=542.15   AICc=542.52   BIC=548.85

Outliers:
  type ind time coefhat tstat
1   LS  12 1935   37.14 3.153
2   TC  20 1943   36.38 3.350
```

(해석) 12와 20번째 자료가 각각 LS와 TC로 파악되었다.

```
> plot(outlier)
```

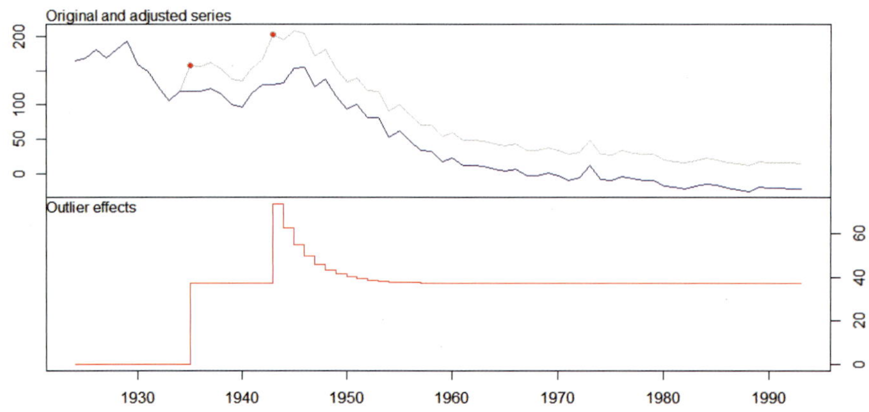

```
> n <- length(chicken)
> LS.df <- outliers("LS", 12)
> LS_effect <- outliers.effects(LS.df, n)
> TC.df <- outliers("TC", 20)
> TC_effect <- outliers.effects(TC.df, n)
> xreg.outliers <- cbind(LS_effect, TC_effect)
> xreg.outliers
      LS12         TC20
 [1,]    0 0.000000e+00
 [2,]    0 0.000000e+00
 [3,]    0 0.000000e+00
......
[11,]    0 0.000000e+00
[12,]    1 0.000000e+00
[13,]    1 0.000000e+00
......
[19,]    1 0.000000e+00
[20,]    1 1.000000e+00
[21,]    1 7.000000e-01
......
[69,]    1 2.569236e-08
[70,]    1 1.798465e-08

> # outliers.effects{tsoutliers}의 결과를 auto.arima{forecast}의 회귀자로 지정함
> arima.model <- auto.arima(chicken, xreg=xreg.outliers)
> arima.model
Series: chicken
Regression with ARIMA(0,1,0) errors

Coefficients:
        drift     LS12     TC20
      -2.7450  39.8850  36.3763
s.e.   1.3895  11.5422  10.5640

sigma^2 estimated as 137.3:  log likelihood=-266.18
AIC=540.36   AICc=540.98   BIC=549.29
```

4부

유용한 시계열 R 패키지 소개

9장

시계열 날짜와 객체 다루기

9.1 서론

시계열 자료는 다른 자료와는 달리 시간에 대한 정보를 포함한다. 시계열 자료의 분석을 보다 유연하게 수행하기 위해서는 시간 정보에 대한 처리가 중요하다. 이와 관련하여 앞서 1.5절에서 날짜에 대한 기초적인 내용을 다루었으나, 이 장에서는 시계열에서 날짜와 시간을 다루는 {lubridate}를 비롯한 R의 주요 패키지들을 소개하고, 이를 실제 자료분석에 활용한 예를 제시한다. 또한, 시계열 분석을 지원하는 R의 주요 패키지들은 각기 다른 형태의 시계열 객체를 요구한다. R의 {tsbox} 패키지는 시계열 객체를 서로 다른 형태로 전환하는 데 매우 유용하다.

9.2 특정 형식의 날짜 읽어오기 - {lubridate}, {zoo}, {xts} 패키지

데이터프레임에 특정 형식으로 저장된 날짜를 읽어오는 방법을 소개한다.

예제 1

({lubridate} 패키지 이용) 연, 월, 일 등이 각각 다른 열에 저장된 날짜 읽어오기

```
> library(tidyverse)
> library(nycflights13)
> flights %>%
    select(year, month, day)
# A tibble: 336,776 x 3
   year month   day
  <int> <int> <int>
1  2013     1     1
2  2013     1     1
3  2013     1     1
......

> library(lubridate)
> f_day <- flights %>%
    select(year, month, day) %>%
    mutate(depart = make_date(year, month, day))
> f_day
# A tibble: 336,776 x 4
   year month   day depart
  <int> <int> <int> <date>
1  2013     1     1 2013-01-01
2  2013     1     1 2013-01-01
3  2013     1     1 2013-01-01
......

> f_min <- flights %>%
    select(year, month, day, hour, minute) %>%
    mutate(depart = make_datetime(year, month, day, hour, minute))
> f_min
# A tibble: 336,776 x 6
   year month   day  hour minute depart
  <int> <int> <int> <dbl>  <dbl> <dttm>
1  2013     1     1     5     15 2013-01-01 05:15:00
2  2013     1     1     5     29 2013-01-01 05:29:00
3  2013     1     1     5     40 2013-01-01 05:40:00
......
```

예제 2

(zoo{zoo}, xts{xts} 함수 이용) 특정 형식으로 저장된 날짜 읽어오기

```
> # 특정 형식으로 날짜 정보가 저장된 데이터프레임 읽어오기
> df <- data.frame(Date=c("10/8/2013", "10/9/2019", "10/10/2019"),
                   Close=c(868, 855, 865))
> library(zoo)
> (ZOO <- zoo(df$Close, order.by=as.Date(df$Date, format='%m/%d/%Y')))
```

```
2013-10-08 2019-10-09 2019-10-10
       868        855        865

> library(xts)
> (XTS <- xts(df$Close, order.by=as.Date(df$Date, format='%m/%d/%Y')))
           [,1]
2013-10-08  868
2019-10-09  855
2019-10-10  865
```

9.3 날짜와 시간 다루기 - {lubridate}

R 패키지 {lubridate}는 기존의 날짜-시간 관련 함수에 비해 매우 편리한 함수를 제공한다. {lubridate} 패키지에서 제공하는 날짜-시간 다루기 관련 함수를 소개하면 다음과 같다.

(a) 날짜로부터 정보 추출하기

- year( ), month( ), day( ) 함수
- wday( ) 함수

```
> library(lubridate)
> date <- today( )
> y <- year(date); m <- month(date); d <- day(date)
> cbind(y,m,d)
        y  m  d
[1,] 2019 11 17
> wday(date); wday(date, label=TRUE)
[1] 1
[1] 일
Levels: 일 < 월 < 화 < 수 < 목 < 금 < 토
```

(b) 날짜-시간

- now( ) 함수
- hour( ), minute( ), second( ) 함수

```
> (now <- now( ))    # cf. Sys.Date{base}, Sys.timezone{base}
[1] "2019-11-17 14:18:28 KST"
> hr <- hour(now); min <- minute(now); sec <- second(now)
> cbind(hr,min,sec)
     hr min      sec
[1,] 14  18 28.63495
```

(c) 날짜 구조화(parsing)

- ymd(), dmy(), mdy() 함수

```
> (d1 <- ymd("2019-11-16"))
[1] "2019-11-16"
> class(d1)
[1] "Date"
> ymd("1989 May 17", locale="USA")    # locale="USA"는 May(영문)를 인식함
[1] "1989-05-17"
> ymd("2019/11/16")
[1] "2019-11-16"
> dmy(16112019)
[1] "2019-11-16"
> mdy("November 16, 2019", locale="English")
[1] "2019-11-16"
```

- ymd_hms(), hms() 함수
- update() 함수

```
> dt1 <- '2019-11-16 14:23:02'
> ymd_hms(dt1)
[1] "2019-11-16 14:23:02 UTC"
> hms("14:23:02")
[1] "14H 23M 2S"
> dt2 <- c('2016-11-16', '2017-09-22', '2019-07-11')
> ymd(dt2)
[1] "2016-11-16" "2017-09-22" "2019-07-11"
> now <- now( )
> update(now, hours = 8, minutes = 34, seconds = 55)
[1] "2019-11-17 08:34:55 KST"
> now.n <- update(now, hours = 11, minutes = 55, seconds = 0)
> now.n
[1] "2019-11-17 11:55:00 KST"
```

패키지 {lubridate}의 날짜-시간에 대한 구조화(parsing) 함수는 [표 9.1]과 같다.

[표 9.1] **날짜-시간의 원소에 따른 구조화 함수**

날짜-시간에서 원소의 순서	구조화 함수(parse function)
year, month, day	ymd()
year, day, month	ydm()
month, day,year	mdy()
day, month, year	dmy()

hour, minute	hm()
hour, minute, second	hms()
year, month, day, hour, minute, second	ymd_hms()

(d) 시간 영역(time zone)과 산술 연산

- + 연산
- update(), with_tz()

```
> (nyc <- now("America/New_York"))
[1] "2019-11-17 00:38:19 EST"
> (depart <- nyc + days(7))
[1] "2019-11-24 00:38:19 EST"
> (depart <- update(depart, hours = 20, minutes = 30))
[1] "2019-11-24 20:30:19 EST"
> (arrive <- depart + hours(5) + minutes(10))
[1] "2019-11-25 01:40:19 EST"
> (arrive <- with_tz(arrive, "Asia/Hong_Kong"))
[1] "2019-11-25 14:40:19 HKT"
```

(e) 날짜-시간 구간(interval)

- interval(), as.period() 함수

```
> (last_time <- mdy("June 10, 2019", tz="Singapore"))
[1] "2019-06-10 +08"
> (how_long <- interval(last_time, arrive))
[1] 2019-06-10 +08--2019-11-25 14:40:19 +08
> as.period(how_long)
[1] "5m 15d 14H 40M 19S"
```

- difftime() 함수

```
> date1<-ymd_hms("2017-06-20-03-45-23")
> date2<-ymd_hms("2017-10-07-21-02-19")
> difftime(date2,date1)
Time difference of 109.7201 days
```

- am(), pm() 함수

```
> x <- ymd("2019-05-20")
> am(x); pm(x)
[1] TRUE
[1] FALSE
```

(f) 기간(duration) 계산

- as.duration( ), as.numeric( ) 함수

```
> (x <- interval(ymd("2019-10-01"), ymd("2010-08-01")))
[1] 2019-10-01 UTC--2010-08-01 UTC
> as.duration(x)
[1] "289267200s (~9.17 years)"
> as.duration(10)    # numeric
[1] "10s"
> dur <- duration(hours = 10, minutes = 20)
> as.numeric(dur, "hours")
[1] 10.33333
> as.numeric(dur, "minutes")
[1] 620
```

(g) 날짜 수열 생성

- seq{base} 함수에서 by= 옵션 이용

```
> seq(ymd('2019-10-05'), ymd('2020-03-20'), by='1 week')
 [1] "2019-10-05" "2019-10-12" "2019-10-19" "2019-10-26" "2019-11-02" ......
[22] "2020-02-29" "2020-03-07" "2020-03-14"
> seq(ymd('2019-10-05'), ymd('2020-03-20'), by='weeks')
 [1] "2019-10-05" "2019-10-12" "2019-10-19" "2019-10-26" "2019-11-02" ......
[22] "2020-02-29" "2020-03-07" "2020-03-14"

> seq(ymd('2019-10-05'), ymd('2020-03-20'), by='months')
[1] "2019-10-05" "2019-11-05" "2019-12-05" "2020-01-05" "2020-02-05" "2020-03-05"
> seq(ymd('2019-10-05'), ymd('2020-03-20'), by='quarters')
[1] "2019-10-05" "2020-01-05"

> seq(ymd('2019-10-05'), ymd('2020-03-20'), by='years')
[1] "2019-10-05"

> seq(ymd_hm("2020-1-1 0:00"), ymd_hm("2020-1-1 12:00"), by="hour")
 [1] "2020-01-01 00:00:00 UTC" "2020-01-01 01:00:00 UTC" "2020-01-01 02:00:00 ......
[13] "2020-01-01 12:00:00 UTC"
```

패키지 {lubridate}와 다른 날짜-시간 관련 연산과의 비교는 [표 9.2]와 같다. 이 표를 보면 다른 관련 연산에 비해 {lubridate}의 표현이 훨씬 단순함을 알 수 있다.

[표 9.2] {lubridate}와 다른 날짜-시간 관련 연산과의 비교(출처: Grolemund & Wickham(2011))

Task	lubridate	Date	POSIXct
now (system time zone)	now()		Sys.time()
now(GMT)	now("GMT")	Sys.Date()	
origin	origin	structure(0, class = "Date")	structure(0, class = c("POSIXt", "POSIXct"))
x days since origin	origin + days(x)	structure(floor(x), class = "Date")	structure(x*24*60*60, class = c("POSIXt","POSIXct"))
next day	date + days(1)	date + 1	seq(date, length = 2, by = "day")[2]
previous day	date - days(1)	date - 1	seq(date, length = 2, by = "-1 day")[2]
		DST and time zones	
x days since date			
(day exactly 24 hours)	date + ddays(x)		seq(date, length = 2, by = paste(x, "day"))[2]
(allowing for DST)	date + days(x)	date + floor(x)	seq(date, length = 2, by = paste(x, "DSTday"))[2]
display date in new time zone	with_tz(date, "TZ")		as.POSIXct(format(as.POSIXct(date),tz="TZ"),tz="TZ")
keep clock time, replace time zone	force_tz(date, tz = "TZ")		
		Exploring	
sequence	date + c(0:9) * days(1)	seq(date, length = 10, by = "day")	seq(date, length = 10, by = "DSTday")
every 2nd week	date + c(0:2) * weeks(2)	seq(date, length = 3, by = "2 week")	seq(date, length = 3, by = "2 week")
first day of month	floor_date(date, "month")	as.Date(format(date, "%Y-%m-01"))	as.POSIXct(format(date, "%Y-%m-01"))
round to nearest first of month	round_date(date, "month")		
extract year value	year(date)	as.numeric(format(date, "%Y"))	as.numeric(format(date, "%Y"))
change year value	year(date) <- z	as.Date(format(date, "z-%m-%d"))	as.POSIXct(format(date, "z-%m-%d"))
day of week	wday(date) # Sun = 1	as.numeric(format(date, "%w")) # Sun = 0	as.numeric(format(date, "%w")) # Sun = 0
day of year	yday(date)	as.numeric(format(date, "%j"))	as.numeric(format(date, "%j"))
express as decimal of year	decimal_date(date)		
		Parsing dates	
z = "1970-10-15"	ymd(z)	as.Date(z)	as.POSIXct(z)
z = "10/15/1970"	mdy(z)	as.Date(z, "%m%d%Y")	as.POSIXct(strptime(z, "%m/%d/%Y"))
z = 15101970	dmy(z)	as.Date(as.character(z), format="%d%m%Y")	as.POSIXct(as.character(z), tz = "GMT", format = "%d%m%Y")

Durations comparison

Duration	lubridate	Base R
1 second	seconds(1)	as.difftime(1, unit = "secs")
5 days, 3 hours and - 1 minute	new_duration(day = 5, hour = 3, minute = -1)	as.difftime(60 * 24 * 5 + 60 * 3 - 1, unit = "mins") # Time difference of 7379 mins
1 month	months(1)	
1 year	years(1)	

패키지 {lubridate}에 대한 Cheat Sheet는 다음 웹사이트를 참고하기 바란다.

[1] https://rawgit.com/rstudio/cheatsheets/master/lubridate.pdf

[2] https://rstudio.com/wp-content/uploads/2019/01/Cheatsheets_2019.pdf[16)]

[예제 3]은 {lubridate} 패키지의 날짜-시간 관련 함수의 활용 예이다.

예제 3

lakers{lubridate} 자료를 이용하여 앞서 소개한 여러 날짜-시간 관련 함수가 실무에서 어떻게 사용되는지를 소개한다. 특히 패키지 {ggplot2}와 연계하여 시각화 분석에 사용된 예를 소개한다. 아래에서 {tidyverse} 패키지는 {ggplot2}를 포함하여 Hadley Wickham의 'tidy-접근'에 유용한 여러 패키지를 자동으로 설치해 준다.

```
> library(tidyverse)
> library(lubridate)
> data(lakers)
> str(lakers)
'data.frame':   34624 obs. of  13 variables:
 $ date     : int  20081028 20081028 20081028 20081028 20081028 20081028 20081028
20081028 20081028 20081028 ...
 $ opponent : chr  "POR" "POR" "POR" "POR" ...
 $ game_type: chr  "home" "home" "home" "home" ...
 $ time     : chr  "12:00" "11:39" "11:37" "11:25" ...
 $ period   : int  1 1 1 1 1 1 1 1 1 1 ...
 $ etype    : chr  "jump ball" "shot" "rebound" "shot" ...
 $ team     : chr  "OFF" "LAL" "LAL" "LAL" ...
 $ player   : chr  "" "Pau Gasol" "Vladimir Radmanovic" "Derek Fisher" ...
 $ result   : chr  "" "missed" "" "missed" ...
 $ points   : int  0 0 0 0 0 2 0 1 0 2 ...
 $ type     : chr  "" "hook" "off" "layup" ...
 $ x        : int  NA 23 NA 25 NA 25 NA NA NA 36 ...
 $ y        : int  NA 13 NA 6 NA 10 NA NA NA 21 ...

> lakers$date <- ymd(lakers$date); head(lakers)
> lakers %>%
    ggplot(aes(date, y=0, col=game_type))+
    geom_point( )
```

16) 여기서는 R의 주요 패키지들에 대한 Cheat Sheet를 제공한다(RStudio 제공).

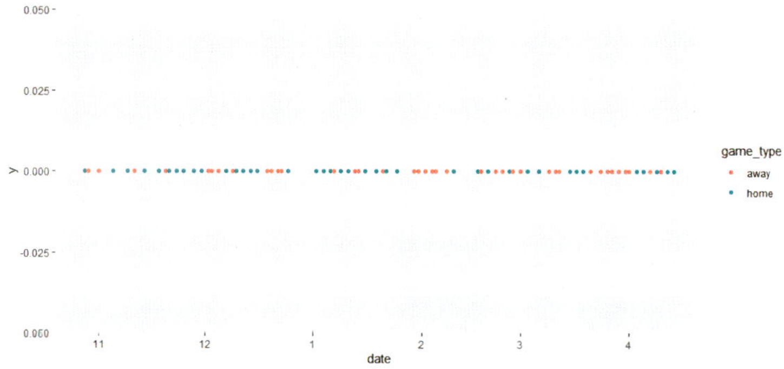


```
> lakers %>%
    ggplot(aes(date, fill=game_type))+
    geom_bar( )
```

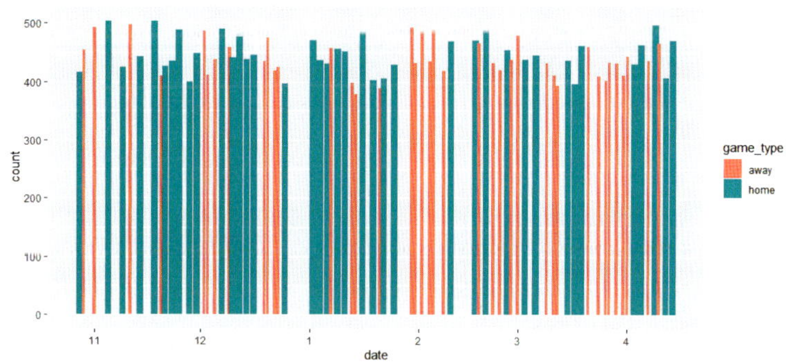


```
> lakers %>%
    ggplot(aes(date))+
    geom_freqpoly( )
'stat_bin( )' using 'bins = 30'. Pick better value with 'binwidth'.
> lakers %>%
    ggplot(aes(date))+
    geom_freqpoly(binwidth=5)
```

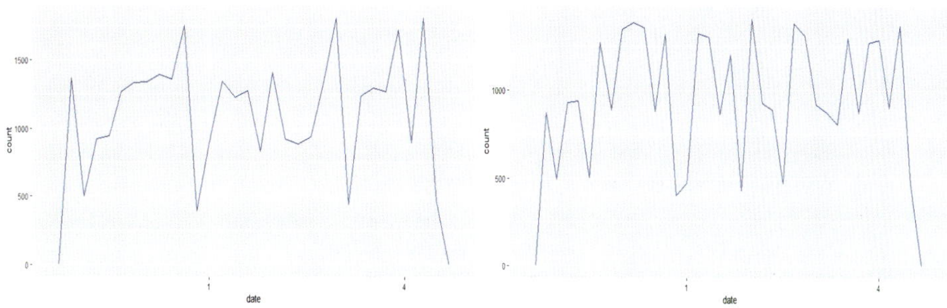

```
> lakers %>%
    mutate(wday=wday(date, label=TRUE)) %>%
    ggplot( )+
    geom_bar(aes(x=wday,fill=wday))
```

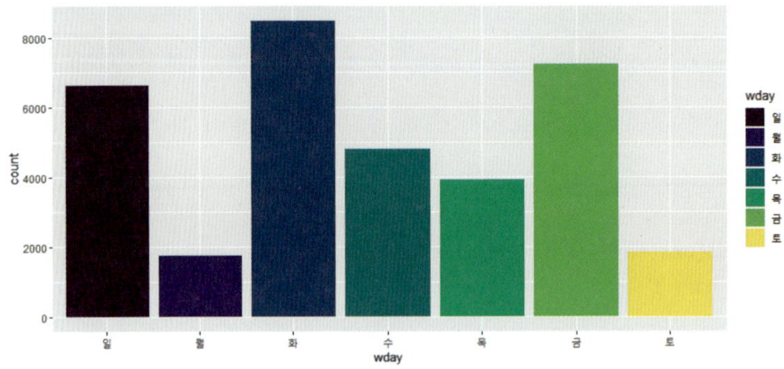


```
> (lakers$time <- ms(lakers$time))
   [1] "12M 0S"  "11M 39S" "11M 37S" "11M 25S" "11M 23S" "11M 22S" "11M 22S"
......
[1000] "5S"
 [ reached getOption("max.print") -- omitted 33624 entries ]

> (lakers$time <- as.duration(lakers$time))
   [1] "720s (~12 minutes)"    "699s (~11.65 minutes)" "697s (~11.62 minutes)"
 ......
 [997] "29s"                   "22s"                   "21s"                   "5s"
[ reached getOption("max.print") -- omitted 33624 entries ]

> (lakers$time <- dminutes(c(12,24,36,48,53)[lakers$period])-lakers$time)
   [1] "0s"                    "21s"                   "23s"
   [4] "35s"                   "37s"                   "38s"
   [7] "38s"                   "38s"                   "60s (~1 minutes)"
  [10] "67s (~1.12 minutes)"   "75s (~1.25 minutes)"   "88s (~1.47 minutes)"
 ......
[1000] "715s (~11.92 minutes)"
 [ reached getOption("max.print") -- omitted 33624 entries ]

> lakers %>%
    ggplot(aes(x=as.numeric(time, "seconds")))+
    geom_histogram(bg="blue", binwidth=60)

> (lakers$minutes <- ymd("2008-01-01")+lakers$time)
   [1]  "2008-01-01  00:00:00  UTC"  "2008-01-01  00:00:21  UTC"  "2008-01-01  00:00:23
......
[1000] "2008-01-01 00:11:55 UTC"
 [ reached 'max' / getOption("max.print") -- omitted 33624 entries ]
```

```
> lakers %>%
    ggplot(aes(x=as.numeric(time, "minutes")))+
    geom_histogram(bg="blue",binwidth=1)
```

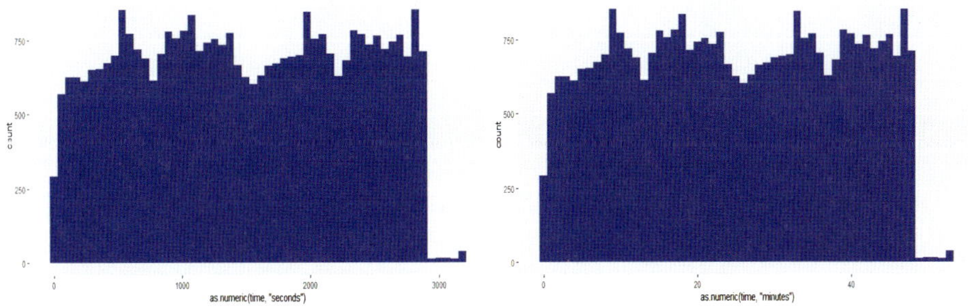

```
> event_game <-  lakers %>%
    filter(date == ymd("20081225"))
> attempts <- event_game %>%
    filter(etype=="shot") %>%
    mutate(wait=c(time[1],diff(time)))
> attempts %>%
    ggplot(aes(x=as.integer(wait)))+
    geom_histogram(bg="green", binwidth=2)
```

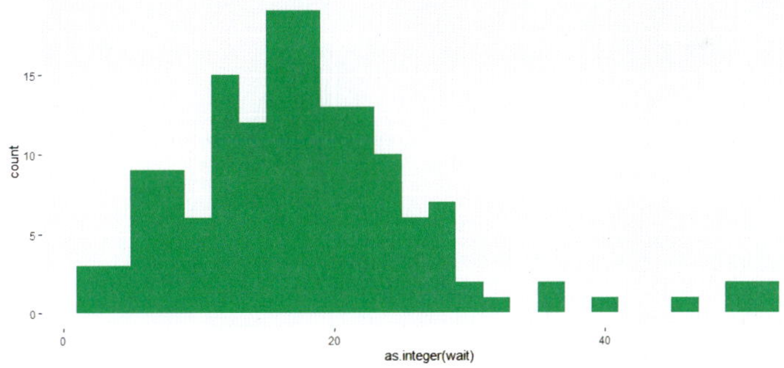


```
> e_scores <- event_game %>%
    group_by(team) %>%
    arrange(team) %>%
    mutate(score=cumsum(points))

> e_scores <- e_scores[e_scores$team != "OFF",]
> ggplot(e_scores)+
    geom_line(aes(as.numeric(time,"minute"), score, color=team))
```

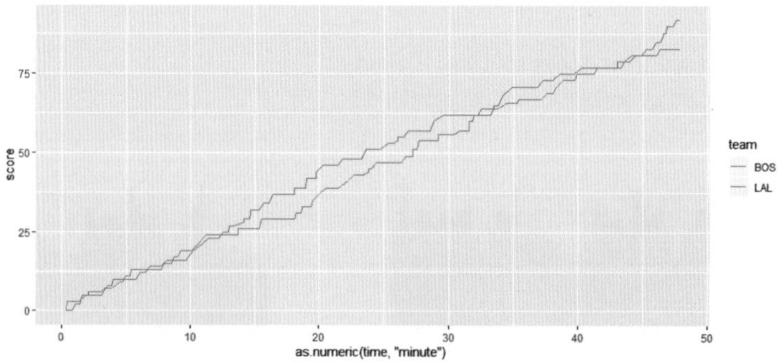

(해석) LAL 팀이 경기를 전반적으로 리드하는 경기였으며, 종료 직전 동점을 허용하였으나 연장전에서 다시 스코어가 벌어졌음을 알 수 있다.

9.4 시계열 자료 객체 전환하기 - {tsbox} 패키지

R에서 시계열 자료를 다루는 패키지는 매우 다양하다. 이들 패키지들은 저마다의 특정 클래스의 자료 객체를 요구한다. 최근 소개된 {tsbox} 패키지는 다양한 클래스의 시계열 객체를 원하는 클래스로 쉽게 변환해준다. 또한 다양한 클래스의 자료에 공통으로 적용되는 여러 가지 유용한 함수들을 제공한다. 예를 들어, 시계열의 평활, 표준화, 차분, 연결(파이프 기능), 예측, 규칙화(regularize) 또는 계절조정 등을 원할 경우, 시계열의 클래스에 관계없이 동일한 명령을 사용할 수 있다. 특히, 모든 클래스와 주기에 작동하는 시계열 플롯 함수를 지원한다.

즉, {tsbox} 패키지는 시계열에 대해 다음의 기능을 제공한다.

- 대부분의 시계열 클래스들에 동일하게 작동한다.
- 규칙적 주기와 비규칙적 주기를 처리한다.
- 클래스와 주기를 다른 것으로 바꾼다.

(a) 원하는 시계열 클래스로 바꾸기

{tsbox}는 특정 클래스의 시계열을 원하는 어떠한 다른 클래스로도 바꿀 수 있도록 지원한다. 입, 출력되는 클래스는 ts, xts, data.frame, data.table, tibble, zoo, tsibble, tibbletime 또는 timeSeries 등이다. ts_로 시작하는 이들 함수는 [표 9.3]과 같다.

[표 9.3] 시계열 클래스 전환 함수 – {tsbox} 패키지

클래스 전환 함수	결과(ts-boxable) 클래스
ts_ts()	ts, mts
ts_data.frame(), ts_df()	data.frame
ts_data.table(), ts_dt()	data.table
ts_tbl()	df_tbl, tibble
ts_xts()	xts
ts_zoo()	zoo
ts_tibbletime()	tibbletime
ts_timeSeries()	timeSeries
ts_tsibble()	tsibble
ts_tslist()	ts 객체를 가지는 리스트
ts_tis	tis
ts_irts	irts

예 1

```
> library(tsbox)
> x.ts <- ts_c(fdeaths, mdeaths)
> x.xts <- ts_xts(x.ts)
> x.df <- ts_df(x.xts)
> x.dt <- ts_dt(x.df)
> x.tbl <- ts_tbl(x.dt)
> x.zoo <- ts_zoo(x.tbl)
> x.tsibble <- ts_tsibble(x.zoo)    # ts_tsibble{tsibble}
> x.tibbletime <- ts_tibbletime(x.tsibble)    # ts_tibbletime{tibbletime}
> x.timeSeries <- ts_timeSeries(x.tibbletime)    # ts_timeSeries{timeSeries}
> x.tis <- ts_tis(x.timeSeries)    # ts_tis{tis}
> all.equal(ts_ts(x.tis), x.ts)    # TRUE
```

(b) 모든 시계열 클래스에 동일한 함수 적용

{tsbox}는 시계열 처리를 위한 기본 툴킷을 제공한다. ts_로 시작하는 이들 함수는 ts-boxable 시계열, ts, xts, data.frame, data.table, tibble, zoo, tsibble 또는 timeSeries 등과 작동하며, 입력과 동일한 클래스를 반환한다. 이들 함수의 종류와 사용 예는 다음과 같다.

- ts_scale( ): 시계열의 표준화를 수행
- ts_trend( ): loess{stats} 함수를 이용하여 평활을 수행
- ts_diff( ), ts_diffy( ), ts_pc( ), ts_pcy( ), ts_pca( ): 이전 기간(년)과의 차이 및 (년)퍼센트 변화율

4부 유용한 시계열 R 패키지 소개

- ts_lag( ): 이동(선행 및 후행) 시계열
- ts_index( ), ts_compound( ): 수준 또는 퍼센트 변화율로부터의 지수 생성
- ts_seas( ): X-13을 이용한 계절조정

예 1 아래의 명령은 모두 같은 역할을 수행하지만, 입력 클래스와 동일한 클래스의 객체를 반환한다.

```
> ts_scale(x.ts); ts_scale(x.xts); ts_scale(x.df); ts_scale(x.dt); ts_scale(x.tbl)
```

예 2 아래의 명령을 실행하고 그 결과를 확인하기 바란다.

```
> ts_scale(fdeaths)
> ts_trend(fdeaths)
> ts_pc(fdeaths)
> ts_lag(fdeaths)
> ts_index(fdeaths, base=1976)
> ts_seas(fdeaths)
```

(c) 시계열의 결합

{tsbox}는 클래스가 다른 다중 시계열을 쉽게 결합하는 기능을 제공한다. 어떠한 ts-boxable 클래스의 단일 또는 다중 시계열에 작동한다. 주요 함수와 사용 예는 다음과 같다.

- ts_c(): 모든 클래스와 주기의 시계열을 모아서(열추가) 다중시계열로 만듦
- ts_bind(): 시계열을 결합하여 새로운 단일 시계열로 만듦(중복 시에는 첫 시계열이 우선함)
- ts_chain(): ts_bind()와 유사하나, 성장률을 사용하여 extra-와 retropolate 함

예 1
```
> ts_c(mdeaths, austres)
> ts_bind(mdeaths, austres)
> ts_chain(mdeaths, austres)
```

예 2
```
> m.short <- ts_span(mdeaths, end = "1976-12-01")
> ts_chain(m.short, fdeaths)
```

(d) 시계열의 주기 변환, 정렬과 일부추출

- ts_frequency(): 시계열의 주기를 변환
- ts_regular(): implicit NA를 explicit NA로 전환하여 규칙적(regular) 시계열로 해줌

- ts_span(): 시계열의 일부분(구간)을 추출
- ts_pick(): 다중시계열의 일부분(열)을 선택

예 1
```
> ts_frequency(fdeaths, "year")
> ts_frequency(ts_c(AirPassengers, austres), "year", sum)
> ts_span(fdeaths, "1976-01-01")
> ts_span(fdeaths, "-5 year")
```

예 2
```
> ap <- AirPassengers
> ap[c(3, 140)] <- NA
> AP <- ts_na_omit(ts_dts(ap))
> ts_regular(AP)
> ts_regular(AP, fill = 0)
```

예 3
```
> ts_pick(EuStockMarkets, 'DAX', 'SMI')
> ts_pick(EuStockMarkets, 'New Name' = 'DAX', 'SMI')
```

(ө) 인의의 시계열 클래스에 대한 시도표와 요약

- ts_plot(): 임의의 주기를 가지는 ts–boxable (단일 또는 다중) 시계열에 대한 시도표를 제공
- ts_summary(): 자주 사용되는 시계열 속성을 요약한 데이터프레임 제공

예 1
```
> ts_plot(mdeaths, austres); ts_ggplot(mdeaths, austres)
```

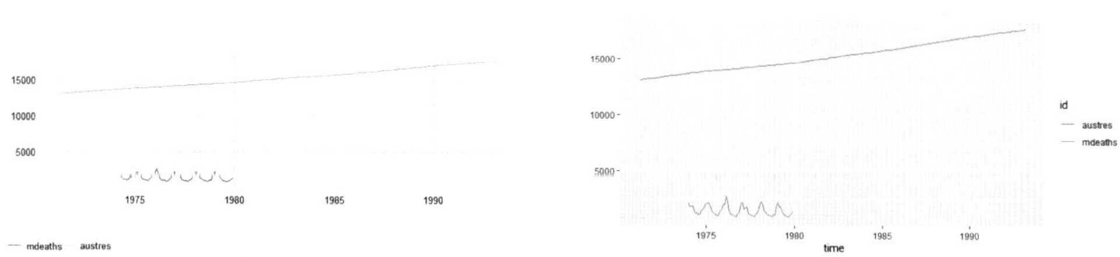


```
> ts_summary(ts_c(mdeaths, austres))
       id obs    diff freq      start        end
1 mdeaths  72 1 month   12 1974-01-01 1979-12-01
2 austres  89 3 month    4 1971-04-01 1993-04-01
```

예 2
```
> ts_plot(AirPassengers, ts_df(lynx), ts_xts(fdeaths))
```

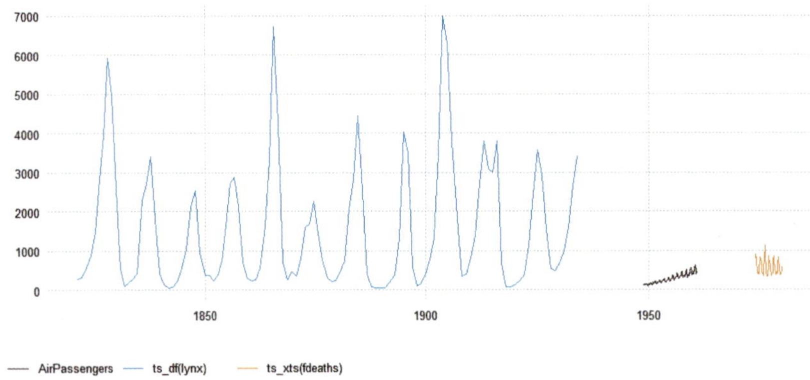


```
> ts_plot(ts_scale(ts_c(mdeaths, austres, AirPassengers,
        DAX = EuStockMarkets[ ,'DAX'])))    # ts_ggplot( )과 동일
```

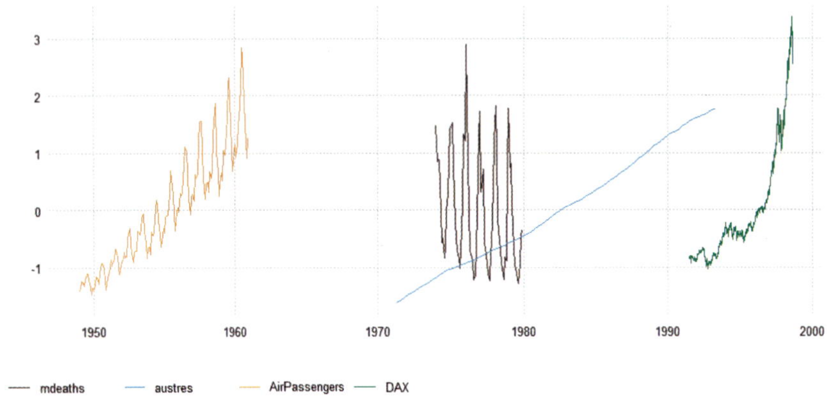


```
> ts_summary(ts_c(mdeaths, austres, AirPassengers))
             id obs    diff freq      start        end
1       mdeaths  72 1 month   12 1974-01-01 1979-12-01
2       austres  89 3 month    4 1971-04-01 1993-04-01
3 AirPassengers 144 1 month   12 1949-01-01 1960-12-01
```

(f) 데이터프레임에서 시계열: reshape와 pipe

- ts_df( )는 다중시계열을 긴 형식의 data frame(data table, tibble)로 저장함

예 1
```
> ts_df(ts_c(fdeaths, mdeaths))
      id        time        value
```

```
1   fdeaths 1974-01-01   901
2   fdeaths 1974-02-01   689
3   fdeaths 1974-03-01   827
......
```

{tsbox}의 ts_wide()와 ts_long() 함수는 reshape 기능을 수행한다. 또한 {tsbox}는 tibble과 pipe 연산자와 잘 작동하며, {dplyr}과 쉽게 결합된다.

- ts_wide(): long type을 wide type으로
- ts_long(): wide type을 long type으로

예 1
```
> deaths <- ts_df(ts_c(fdeaths, mdeaths))
> w.deaths <- ts_wide(deaths)
> l.deaths <- ts_long(w.deaths)
```

예 2
```
> library(dplyr)
> ts_c(fdeaths, mdeaths) %>%
  ts_tbl( ) %>%
  ts_trend( ) %>%
  ts_plot( )
```

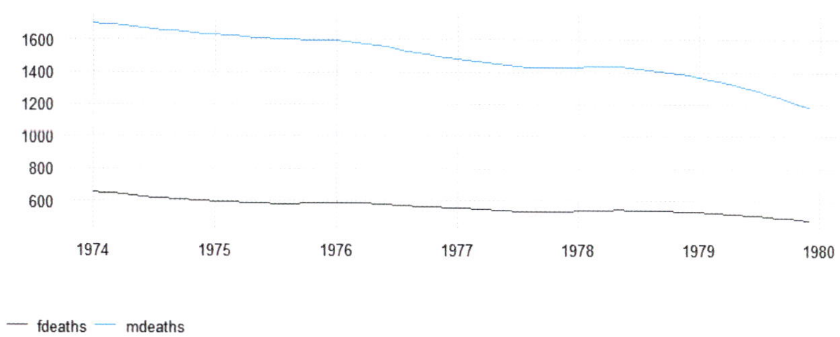

예 3
```
> library(nycflights13)
> d.tib <- weather %>%
  select(origin, time = time_hour, temp, humid, precip) %>%
  ts_long( )
```

패키지 {tsbox}의 자세한 활용법에 대해서는 아래 웹사이트에서 제공하는 Cheat Sheet를 참고하기 바란다.

https://www.cynkra.com/blog/img/2019/04/10/tsbox-cheatsheet.pdf

10장

시계열 자료의 시각화 – {openair} 패키지

10.1 서론

이 장에서는 시계열 자료의 시각화에 유용한 {openair} 패키지를 소개한다. 이 패키지는 영국의 자연환경연구위원회(NERC)에서 처음 개발한 것으로, 대기 질(air quality) 자료를 효과적으로 분석하기 위해 개발되었다. 이 패키지는 현재 학계, 공공 및 민간 부문에서 폭넓게 사용되고 있다.

{openair} 패키지는 풍향(wind direction)과 풍속(wind speed) 자료의 시각화를 비롯한 많은 내용을 담고 있으나[17], 여기서는 시계열 자료의 시각화와 관계된 부분만을 소개하기로 한다. 시계열 자료의 시각화는 1.3절(기초 함수)과 9.3절({lubridate}와 {ggplot2} 이용)에서도 소개한 바 있으나, {openair} 패키지는 데이터프레임 구조로 저장된 시계열 자료를 매우 편리하고 다양한 방법으로 시각화해 준다. 예를 들어, 서로 다른 시간 기반의 집계 시계열을 생성하고 이를 시각화한다.

10.2 {openair} 패키지를 활용한 시각화 I

openair 프로젝트는 영국의 자연환경연구위원회(NERC)의 지식교환 프로젝트로 대기 오염 자료의 분석을 위한 오픈-소스 도구의 제공을 그 목적으로 시작되었다.

{openair}는 다양하고 편리한 시각화 기능을 제공한다. 여기서는 데이터프레임 구조로 저장된 시계열 자료의 시각화를 소개한다.

17) 풍향, 풍속 자료의 시각화는 1권(나종화)의 8.3절을 참고하기 바란다.

```
> library(openair)
> data(mydata)   # mydata는 파일로 제공되는 air.csv 자료와 동일함
> str(mydata)
'data.frame':   65533 obs. of  10 variables:
 $ date: POSIXct, format: "1998-01-01 00:00:00" ...
 $ ws  : num  0.6 2.16 2.76 2.16 2.4 3 3 3 3.36 3.96 ...
 $ wd  : int  280 230 190 170 180 190 140 170 170 170 ...
 $ nox : int  285 NA NA 493 468 264 171 195 137 113 ...
 $ no2 : int  39 NA NA 52 78 42 38 51 42 39 ...
 $ o3  : int  1 NA 3 3 2 0 0 0 1 2 ...
 $ pm10: int  29 37 34 35 34 16 11 12 12 12 ...
 $ so2 : num  4.72 NA 6.83 7.66 8.07 ...
 $ co  : num  3.37 NA 9.6 10.22 8.91 ...
 $ pm25: int  NA NA NA NA NA NA NA NA NA NA ...
```

(설명) 데이터프레임의 1열은 POSIXct 형의 날짜(date) 객체로, 이에 대해서는 1.5절을 참고하기 바람.

summaryPlot{openair} 함수는 데이터프레임의 요약 그림을 제공한다. 이 함수는 다양한 옵션을 제공하므로 도움말을 참고하기 바란다.

```
• summaryPlot(mydata, na.len=24, clip=TRUE, percentile=0.99,
       type="histogram", pollutant="nox", period="years",
       breaks=NULL, col.trend="darkgoldenrod2", col.data="lightblue",
       col.mis=rgb(0.65, 0.04, 0.07), col.hist="forestgreen", cols=NULL,
       date.breaks=7, auto.text=TRUE, ...)

> summaryPlot(mydata)
    date1       date2          ws          wd         nox         no2
"POSIXct"   "POSIXt" "numeric" "integer" "integer" "integer"
       o3        pm10         so2          co        pm25
"integer" "integer" "numeric" "numeric" "integer"
```

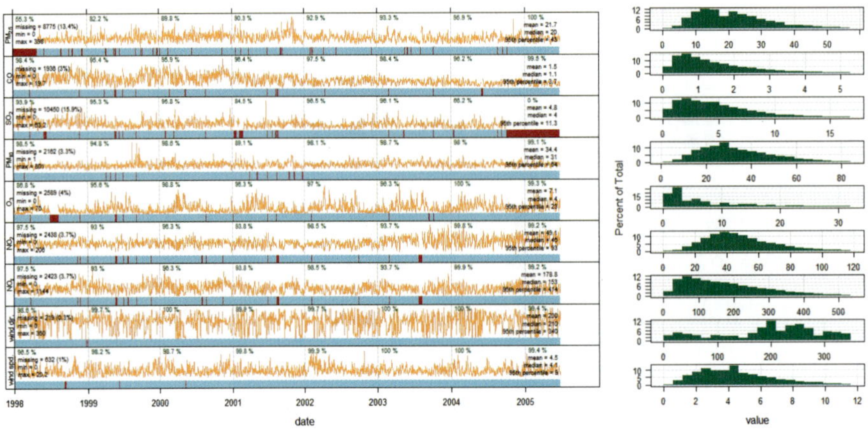

timePlot{openair} 함수는 다변량 시계열 자료를 그룹화 형태 또는 분리된 패널에 쉽고 빠르게 그려준다. 이 함수는 다양한 옵션을 제공하므로 도움말을 참고하기 바란다.

```
• timePlot(mydata, pollutant="nox", group=FALSE, stack=FALSE,
      normalise=NULL, avg.time="default", data.thresh=0,
      statistic="mean", percentile=NA, date.pad=FALSE,
      type="default", cols="brewer1", plot.type="l", key=TRUE,
      log=FALSE, windflow=NULL, smooth=FALSE, ci=TRUE,
      y.relation="same", ref.x=NULL, ref.y=NULL, key.columns=1,
      name.pol=pollutant, date.breaks=7, date.format=NULL,
      auto.text=TRUE, ...)
```

예제 1

timePlot( ) 함수의 적용 예: mydata 이용

```
> timePlot(selectByDate(mydata, year=2003, month=7),
        pollutant=c("nox", "o3", "pm25", "pm10", "ws"))
```

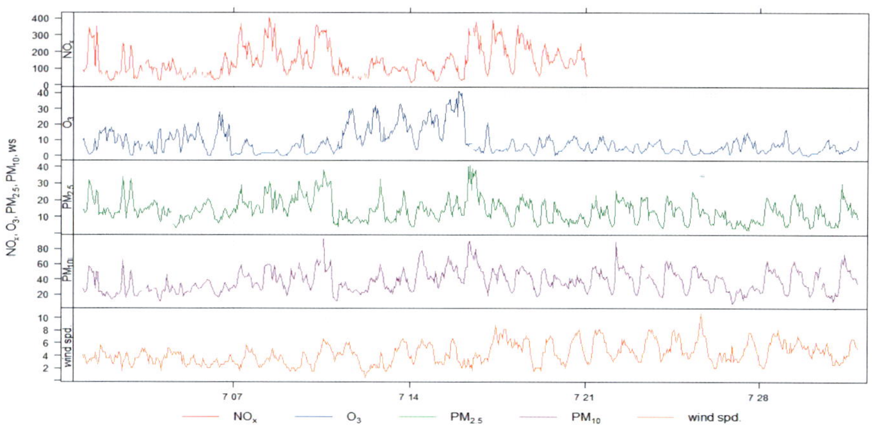


```
> ## group=TRUE 옵션 추가 시
```

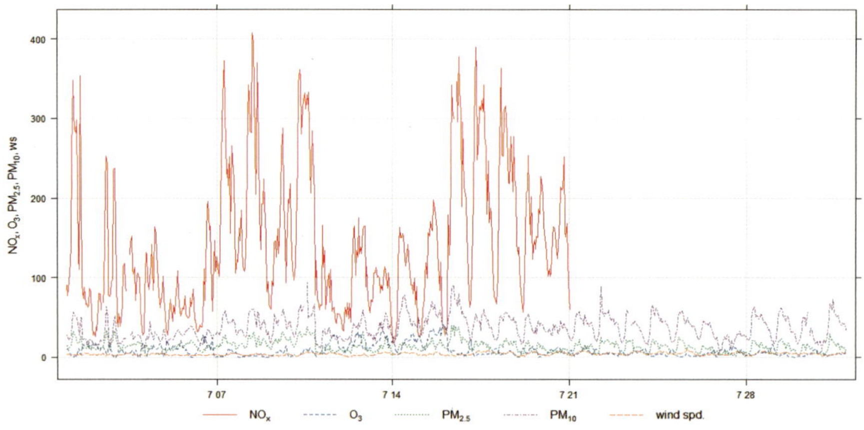

[R 함수: selectByDate{openair} 함수의 일반 용법]

selectByDate{openair} 함수는 날짜(data)에 기초한 데이터프레임의 부분 집합을 생성한다. 이 함수의 일반 용법과 옵션은 다음과 같다.

```
selectByDate(mydata, start="1/1/2008", end="31/12/2008", year=2008,
             month=1, day="weekday", hour=1)
```

- mydata= date 열(field)을 포함하는 데이터프레임
- start=, end= 옵션: 날짜 열
  (예) "d/m/yyyy"("1/2/1999"), "YYYY-mm-dd"("1999-02-01")
- year= (예) 1998:2004, c(1998, 2004)
- month= (예) 1:6, c("January", "December"), 소문자 또는 대문자로 3자리 약어("mon")
- day= (예) c("Monday", "Wednesday"), 1:10(각 달의 1일~10일), 소문자 또는 대문자로 3자리 약어("mon"), "weekday", "weekend"
- hour= (예) 0:12(0~23의 숫자 가능)

(사용 예) selectByDate(mydata, start="2003-06-30", end="2003-08-01")

예제 2

[예제 1]의 timePlot( ) 함수의 결과 객체에 다양한 정보를 추가한다. 아래 그림은 그 결과를 보여주며, 차례대로 그 작성 과정을 소개한다.

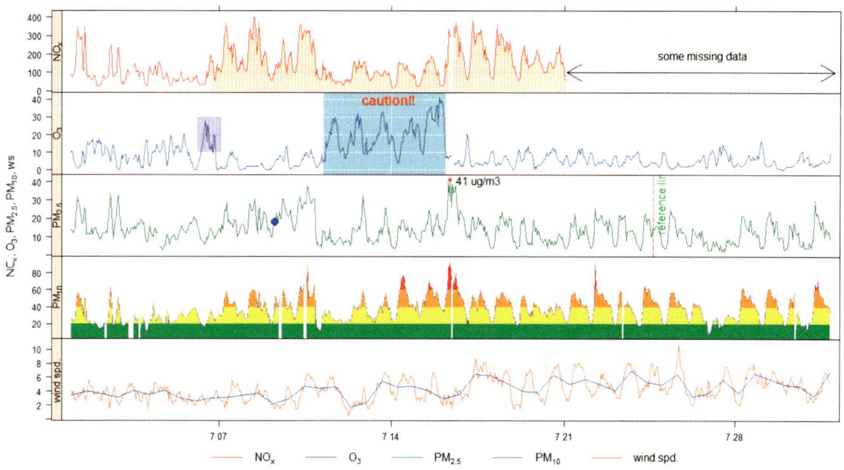

① 첫 번째 그림: 문장과 화살표 추가

```
> trellis.last.object( ) +
      layer(ltext(x=as.POSIXct("2003-07-27"), y=200,
            labels="some missing data"), rows=1)
> trellis.last.object( ) +
      layer(larrows(as.POSIXct("2003-07-21 11:00"), 100,
              as.POSIXct("2003-08-01 12:00"),
              100, code=3, angle=30), rows=1)
```

② 두 번째 그림: 음영 다각형을 추가

```
> # 우측의 다각형과 문장
> trellis.last.object( ) +
       layer(lpolygon(x=c(as.POSIXct("2003-07-11 15:00"),
          as.POSIXct("2003-07-11 15:00"), as.POSIXct("2003-07-16 15:00"),
          as.POSIXct("2003-07-16 15:00")), y=c(-20, 50, 50, -20),
          col="lightblue", border=NA), under=TRUE, rows=2)
> trellis.last.object( ) +
      layer(ltext(x=as.POSIXct("2003-07-14 06:00"), y=40,
          labels="caution!!", col="red",
          font=2, cex=1.2), rows=2)
> # 좌측의 다각형
> trellis.last.object( ) +
      layer(lpolygon(x=c(as.POSIXct("2003-07-06 12:00"),
         as.POSIXct("2003-07-06 12:00"),
         as.POSIXct("2003-07-07 12:00"),
         as.POSIXct("2003-07-07 12:00")),
         y=c(10, 30, 30, 10), col="blue", border=NA,
         alpha=0.2), rows 2)
```

③ 세 번째 그림

```
> # 참조선(reference line)과 문장 추가
> trellis.last.object( ) +
      layer(panel.abline(v=as.POSIXct("2003-07-25"), lty=5, col="red"),
            rows=3)
> trellis.last.object( ) +
      layer(ltext(x=as.POSIXct("2003-07-25 07:00"), y=30,
            labels="reference line", col="green", srt=90),
            rows=3)
> # 특정 (데이터) 점과 라벨 추가
> trellis.last.object( ) +
      layer(lpoints(x[200], y[200], pch=16, cex=1.5),
      rows=3)
> trellis.last.object( ) +
      layer({maxy <- which.max(y);
      lpoints(x[maxy], y[maxy], col="red", pch=16)},
      rows=3)
> trellis.last.object( ) +
     layer({maxy <- which.max(y);
     ltext(x[maxy], y[maxy], paste(y[maxy], "ug/m3"),
     pos=4)},
     rows=3)
```

④ 네 번째 그림

```
> # 색이 채워진 다각형 추가
> # poly.na( ) 함수: 색 다각형 작성을 위한 함수
> poly.na <- function(x1, y1, x2, y2, col="black", alpha=0.2) {
     for(i in seq(2, length(x1)))
        if (!any(is.na(y2[c(i - 1, i)])))
           lpolygon(c(x1[i - 1], x1[i], x2[i], x2[i - 1]),
                    c(y1[i - 1], y1[i], y2[i], y2[i - 1]),
                    col=col, border=NA, alpha=alpha)
     }
> # 색이 채워진 다각형 추가(첫 번째 그림)
> trellis.last.object( ) +
     layer({id <- which(x >= as.POSIXct("2003-07-07 00:00") &
                        x <= as.POSIXct("2003-07-21 12:00"));
           poly.na(x[id], y[id], x[id], rep(0, length(id)),
           col="darkorange")},
           rows=1)
> # 공기의 등급(질)을 나타내는 색 다각형 추가
> trellis.last.object( ) +
     layer(poly.na(x, y, x, rep(0, length(x)),
           col="green", alpha=1),
           rows=4)
```

```
> trellis.last.object( ) +
      layer(poly.na(x, ifelse(y <20, NA, y), x,
            rep(20, length(x)), col="yellow", alpha=1),
            rows=4)
> trellis.last.object( ) +
      layer(poly.na(x, ifelse(y <40, NA, y),
            x, rep(30, length(x)),
            col="orange", alpha=1),
            rows=4)
> trellis.last.object( ) +
      layer(poly.na(x, ifelse(y <60, NA, y),
            x, rep(40, length(x)),
            col="red", alpha=1),
            rows=4)
```

⑤ 다섯 번째 그림

```
> trellis.last.object( ) +
      layer(panel.loess(x, y, span=0.03, style=1), rows=5)
```

10.3 {openair} 패키지를 활용한 시각화 II

이 절에서는 {openair} 패키지를 이용하여 날짜(date) 열을 포함하는 시계열(데이터프레임) 자료로부터 서로 다른 시간 기반의 집계(aggregate) 시계열 자료를 생성하고, 이를 시각화하는 방법을 소개한다.

(a) aggregate(format( )) 함수 이용한 집계 시계열 자료의 생성

{openair} 패키지는 다음 형식의 aggregate( ) 함수를 통해 날짜(date) 열을 포함하는 데이터프레임(시계열) 자료를, 지정한 형식에 따라 다른 시간을 기반으로 하는 집계 (시계열) 자료를 생성한다.

aggregate(x, format(date열, "형식"), FUN=mean, na.rm=TRUE)

- x는 날짜(date)열을 포함하는 데이터프레임
- format(date열, 형식)은 날짜(date)열을 기준으로 지정한 형식을 적용함. 사용되는 형식은 [표 10.1]과 같음
- FUN= 옵션은 집계 함수 지정

4부 유용한 시계열 R 패키지 소개

[표 10.1] 집계 자료의 생성에 유용한 날짜-시간 형식

형식 코드	기능	자료의 수
%Y	연평균	연수
%m	월평균	월수
%Y-%m	연도별 월평균	연수× 월수
%Y-%j	연도별 일평균	연수× 일수
%Y-%W	연도별 주평균	연수× 주수
%w-%H	요일별 시간 (요일은 0~6, 0: Sunday)	요일× 시간

예제 3

{openair} 패키지의 mydata를 다른 시간 기반의 집계 시계열을 구한 후, 이를 시각화한다.

```
> plot(mydata$date, mydata$pm10, type="l")
```

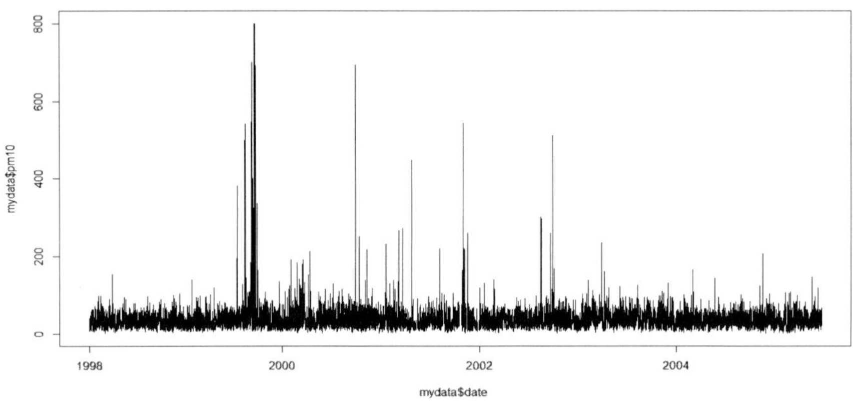

① 연도별 일평균 자료로 집계

```
> means <- aggregate(mydata["pm10"], format(mydata["date"], "%Y-%j"),
                     mean, na.rm=TRUE)
> # 해당되는 날짜 수열을 생성
> means[, "date"] <- seq(min(mydata[, "date"]), max(mydata[, "date"]),
                       length= nrow(means))
> # 집계 시계열 자료를 플롯
> with(means, plot(date, pm10, type="l"))
```

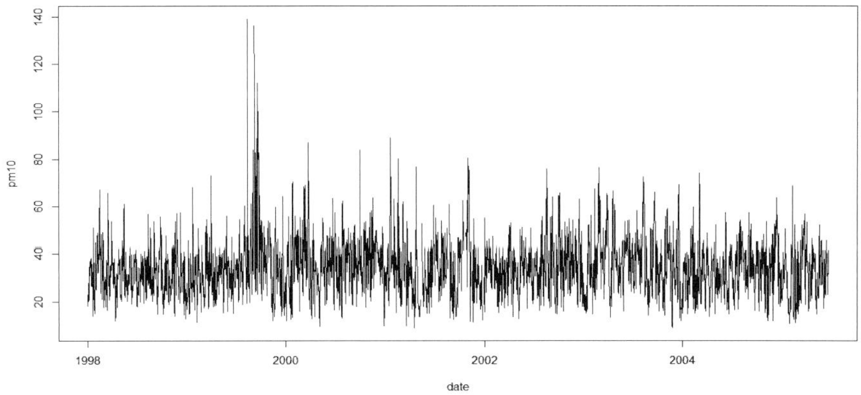

② 연도별 월평균 자료로 집계

```
> means <- aggregate(mydata["pm10"], format(mydata["date"],"%Y-%m"),
                     mean, na.rm=TRUE)
> # 해당되는 날짜 수열을 생성
> means$date <- seq(min(mydata$date), max(mydata$date),
                    length=nrow(means))
> # 집계 시계열 자료를 플롯
> plot(means$date, means[, "pm10"], type="l")
```

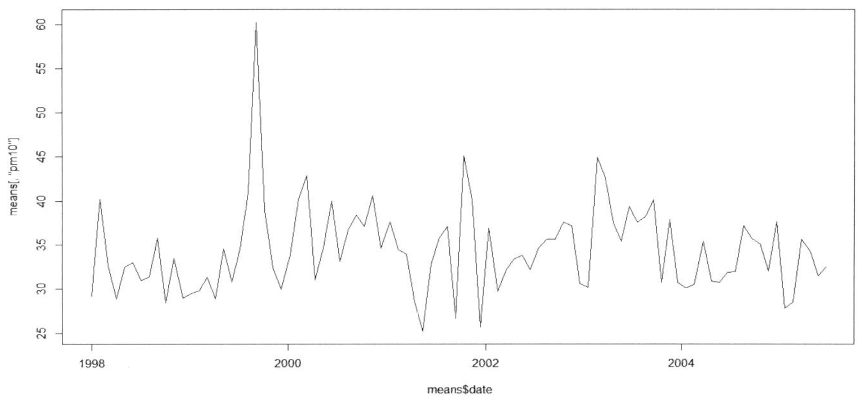

③ 주별 시간당 평균으로 집계

```
> means <- aggregate(mydata["pm10"], format(mydata["date"], "%w-%H"), mean,
                     na.rm=TRUE)
> plot(means$pm10, xaxt="n", type="n", ylim=c(20, 52))
> axis(1, at=seq(1, 169, 24), labels=FALSE)
> # x축에 라벨을 추가
```

```
> days=c("Sun", "Mon", "Tue", "Wed", "Thu", "Fri", "Sat")
> loc.days=seq(13, 157, 24)     # x축 상 라벨의 위치 지정
> # 마진에 문장(text) 추가
> mtext(days, side=1, line=1, at=loc.days)     # line=1은 text의 위치를 1행 떨어뜨림
```

④ 요일 구분을 위한 수직선 추가 후 자료 플롯

```
> abline(v=seq(1, 169, 24), col="lightblue")
> lines(means$pm10, col="darkorange2", lwd = 2)
```

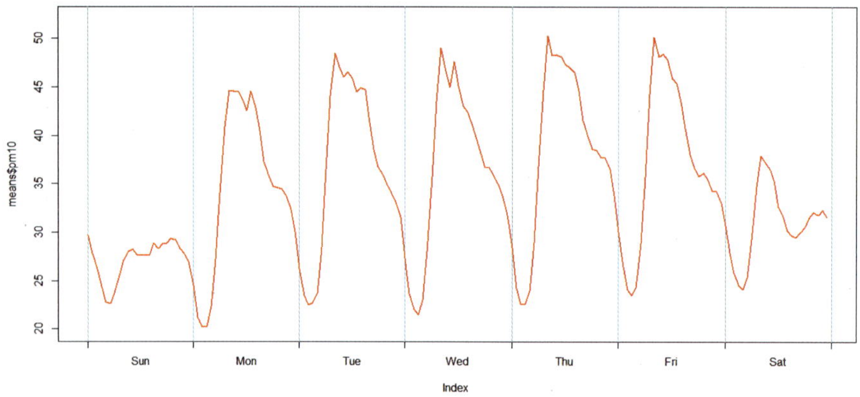

⑤ 요일 구분을 위한 음영 다각형 추가 후 자료 플롯

```
> # 다각형 범위 지정
> ylow = 20; yhigh = 52
> xleft = seq(1, 145, 48)
> xright = xleft + 24
> rect(xleft, ylow, xright, yhigh, col="lightcyan", border="lightcyan")
> lines(means$pm10, col="darkorange2", lwd=2)
```

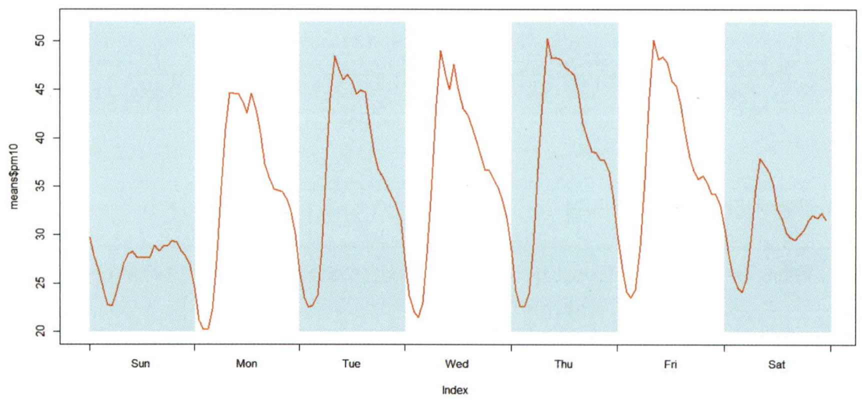

⑥ 여러 열에 대해 동시에 aggregate( ) 함수 적용

```
> options(digits=2)
> means <- aggregate(mydata[-1], format(mydata[1], "%Y-%m"),
                     mean, na.rm=TRUE)
> head(means)
     date  ws  wd nox no2  o3 pm10 so2  co pm25
1 1998-01 5.1 171 168  42 4.3   29 5.2 1.9  NaN
2 1998-02 4.3 217 284  58 2.5   40 9.6 2.9  NaN
3 1998-03 4.7 225 194  50 5.3   33 9.0 2.0  NaN
4 1998-04 4.2 206 177  48 8.8   29 6.6 1.8  NaN
5 1998-05 3.5 163 122  44 9.5   32 5.0 1.3   21
6 1998-06 4.9 219 197  47 5.5   33 6.3 2.0   20
```

aggregate( ) 함수를 적용한 결과에서 date열은 R에서 날짜(date) 객체로 인식되지 않는다. 따라서 plot( ) 함수를 적용하여 시계열 그림을 그리는 과정에서 위 예제에서와 같이 seq( ) 함수를 사용하여 해당되는 날짜 수열을 별도로 생성하거나, as.Date( ) 함수를 이용하여 다음과 같이 날짜 객체로 변환해야 한다. 예를 들어, 위 예제에서 생성된 마지막 객체에 대해 다음을 수행한다.

```
> # 월평균의 중간 날짜를 날짜(date) 객체로 전환
> means$date <- paste(means$date, "-15", sep = "")
> means$date <- as.Date(means$date)
```

다음에 소개되는 {openair} 패키지의 timeAverage( ) 함수는 이 과정을 매우 쉽게 해결해 준다.

4부 유용한 시계열 R 패키지 소개

(b) timeAverage{openair} 함수를 이용한 집계 시계열 자료 생성

timeAverage{openair} 함수는 매우 편리한 방법으로 날짜(date) 객체를 포함한 데이터프레임(시계열) 자료의 집계를 수행해 준다. 이 함수를 적용한 결과 객체는 날짜(date) 객체의 성격이 원 자료와 동일하게 유지되므로, 앞 절에서 소개한 timePlot( ) 함수를 그대로 적용할 수 있다.

예제 4

timeAverage{openair} 함수를 이용하여 시계열 자료를 여러 가지 시간 기반으로 집계한다.

① 월 평균의 시계열 집계 자료 생성: (예제 3)의 마지막 객체와 비교할 것

```
> means <- timeAverage(mydata, avg.time="month")
> head(means)
Source: local data frame [6 x 10]
```

```
        date    ws    wd   nox   no2    o3  pm10   so2    co  pm25
      (time) (dbl) (dbl) (dbl) (dbl) (dbl) (dbl) (dbl) (dbl) (dbl)
1 1998-01-01   5.1   213   168    42   4.3    29   5.2   1.9   NaN
2 1998-02-01   4.3   227   284    58   2.5    40   9.6   2.9   NaN
3 1998-03-01   4.7   233   194    50   5.3    33   9.0   2.0   NaN
4 1998-04-01   4.2   207   177    48   8.8    29   6.6   1.8   NaN
5 1998-05-01   3.5   348   122    44   9.5    32   5.0   1.3    21
6 1998-06-01   4.9   229   197    47   5.5    33   6.3   2.0    20
```

② 일 평균의 시계열 집계 자료 생성

```
> means <- timeAverage(mydata, avg.time="day")
> head(means)
Source: local data frame [6 x 10]

        date    ws    wd   nox   no2    o3  pm10   so2    co  pm25
      (time) (dbl) (dbl) (dbl) (dbl) (dbl) (dbl) (dbl) (dbl) (dbl)
1 1998-01-01   6.8   188   154    39   6.9    18   3.2   2.7   NaN
2 1998-01-02   7.1   223   132    39   6.5    28   3.9   1.8   NaN
3 1998-01-03  11.0   226   120    38   8.4    20   3.2   1.7   NaN
4 1998-01-04  11.5   223   105    35   9.6    21   3.0   1.6   NaN
5 1998-01-05   6.6   237   175    46   5.0    24   4.5   2.1   NaN
6 1998-01-06   4.4   197   214    45   1.3    35   5.7   2.5   NaN
```

③ 월별 95% 분위수 시계열 집계 자료 생성

```
> monthly <- timeAverage(mydata, avg.time="month",
                         statistic="percentile", percentile=95)
> head(monthly)
Source: local data frame [6 x 10]
        date    ws    wd   nox   no2    o3  pm10   so2    co  pm25
      (time) (dbl) (dbl) (dbl) (dbl) (dbl) (dbl) (dbl) (dbl) (dbl)
1 1998-01-01  11.2    45   373    69    14    53    11   4.0    NA
2 1998-02-01   8.2    17   524    92     7    69    17   5.6    NA
3 1998-03-01  10.6    38   419    85    15    61    18   4.9    NA
4 1998-04-01   8.2    44   385    82    20    52    15   4.2    NA
5 1998-05-01   7.6    41   300    80    25    61    13   3.6    40
6 1998-06-01   8.8    51   377    75    15    53    12   4.3    34
```

④ 2주 평균을 구하되, 데이터의 75%가 유용할 경우에만 계산

```
> twoweek <- timeAverage(mydata, avg.time="2 week", data.thresh=75)
> ## [1] "Input data time interval assumed is 3600 sec"
> head(twoweek)
Source: local data frame [6 x 10]
```

```
         date     ws     wd    nox    no2     o3   pm10    so2     co   pm25
       (time)  (dbl)  (dbl)  (dbl)  (dbl)  (dbl)  (dbl)  (dbl)  (dbl)  (dbl)
1 1997-12-29    7.0    212    167     41    4.6     29    4.5    2.2     NA
2 1998-01-12    4.9    221    173     42    4.7     29    5.1    1.9     NA
3 1998-01-26    2.8    242    233     51    2.3     35    8.1    2.4     NA
4 1998-02-09    4.4    215    276     57    2.6     44    9.0    2.9     NA
5 1998-02-23    6.9    237    248     57    5.0     29    9.8    2.6     NA
6 1998-03-09    3.0    288    160     45    5.6     33    8.6    1.6     NA
```

생성된 모든 집계 시계열 자료는 앞 절(10.2절)에서 다룬 timePlot( ) 함수 등을 그대로 적용하여 시각화 할 수 있다.

(c) plot(format( )) 함수를 이용한 시각화

```
> plot(as.factor(format(mydata$date, "%m")), mydata$nox, col="lightblue")
```

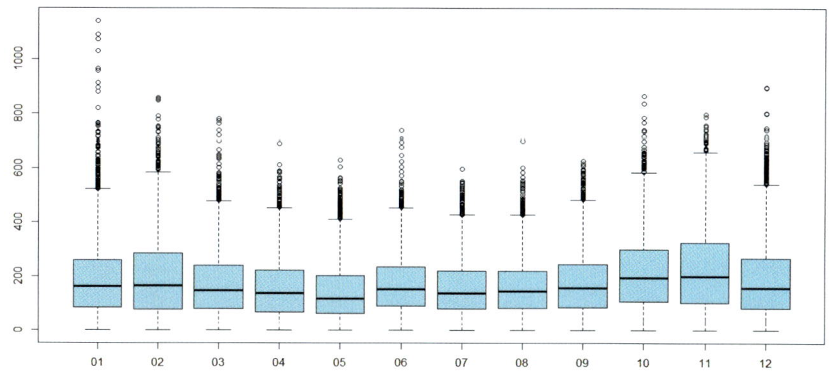


```
> plot(as.factor(format(mydata$date, "%Y-%m")), mydata$nox, col="lightpink")
```

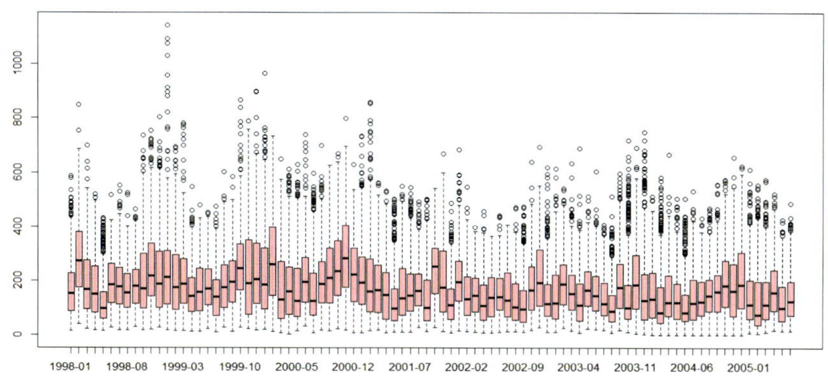

(d) 기타 유용한 {openair} 함수

rollingMean{openair} 함수는 이동 평균(rolling means)을 제공한다. data.thresh= 옵션을 통해 유용한 데이터의 비율을 지정할 수 있다.

```
> ## rollingMean( ) 함수: 마지막 7개는 계산되지 않음
> mydata <- rollingMean(mydata, pollutant="pm10", hours=8,
                   new.name="rollingo3", data.thresh=75)
> tail(mydata)
                     date  ws  wd nox no2 o3 pm10 so2  co pm25 rollingo3
65528 2005-06-23 07:00:00 1.5 250 404 156  4   49  NA 1.8   28        48
65529 2005-06-23 08:00:00 1.5 260 388 145  6   48  NA 1.6   26        52
65530 2005-06-23 09:00:00 1.5 210 404 168  7   58  NA 1.3   34        55
65531 2005-06-23 10:00:00 2.6 240 387 175 10   55  NA 1.3   34        54
65532 2005-06-23 11:00:00 3.1 220 312 125 15   52  NA 1.3   33        NA
65533 2005-06-23 12:00:00 3.1 220 287 119 17   55  NA 1.3   35        NA
```

calcPercentile{openair} 함수는 한 개 변수에 대해 분위수를 제공한다.

```
> calcPercentile(mydata, pollutant="pm10",
               percentile=c(25, 50, 75, 95), avg.time="year")
        date percentile.25 percentile.50 percentile.75 percentile.95
1 1998-01-01            21            29            41            58
2 1999-01-01            21            30            42            66
3 2000-01-01            23            34            47            70
4 2001-01-01            20            29            43            65
5 2002-01-01            22            32            43            61
6 2003-01-01            23            34            48            70
7 2004-01-01            22            31            43            60
8 2005-01-01            19            29            41            60
```

11장

캘린더 히트맵과 금융 시계열 자료의 시각화

11.1 서론

이 장에서는 앞 장에 이어 시계열 자료의 시각화를 다룬다. 캘린더 히트맵과 금융(경제) 자료에 대한 시각화 방법을 다룬다.

캘린더 히트맵(calendar heatmap)은 시계열 자료를 캘린더 상에 색상으로 나타낸 그림으로, 시각적으로 매우 편리한 해석을 제공한다. 예를 들어, 교통량, 미세먼지의 농도, 관광객의 수와 지출액 등의 시계열 자료를 달력상에 표시함으로써 연/월/일 간의 비교를 보다 직관적으로 수행할 수 있다.

다음으로, 주식 등의 금융 시계열 자료(financial time series data)는 보다 다양한 정보가 포함된 시각화 기법을 요구한다. 금융 자료의 시각화에는 {quantmod} 패키지가 유용하다. 이를 이용하여 웹을 통해 실시간으로 금융 자료를 불러오고, 다양한 방법으로 시각화하는 방법을 소개한다. 금융 자료에 대한 모형화 분석(ARCH, GARCH 등)은 이 책의 범위를 벗어나므로 관련 서적을 참고하기 바란다.

11.2 캘린더 히트맵

캘린더 히트맵(calendar heatmap)은 시간의 경과에 따라 변하는 수치형 자료를 캘린더 상에 색상으로 나타낸 그림이다. R에서 캘린더 히트맵을 지원하는 함수 가운데 다음 함수를 소개한다.

- gvisCalendar{googleVis}
- plotCalendarHeatmap{TimeProjection}
- calendarPlot{openair}

11.2.1 gvisCalendar{googleVis} 함수 이용하기

gvisCalendar{googleVis} 함수는 구글 캘린더 차트를 제공한다. 일반형식과 주요 옵션은 다음과 같다.

gvisCalendar(data, datevar="", numvar="", options=list( ), chartid)

- data: 데이터프레임. 최소한 두 개 열(날짜 변수, 수치형 변수)을 가짐
- datevar: 날짜 변수의 이름. 날짜 정보는 Date 클래스 또는 POSIX* 시계열
- numvar: 수치형 변수의 이름
- options: 색상 및 구글의 API 모수 지정

예제 1

Cairo 자료를 이용하여 캘린더 히트맵을 작성한다. Cairo 데이터는 2002년 ~ 2004년 기간 카이로의 일일 평균 온도(℃)를 측정한 자료이다.

```
> data(Cairo)
> head(Cairo)
           Date     Temp
2558 2002-01-01 13.61111
2559 2002-01-02 15.16667
2560 2002-01-03 12.00000
2561 2002-01-04 12.00000
2562 2002-01-05 13.05556
2563 2002-01-06 10.05556
```

```
> str(Cairo)
'data.frame':   1091 obs. of  2 variables:
 $ Date: Date, format: "2002-01-01" "2002-01-02" "2002-01-03" ...
 $ Temp: num  13.6 15.2 12 12 13.1 ...
> plot(gvisCalendar(Cairo))
```

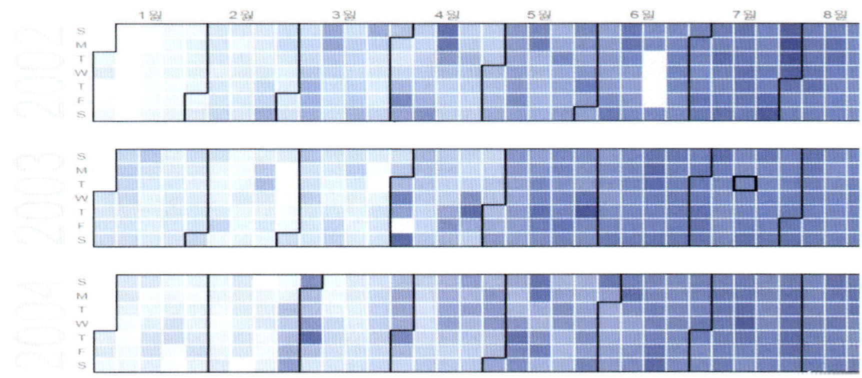

Data: Cairo • Chart ID: CalendarID1cb4224657fc • googleVis-0.5.10
R version 3.2.3 (2015-12-10) • Google Terms of Use • Documentation and Data Policy

11.2.2 plotCalendarHeatmap{TimeProjection} 함수 이용하기

R의 plotCalendarHeatmap{TimeProjection} 함수는 캘린더 히트맵을 제공한다. 이 함수의 일반 형식은 다음과 같다.

plotCalendarHeatmap(dates, values)

- dates는 날짜 벡터 객체
- values는 dates와 길이가 같은 수치형 벡터

예제 2

plotCalendarHeatmap( ) 함수를 이용한 캘린더 히트맵의 작성 예로, 가상의 자료를 이용하였다. timeSequence( )는 규칙적인 시간 간격을 가지는 'timeDate' 객체를 생성한다.

```
> dates <- timeSequence(from='2012-01-01', to='2015-12-31', by='day')
> plotCalendarHeatmap(as.Date(dates), 1:1461)
```

as.Date( ) 함수는 문자형 표현과 캘린더 날짜를 나타내는 "Date" 속성의 객체 간을 변경해준다.

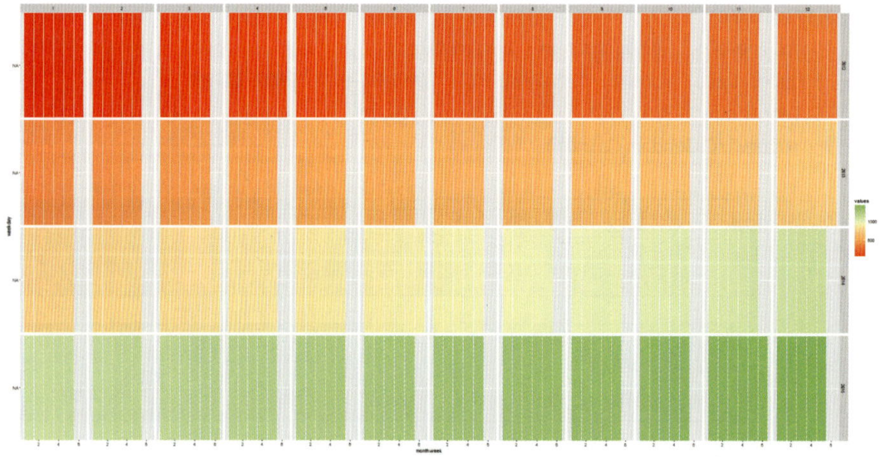

위의 실행과정에서 날짜와 관계된 정보를 살펴보면 다음과 같다.

```
> head(dates)
GMT
[1] [2012-01-01] [2012-01-02] [2012-01-03] [2012-01-04] [2012-01-05] [2012-01-06]
...

> str(dates)
Formal class 'timeDate' [package "timeDate"] with 3 slots
  ..@ Data     : POSIXct[1:1461], format: "2012-01-01" "2012-01-02" "2012-01-03" ...
  ..@ format   : chr "%Y-%m-%d"
  ..@ FinCenter: chr "GMT"

> head(as.Date(dates))
[1] "2012-01-01" "2012-01-02" "2012-01-03" "2012-01-04" "2012-01-05" "2012-01-06"
```

timeSequence{TimeProjection} 함수는 규칙적인 시간 간격을 가지는 timeDate 객체를 생성한다. timeSequence( ) 함수의 일반형식은 다음과 같다.

```
timeSequence(from, to=Sys.timeDate( ), by,
             length.out=NULL, format=NULL, zone="", FinCenter="")
```

- by= "sec", "min", "hour", "day", "week", "month" or "year",
  "quarter"(또는 "3 months"), 초(seconds)를 나타내는 숫자
- length.out= 자료의 길이에 해당하는 정수값. 이 값이 지정되면 to= 옵션은 무시됨.
- along.with= 정수값 지정. 지정된 값으로부터 자료 길이를 선택한다.
- format= "%Y-%m-%d", "%d/%m/%Y"와 같이 입력 문자 벡터의 포맷을 지정
- zone= 수집된 자료의 시간 영역(time zone) 또는 financial center
- FinCenter= "continent/city"와 같이 financial center의 위치를 지정하는 문자

```
> # timeSequence( ) 함수 사용 예
> timeSequence(from="2004-03-12", to="2004-04-11",
               format="%Y-%m-%d", FinCenter="GMT")
# FinCenter= 옵션을 제외해도 아래의 결과는 동일함
GMT
 [1] [2004-03-12] [2004-03-13] [2004-03-14] [2004-03-15] [2004-03-16]
 [6] [2004-03-17] [2004-03-18] [2004-03-19] [2004-03-20] [2004-03-21]
[11] [2004-03-22] [2004-03-23] [2004-03-24] [2004-03-25] [2004-03-26]
[16] [2004-03-27] [2004-03-28] [2004-03-29] [2004-03-30] [2004-03-31]
[21] [2004-04-01] [2004-04-02] [2004-04-03] [2004-04-04] [2004-04-05]
[26] [2004-04-06] [2004-04-07] [2004-04-08] [2004-04-09] [2004-04-10]
[31] [2004-04-11]
```

11.2.3 calendarPlot{openair} 함수 이용하기

R의 calendarPlot{openair} 함수를 이용하여 캘린더 히트맵을 작성한다. {openair} 패키지는 공기오염자료(air pollution data)의 분석을 위해 개발된 패키지이다. calendarPlot( ) 함수는 풍향(wind speed)과 풍속(wind speed)의 정보도 추가적으로 나타낼 수 있다.

calendarPlot{openair} 함수의 일반 형식은 다음과 같다.

```
calendarPlot(mydata, pollutant ="nox", year=2003, month=1:12,
  type="default", annotate="date", statistic="mean",
  cols= "heat", limits=c(0, 100), lim=NULL, col.lim=c("grey30",
  "black"), font.lim=c(1, 2), cex.lim=c(0.6, 1), digits=0,
  data.thresh=0, labels=NA, breaks=NA, main=paste(pollutant,
  "in", year), key.header="", key.footer="", key.position="right",
  key=TRUE, auto.text=TRUE, ...)
```

위 함수는 다양한 옵션을 제공한다. 이 가운데 몇 가지를 소개하면 다음과 같다.

- mydata: 데이터프레임으로 날짜(date)와 함께 적어도 하나의 수치형 변수를 포함한다. 날짜는 “Date format” 또는 “class POSIXct” 가운데 하나이어야 함.
  # POSIXlt와 POSIXct는 캘린더 날짜와 시간을 나타냄(ISOdatetime( ) 함수를 참고).
- pollutant= 필수적 옵션으로 데이터프레임의 변수를 지정.
- year= 년도(year) 지정
- month= 월(month) 지정. month=c(1, 12)와 같이 원하는 달만 지정할 수도 있음.
- annotate= 달력에 나타낼 정보 "date", "wd", "ws", "value"
- statistic= "max", "

4부 유용한 시계열 R 패키지 소개

- cols= "default", "increment", "heat", "jet" 및 RColorBrewer 색상 사용 가능하며, cols=c("yellow", "green", "blue")와 같이 직접 지정도 가능.

예제 3

{openair}에서 제공하는 mydata를 이용하여 캘린더 히트맵을 그린다.

```
> library(openair)
> data(mydata)   # 데이터 로딩
> str(mydata)
'data.frame':   65533 obs. of  10 variables:
 $ date: POSIXt, format: "1998-01-01 00:00:00" ...
 $ ws  : num  0.6 2.16 2.76 2.16 2.4 3 3 3 3.36 3.96 ...
 $ wd  : int  280 230 190 170 180 190 140 170 170 170 ...
 $ nox : int  285 NA NA 493 468 264 171 195 137 113 ...
 $ no2 : int  39 NA NA 52 78 42 38 51 42 39 ...
 $ o3  : int  1 NA 3 3 2 0 0 0 1 2 ...
 $ pm10: int  29 37 34 35 34 16 11 12 12 12 ...
 $ so2 : num  4.72 NA 6.83 7.66 8.07 ...
 $ co  : num  3.37 NA 9.6 10.22 8.91 ...
 $ pm25: int  NA NA NA NA NA NA NA NA NA NA ...

> head(mydata)
                 date   ws  wd nox no2 o3 pm10    so2      co pm25
1 1998-01-01 00:00:00 0.60 280 285  39  1   29 4.7225  3.3725   NA
2 1998-01-01 01:00:00 2.16 230  NA  NA NA   37     NA      NA   NA
3 1998-01-01 02:00:00 2.76 190  NA  NA  3   34 6.8300  9.6025   NA
4 1998-01-01 03:00:00 2.16 170 493  52  3   35 7.6625 10.2175   NA
5 1998-01-01 04:00:00 2.40 180 468  78  2   34 8.0700  8.9125   NA
6 1998-01-01 05:00:00 3.00 190 264  42  0   16 5.5050  3.0525   NA

> # 기본 그림
> calendarPlot(mydata, pollutant="o3", year=2003)
```

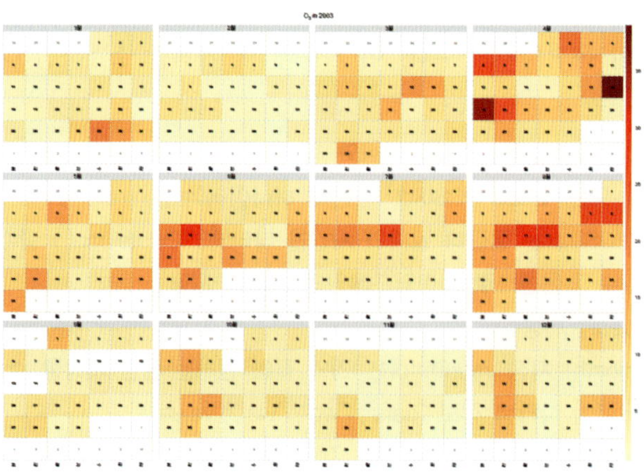

```
> # 풍향(wind direction)을 달력에 추가함. annotate= 주해 변수를 지정
> calendarPlot(mydata, pollutant="o3", year=2003, annotate="wd")
```

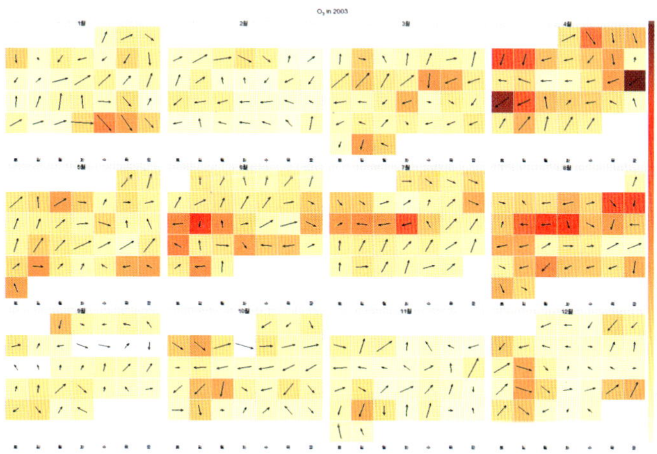

```
> # 범주화된 캘린더 히트맵
> calendarPlot(mydata, pollutant="no2", breaks=c(0, 50, 100, 150, 1000),
    labels=c("Very low", "Low", "High", "Very High"),
    cols=c("lightblue", "green", "yellow", "red"), statistic="max")
```

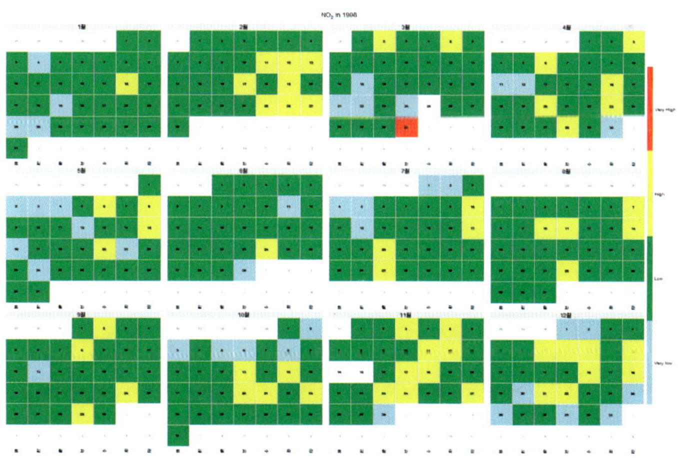

```
> # 달력에 평균값 추가하고(annotate="value"), 미세먼지(pm10)가 기준값(50) 이상인 날짜를 강
조함(highlight).
> calendarPlot(mydata, pollutant="pm10", annotate="value", lim=50,
     cols="Blues", col.lim=c("black", "orange"), layout=c(4,3))
> # 위의 col= 옵션에서 복수형 "Blues"와 단수형 "Blue"는 다른 결과를 제공함. 대, 소문자는 동
일함.
```

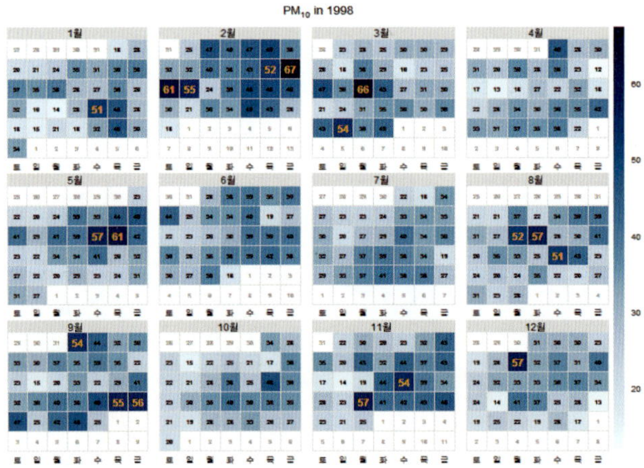

11.3 금융 시계열 자료의 시각화 – {quantmod} 패키지

금융 시계열 자료(financial time series data)는 다른 시계열 자료와는 달리 특별히 고안된 시각화 방법을 사용하는 것이 효과적이다. 이 절에서는 R의 {quantmod} 패키지를 이용하여 시각화하는 방법을 소개한다. 다만, 이 절에서 소개되는 다양한 그림에 대한 해석은 책의 범위를 벗어나므로 생략한다.

```
> library(ggplot2)
> library(quantmod)
> library(magrittr)
> library(dplyr)
```

(a) 주식 자료 불러오기: getSymbols( ) 함수

getSymbols( ) 함수는 인터넷으로 특정 주식 자료를 지정된 환경으로 로딩한다. 이 함수는 다음의 4가지 원소를 가진다.

- 주식 Symbol: (예) AAPL=Apple, DJI=Dow Jones Industrial, FB=Facebook, GOOG=Google, 삼성전자=005930.KS
- 금융 자료의 source: src="yahoo", "FRED", "oanda" 등
- 시작일(from= 옵션)
- 종료일(to= 옵션)

```
> start_date <- as.Date("2018-10-01")
> end_date <- as.Date("2019-03-10")
> getSymbols("DJI", src="yahoo", from=start_date, to=end_date)
> head(DJI,3)
           DJI.Open DJI.High DJI.Low DJI.Close DJI.Volume DJI.Adjusted
2018-10-01  26598.4  26738.0 26596.1   26651.2  195337224      26651.2
2018-10-02  26648.9  26824.8 26627.7   26773.9  210512761      26773.9
2018-10-03  26833.5  26951.8 26789.1   26828.4  234152711      26828.4
```

(해석) 차례대로 해당일 주식의 Open: 시작가, High: 최고가, Low: 최저가, Close: 종료가, Volumn: 총거래량, Adjusted: 조정된 종료가를 의미한다.

(b) 주식 자료의 기초분석

주식 자료에 대한 기초분석을 수행한다.

plot() 함수에서 변수명과 연관된 Cl(), Vo()와 Ad() 등의 함수는 변수명(종료가, 거래량, 조정가)의 지정에 편리하다.

```
> plot(Cl(DJI))    # plot(DJI[, "DJI.Close"], col="blue")와 동일
```

또한 ROC() 함수(Rate of Change/Momentum)는 변화율을 계산해 준다.

```
> plot(ROC(Cl(DJI)))     # momentum(Cl(DJI))과 동일. n= 옵션을 통해 기간을 지정할 수 있음(디폴트인 n=1은 일일 변화율을 나타냄)
```

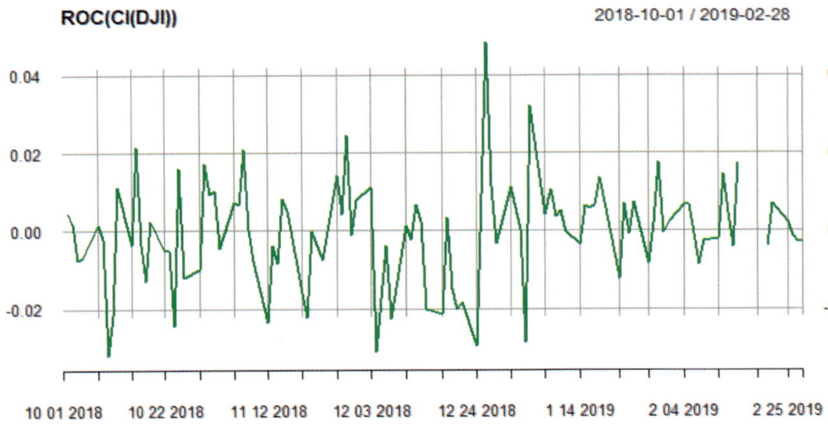

(c) 주식 자료의 시각화 분석

주식 자료에 대한 다양한 시각화 함수를 소개한다. barChart()와 candleChart() 함수를 이용하면 전날 대비 상승과 하락에 따라 색상을 지정할 수 있다. 또한, subset= 옵션을 이용하면 날짜 범위를 지정할 수 있다.

```
> barChart(DJI, theme="white")
> candleChart(DJI, up.col="green", dn.col="red", theme="white")
> candleChart(DJI, multi.col=TRUE, theme="white")
> candleChart(DJI, up.col="green", dn.col="red", theme="white", subset='last 4 months')
```

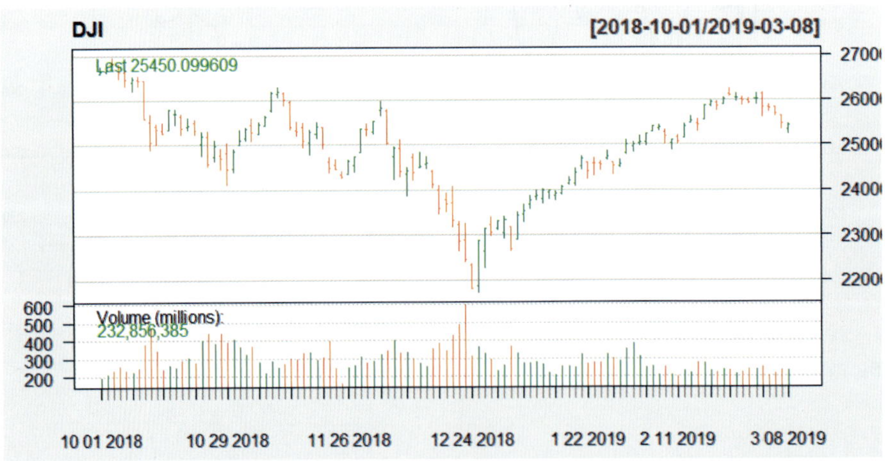

DJI
[2018-10-01/2019-03-08]
Last 25450.099609
Volume (millions):
232,856,385
27000
26000
25000
24000
23000
22000
600
500
400
300
200
10 01 2018
10 29 2018
11 26 2018
12 24 2018
1 22 2019
2 11 2019
3 08 2019

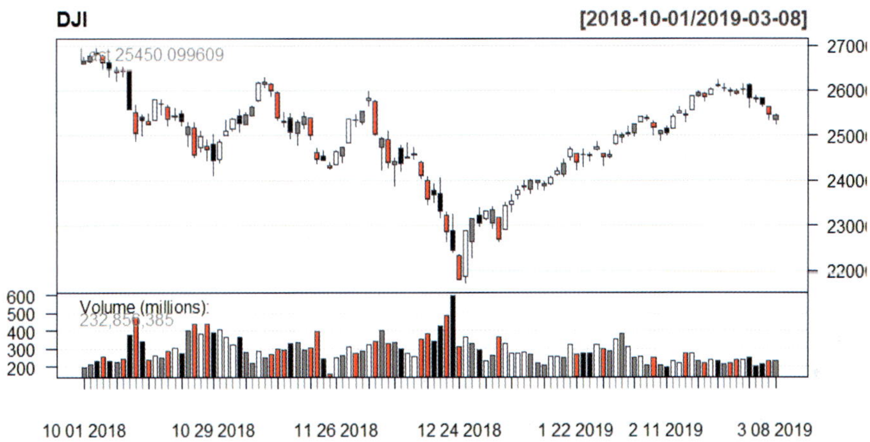
DJI
[2018-10-01/2019-03-08]
Last 25450.099609
Volume (millions):
232,856,385
27000
26000
25000
24000
23000
22000
600
500
400
300
200
10 01 2018
10 29 2018
11 26 2018
12 24 2018
1 22 2019
2 11 2019
3 08 2019

DJI
[2018-12-03/2019-03-08]
Last 25450.099609
Volume (millions):
232,856,385
26000
25000
24000
23000
22000
600
500
400
300
200
12 03 2018
12 24 2018
1 14 2019
1 28 2019
2 11 2019
3 04 2019

특정 구간의 날짜를 지정할 때는 대괄호 [ ]를 사용할 수 있다. 예를 들어, 다음과 같이 사용할 수 있다.

```
> plot(Cl(DJI)["2019-01-10::"])
> barChart(DJI["2018-11-01::2019-01-20"], theme="white")
```

chartSeries( ) 함수는 다양한 정보(지표)를 추가할 수 있다.

```
> chartSeries(DJI,theme="white")
> addBBands( )   # Bollinger Bands
> addMACD( )     # Moving Average Convergence Divergence
> addCCI( )      # Commodity Channel Index
> addADX( )      # Directional Movement Indicator
> addCMF( )      # Chaiken Money Flow
```

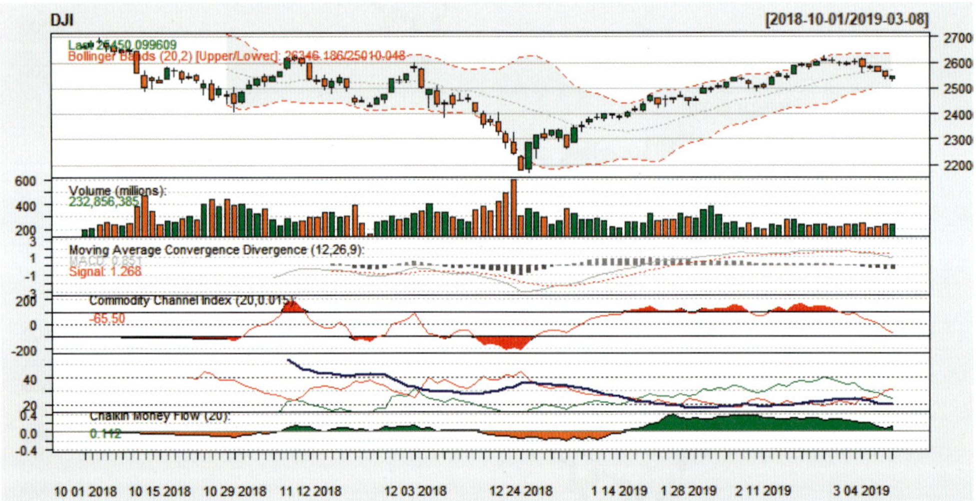

또한, to.weekly( ) 함수는 '주간 자료'로, to.monthly( )는 '월간 자료'로 정보를 요약해 준다.

```
> chartSeries(to.weekly(DJI), up.col="red", dn.col="blue", theme="white")
```

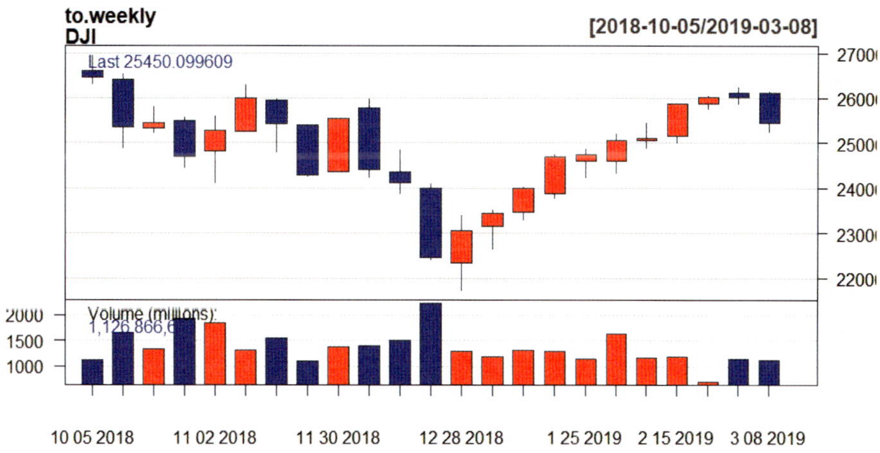

기타 시각화 관련 기본함수들을 이용하여 다양한 정보를 확인할 수 있다.

```
> plot(diff(log(DJI), lag=12))
> hist(DJI[,4])
> hist(DJI[,4], breaks =25)
```

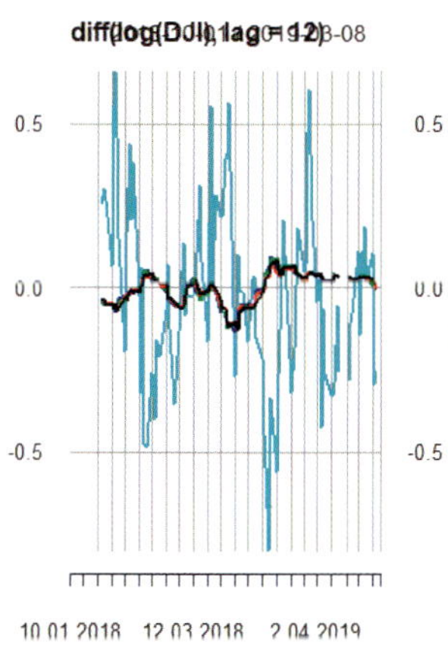

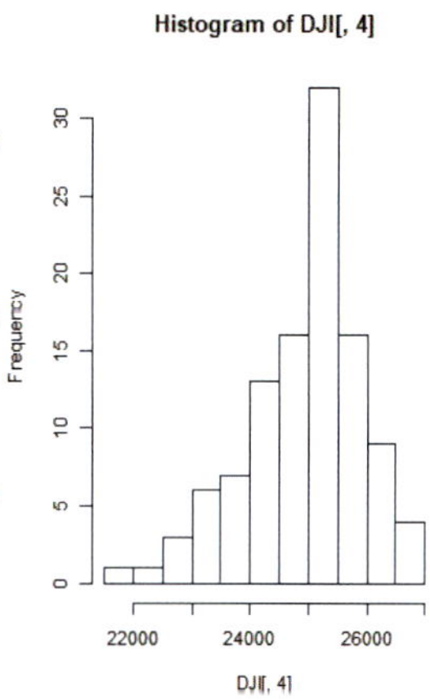

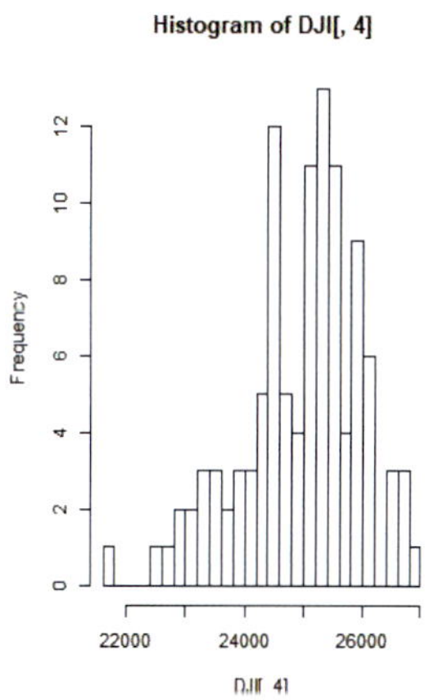

(d) 여러 주식의 비교

DJI(Dow Jones Industrials), NDAQ(Nasdaq Inc.), NYA(NYSE Composite Index) 주식의 종료가를 비교하기로 한다.

```
> getSymbols("NDAQ", src="yahoo", from=start_date, to=end_date)
> closing_price <- as.xts(data.frame(DJI = DJI[, "DJI.Close"],
        NYA = NYA[, "NYA.Close"], NDAQ = NDAQ[, "NDAQ.Close"]))

> plot(as.zoo(closing_price), screens=1, lty=1:3, xlab="Date", ylab="Closing Price")
> legend("bottomleft", c("DJI", "NYA", "NDAQ"), lty=1:3, cex=0.5)
> returns <- apply(closing_price, 1, function(x) {x / closing_price[1,]}) %>%
                t %>% as.xts
> plot(as.zoo(returns), screens=1, lty=1:3, xlab="Date", ylab="Return")
> legend("topleft", c("DJI", "NYA", "NDAQ"), lty=1:3, cex=0.5)
```

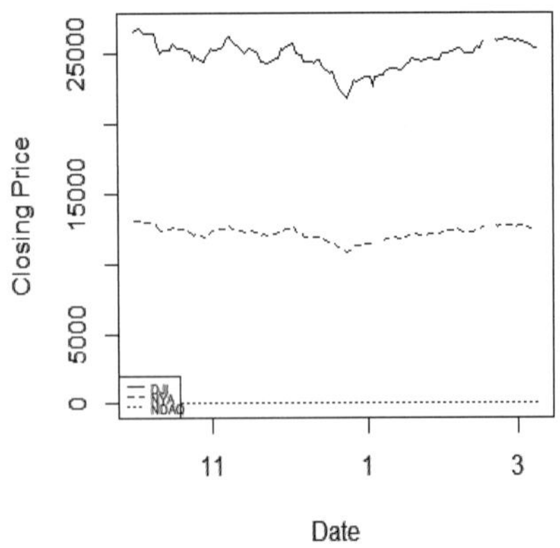

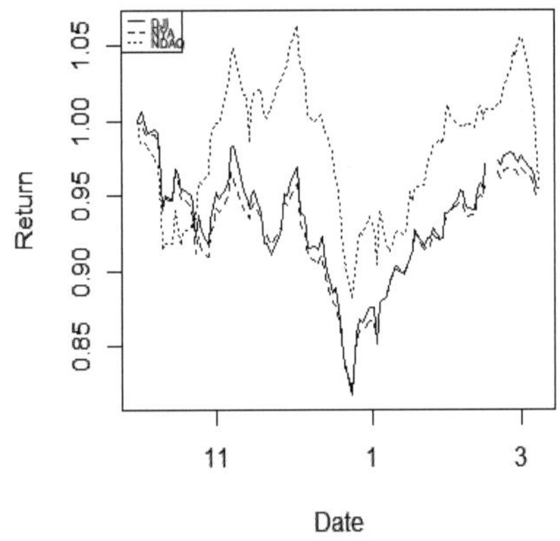

(해석) 좌측 그림에서 보듯이 주가의 폭이 매우 넓어 상승과 하락의 패턴을 파악하기 어렵다. 해결책으로 apply( ) 함수를 이용하여 시작 시점 대비 주식 수익률(returns)의 변화를 계산하고 이를 시각화하였다(우측 그림). 앞선 분석에서 12월 말경에 DJI 주식이 크게 하락함을 보았으며, 위 그림을 통해 이러한 현상이 다른 두 개의 주가지수에서도 공통적으로 나타남을 확인할 수 있다.

(e) 특정(국내) 기업의 주식 자료 불러오기

예를 들어, 야후(yahoo)를 통해 삼성전자의 주식을 불러오고자 할 때 다음의 절차를 따른다. 먼저 http://finance.yahoo.com에 접속 -> 검색창에 기업명(samsung electronics)을 입력 -> 주식 Symbol "005930.KS"을 얻는다. 기업의 Symbol이 숫자로 시작하는 경우에는 auto.assign=FALSE을 사용하면 변수명 관리가 편리하다.

```
> SSE <- getSymbols("005930.KS", src="yahoo", from=start_date, to=end_date, auto.assign=FALSE)
  # src="yahoo" 옵션은 생략 가능함
> plot(Cl(SSE))
> candleChart(SSE, up.col="green", dn.col="red", theme="white")
```

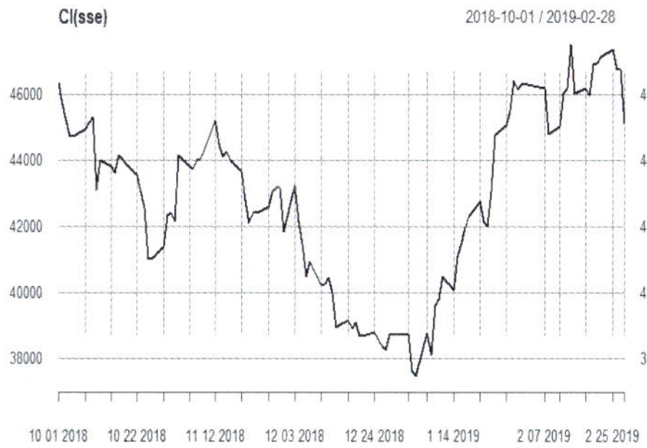
Cl(sse)
2018-10-01 / 2019-02-28
46000
44000
42000
40000
38000
10 01 2018
10 22 2018
11 12 2018
12 03 2018
12 24 2018
1 14 2019
2 07 2019
2 25 2019

sse
[2018-10-01/2019-02-28]
Last 45100
10 01 2018
10 29 2018
11 26 2018
12 24 2018
1 21 2019
2 18 2019

12장 Prophet을 이용한 시계열 예측

12.1 서론

Prophet[18]은 페이스북(Facebook)이 만든 시계열 예측 모형이다. Prophet은 시계열 내에서 각 관측치의 시간 기반 의존성을 명시적으로 보지 않고, 예측 문제를 곡선-적합(curve-fitting)의 문제로 다룬다. 곡선-적합은 주어진 데이터를 가장 적절히 표현할 수 있는 함수식을 계산(추정)하는 과정으로, 시계열 자료의 시간 간격이 일정할 필요가 없으며, 불연속적인 데이터에 대해서도 적합이 가능하다. 또한, ARIMA 모형처럼 정상성(stationarity)을 위해 원 자료를 차분시킬 필요도 없으며, 결측값이 존재하는 경우 대치(impute)를 할 필요도 없고, 이상치 자료에 대한 처리도 유연하다. 통계적 지식이 없어도 직관적으로 이해할 수 있는 파라미터를 통해 모형을 조정할 수 있으며 학습 속도가 빠르고 기본 값만 사용해도 높은 성능을 보여준다. 즉, Prophet은 대표적인 시계열 예측 모형인 ARIMA 모형에 비해 복잡한 가정과 이론을 요구하지 않으며, 도메인 지식을 모형에 결합하기 용이하다.

요약하면, Prophet은 비선형 추세에 연(yearly), 주(weekly) 또는 일(daily) 계절성과 휴일 효과를 더하는 가법모형에 기초한 시계열 예측 모형(절차)이다. 이 모형은 강한 계절 효과와 여러 계절의 과거 자료를 가지는 시계열에 잘 적합한다. Prophet은 결측 자료와 추세의 이동(shifts)에 로버스트하며, 일반적으로 이상치의 처리가 우수하다. 기존의 ARIMA 모형에 비해 매우 편리

18) https://facebook.github.io/prophet/

하면서도 성능이 우수하므로 다양한 분야로의 활용이 기대된다.

12.2 Prophet 예측 모형

Prophet은 다음의 가법모형(additive model)을 사용한다.

$$y(t) = g(t) + s(t) + h(t) + \epsilon_t \,.$$

여기서 $g(t)$는 데이터의 추세(trend), $s(t)$는 계절성(seasonality), $h(t)$는 휴일 효과(holiday effects), ϵ_t는 오차항을 나타낸다.

- $g(t)$: 시계열에서 비-주기적인(non-periodic) 변화의 모형화를 위한 함수로 조각별 선형(piecewise linear) 또는 로지스틱 성장곡선(logistic growth curve)을 사용함.
- $s(t)$: 주기적 변화(예: 일/주/연 계절성)
- $h(t)$: 비규칙적인 일정(irregular schedule)을 가지는 휴일 효과(분석자가 제공)
- ϵ_t: 모형에 의해 설명되지 않는 임의적인 변화를 나타내는 오차항

시간을 예측자(regressor)로 사용하는 Prophet은 여러 시간의 선형 또는 비선형 함수를 구성요소로 적합한다. 가법 성분으로서 계절성 모형은 Holt-Winters 기법에서의 지수 평활과 동일한 방식을 사용한다.

추세(trend)

모델링되는 데이터의 트렌드, 즉 추세는 선형인 경우와 비선형인 경우로 나눌 수 있다. 선형 추세에서 추세가 변하는 지점인 변화점(change points)은 자동으로 탐지되며, 비선형 추세를 적합하는 경우 상한(선) 또는 하한(선)을 설정할 수 있다. 변화점은 휴일, 광고, 자연재해, 또는 분석자가 증가(또는 감소)를 기대하는 시점이 될 수 있다.

비선형적으로 추세를 적합하는 경우, 전체 예측 기간 동안 예측치가 계속 증가/감소할 것으로 예상되는가?의 질문을 던질 수 있다. 종종 변하는 최대 용량을 가지는(포화 성장: saturating growth) 비선형 성장 모형의 사례가 있다. 예를 들면, 향후 12개월 동안 한 지역에서 앱 다운로드 수를 예측하려고 한다고 하자. 최대 다운로드는 항상 해당 지역의 총 스마트폰 사용자 수에 의해 제한된다. 그러나 스마트폰 사용자 수는 시간에 따라 증가할 것이다. 따라서 분석가는 도메

인 지식을 바탕으로 시계열 예측에 대해 시간-가변적 용량(time-varying capacity)을 정의할 수 있다.

계절성(seasonality)

계절성 효과의 적합과 예측을 위해 Prophet은 푸리에 급수를 사용하여 주기적으로 나타나는 일간, 주간, 연간 계절성을 모델링한다. 계절성은 다음의 식으로 근사된다.

$$s(t) = \sum_{n=1}^{N} (a_n \cos(\frac{2\pi nt}{P}) + b_n \sin(\frac{2\pi nt}{P})) .$$

여기서 P는 주기가 주(week)이면 7, 연(year)이면 365.25로 설정된다. N이 크면 큰 주기의 변화를 잘 적합하지만 과적합이 발생할 수 있으며, 반대로 작으면 변동에 덜 민감한 부드러운 곡신을 적합하게 된다. 모수 $\{a_1, b_1, \cdots, a_n, b_n\}$은 주어진 N에 대해, 자료로부터 추정된다.

휴일(Holidays)과 이벤트(Events)

Prophet은 불규칙적이지만 전체 추이에 영향을 주는 이벤트의 영향도 모델링할 수 있다. 또한 해당 이벤트의 시점 전후로 이벤트의 영향 범위를 설정할 수도 있다. 예를 들면, 미국의 경우 추수감사절 또는 슈퍼볼(Super Bowl) 기간을 들 수 있고, 한국의 경우 설이나 추석 기간 등이 해당된다. Prophet은 사전에 분석자가 이벤트의 시점을 알고 있는 경우, 결측치나 이상치가 존재하는 경우, 추세가 선형이 아닌 경우 등 기존 시계열 모델이 다루기 어려운 다양한 경우에 적용될 수 있다. 시계열과 통계를 잘 몰라도 도메인 지식이 풍부한 사람이라면 직관을 갖고 추세의 상하한선, 추세가 변하는 지점, 관측값에 영향을 미치는 이벤트, 변동의 유연성 정도를 직접 조정하여 모델의 정확도를 높일 수 있다.

12.3 실제 자료분석 - 예제 I

이 절에서 분석에 사용되는 자료는 4년 8개월(2014년 1월 1일 ~ 2018년 8월 31일)에 걸쳐 조사된 수도권 광역철도 특정 노선에서의 일별 수송량 자료이다. 이 자료를 이용하여 Prophet 모형을 적합하고 예측을 수행한다. 휴일 효과의 지정 여부와 지정 방법에 따른 다양한 모형을 적합하고, 성능 평가와 함께 모형 간의 비교를 수행하였다(Prophet 모형에 관심 있는 독자를 위해 분석 과정을 자세히 제공하였다). 분석용 자료(train.csv)와 휴일 효과의 지정에 필요한 자료(holiday.csv)를 함께 제공한다.

```
> # 철도 수송량 자료 읽어오기
> train<-read.csv("train.csv", header=TRUE)
> train$day<-as.Date(train$day, format="%Y-%m-%d")
> head(train)
         day traffic
1 2014-01-01  249439
2 2014-01-02  445581
3 2014-01-03  469327
4 2014-01-04  388055
5 2014-01-05  301371
6 2014-01-06  460957

> library(ggplot2)
> ggplot(data=train, aes(x=day, y=traffic)) + geom_line( )
```

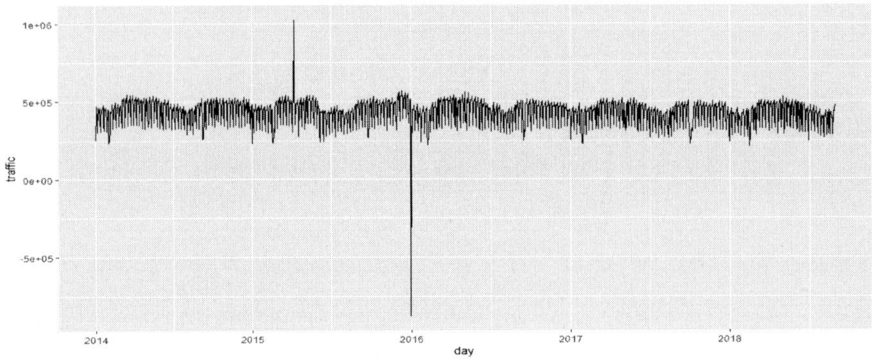

(해석) 시도표에서 계절성이 잘 나타나고 있다. 몇 개 시점에서 잘못 입력된 자료로 판단되는 이상치가 있어 이를 결측치로 처리하기로 한다.

```
> # 이상치 제거
> subset(train, traffic>=600000 | traffic<=0)
         day traffic
464 2015-04-09 1023125
730 2015-12-31 -876239

> train$traffic[which(train$traffic>600000 | train$traffic<0)] <- NA
> ggplot(data=train, aes(x=day, y=traffic)) + geom_line( ) # 결측치 처리 후 시도표
```

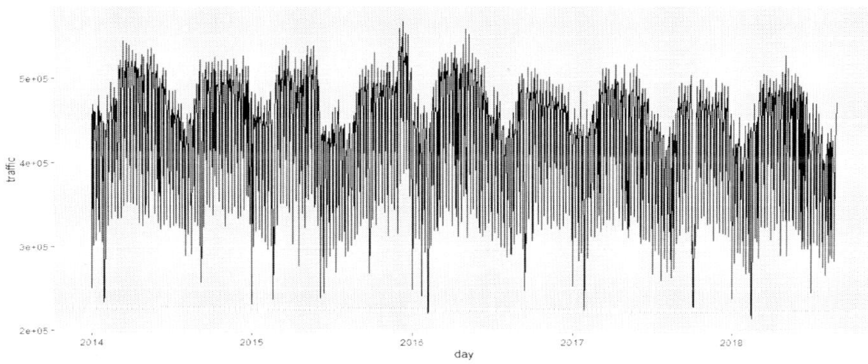

(해석) 입력 오류로 보이는 이상치를 결측치로 처리한 후의 시도표이다.

이제 prophet을 이용해 모형 적합을 실시한다. 단순한 모형을 먼저 적합시킨 후, 단계별로 모형을 적합시켜 나가는 방식으로 설명한다.

(1) [모형1: growth=linear(디폴트) 지정, 휴일효과 없음]

```
> library(prophet)
> df<-data.frame(ds=train$day, y=train$traffic)
> m1<-prophet(df)    # 모형 적합
Disabling daily seasonality. Run prophet with daily.seasonality=TRUE to override this.

> # 미래 853일에 대한 예측
> future1<-make_future_dataframe(m1, periods=853)
> forecast1<-predict(m1, future1)
> head(forecast1[c("ds","yhat","yhat_lower","yhat_upper")],3)
          ds     yhat yhat_lower yhat_upper
1 2014-01-01 448523.6   401037.0   494294.7
2 2014-01-02 448367.8   399501.6   496590.2
3 2014-01-03 465969.2   418603.3   510237.6
> tail(forecast1[c("ds","yhat","yhat_lower","yhat_upper")],3)
             ds     yhat yhat_lower yhat_upper
2555 2020-12-29 407518.1   363849.6   454229.8
2556 2020-12-30 405637.1   360093.0   454468.2
2557 2020-12-31 405000.9   358306.6   454363.9

> # 관측값과 예측값에 대한 시도표
> plot(m1, forecast1)
```

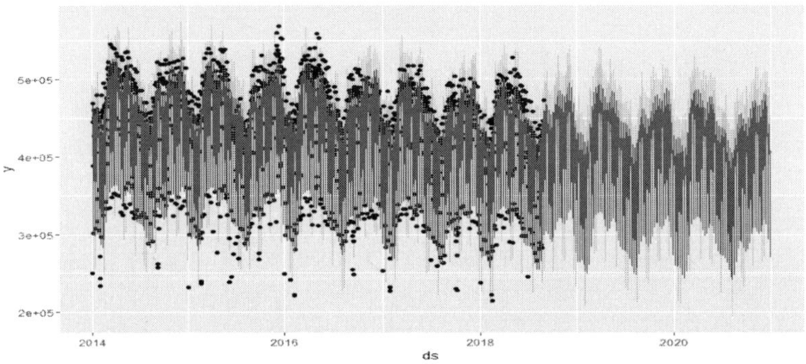

(해석) prophet 모형에서 추세는 디폴트인 선형으로 설정하였고, 휴일효과는 설정하지 않았다. make_future_dataframe( ) 함수를 사용하여 미래에 대한 예측을 수행하고 그 결과를 시각화하였다.

```
> # 적합된 모형을 여러 성분으로 분해한 결과: 추세와 주간(weekly) 및 연간(yearly) 효과
> prophet_plot_components(m1, forecast1)
```

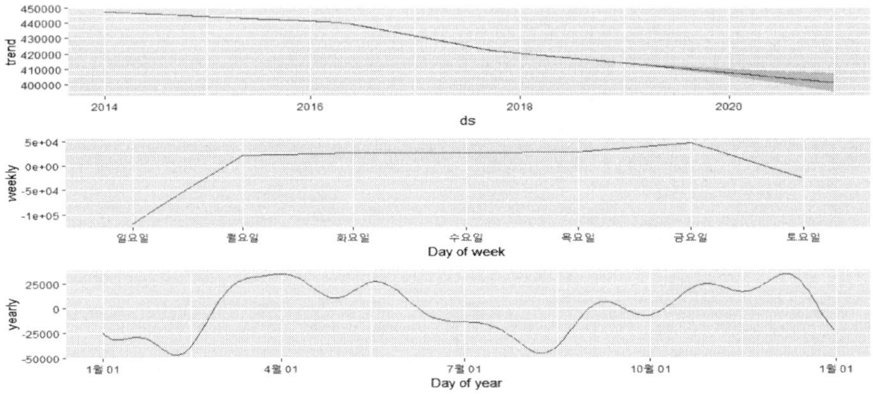

(해석) 추세는 감소하는 형태를 보인다. 주 효과를 보면 주중에는 다소간 증가하며 금요일이 가장 크고, 주말에는 그 효과가 작아지며 일요일이 가장 작다. 연 효과에서는 여름과 겨울 방학기간에 작은 값을 가진다.

```
> # 모형 평가 1: 재대입을 통한 성능 평가
> forecast1$ds<-as.Date(forecast1$ds)
> metric_df1<-merge(df, forecast1[,c("ds","yhat")])
> head(metric_df1,3)
          ds      y     yhat
1 2014-01-01 249439 448523.6
2 2014-01-02 445581 448367.8
3 2014-01-03 469327 465969.2
```

```
> tail(metric_df1,3)
             ds      y     yhat
1702 2018-08-29 434935 434932.9
1703 2018-08-30 446486 438805.3
1704 2018-08-31 472673 459991.0

> metric_df1<-na.omit(metric_df1)
> cor(metric_df1$y, metric_df1$yhat)^2     # 결정계수
[1] 0.7206589
> sqrt(mean((metric_df1$y-metric_df1$yhat)^2))     # RMSE
[1] 36687.77
> plot(metric_df1$yhat~metric_df1$y)
> abline(a=0, b=1, col="blue")
```

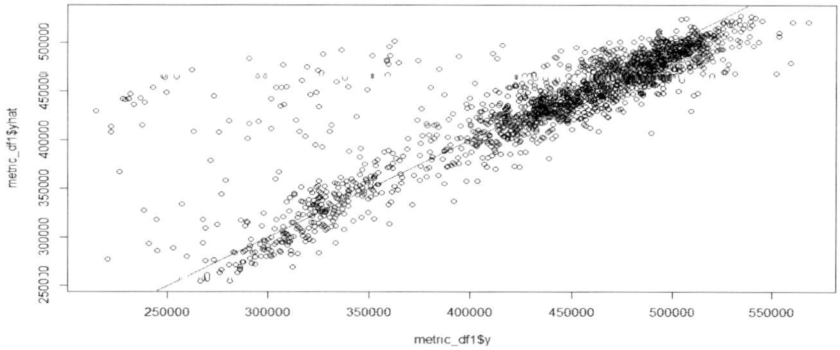

(해석) 예측값이 관측값보다 큰 경우가 많이 발생하고 있다.

```
> # 모형 평가 2: 교차타당법을 이용한 모형의 성능 평가
> df.cv1<-cross_validation(m1, initial=730, period=180, horizon=365, units="days")
Making 4 forecasts with cutoffs between 2016-03-09 and 2017-08-31
> head(df.cv1,3)
          ds      y     yhat yhat_lower yhat_upper     cutoff
1 2016-03-10 496951 497419.8   447854.2   542962.4 2016-03-09
2 2016-03-11 525113 514569.9   467603.4   562716.8 2016-03-09
3 2016-03-12 431474 442686.4   398816.9   488387.9 2016-03-09
> tail(df.cv1,3)
             ds      y     yhat yhat_lower yhat_upper     cutoff
1458 2018-08-29 434935 428629.7   382607.6   478452.4 2017-08-31
1459 2018-08-30 446486 431720.1   384523.7   475567.7 2017-08-31
1460 2018-08-31 472673 449829.1   403514.9   495309.0 2017-08-31

> df.p1<-performance_metrics(df.cv1)
> head(df.p1,3)
```

```
  horizon        mse     rmse      mae       mape  coverage
1 37 days 3050114079 55227.84 27298.22 0.08272190 0.9109589
2 38 days 3054741338 55269.71 27398.86 0.08305901 0.9109589
3 39 days 3229617826 56829.73 28538.66 0.08689956 0.9041096

> tail(df.p1,3)
    horizon        mse     rmse      mae       mape  coverage
327 363 days 1626189817 40326.04 25486.95 0.07480465 0.9280822
328 364 days 1565685878 39568.75 24967.91 0.07301206 0.9315068
329 365 days 1558339220 39475.81 24898.21 0.07281451 0.9349315

> plot_cross_validation_metric(df.cv1, metric="mape")
```

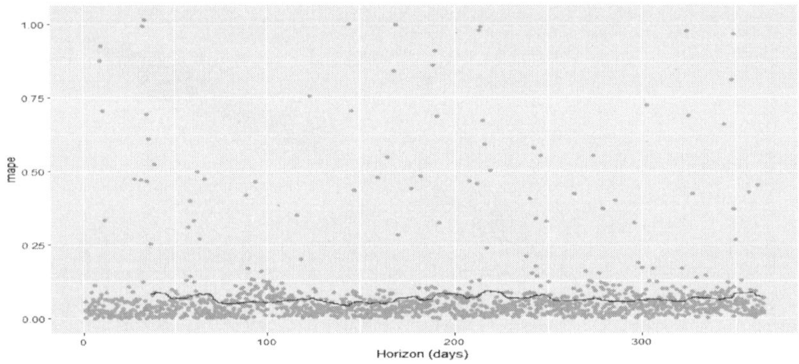

(해석) 분석 자료는 2014.1.1. ~ 2018.8.31.(4년 8개월) 기간의 자료이다. 교차타당성 검토를 위한 명령 함수 cross_validation(m1, initial=730, period=180, horizon=365, units="days")의 의미는 730일을 훈련용 자료로(initial=730), 365일을 검증용 자료로(horizon=365)한다. 아래 표에서처럼 180일을 우측으로 이동시켜가며(period=180), 동일한 방식으로, 새로운 훈련용과 검증용 자료셋을 구축한다(cutoffs는 각 검증용 자료셋의 시작일임).

	시점 및 자료셋 구간				
자료셋	2014.3	2015.3	2016.3	2017.3	2018.3
1	train		test		
2		train		test	
3			train		test
4				train	test
cutoffs: 2016-03-09, 2016-09-05, 2017-03-04, 2017-08-31					

각 검증용 자료셋에 대해 MAPE 성분($|y_i - \hat{y}_i|/y_i$)을 구한 뒤, 해당 순서대로 MAPE 성분을 4개씩 짝지어 위 그림의 1 ~ 365열에 차례대로 나타낸다. 위의 MAPE 그림으로부터 예측모형으로부터 이후 시점에 대한 예측 성능이 먼 시차의 미래로 갈수록 예측력이 얼마나 저하되는지 등을 파악할 수 있다. 위의 그림에서 MAPE 성분 값들에 대한 평활 곡선의 형태가 뚜렷한(증가 또는 감소) 패턴을 보이지 않으므로, 예측 성능의 저하가 있다고 할 수 없다.

(2) [모형 2: growth=logistic 설정, 휴일효과 없음]

시간의 경과에 따라 자료의 추세가 비선형적으로 증가하거나 감소할 때, growth=logistic 옵션을 지정한다. 또한 시계열 자료의 특정 시점에서의 상한 또는 하한을 지정할 수 있다(도메인 지식을 활용).

```
> df2<-df
> # 분석 자료의 전 시점에서 상한과 하한을 동일한 값으로 지정
> df2$cap=600000; df2$floor=200000
> m2<-prophet(df2, growth='logistic')     # 증가 또는 감소 추세를 비선형적으로 지정
Disabling daily seasonality. Run prophet with daily.seasonality=TRUE to override this.

> # 예측을 원하는 전 시점에서 상한과 하한을 동일한 값으로 지정
> future2<-make_future_dataframe(m2, periods=853)
> future2$cap=600000; future2$floor=200000
> forecast2<-predict(m2, future2)
> head(forecast2[c("ds","yhat","yhat_lower","yhat_upper")],3)
          ds     yhat yhat_lower yhat_upper
1 2014-01-01 445844.5   400788.2   492990.9
2 2014-01-02 445741.0   397444.8   492757.7
3 2014-01-03 463408.0   417106.3   514361.7

> tail(forecast2[c("ds","yhat","yhat_lower","yhat_upper")],3)
             ds     yhat yhat_lower yhat_upper
2555 2020-12-29 400272.9   349992.9   443292.9
2556 2020-12-30 398445.7   353324.1   448344.9
2557 2020-12-31 397845.3   350107.5   445632.8

> # 관측값과 예측값에 대한 시도표
> plot(m2, forecast2)
> prophet_plot_components(m2, forecast2)
```

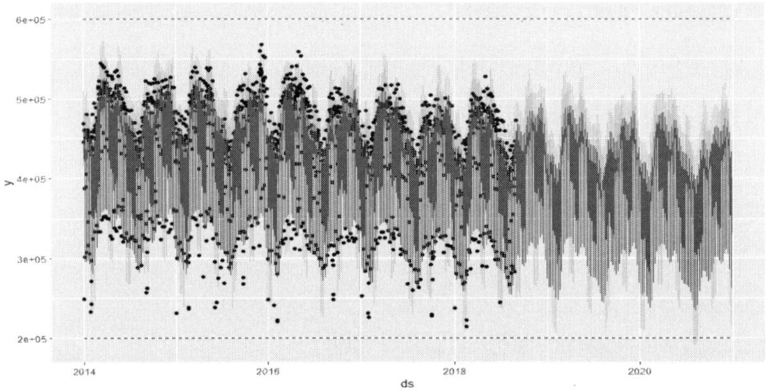


```
> # 적합된 모형을 여러 성분으로 분해한 결과: 추세와 주간(weekly) 및 연간(yearly) 효과
> prophet_plot_components(m2, forecast2)
```

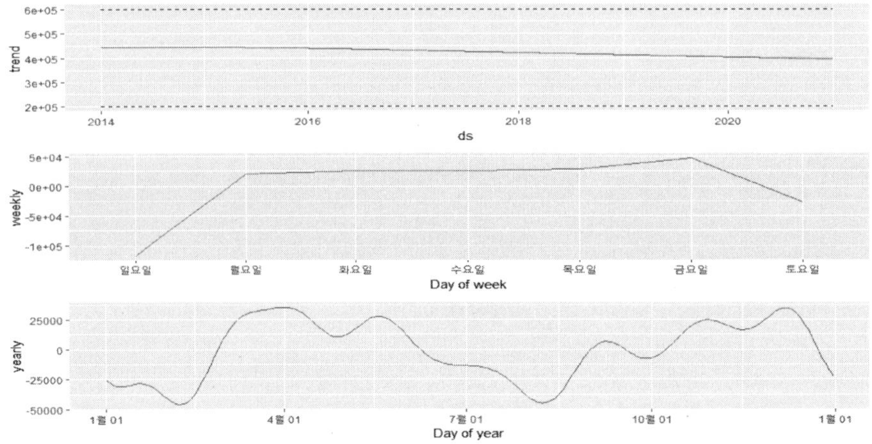

(해석) growth=logistic 지정 시, 추세선에 미리 설정된 상한(cap)과 하한(floor)이 함께 제시된다.

```
> # 모형 평가 1: 재대입을 통한 성능 평가
> forecast2$ds<-as.Date(forecast2$ds)
> metric_df2<-merge(df, forecast2[,c("ds","yhat")])
> metric_df2<-na.omit(metric_df2)
> cor(metric_df2$y, metric_df2$yhat)^2
[1] 0.7195428

> sqrt(mean((metric_df2$y-metric_df2$yhat)^2))
[1] 36761.42

> plot(metric_df2$yhat~metric_df2$y)
> abline(a=0, b=1, col="blue")
```

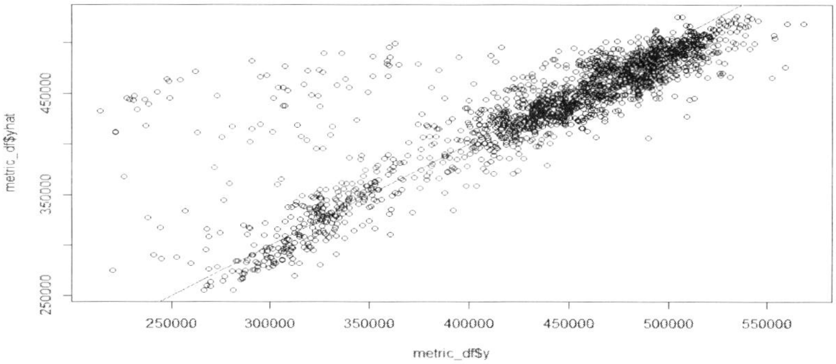

(해석) 모형 1(growth=linear 지정)과 큰 차이가 없으며, RMSE는 오히려 조금 증가하였다.

```
> # 모형 평가 2: 교차타당법을 이용한 모형의 예측력 평가
> df.cv2<-cross_validation(m2, initial=730, period=180, horizon=365, units="days")
Making 4 forecasts with cutoffs between 2016-03-09 and 2017-08-31

> head(df.cv2,3)
          ds      y     yhat yhat_lower yhat_upper     cutoff
1 2016-03-10 496951 496743.8   450361.2   546238.7 2016-03-09
2 2016-03-11 525113 513804.2   467836.3   560985.7 2016-03-09
3 2016-03-12 431474 441862.8   396613.5   489335.8 2016-03-09

> df.p2<-performance_metrics(df.cv2)
> head(df.p2,3)
  horizon        mse     rmse      mae       mape  coverage
1 37 days 3050468393 55231.05 27044.89 0.08219851 0.9109589
2 38 days 3053686666 55260.17 27132.55 0.08253696 0.9109589
3 39 days 3241061787 56930.32 28282.36 0.08646945 0.9041096

> plot_cross_validation_metric(df.cv2, metric="mape")
```

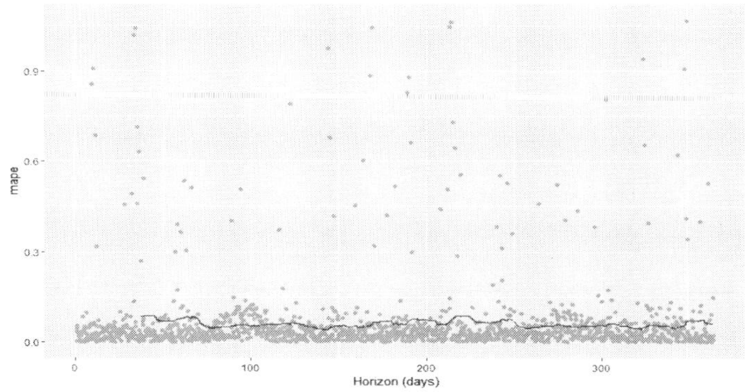

(해석) [모형 1]과 유사한 MAPE를 가진다.

(3) [모형 3: 휴일효과 지정]

휴일이나 행사 등 사건의 효과를 모형에 추가하고 싶을 때, 모형 구축에 사용되는 기간의 모든 사건 정보를 데이터 프레임(파일명: holiday.csv)으로 생성하여 모형 구축에 활용한다.

```
> holidays <- read.csv("holidays.csv", header=TRUE)
> holidays
            ds     holiday
1   2014-01-01      공휴일
2   2014-01-30  대수송기간
3   2014-01-31  대수송기간
4   2014-02-01  대수송기간
5   2014-02-02  대수송기간
6   2014-05-01      공휴일
7   2014-05-05      공휴일
8   2014-05-06      공휴일
9   2014-06-04      공휴일
10  2014-06-06      공휴일
11  2014-08-15      공휴일
12  2014-09-06  대수송기간
......
116 2020-05-05      공휴일
117 2020-09-30  대수송기간
118 2020-10-01  대수송기간
119 2020-10-02  대수송기간
120 2020-10-03  대수송기간
121 2020-10-09      공휴일
122 2020-12-25      공휴일
```

(해석) 휴일효과를 주기 위해 날짜와 요일 정보가 저장된 자료(holiday.csv)를 불러온다. 해당 자료에는 적합 기간뿐만 아니라 예측 기간의 휴일 정보도 저장되어 있다.

```
> m3<-prophet(df, holidays=holidays)
Disabling daily seasonality. Run prophet with daily.seasonality=TRUE to override this.
> future3<-make_future_dataframe(m3, periods=853)
> forecast3<-predict(m3, future3)
> head(forecast3[c("ds","yhat","yhat_lower","yhat_upper")],3)
          ds     yhat yhat_lower yhat_upper
1 2014-01-01 316143.7   290278.1   341966.6
2 2014-01-02 454903.3   431118.1   481819.5
3 2014-01-03 474753.0   448612.4   502957.8

> tail(forecast3[c("ds","yhat","yhat_lower","yhat_upper")],3)
            ds     yhat yhat_lower yhat_upper
```

```
2555 2020-12-29 429349.9   371726.4   488977.4
2556 2020-12-30 427763.1   372102.3   486017.7
2557 2020-12-31 425616.3   366816.7   482450.4

> plot(m3, forecast3)
```

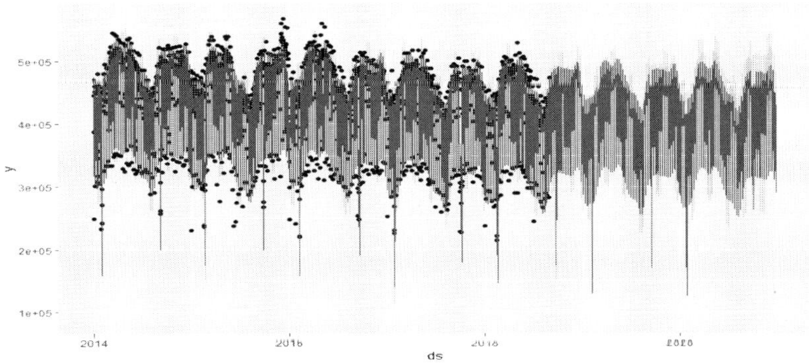

```
> prophet_plot_components(m3, forecast3)
```

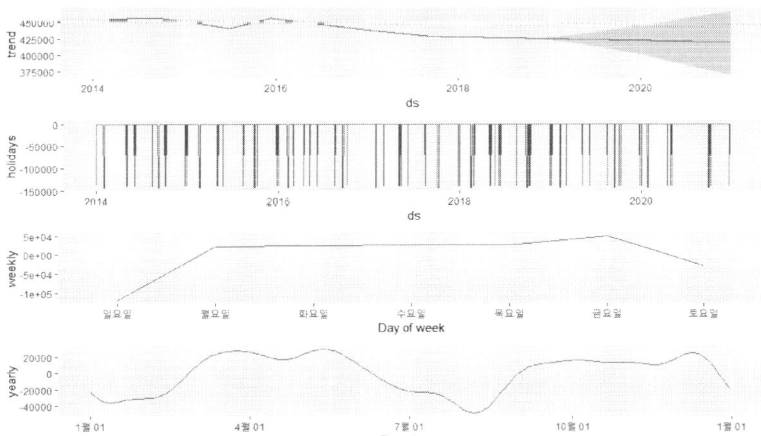

(해석) 휴일 효과의 그림이 추가되었다. 휴일로 지정된 날에 그 효과가 음(-)으로 나타남을 알 수 있다. 즉, 휴일에 수송량의 감소가 있음을 알 수 있다.

```
> # 모형 평가 1: 재대입을 통한 성능 평가
> forecast3$ds<-as.Date(forecast3$ds)
> metric_df3<-merge(df, forecast3[,c("ds","yhat")])
> head(metric_df3,3)
          ds       y      yhat
```

```
1 2014-01-01 249439 316143.7
2 2014-01-02 445581 454903.3
3 2014-01-03 469327 474753.0

> tail(metric_df3,3)
             ds      y     yhat
1702 2018-08-29 434935 445204.5
1703 2018-08-30 446486 447885.2
1704 2018-08-31 472673 471885.7

> metric_df3<-na.omit(metric_df3)
> cor(metric_df3$y, metric_df3$yhat)^2
[1] 0.909352
> sqrt(mean((metric_df3$y-metric_df3$yhat)^2))
[1] 20899.66
> plot(metric_df3$yhat~metric_df3$y)
> abline(a=0, b=1, col="blue")
```

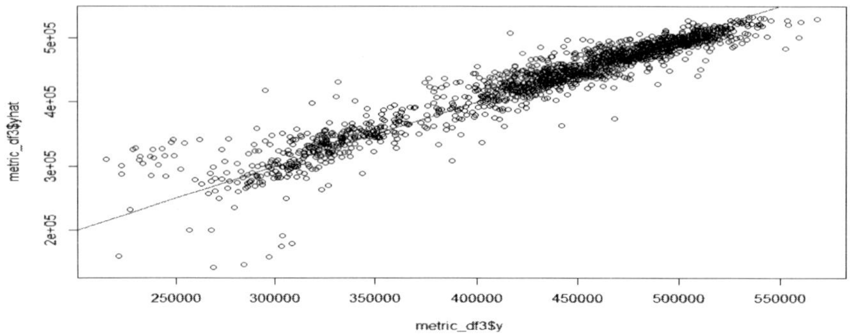

(해석) 예측값이 관측값보다 크게 나타났던 현상이 크게 해소되었으며 모형의 설명력과 RMSE도 크게 개선되었다.

```
> # 모형 평가 2: 교차타당법을 이용한 모형의 예측력 평가
> df.cv3<-cross_validation(m3, initial=730, period=180, horizon=365, units="days")
Making 4 forecasts with cutoffs between 2016-03-09 and 2017-08-31
> head(df.cv3)
          ds      y     yhat yhat_lower yhat_upper     cutoff
1 2016-03-10 496951 500786.3   474540.7   528477.3 2016-03-09
2 2016-03-11 525113 522737.5   493478.4   550986.5 2016-03-09
3 2016-03-12 431474 445547.6   418189.9   472358.8 2016-03-09
4 2016-03-13 324667 356400.4   329915.5   387314.9 2016-03-09
5 2016-03-14 508821 497839.1   470245.2   527161.8 2016-03-09
6 2016-03-15 497938 502733.8   475609.6   530011.7 2016-03-09
```

```
> head(df.p3)
  horizon       mse     rmse      mae       mape  coverage
1 37 days 655683256 25606.31 14809.04 0.04296707 0.8561644
2 38 days 767335064 27700.81 15923.35 0.04630856 0.8424658
3 39 days 783825346 27996.88 16429.43 0.04784752 0.8287671
4 40 days 786578028 28046.00 16553.39 0.04799287 0.8321918
5 41 days 784331698 28005.92 16549.74 0.04795532 0.8390411
6 42 days 778545597 27902.43 16461.25 0.04756856 0.8458904

> plot_cross_validation_metric(df.cv3, metric="mape")
```

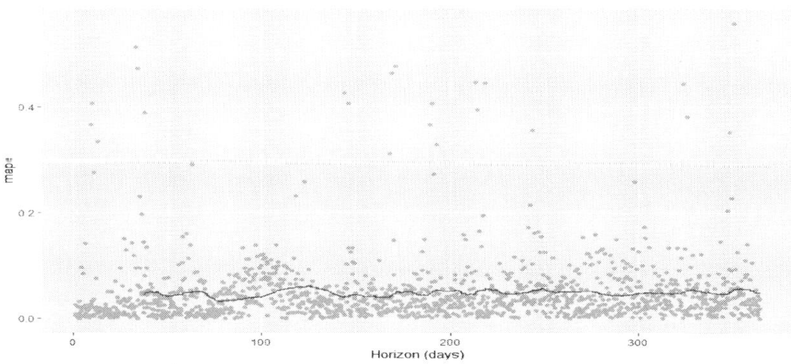

(해석) [모형 1]과 [모형 2]보다 MAPE가 크게 감소하였다(절반 수준).

(4) [모형 4: 휴일효과를 일차에 따라 다르게 지정]

휴일효과로 설과 추석을 구분하고, 해당 기간 내 일차(예를 들어, 명절 2일 전, 1일 전, 당일, …)에 따라 영향이 다르도록 설정하였다.

```
> holidays2<-subset(holidays, holiday=="공휴일")
> holidays2$lower_window=0; holidays2$upper_window=0
library(dplyr)    # data_frame{dplyr}
> nyday<-data_frame(
      holiday="nyday",
      ds=as.Date(c("2014-01-31","2015-02-19","2016-02-08","2017-01-28",
                   "2018-02-16","2019-02-05","2020-01-25")),
      lower_window=-2, upper_window=2
   )
> tgday<-data_frame(
      holiday="tgday",
      ds=as.Date(c("2014-09-08","2015-09-27","2016-09-15","2017-10-04",
```

```
                "2018-09-24","2019-09-13","2020-10-01")),
    lower_window=-2, upper_window=2
  )
> holidays2<-rbind(holidays2, nyday, tgday)
> head(holidays2)
         ds holiday lower_window upper_window
1  2014-01-01  공휴일            0            0
6  2014-05-01  공휴일            0            0
7  2014-05-05  공휴일            0            0
8  2014-05-06  공휴일            0            0
9  2014-06-04  공휴일            0            0
10 2014-06-06  공휴일            0            0

> head(forecast4[c("ds","yhat","yhat_lower","yhat_upper")],3)
          ds     yhat yhat_lower yhat_upper
1 2014-01-01 319542.0   297105.5   342310.5
2 2014-01-02 456011.4   431150.9   479871.7
3 2014-01-03 475667.5   452281.8   500508.1

> tail(holidays2,3)
          ds holiday lower_window upper_window
51 2018-09-24   tgday           -2            2
68 2019-09-13   tgday           -2            2
75 2020-10-01   tgday           -2            2
```

(해석) 일반 휴일은 당일만, 설과 추석에는 전후 2일을 추가로 지정하여 휴일 효과를 모형에 반영한다. 물론 지정된 기간 내에서도 서로 다른 휴일 효과를 가진다.

```
> m4<-prophet(df, holidays=holidays2)
Disabling daily seasonality. Run prophet with daily.seasonality=TRUE to override this.
> future4<-make_future_dataframe(m4, periods=853)
> forecast4<-predict(m4, future4)
> head(forecast4[c("ds","yhat","yhat_lower","yhat_upper")],3)
          ds     yhat yhat_lower yhat_upper
1 2014-01-01 319542.0   293966.1   342397.3
2 2014-01-02 456011.4   428478.6   480969.2
3 2014-01-03 475667.5   450422.1   499438.4

> tail(forecast4[c("ds","yhat","yhat_lower","yhat_upper")],3)
             ds     yhat yhat_lower yhat_upper
2555 2020-12-29 431843.6   370669.8   492277.0
2556 2020-12-30 429601.8   366642.7   489777.2
2557 2020-12-31 428380.4   367752.0   494773.6

> plot(m4, forecast4)
```

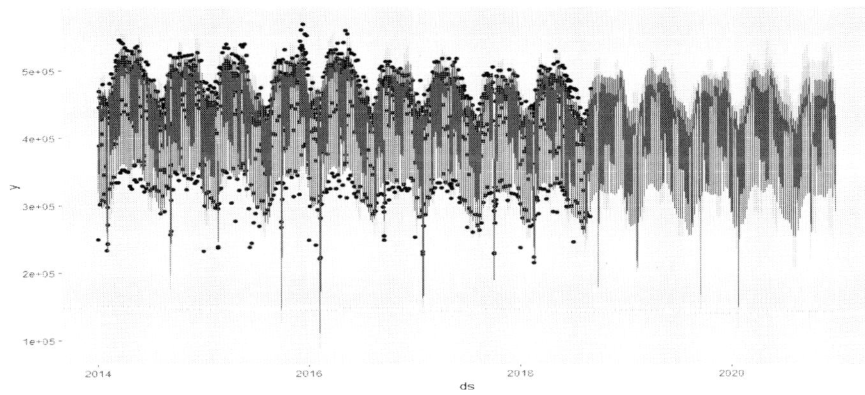


```
> prophet_plot_components(m4, forecast4)
```

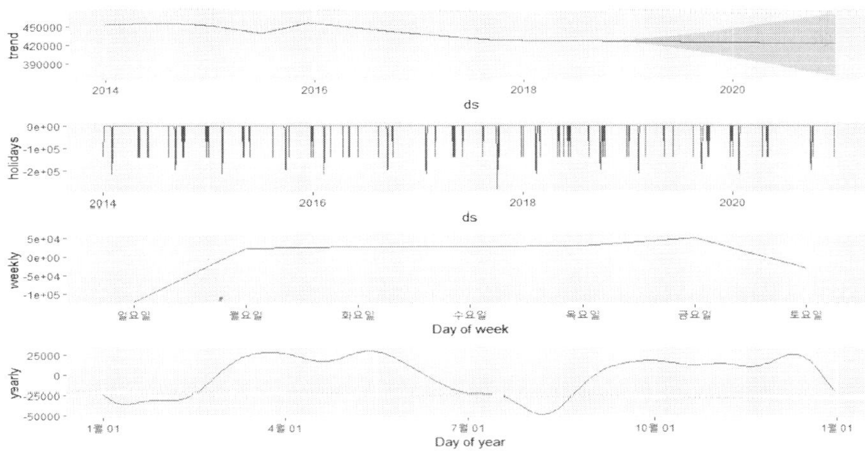

(해석) 휴일 효과에 대한 추정 결과를 보면, 대수송기간을 설과 추석으로 구분하고(nyday, tgday), 해당 대수송기간(5일) 내에서도 일마다 그 효과를 다르게 추정하였다.

```
> # 모형 평가 1: 재대입을 통한 성능 평가
> forecast4$ds<-as.Date(forecast4$ds)
> metric_df4<-merge(daysum, forecast4[,c("ds","yhat")])
> head(metric_df4,3)
          ds      y     yhat
1 2014-01-01 249439 319542.0
2 2014-01-02 445581 456011.4
3 2014-01-03 469327 475667.5
> metric_df4<-na.omit(metric_df4)
> cor(metric_df4$y, metric_df4$yhat)^2
```

```
[1] 0.9250555
> sqrt(mean((metric_df4$y-metric_df4$yhat)^2))
[1] 19003.35
> plot(metric_df4$yhat~metric_df4$y)
> abline(a=0, b=1, col="blue")
```

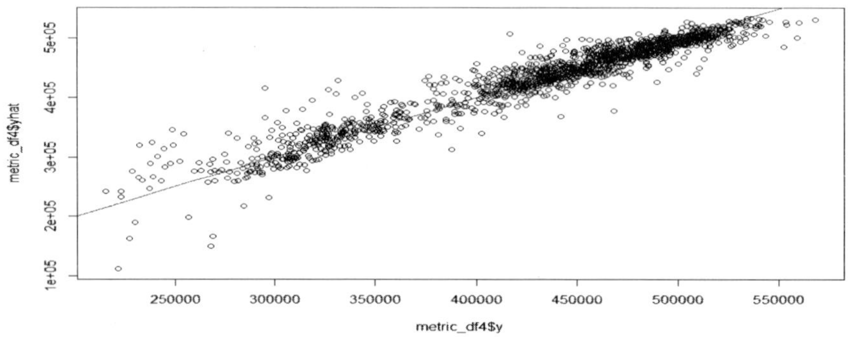

(해석) 대수송기간을 설과 추석으로 구분하고, 해당 기간 내의 일별 효과도 다르게 지정함으로써, 모형의 설명력과 RMSE가 [모형 3]보다 개선되었음을 알 수 있다. 위 그림의 좌하단에서 과소 추정된 몇 개의 점들이 보인다. [모형 5]에서는 이를 개선하기로 한다.

```
> # 모형 평가 2: 교차타당법을 이용한 모형의 예측력 평가
> df.cv4<-cross_validation(m4, initial=730, period=180, horizon=365, units="days")
Making 4 forecasts with cutoffs between 2016-03-09 and 2017-08-31
> head(df.cv4,3)
          ds      y     yhat yhat_lower yhat_upper     cutoff
1 2016-03-10 496951 500653.1   475434.8   525766.6 2016-03-09
2 2016-03-11 525113 523022.3   498134.9   548365.8 2016-03-09
3 2016-03-12 431474 442109.1   416263.0   466616.9 2016-03-09

> df.p4<-performance_metrics(df.cv4)
> head(df.p4,3)
  horizon       mse     rmse      mae       mape  coverage
1 37 days 527751510 22972.84 13799.01 0.03832160 0.8561644
2 38 days 539805685 23233.72 14201.79 0.03939130 0.8493151
3 39 days 555664242 23572.53 14693.99 0.04088116 0.8356164

> plot_cross_validation_metric(df.cv4, metric="mape")
```

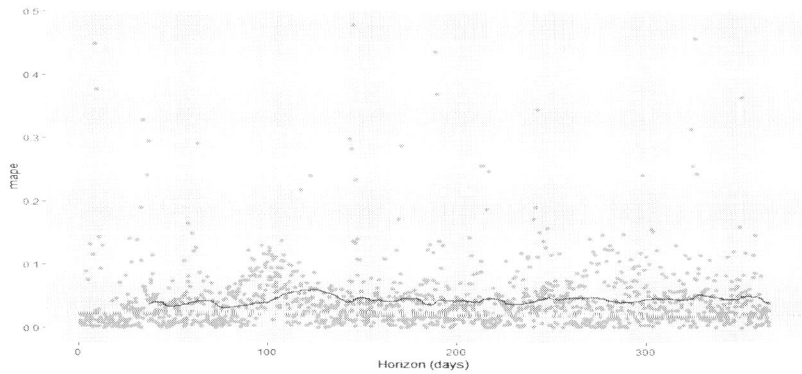

(해석) [모형 3]보다 MAPE가 다소 작아져, 모형이 개선되었음을 알 수 있다.

(5) [모형 5: 휴일효과를 일차에 따라 다르게 주고, 주말과 겹치는 경우 따로 효과를 줌]

[모형 4]에서 휴일효과와 주말효과가 겹치는 경우 예측값이 크게 감소하는 현상을 확인하였다. 따라서 휴일과 주말, 특히 일요일이 겹치는 날짜를 따로 지정하여 예측값이 지나치게 줄어드는 효과를 보정한다.

```
> overday<-data_frame(
    holiday="overday",
    ds=as.Date(c("2014-02-02","2014-09-07","2015-09-27",
               "2016-02-07","2017-01-29","2018-02-18",
               "2018-09-23","2019-02-03","2019-09-15","2020-01-26")),
    lower_window=0, upper_window=0
    )
> holidays3<-rbind(holidays2, overday)    # 휴일 행을 추가
> head(holidays3)
          ds holiday lower_window upper_window
1    2014-01-01  공휴일          0          0
2401 2014-05-01  공휴일          0          0
2481 2014-05-05  공휴일          0          0
2501 2014-05-06  공휴일          0          0
3081 2014-06-04  공휴일          0          0
3121 2014-06-06  공휴일          0          0

> tail(holidays3)
          ds holiday lower_window upper_window
73  2017-01-29 overday          0          0
81  2018-02-18 overday          0          0
9   2018-09-23 overday          0          0
```

```
10  2019-02-03 overday           0           0
111 2019-09-15 overday           0           0
121 2020-01-26 overday           0           0
```

(해석) 모형 구축에 사용되는 기간과 예측기간 내에서 대수송기간과 일요일이 겹치는 날짜에 추가적인 효과를 주기 위해 새로운 데이터 프레임을 형성한다.

```
> m5<-prophet(df, holidays=holidays3)
Disabling daily seasonality. Run prophet with daily.seasonality=TRUE to override this.
> future5<-make_future_dataframe(m5, periods=853)
> forecast5<-predict(m5, future5)
> head(forecast5[c("ds","yhat","yhat_lower","yhat_upper")],3)
          ds     yhat yhat_lower yhat_upper
1 2014-01-01 320049.6   299723.1   342014.2
2 2014-01-02 456252.8   433082.7   479029.7
3 2014-01-03 475824.2   453477.6   499466.3

> tail(forecast5[c("ds","yhat","yhat_lower","yhat_upper")],3)
             ds     yhat yhat_lower yhat_upper
2555 2020-12-29 427970.3   356151.9   501504.7
2556 2020-12-30 426108.0   355329.1   499336.5
2557 2020-12-31 424716.6   354078.0   500348.5

> plot(m5, forecast5)
```

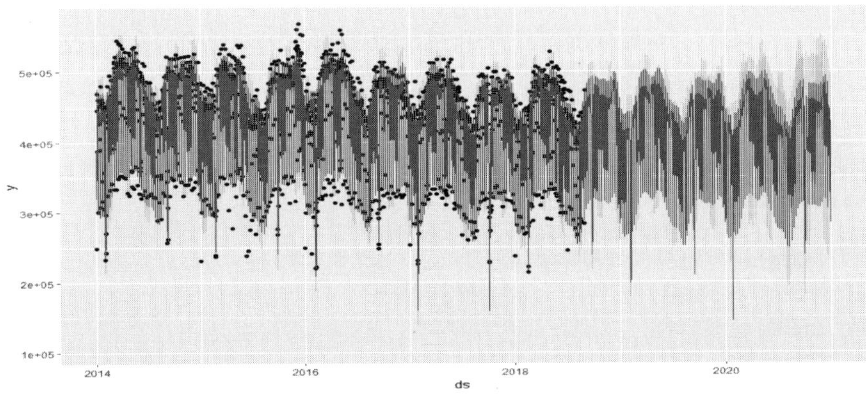

(해석) [모형 4]의 경우 보다 작은 관측값에 대해 과소 추정의 정도가 약해졌음을 알 수 있다.

```
> prophet_plot_components(m5, forecast5)
```

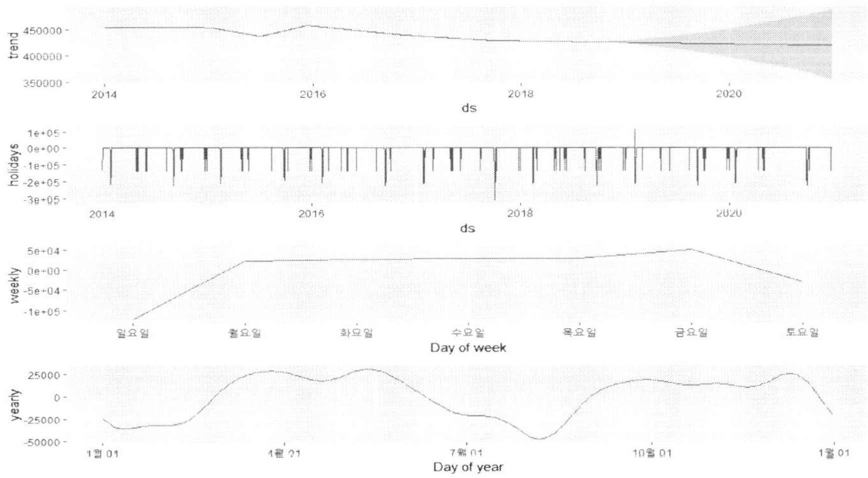

(해석) [모형 4]의 경우와 대체적으로 비슷한 결과를 보이고 있다.

```
> # 모형 평가 1: 재대입을 통한 성능 평가
> forecast5$ds<-as.Date(forecast5$ds)
> metric_df5<-merge(daysum, forecast5[,c("ds","yhat")])
> metric_df5<-na.omit(metric_df5)
> cor(metric_df5$y, metric_df5$yhat)^2
[1] 0.9335649
> sqrt(mean((metric_df5$y-metric_df5$yhat)^2))
[1] 17891.98
> plot(metric_df5$yhat~metric_df5$y)
> abline(a=0, b=1, col="blue")
```

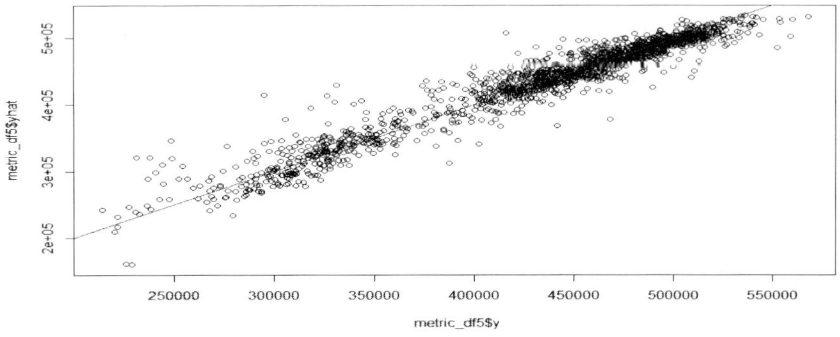

4부 유용한 시계열 R 패키지 소개

(해석) [모형 4]보다 설명력이 증가하였으며, RMSE도 감소하였음을 알 수 있다.

```
> # 모형 평가 2: 교차타당법을 이용한 모형의 예측력 평가
> df.cv5<-cross_validation(m5, initial=730, period=180, horizon=365, units="days")
Making 4 forecasts with cutoffs between 2016-03-09 and 2017-08-31
> head(df.cv5,3)
          ds      y     yhat yhat_lower yhat_upper     cutoff
1 2016-03-10 496951 499369.2   474114.0   522687.4 2016-03-09
2 2016-03-11 525113 521231.1   494771.3   543252.2 2016-03-09
3 2016-03-12 431474 441012.9   417505.7   465002.5 2016-03-09

> df.p5<-performance_metrics(df.cv5)
> head(df.p5,3)
  horizon       mse     rmse      mae       mape  coverage
1 37 days 413110331 20325.12 12987.34 0.03482381 0.8698630
2 38 days 423877896 20588.30 13376.09 0.03584748 0.8561644
3 39 days 437881891 20925.63 13823.44 0.03719585 0.8493151

> plot_cross_validation_metric(df.cv5, metric="mape")
```

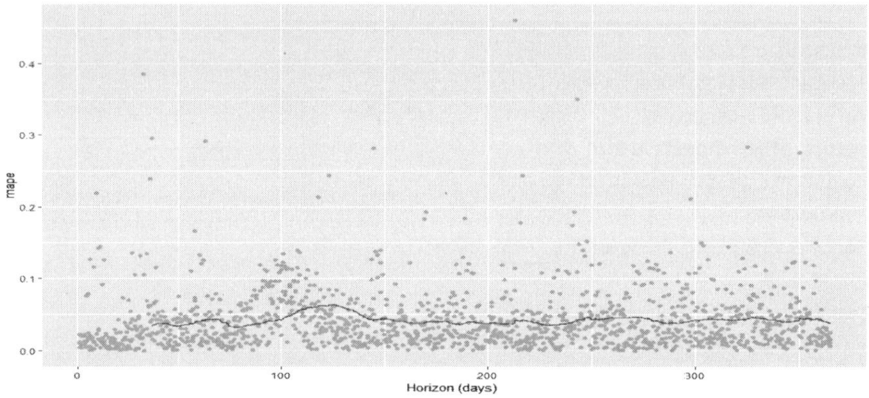

(해석) [모형 4]보다 MAPE가 작아졌음을 알 수 있다.

이 절에서 소개한 Prophet 모형은 Facebook이 제공한 오픈-소스로, 기존의 시계열 모형에 비해 다루기가 매우 편리하며, 모형의 갱신 과정도 매우 유연하다. R의 prophet{prophet} 함수의 옵션과 연관 함수를 잘 사용하면 보다 나은 모형의 적합과 개선이 가능하다.

[R 함수: prophet{Prophet} 함수의 일반 용법과 주요 옵션]

R의 prophet{prophet} 함수는 Prophet 모형을 적합한다. 이 함수의 일반 용법과 주요 옵션에 대한 설명은 다음과 같다.

```
prophet(df = NULL, growth = "linear", changepoints = NULL,
        n.changepoints = 25, changepoint.range = 0.8,
        yearly.seasonality = "auto", weekly.seasonality = "auto",
        daily.seasonality = "auto", holidays = NULL,
        seasonality.mode = "additive", seasonality.prior.scale = 10,
        holidays.prior.scale = 10, changepoint.prior.scale = 0.05,
        mcmc.samples = 0, interval.width = 0.8, uncertainty.samples = 1000,
        fit = TRUE, ...)
```

- df= (선택사항) 기록을 포함하는 데이터프레임. 두 개의 열 ds(날짜형)와 y(시계열)를 가져야 함. 만약 growth=logistic이면 df는 각 ds의 용량(capacity)을 지정하는 열 한도를 가져야 함. 만약 제공하지 않으면 모형 객체가 인스턴스화되지만 적합하지 않음: fit.prophet(m, df)를 사용하여 모델을 적합
- growth= 'linear'(디폴트) 또는 'logistic'. 선형 또는 로지스틱 추세(trend)를 지정
- changepoints= 잠재적 변화점을 포함한 날짜 벡터를 지정. 미지정 시 자동적으로 선택됨
- n.changepoints= 모형에 포함될 잠재적 변화점의 수를 지정. 만약 changepoints= 옵션이 제공되면 무시되며, 제공되지 않을 시는 잠재적 변화점이 df$ds의 첫 번째 'changepoint.range' 비율에서 균일하게 선택됨
- changepoint.range= 추세변화점이 추정될 내역의 비율. 디폴트는 0.8로 처음 80개 'changepoints'이 지정됨
- yearly.seasonality= 연(yearly) 계절성을 적합. 'auto', TRUE, FALSE 또는 생성할 Fourer 항의 수를 지정
- weekly.seasonality= 주(weekly) 계절성을 적합. 'auto', TRUE, FALSE 또는 생성할 푸리에 항의 수를 지정
- daily.seasonality= 일(daily) 계절성을 적합. 'auto', TRUE, FALSE 또는 생성할 Fourer 항의 수를 지정
- holidays= 휴일(문자) 및 ds(날짜형) 열과 선택적으로 lower_window와 upper_window 열을 가지는 데이터프레임을 지정. 이는 휴일을 포함하는 날짜 주변(전후)의 날짜 범위를 지정함. 예로, lower_window=-2는 해당 날짜의 이전 2일(2 days)을 휴일로 포함시킴. 또한, 선택적으로 각 휴일에 대한 prior scale을 지정하는 prior_scale 열을 가질 수 있다.
- seasonality.mode= 'additive'(디폴트) 또는 'multiplicative'
- seasonality.prior.scale= 계절성 모형의 강도를 조정하는 모수. 값이 클수록 모형은 더 큰 계절변동을 적합하고, 값이 작을수록 계절성을 약화시킴. add_seasonality를 사용하여 각 계절별로 지정할 수 있음

- holidays.prior.scale= 휴일 입력에서 overridden 되지 않은 경우, 휴일요소모형(holiday components model)의 강도를 조정하는 모수
- changepoint.prior.scale= 자동 변화점 선택의 유연성을 조정하는 모수. 값이 클수록 많은 변화점을 허용함
- mcmc.samples= 0보다 큰 정수이면 지정된 수의 MCMC 표본을 이용하여 full 베이지안 추론을 실시하고, 0이면 MAP 추정을 수행함.
- interval.width= 예측을 위해 제공된 불확실성 구간의 너비를 나타내는 수치. 만약 mcmc.samples = 0이면 외삽생성모형(extrapolated generative model)의 MAP 추정값을 사용하는 추세의 불확실성일 뿐이며, mcmc.samples 〉0이면 계절성의 불확실성을 포함하여 모든 모수에 대해 통합될(integrated) 것임
- uncertainty.samples= 불확실성 구간을 추정하는 데 사용되는 모의실험 추출의 수
- fit= Boolean. FALSE 이면 모형이 초기화되지만 적합하지 않음

예 1 (prophet( ) 함수의 적용 예: 단순 예제)

```
> history <- data.frame(ds = seq(as.Date('2015-01-01'),
                        as.Date('2016-01-01'), by = 'd'),
                        y = sin(1:366/200) + rnorm(366)/10)
> m <- prophet(history)
```

12.4 실제 자료분석 - 예제 II

AirPassengers 자료에 대해 Prophet 모형을 적합하고, ARIMA 모형과 비교를 수행한다.

```
> data("AirPassengers")
> str(AirPassengers)
 Time-Series [1:144] from 1949 to 1961: 112 118 132 129 121 135 148 148 136 119 ...
> start(AirPassengers);end(AirPassengers);frequency(AirPassengers)
[1] 1949    1
[1] 1960   12
[1] 12

> ds <-seq(as.Date("1949/01/01"),  as.Date("1960/12/01"), by = "month")
> y <- AirPassengers
> df <- data.frame(ds=ds, y=y)
> head(df,3); tail(df,3)
          ds   y
```

```
1 1949-01-01 112
2 1949-02-01 118
3 1949-03-01 132
            ds   y
142 1960-10-01 461
143 1960-11-01 390
144 1960-12-01 432

> library(ggplot2)
> ggplot(data=df, aes(x=ds, y=y)) + geom_line( )
```

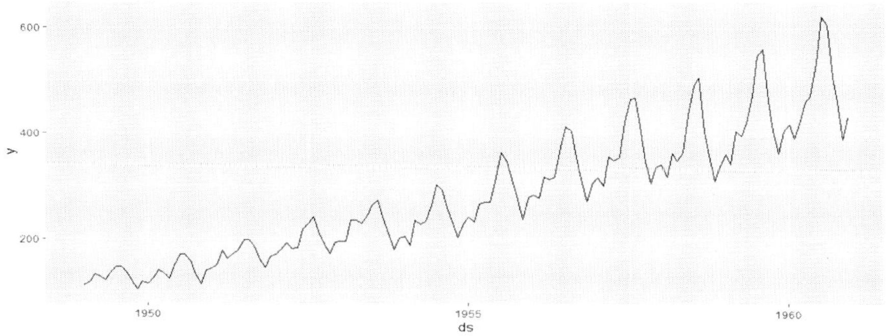

(1) Prophet – 기본모형(가법모형)

```
> library(prophet)
> set.seed(200)
> m1 <- prophet(df)
> future1 <- make_future_dataframe(m1, periods=2*12, freq='month')
> fore1 <- predict(m1, future1)
> # head(fore1)
> tail(fore1[c("ds","yhat","yhat_lower","yhat_upper")],3)
            ds     yhat yhat_lower yhat_upper
166 1962-10-01 529.9278   502.0120   557.8698
167 1962-11-01 497.0511   469.1114   527.2596
168 1962-12-01 526.5127   497.0972   556.6845

> plot(m1, fore1)
```

4부 유용한 시계열 R 패키지 소개

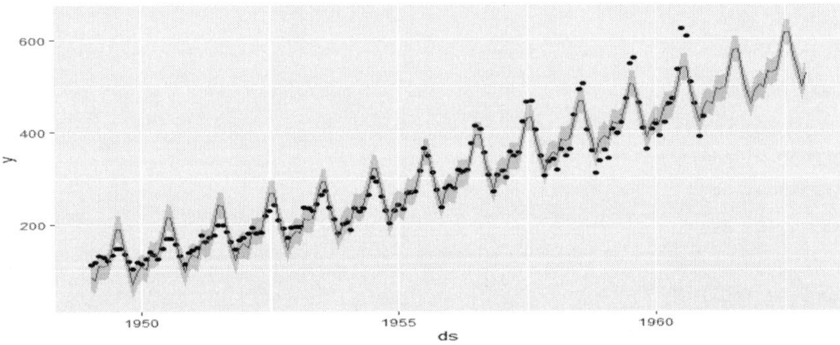


```
> prophet_plot_components(m1, fore1)
```

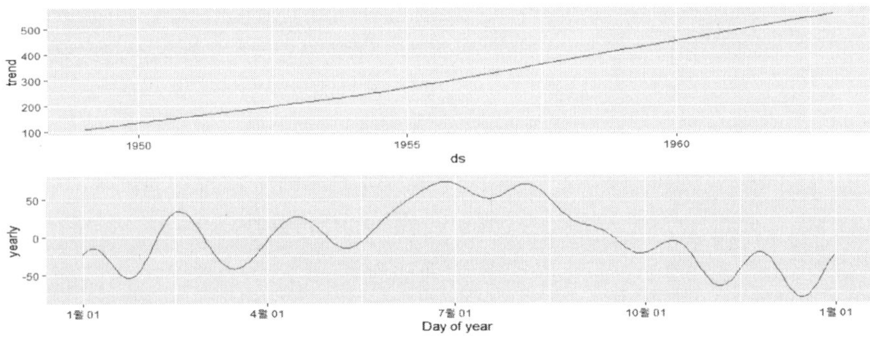


```
> # 관측값과 예측값에 대한 산점도
> fore1$ds<-as.Date(fore1$ds)
> df1<-merge(df, fore1[,c("ds","yhat")])
> head(df1,3)
          ds   y      yhat
1 1949-01-01 112  85.03789
2 1949-02-01 118  78.40480
3 1949-03-01 132 110.67758

> cor(df1$y, df1$yhat)^2
[1] 0.9646621
> sqrt(mean((df1$y-df1$yhat)^2))
[1] 22.47378
> plot(df1$yhat~df1$y)
> abline(a=0, b=1, col="red")
```

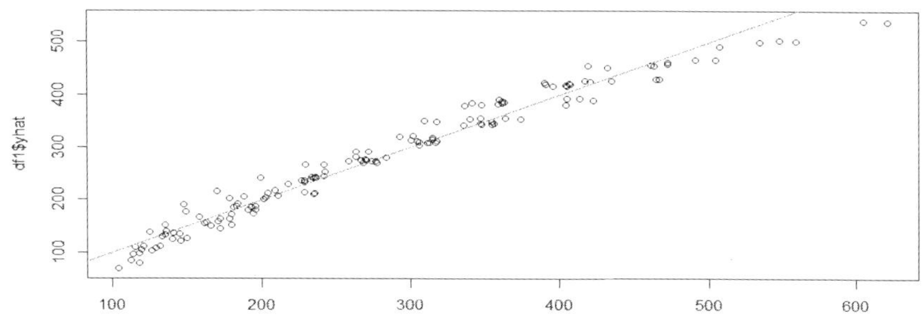

(2) Prophet - 승법모형

```
> set.seed(300)
> m2 <- prophet(df, seasonality.mode = "multiplicative")
> future2 <- make_future_dataframe(m2, periods=2*12, freq='month')
> fore2 <- predict(m2, future2)
> tail(fore2[c("ds","yhat","yhat_lower","yhat_upper")],3)
            ds     yhat yhat_lower yhat_upper
166 1962-10-01 525.8883   511.0240   540.6445
167 1962-11-01 457.8583   443.3369   471.9477
168 1962-12-01 511.6311   497.9165   526.7401

> plot(m2, fore2)
```

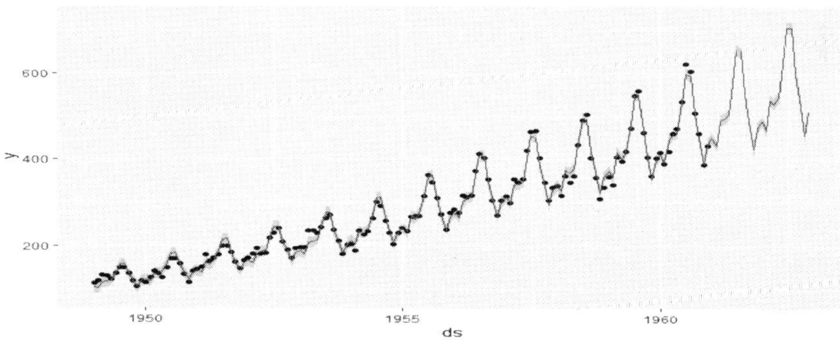

```
> prophet_plot_components(m2, fore2)
```

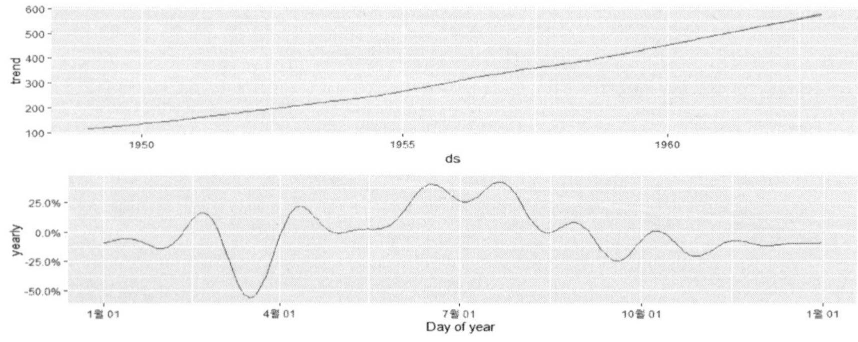

```
> # 관측값과 예측값에 대한 산점도
> fore2$ds<-as.Date(fore2$ds)
> df2<-merge(df, fore2[,c("ds","yhat")])
> head(df2,3)
          ds   y     yhat
1 1949-01-01 112 103.7146
2 1949-02-01 118 100.2080
3 1949-03-01 132 114.7357

> cor(df2$y, df2$yhat)^2
[1] 0.9926861
> sqrt(mean((df2$y-df2$yhat)^2))
[1] 10.23644

> plot(df2$yhat~df2$y)
> abline(a=0, b=1, col="red")
```

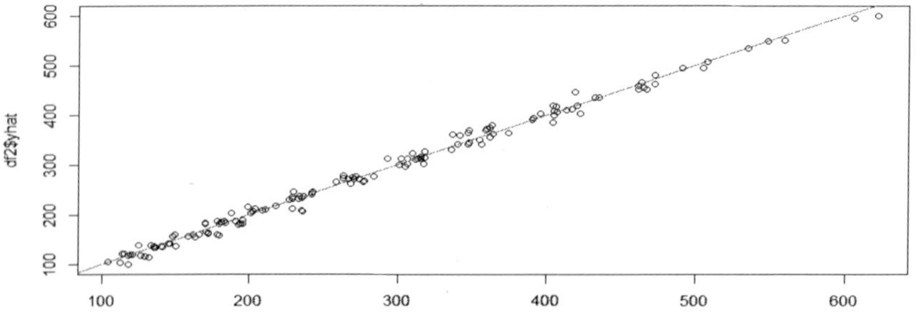

(해석) 승법-Prophet 모형이 가법-Prophet 모형보다 자료를 더 잘 적합함을 알 수 있다. 이 자료와 같이 자료의 변동성이 점점 커지는 경우에는 통상적으로 가법보다 승법 모형이 더 우수하다.

(3) ARIMA 모형 - auto.arima{forecast} 이용

```
> library(forecast)
> y<-ts(df$y, start=c(1949, 01), freq=12)
> m3 <- auto.arima(y, trace=T)    # auto.arima(AirPassengers, trace=T)

 ARIMA(2,1,2)(1,1,1)[12]                    : Inf
 ARIMA(0,1,0)(0,1,0)[12]                    : 1031.539
 ......
 Best model: ARIMA(2,1,1)(0,1,0)[12]

> accuracy(m3)
                  ME     RMSE     MAE      MPE     MAPE     MASE        ACF1
Training set 1.3423 10.84619 7.86754 0.420698 2.800458 0.245628 -0.00124847
> fore3 <- forecast(m3, 24)
> plot(fore3, ylab="Airpassenger")
```

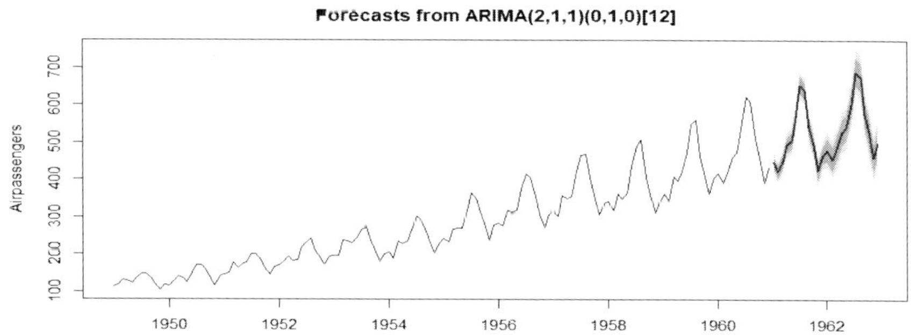

(4) 모형 비교

```
> # (원 자료+미래 예측값)을 시계열 객체로 전환
> pred1<-ts(c(df$y, fore1[fore1$ds>="1961-01-01",]$yhat), start=c(1949, 01), freq=12)
> pred2<-ts(c(df$y, fore2[fore2$ds>="1961-01-01",]$yhat), start=c(1949, 01), freq=12)
> pred3<-ts(c(df$y, fore3$mean), start=c(1949, 01), freq=12)
> # 예측 결과의 시각화
> par(mfrow=c(3,1), mar=c(3.1, 4.1, 3.1, 2.1))
> ts.plot(pred1, ylim=c(100, 700), main="Prophet - additive(default)")
> abline(v=1961, col="red")
> ts.plot(pred2, ylim=c(100, 700), main="Prophet - multiplicative")
> abline(v=1961, col="red")
> ts.plot(pred3, ylim=c(100, 700), main="Arima - auto.arima( )")
> abline(v=1961, col="red")
```

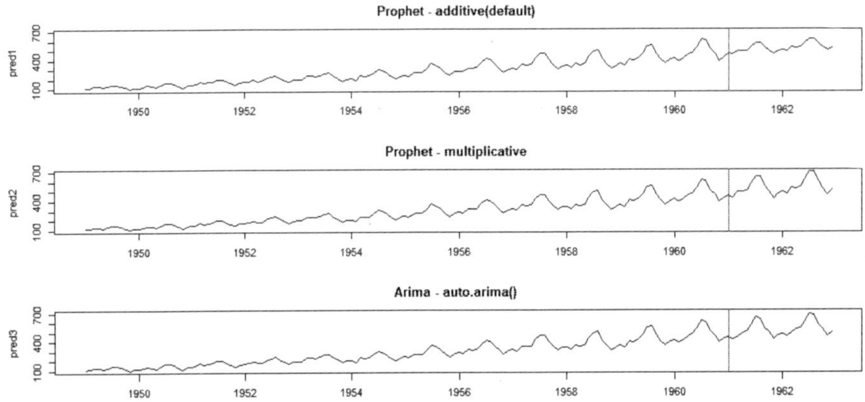


```
> # 모형 평가를 위한 함수 만들기: prophet 예측 결과의 평가를 위해
> acc <- function(y, yhat) {
            rmse<-sqrt(mean((y-yhat)^2))
            mae<-mean(abs(y-yhat))
            mape<-mean(abs(y-yhat)*100/y)
            acc.mat<-c(rmse, mae, mape)
            names(acc.mat)<-c("RMSE", "MAE","MAPE")
            print(round(acc.mat, 3))
            }

> acc(df1$y,df1$yhat)
  RMSE    MAE   MAPE
22.474 17.356  7.248

> acc(df2$y, df2$yhat)
  RMSE    MAE   MAPE
10.236  7.885  3.308

> acc(df$y, fore3$fitted)    # auto.arima( ) 결과는 accuracy( ) 적용 가능
  RMSE    MAE   MAPE
10.846  7.868  2.800
```

(해석) 위의 결과를 요약하면 아래 표와 같다. 승법-Prophet와 ARIMA 모형의 성능이 대등하다. Prophet는 ARIMA에 비해 적용성과 확장성이 뛰어나며, 이 예제에서와 같이 단순한 시계열 자료에 대해서도 잘 작동함을 알 수 있다.

	RMSE	MAE	MAPE
Prophet – 가법	22.474	17.356	7.248
Prophet – 승법	10.236	7.885	3.308
ARIMA	10.846	7.868	2.800

Prophet 모형에 대한 보다 자세한 내용(이론과 적용 예)은 다음의 자료를 참고하기 바란다.

[1] https://facebook.github.io/prophet/docs/quick_start.html (R뿐 아니라 Python 절차도 제공)

[2] Sean J. Taylor & Benjamin Letham(2018). Forecasting at Scale, The American Statistician, 72, 37–45.

12.5* 일반화가법모형

이 절의 내용은 (시계열 분석과는 무관한) 회귀분석에서 다루어지는 내용이지만, 앞 절에서 소개한 Prophet 모형의 배경이 되는 내용이므로 관심 있는 독자를 위해 소개한다.

12.5.1 서론

일반화가법모형(generalized additive model, 이하 GAM)은 Hastie와 Tibshirani(1990)가 처음 제안한 모형으로, 일반화선형모형(GLM)과 가법모형의 성질을 혼합한 모형이다. 지수분포족(예: 정규분포, 이항분포, 포아송 분포 등)을 따르는 반응변수 Y에 대해, GAM 모형은 다음과 같다.

$$g(\mu) = \beta_0 + s_1(x_1) + s_2(x_2) + \cdots + s_p(x_p) .$$

위 식에서 $\mu = E(Y)$이고, $g(\cdot)$는 연결함수(link function)이다. $s_i(x_i)(i = 1,2,\cdots,p)$는 x_i의 평활함수로 데이터로부터 추정되며 $E[s_i(X_i)] = 0$을 가정한다.

GAM은 GLM에서 반응변수와 예측변수의 관계를 선형이 아닌 비모수적 함수관계로 유연하게 설정함으로써 GLM에 비해 예측력의 향상을 기대할 수 있는 반면, 과적합의 문제와 해석력이 떨어질 수 있다. 따라서 GAM이 평가용 자료에서 예측력을 실질적으로 향상시키지 않는 한 보다 단순한 모형인 GLM이 GAM보다 선호될 수 있다.

4부 유용한 시계열 R 패키지 소개

12.5.2 GAM 추정 방법

원래 GAM 적합 방법은 역적합(backfitting) 알고리즘을 통해 비모수 평활기(예: 평활스플라인 또는 국소선형회귀평활)를 사용하여 모형의 평활 성분을 추정하였다. 역적합은 편잔차(partial residuals)의 반복적인 평활을 사용하여 $s_i(x_i)$항을 추정하는 매우 일반적인 방법을 제공한다. 이 방법의 단점은 모형항의 평활도 추정을 통합하기 어렵기 때문에 사용자가 이를 설정하거나 사전 정의된 평활 수준의 집합에서 선택해야 한다는 점이다. 만약 $s_i(x_i)$가 평활스플라인으로 표현되면, 평활의 차수(정도)는 모형 적합의 일부로 일반화교차타당법(GCV) 또는 REML 방법으로 추정된다. 스플라인 접근법은 많은 계산량이 요구되므로 최근에는 평활을 위한 기저 크기를 줄이는 rank reduction 방법이나 희박 행렬을 사용하는 방법을 사용하거나, 베이지안 방법 또는 고차원 자료를 위한 부스팅 방법을 사용한다.

여기서는 많은 GAM의 현대적인 구현과 확장에 사용되는 '축소된 차원(reduced rank) 평활접근법'을 소개한다. 이 방법은 미지의 평활함수(smooth function) $s_i(x_i)$는 다음과 같이 나타내는 것이다.

$$s_i(x_i) = \sum_{k=1}^{K_i} \beta_{ik} b_{ik}(x_i).$$

위 식에서 $b_{ik}(x_i)$는 알려진 기저함수(basis functions)이고, β_{ik}는 자료로부터 추정되는 계수이며, $\sum_{j=0}^{n} s_i(x_{ij}) = 0$을 만족한다. 기저 차원 K_i는 모형의 과대-단순화를 피하기 위해 충분히 크지만 계산의 효율성을 유지할 정도로 작은 값으로 선택된다.

[평활함수와 기저함수]

평활함수(또는 스플라인)는 기저함수의 선형결합으로, 평활함수의 종류에 따라 기저함수가 달라진다. 평활함수에는 "thin plate splines(tp: {mgcv}에서 디폴트)", "cubic regression splines(cr)", "cyclic cubic regression splines(cc)", "thin plate spline with shrinkage(ts)", "cubic regression splines with shrinkage(cs)", "tensor product(te)"가 있다. 평활함수에 따른 기저함수의 예를 들면 [그림 12.1]과 같다.

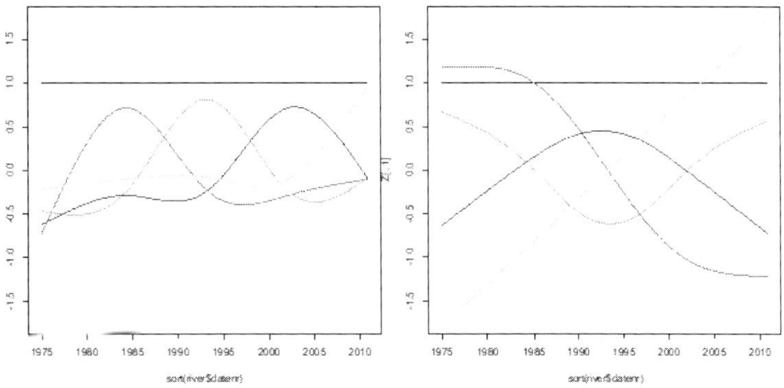

(a) (b)

(a) cubic regression spline의 기저함수: 매듭(knots) 사용

(b) thin plate spline의 기저함수: 매듭 미사용

[그림 12.1] 평활함수에 따른 기저함수

이처럼 모든 s_i를 기저함수의 선형결합으로 대체하면 GAM에서의 추정 문제는 GLM과 동일하게 된다. 이때 모형행렬(model matrix)은 관측된 x_i값에서 계산된 기저함수로 구성된다. 그러나 기저차원 K_i는 데이터에서 필요한 것으로 생각되는 것보다 다소 크게 선택되었으므로, 모형이 과-모수화되어 일반 GLM으로 추정할 경우 데이터를 과적합할 수 있다. 이 문제에 대한 해결책으로 '평활로부터의 이탈'에 벌점을 부여하는 방식을 사용한다. 즉, $D(\beta)$를 모형의 이탈도(deviance)라고 할 때, 반복재가중최소제곱(IRLS)[19] 방법으로 $D(\beta)$를 최소화하면 과적합을 유발하므로, 벌점항이 추가된 다음의 목적함수를 최소화하는 β를 찾는다.

$$D(\beta) + \sum_i \lambda_i \int s_i''(x)^2 dx.$$

위 식의 두 번째 항은 함수 s의 변동성에 벌점을 주는 벌점항이다. 2차 도함수는 기울기가 변하는 정도로, 함수 s가 x 근방에서 변동이 심하면(wiggly) 절댓값이 커지게 된다. 즉, 평활 모수 λ는 값이 클수록 변동성에 벌점을 크게 주기 때문에 더욱 평활한 s를 찾게 된다($\lambda_j \to \infty$ 이면 $s_i(x_i)$는 직선식으로 추정될 것이다).

R에서 GAM 모형의 적합은 {mgcv}와 {gam} 패키지에서 제공하는 gam( ) 함수를 이용할 수 있다. 동일한 함수명을 사용하나 모수 추정 방법이 다르며, 따라서 제공되는 결과도 상이하므로 사용 시 주의를 요한다.

19) IRLS 법은 GLM 모형에서 최대가능도추정량을 구하기 위한 모수추정법이다. 자세한 내용은 3권(나종화)의 6장을 참고하기 바란다.

예제 1

airquality 자료에 대해 GAM을 적합한다. 모형 적합에는 gam{mgcv} 함수를 이용한다(mgcv: "mixed GAM computation vehicle"의 약어).

```
> data(airquality)
> pairs(airquality[1:4], panel = panel.smooth)
```

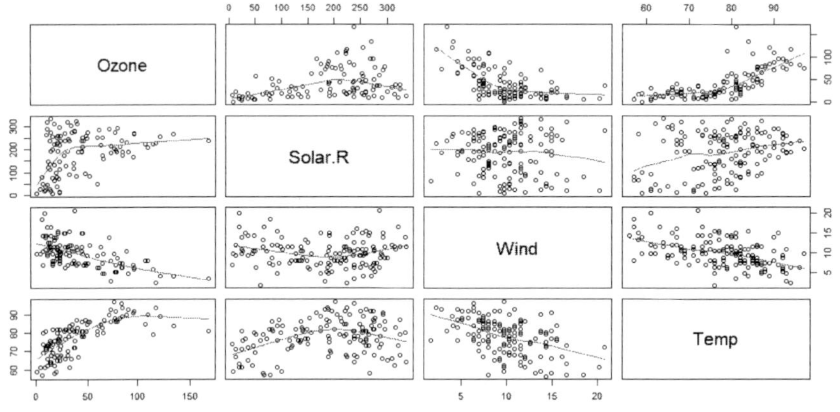


```
> library(mgcv)
> gam.1 <- gam(Ozone~s(Solar.R)+s(Wind)+s(Temp), data=airquality)
> summary(gam.1)

Family: gaussian
Link function: identity

Formula:
Ozone ~ s(Solar.R) + s(Wind) + s(Temp)
Parametric coefficients:
            Estimate Std. Error t value Pr(>|t|)
(Intercept)   42.099      1.663   25.32   <2e-16 ***
---
Signif. codes:  0 '***' 0.001 '**' 0.01 '*' 0.05 '.' 0.1 ' ' 1

Approximate significance of smooth terms:
             edf Ref.df      F  p-value
s(Solar.R) 2.760  3.447  3.967  0.00849 **
s(Wind)    2.910  3.657 13.695 1.59e-08 ***
s(Temp)    3.833  4.753 11.613 8.45e-09 ***
---
Signif. codes:  0 '***' 0.001 '**' 0.01 '*' 0.05 '.' 0.1 ' ' 1

R-sq.(adj) =  0.723   Deviance explained = 74.7%
GCV =  338.9  Scale est. = 306.83    n = 111
```

(해석) 3개 변수의 평활항이 모두 통계적으로 유의하다. 모형의 설명력은 72.3%이다. edf(estimated degree of freedom)는 비모수항에 의한 자유도이며, 모수항(절편항)에 의한 자유도 1을 더하면 모형자유도(model df)가 되고, 이 값은 1+2.760+2.910+3.833=10.503이 된다(아래 참고). 참고로, 잔차자유도(residual df)는 (자료의 수 - 모형자유도)를 통해 구해진다.

```
> sum(gam.1$edf)      # 모형자유도 계산
[1] 10.50254
> sum(influence(gam.1))
[1] 10.50254

> # 모형진단
> par(mfrow=c(2,2))
> gam.check(gam.1)
```

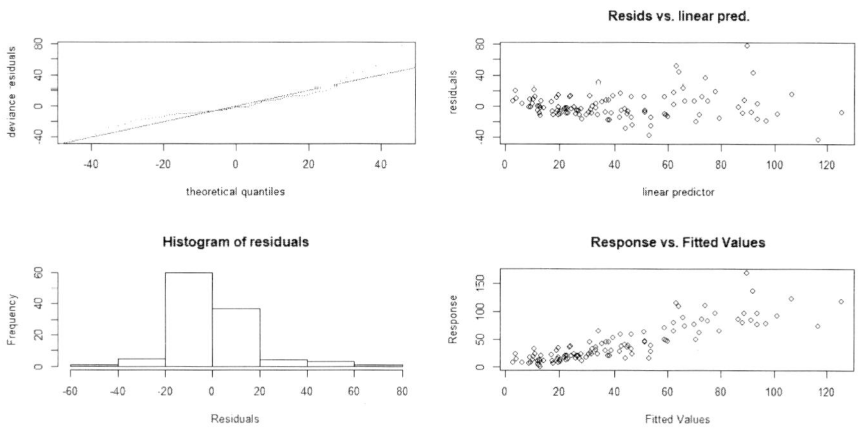


```
Method: GCV   Optimizer: magic
Smoothing parameter selection converged after 5 iterations.
The RMS GCV score gradient at convergence was 0.0004966112 .
The Hessian was positive definite.
Model rank =  28 / 28

Basis dimension (k) checking results. Low p-value (k-index<1) may
indicate that k is too low, especially if edf is close to k'.

             k'  edf k-index p-value
s(Solar.R) 9.00 2.76    0.96    0.29
s(Wind)    9.00 2.91    1.04    0.57
s(Temp)    9.00 3.83    0.79    0.01 **
---
Signif. codes:  0 '***' 0.001 '**' 0.01 '*' 0.05 '.' 0.1 ' ' 1
```

(해석) 기저함수의 수를 나타내는 기저차원(k')은 각 변수별로 9이다.

```
> # 적합결과의 시각화
> par(mfrow=c(1,3))
> plot(gam.1)
```

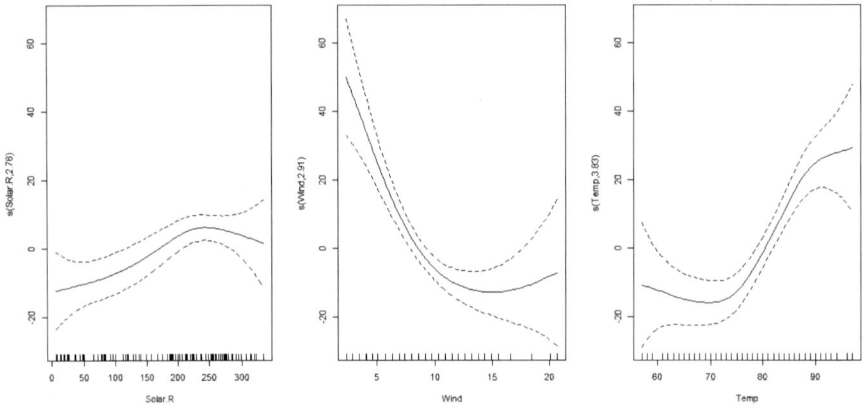

(해석) 각 변수별로 변수 값에 따른 평활함수의 값(반응변수에 미치는 영향)을 보여준다. 관측된 모든 x 값에서 평활함수 값들의 합은 영(zero)이 된다.

```
> # 두 변수의 조합에서 예측값의 변화 그림
> vis.gam(gam.1, view=c("Solar.R", "Wind"))     # vis.gam{mcgv}
> vis.gam(gam.1, view=c("Wind", "Temp"))
> vis.gam(gam.1, view=c("Temp", "Solar.R"))
```

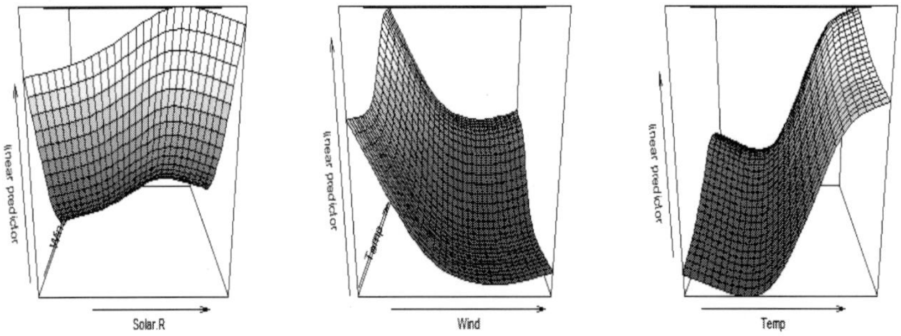

이제, 두 변수(Wind와 Temp) 간의 교호효과 항을 추가로 고려해 보기로 하자.

```
> # 교호효과를 고려한 gam 모형
> gam.2 <- gam(Ozone~s(Solar.R)+s(Wind)+s(Temp)+s(Wind,Temp), data=airquality)
> summary(gam.2)
```

```
Family: gaussian
Link function: identity

Formula:
Ozone ~ s(Solar.R) + s(Wind) + s(Temp) + s(Wind, Temp)

Parametric coefficients:
            Estimate Std. Error t value Pr(>|t|)
(Intercept)   42.099      1.368   30.77   <2e-16 ***
---
Signif. codes:  0 '***' 0.001 '**' 0.01 '*' 0.05 '.' 0.1 ' ' 1

Approximate significance of smooth terms:
                 edf Ref.df     F  p-value
s(Solar.R)     1.418  1.711 5.659   0.0129 *
s(Wind)        5.521  6.390 2.469   0.0262 *
s(Temp)        1.000  1.000 0.000   0.9864
s(Wind,Temp) 18.092 27.000 2.759 1.05e-07 ***
---
Signif. codes:  0 '***' 0.001 '**' 0.01 '*' 0.05 '.' 0.1 ' ' 1

R-sq.(adj) =  0.812   Deviance explained = 85.7%
GCV = 274.58  Scale est. = 207.71     n = 111
```

(해석) Wind와 Temp 교호효과의 평활항이 유의하다. 이전 모형에 비해 모형의 설명력이 크게 개선되었으며, 모형 평가의 척도인 일반화교차타당성(GCV)도 크게 감소하였다. 다만, s(Temp) 항이 유의하지 않으므로 이를 제거한 모형을 적합하는 것이 바람직하다(적합 결과는, 해당 항이 제거되는 것을 제외하고, 위의 결과와 동일하므로 여기서는 별도로 제시하지 않는다).

```
> par(mfrow=c(2,2))
> plot(gam.2)
```

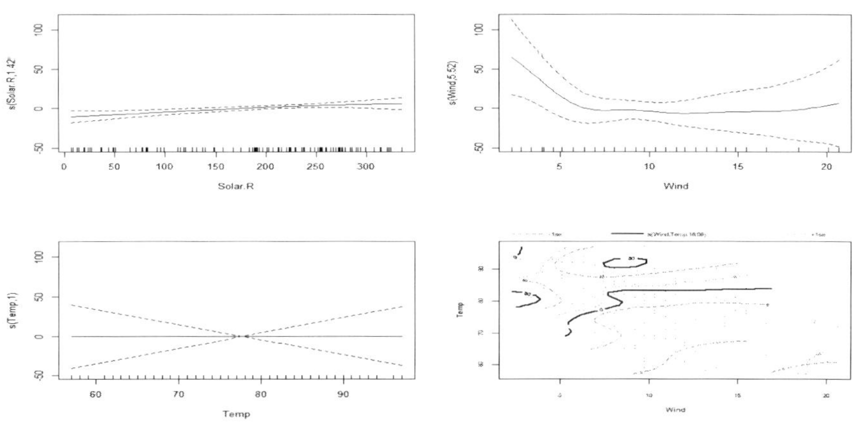

```
> # 모형 진단
> par(mfrow=c(2,2))
> gam.check(gam.2)
```

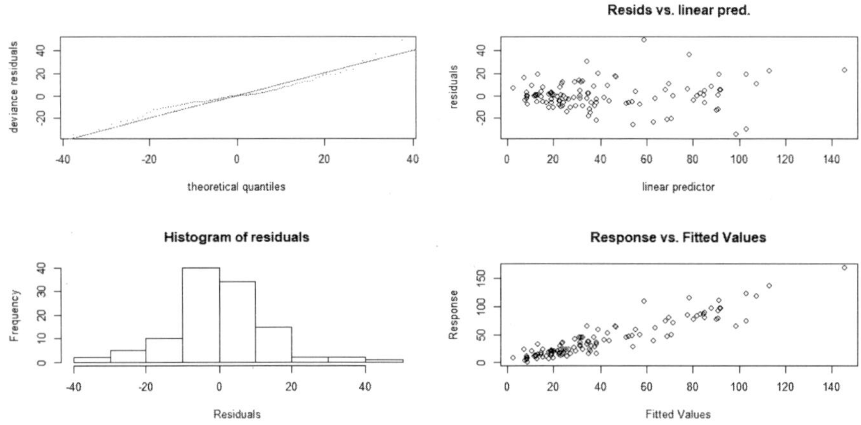

(해석) gam.2 모형의 잔차분석 결과 gam.1 모형보다 개선되었음을 알 수 있다.

```
> # 모형 비교
> AIC(gam.1, gam.2)
             df      AIC
gam.1 11.50254 962.5960
gam.2 28.03198 932.4027
```

(해석) gam.2 모형의 AIC가 크게 감소했음을 알 수 있다. 동일한 방법으로 glm( ) 모형과의 비교도 수행할 수 있다(적용 함수에 따라 자유도 계산에는 약간의 차이가 있음에 유의).

예제 2 **(GAM을 이용한 로지스틱 회귀)**

Wage{ISLR} 자료에 대해 GAM을 적합한다. 반응변수(wage)를 이진형으로 변환하여 로지스틱 회귀를 적합하기로 한다. [예제 1]과 달리 {gam} 패키지의 gam( ) 함수를 이용한다.

```
> library(gam)
> library(ISLR)
> attach(Wage)     # Wage{ISLR}: Mid-Atlantic Wage Data
> Wage <- Wage[,c("wage", "age", "year", "education")]
> str(Wage)
```

```
'data.frame':   3000 obs. of  4 variables:
 $ wage     : num  75 70.5 131 154.7 75 ...
 $ age      : int  18 24 45 43 50 54 44 30 41 52 ...
 $ year     : int  2006 2004 2003 2003 2005 2008 2009 2008 2006 2004 ...
 $ education: Factor w/ 5 levels "1. < HS Grad",..: 1 4 3 4 2 4 3 3 3 2 ...

> pairs(Wage, panel=panel.smooth)
```

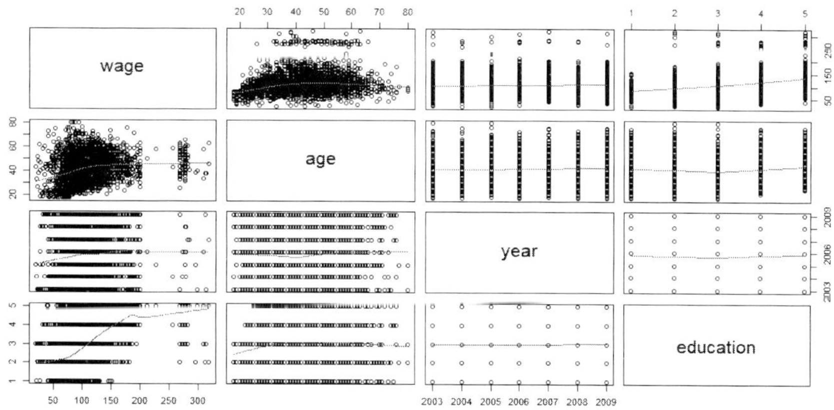


```
> # 이진형 반응변수에 대한 gam 로지스틱 회귀
> lgam<-gam(I(wage > 250) ~ s(age) + s(year) + education, data = Wage, family =
binomial)
> summary(lgam)

Call: gam(formula = I(wage > 250) ~ s(age) + s(year) + education, family = binomial,
    data = Wage)
Deviance Residuals:
     Min       1Q   Median       3Q      Max
-0.56807 -0.26913 -0.12248 -0.08486  3.24355

(Dispersion Parameter for binomial family taken to be 1)

    Null Deviance: 730.5345 on 2999 degrees of freedom
Residual Deviance: 602.8725 on 2987 degrees of freedom
AIC: 628.8725

Number of Local Scoring Iterations: 16

Anova for Parametric Effects
            Df  Sum Sq Mean Sq F value  Pr(>F)
s(age)       1    4.30  4.3006  5.2784 0.02166 *
s(year)      1    0.33  0.3263  0.4005 0.52689
education    4   66.32 16.5790 20.3483 < 2e-16 ***
```

```
Residuals 2987 2433.69  0.8148
---
Signif. codes:  0 '***' 0.001 '**' 0.01 '*' 0.05 '.' 0.1 ' ' 1

Anova for Nonparametric Effects
            Npar Df Npar Chisq  P(Chi)
(Intercept)
s(age)            3     9.9465 0.01903 *
s(year)           3     0.9211 0.82034
education
---
Signif. codes:  0 '***' 0.001 '**' 0.01 '*' 0.05 '.' 0.1 ' ' 1
```

(해석) s(age)와 education은 유의하나 s(year)는 유의하지 않다.

```
> par(mfrow=c(1,3))
> plot(lgam,se=T)
```

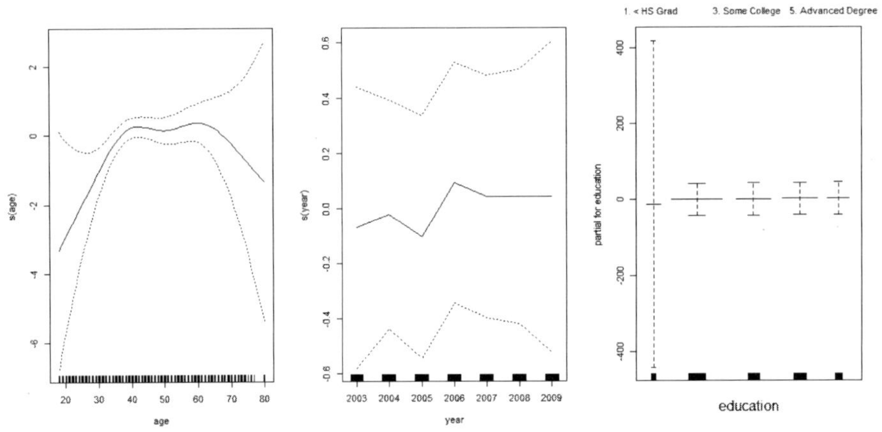

(해석) 각 변수의 변수 값에 따른 평활함수의 값을 보여준다. [예제 1]과 다른 점은 y축이 로짓(또는 로그 오즈)값으로 주어지는 점이다. 위 그림에서 변수 year의 신뢰대가 매우 넓음을 알 수 있다. 이것은 year에 대한 비선형함수가 유의하지 않음을 암시한다. 따라서 year 변수를 선형적으로 모형에 포함하여 이를 적합한다(아래 참고). 범주형 변수 education에 대해서는 각 수준별로 한 개의 값으로 효과를 제시하고 있다.

```
> # year 변수를 선형적으로 포함하는 모형
> lgam.1<-gam(I(wage >250) ~ s(age,df=4) + year + education, data = Wage, family = binomial)
> plot(lgam.1, se=T)
```

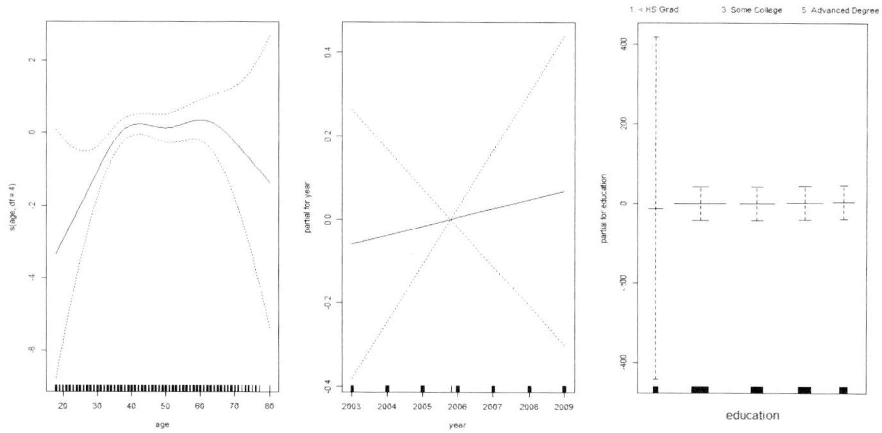

```
> # 모형 비교
> anova(lgam, lgam.1, test="Chisq")
Analysis of Deviance Table
Model 1: I(wage > 250) ~ s(age) + s(year) + education
Model 2: I(wage > 250) ~ s(age, df = 4) + year + education
  Resid. Df Resid. Dev Df Deviance Pr(>Chi)
1      2987     602.87
2      2990     603.78 -3 -0.90498   0.8242
```

(해석) 두 모형 간에는 유의한 차이가 없는 것으로 나타났다. 따라서 보다 단순한 lgam.1 모형을 택할 수 있으나, 이 모형에서도 year 변수가 유의하지 않으므로(p-값=0.52281), 이 변수를 모형에서 제외하는 것이 바람직하다. AIC(lgam, lgam.1)를 이용한 모형 비교 결과는 생략한다.

[예제 1]과 [예제 2]에서 반응변수가 연속형이거나 이진 범주형인 경우에 대해 GAM 적합을 수행하였다. 유사한 방법으로 반응변수가 가산적인 경우에 대해서도 GAM을 통해 포아송 회귀를 적합할 수 있다. 또한, R의 gamm{mgcv} 함수는 일반화가법혼합모형(generalized additive mixed model)을 제공한다.

5부

기타 시계열 자료분석

13장

계층 또는 그룹 시계열 예측

13.1 서론

이 장에서는 여러 시계열이 계층적(hierarchical) 또는 그룹화된(grouped) 구조로 표현되는 경우, 이들 시계열의 예측을 효과적으로 수행하는 방법을 소개한다.

계층적 구조로 표현되는 시계열의 예를 들면, 광역 철도 수송량은 철도 노선별로 구분되며, 이는 다시 역별로 세분될 수 있다. 다른 예로, 한 나라의 사망률은 성별로 분리될 수 있으며 각 성별 내에서 여러 지역에 의해 다시 분리될 수 있다.

첫 번째 예는 계층 시계열(hierarchical time series)이라고 하며 분해 순서가 고유하다. 반면 두 번째 예는 그룹 시계열(grouped time series)로 불리며, 이는 고유한 계층적 구조가 없는 계층 시계열로, 시계열을 그룹화할 수 있는 순서가 고유하지 않다(그 예로 위의 예에서 한 나라의 사망률은 먼저 지역으로 분리된 다음 성별로 분리되거나, 성별로 먼저 분리된 다음 지역으로 분리될 수도 있다).

계층적 예측 방법을 사용하면 각 수준의 예측을 합산하여 상위 수준을 예측을 제공할 수 있다. 데이터가 그룹화될 때 각 그룹의 예측은 그룹을 구성하는 개별 시계열의 예측과 같아야 한다. 계층적 시계열의 예측 방법에는 하향식(top-down), 상향식(bottom-up) 또는 이들의 조합인 중간접근법(middle-out approach)이 있다.

하향식 방법은 집계된 계열을 예측한 다음, 과거 기록 또는 예측 비율을 기반으로 예측을 분리한다(비율을 선택하는 방법에는 여러 가지가 있음). 상향식 방법은 가장 낮은 수준의 계층에서 각 분리된 계열을 예측한 다음, 집계를 사용하여 높은 수준의 계층에서 예측을 얻는 방법이다. 중간접근법은 사용자가 선택한 계층 구조의 중간 수준에서 시작한 다음 집계를 사용하여 더 높은 수준의 예측을 얻고 분해를 사용하여 더 낮은 수준의 예측을 얻는다. 그러나 이러한 방법 중

어느 것도 각 수준에서 계열 간의 상관관계를 고려하지 않는다. 이 문제를 해결하기 위해 Hyndman 등(2011)은 최적의 계층적 예측을 위한 통계적 방법을 제안하였다.

이 장에서는 Hyndman 등(2014)에 의해 소개된 {hts} 패키지를 이용하여 계층적, 그룹화 시계열의 모형화 및 예측을 소개한다. 최근 계층적 시계열의 예측 문제는 매우 다양한 분야에 응용되고 있다.

13.2 계층 시계열 예측

[그림 13.1]은 2-수준($K=2$) 계층 구조를 보여준다. 최상위 수준(수준 0)은 데이터의 최상위 수준의 집계를 나타내는 총 계열(Total series)이며, 맨 아래 수준(수준 2)은 각각 3개와 2개의 계열로 구성되어 있다. 전체 계열의 수는 8이다.

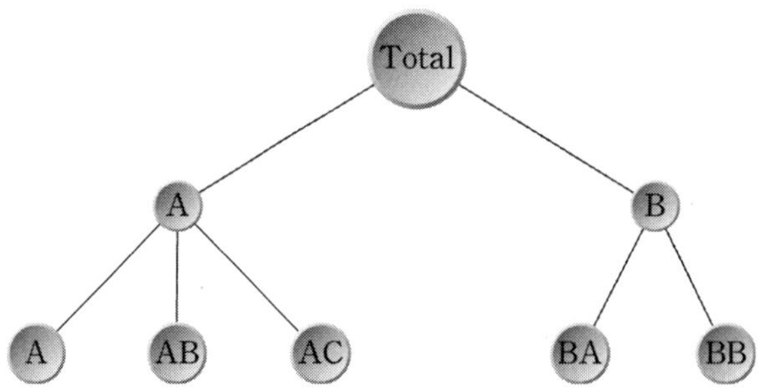

[그림 13.1] 2 수준 계층적 구조

시간 t에 대해, 최하위 수준의 관측치들은 집계를 통해 상위 수준의 관측치가 된다. 이 과정은 다음의 행렬 표현으로 나타낼 수 있다. 여기서 합산 행렬(summing matrix)로 불리는 S는 계층 구조를 반영하여, 어떻게 하위 수준의 계열이 집계되는지를 나타낸다. [그림 13.1]의 계층 구조에 대해 표현하면 다음과 같다.

$$\begin{bmatrix} y_t \\ y_{A,t} \\ y_{B,t} \\ y_{AA,t} \\ y_{AB,t} \\ y_{AC,t} \\ y_{BA,t} \\ y_{BB,t} \end{bmatrix} = \begin{bmatrix} 1 & 1 & 1 & 1 & 1 \\ 1 & 1 & 1 & 0 & 0 \\ 0 & 0 & 0 & 1 & 1 \\ 1 & 0 & 0 & 0 & 0 \\ 0 & 1 & 0 & 0 & 0 \\ 0 & 0 & 1 & 0 & 0 \\ 0 & 0 & 0 & 1 & 0 \\ 0 & 0 & 0 & 0 & 1 \end{bmatrix} \begin{bmatrix} y_{AA,t} \\ y_{AB,t} \\ y_{AC,t} \\ y_{BA,t} \\ y_{BB,t} \end{bmatrix}$$

$$\Leftrightarrow \quad y_t = S y_{K,t} \ .$$

여기서 y_t는 시간 t에서 계층의 모든 관측치의 벡터이고, S는 합계 행렬이며, $y_{K,t}$는 시간 t에서 최하위 수준에서 모든 관측치의 벡터이다.

계층 구조에서 각 계열에 대한 예측을 수행하는 방법에는 상향식, 하향식, 중간접근법이 있다.

상향식(bottom-up) 방법은 최하위 수준에서 각 계열에 대한 기본 예측을 먼저 수행한 후, 설정된 계층 구조에 따라 집계를 통해(합산 행렬 이용) 상위 수준의 계열에 대한 예측을 수행하는 방법이다. 이 방법의 가장 큰 장점은 집계로 인해 정보가 손실되지 않는다는 점이다. 반면에 최하위 수준의 데이터는 잡음이 포함되고, 따라서 모형화와 예측이 좀 더 어려울 수 있다는 점이다.

하향식(top-down) 방법은 총(Total) 계열에 대한 기본 예측을 먼저 수행한 후, 그 예측값을 적당한 비율을 사용하여 분리함으로써 맨 하위 수준의 계열에 대한 예측을 수행한다. 최하위 수준 계열의 예측이 생성되면 합산 행렬을 사용하여 계층 구조의 나머지 계열에 대한 예측을 수행할 수 있다. 이 방법은 최하위 수준의 계열에 잡음이 많을 때 상향식보다 정확한 결과를 제공한다. 하향식 방법의 성능은 세 가지 요소에 따라 결정된다: (1) 총 계열 예측의 정확성 (2) 분해 비율의 정확성 (3) 기본 예측의 정확도. 하향식 방법의 가장 큰 단점은 기본 예측이 비편향이어도 비편향의 수정 예측을 제공하지 않는다는 것이다. 하향식 접근법에서 적당한 비율을 결정하는 방법은 매우 다양하다. 대표적으로 평균 과거 비율(average historical proportion), 과거 평균의 비율(proportions of the historical averages), 예측된 비율(forecasted proportions)이 있다.

중간접근법(middle-out method)은 상향식과 하향식을 결합한 방법으로, 먼저 중간 수준이 선택되고 이 수준의 모든 계열과 아래 수준에 대한 기본 예측을 생성한다. 중간 수준 기본 예측을 위쪽으로 집계하여(상향적 방법으로) 중간 수준 위의 계열을 예측하고, 중간 수준 아래 계열의 수정 예측은 기본 예측의 분리를 통해(하향식 방법으로) 예측을 수행한다.

R의 {hts} 패키지는 계층적 또는 군집화 시계열의 예측에 효과적인 방법을 제공한다. 다음의 예는 데이터프레임 또는 다변량 시계열 객체를 계층(또는 그룹) 시계열 객체로 전환하는 방법을 알려준다.

예 1 (hts/gts 객체 만들기)

2-수준의 계층 시계열 객체(hts 객체)를 생성한다. 수준-1은 2개의 노드를 가지며, 수준-2는 각각 3개, 2개의 노드를 하위 노드로 가진다.

```
> nodes <- list(2, c(3, 2))
> abc <- ts(5 + matrix(sort(rnorm(500)), ncol=5, nrow=100))
> x <- hts(abc, nodes)
Since argument characters are not specified, the default labelling system is used.
> class(x)
[1] "hts" "gts"
> options(digits=3)
> x
```

```
Hierarchical Time Series
3 Levels
Number of nodes at each level: 1 2 5
Total number of series: 8
Number of observations per series: 100
Top level series:
Time Series:
Start = 1
End = 100
Frequency = 1
  [1] 21.6 22.7 22.7 22.8 22.8 22.9 23.0 23.0 23.1 23.3 23.3 23.4 23.5 23.5 23.5 23.7
......
 [85] 26.7 26.8 26.9 26.9 26.9 27.0 27.0 27.1 27.1 27.2 27.3 27.3 27.5 27.8 28.3 28.3
```

예 2 (hts/gts 객체 만들기)

만약 노드 구조와 더 높은 수준의 레이블을 구성하는 데 유용한 최하단의 계열 이름을 가지고 있는 경우, 인수 characters= 에서 분할하는 방법을 효과적으로 지정할 수 있다.

```
> library(hts)
> abc <- ts(5 + matrix(sort(rnorm(1000)), ncol=10, nrow=100))
> colnames(abc) <- c("A10A", "A10B", "A10C", "A20A", "A20B",
                     "B30A", "B30B", "B30C", "B40A", "B40B")
> y <- hts(abc, characters=c(1, 2, 1))
> class(y)
[1] "hts" "gts"
> y
Hierarchical Time Series
4 Levels
Number of nodes at each level: 1 2 4 10
Total number of series: 17
Number of observations per series: 100
Top level series:
Time Series:
Start = 1
End = 100
Frequency = 1
  [1] 46.7 47.0 47.3 47.4 47.5 47.6 47.7 48.0 48.0 48.1 48.1 48.3 48.3 48.4 48.5 48.5
......
 [85] 51.8 51.9 52.0 52.0 52.1 52.2 52.3 52.3 52.4 52.4 52.6 52.7 53.0 53.2 53.3 53.4
```

13.3 예제

예제 1 (계층 시계열 예측)

가상의 자료인 htseg1{hts}은 3개의 수준을 가지며, 길이가 각각 10인 총 8개의 시계열로 구성된 자료이다.

```
> library(hts)
> summary(htseg1)
Hierarchical Time Series
3 Levels
Number of nodes at each level: 1 2 5
Total number of series: 8
Number of observations per series: 10
Top level series:
Time Series:
Start = 1992
End = 2001
Frequency = 1
 [1] 48.7 49.5 49.9 50.2 50.6 50.8 51.7 51.9 52.6 53.2

Labels:
[1] "Level 0" "Level 1" "Level 2"

> plot(htseg1, levels=1)
> plot(htseg1, levels=c(0,2))
```

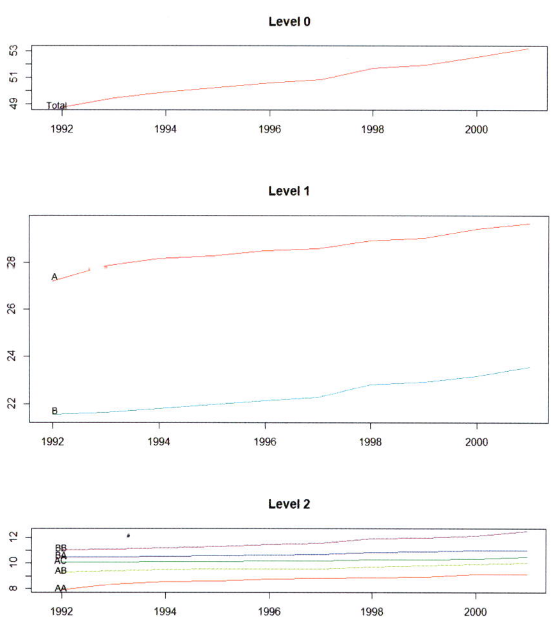

smatrix( ) 함수는 집계 행렬을 제공한다.

```
> smatrix(htseg1)
     [,1] [,2] [,3] [,4] [,5]
[1,]    1    1    1    1    1
[2,]    1    1    1    0    0
[3,]    0    0    0    1    1
[4,]    1    0    0    0    0
[5,]    0    1    0    0    0
[6,]    0    0    1    0    0
[7,]    0    0    0    1    0
[8,]    0    0    0    0    1
```

aggts( ) 함수를 통해 계층적 구조의 계열로부터 선택된 수준의 계열을 추출할 수 있다.

```
> aggts1 <- aggts(htseg1)
> aggts2 <- aggts(htseg1, levels=1)
> aggts3 <- aggts(htseg1, levels=c(0, 2))
```

forecast( ) 함수는 hts와 gts 객체의 시계열에 대해 예측을 수행한다. fmethod= 는 예측 방법을 지정하며 디폴트로 기본 예측을 위해 지수평활(ETS) 모형을 통한 최적 조합 접근법을 사용한다. 다른 예측 모형과 분리 방법은 [표 13.1]을 참고하기 바란다.

[표 13.1] forecast( ) 함수의 주요 옵션과 기능

옵션	설명	
fmethod=	기본 예측을 위한 예측 방법 지정: “ets”, “arima”, “rw”	
method=	기본 예측에 기초한 예측 방법을 지정	
	comb	최적 조합(optimal combination) 예측
	bu	상향식(bottom-up) 예측
	mo	중간수준(middle-out) 예측: 수준은 level= 인수를 통해 지정
	tdgsa	하향식(top-down) 예측: 평균 과거 비율 사용 (Gross-Sohl 방법 A)
	tdgsf	하향식(top-down) 예측: 과거 평균의 비율 사용 (Gross-Sohl 방법 F)
	tdfp	하향식(top-down) 예측: 예측 비율 사용

```
> # 예측 수행: forecast( ) 함수
> fcasts1.bu <- forecast(
    htseg1, h=4, method="bu", fmethod="ets", parallel=TRUE
    )
> aggts4 <- aggts(fcasts1.bu)
> summary(fcasts1.bu)
```

```
Hierarchical Time Series
3 Levels
Number of nodes at each level: 1 2 5
Total number of series: 8
Number of observations in each historical series: 10
Number of forecasts per series: 4
Top level series of forecasts:
Time Series:
Start = 2002
End = 2005
Frequency = 1
[1] 53.2 53.2 53.2 53.2

Method: Bottom-up forecasts
Forecast method: ETS

> fcasts1.td <- forecast(
     htseg1, h=4, method="tdfp", fmethod="arima", keep.fitted=TRUE
     )
> summary(fcasts1.td)    # keep.fitted=TRUE의 경우에는 in-sample accuracy를 제공
Hierarchical Time Series
3 Levels
Number of nodes at each level: 1 2 5
Total number of series: 8
Number of observations in each historical series: 10
Number of forecasts per series: 4
Top level series of forecasts:
Time Series:
Start = 2002
End = 2005
Frequency = 1
[1] 53.7 54.2 54.7 55.2

Method: Top-down forecasts using forecasts proportions
Forecast method: Arima
In-sample error measures at the bottom level:
           AA       AB      AC      BA       BB
ME   0.000772 0.000918 0.00100 0.00104  0.00109
RMSE 0.129840 0.051588 0.04031 0.03746  0.10502
MAE  0.097832 0.043609 0.03321 0.02700  0.08191
MAPE 1.127597 0.453444 0.32354 0.25107  0.69136
MPE  0.036788 0.006922 0.00679 0.00779 -0.01109
MASE 0.682568 0.519748 0.77425 0.44795  0.49368

> fcasts1.comb <- forecast(
    htseg1, h=4, method="comb", fmethod="ets", keep.fitted=TRUE
    )
```

```
> aggts4 <- aggts(fcasts1.comb)
> plot(fcasts1.comb, levels=2)
```

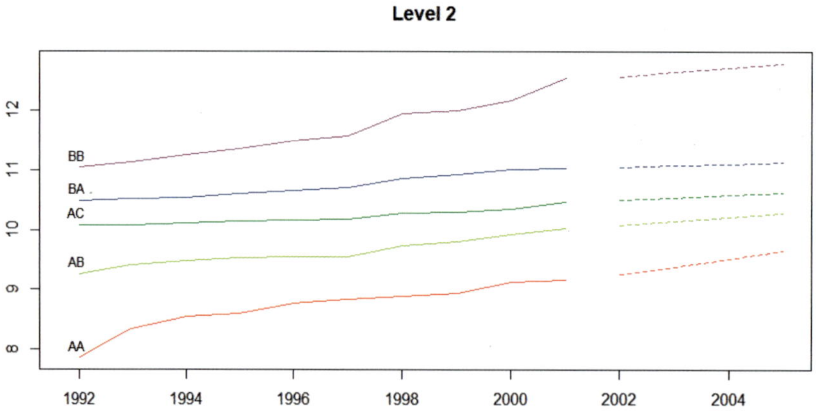


```
> plot(fcasts1.comb, include=5, levels=c(1, 2))
```

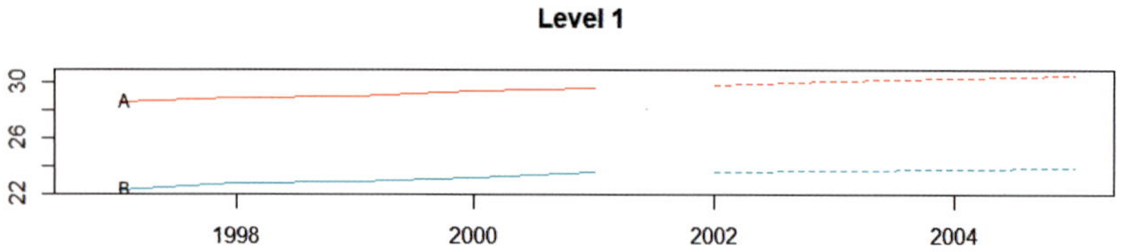

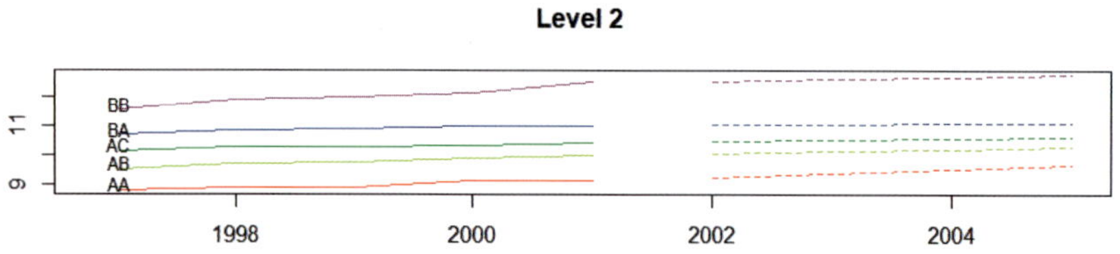

예제 2 (계층 시계열 예측)

가상의 자료인 htseg2{hts}는 4개의 수준을 가지며, 길이가 각각 16인 총 17개의 시계열로 구성된 자료이다.

```
> data <- window(htseg2, start=1992, end=2002)
> test <- window(htseg2, start=2003)
> fcasts2.mo <- forecast(
    data, h=5, method="mo", fmethod="ets", level=1,
    keep.fitted=TRUE, keep.resid=TRUE
    )
```

accuracy.gts( ) 함수는 예측의 정확도를 계산한다.

```
> accuracy.gts(fcasts2.mo, test)
> accuracy.gts(fcasts2.mo, test, levels=1)
           A      B
ME    -0.223 0.0766
RMSE   0.245 0.1426
MAE    0.223 0.1169
MAPE   7.531 2.3624
MPE    7.531 1.4543
MASE   1.251 0.8432

> fcasts2.td <- forecast(
     data, h=5, method="tdgsa", fmethod="ets",
     keep.fitted=TRUE, keep.resid=TRUE
     )
> plot(fcasts2.td, include=5)
```

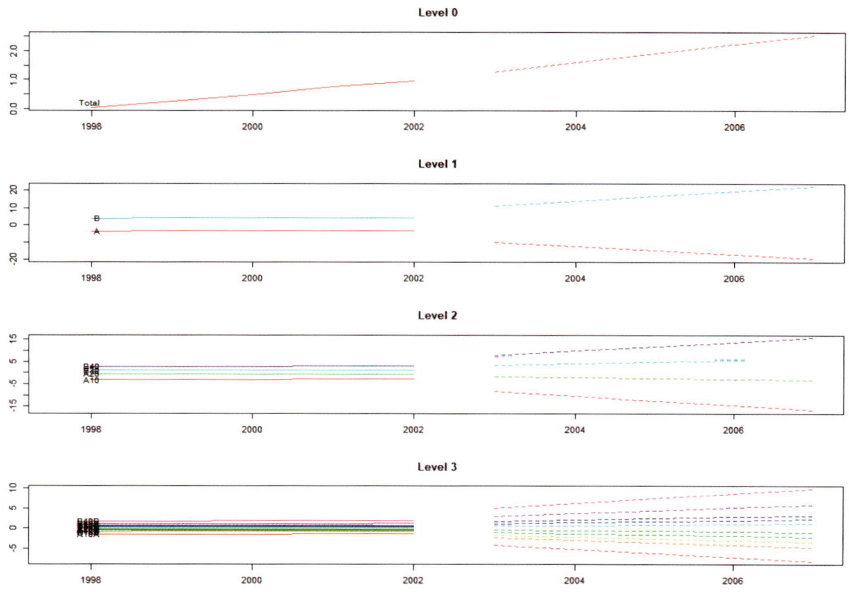


```
> plot(fcasts2.td, include=5, levels=c(0, 2))
```

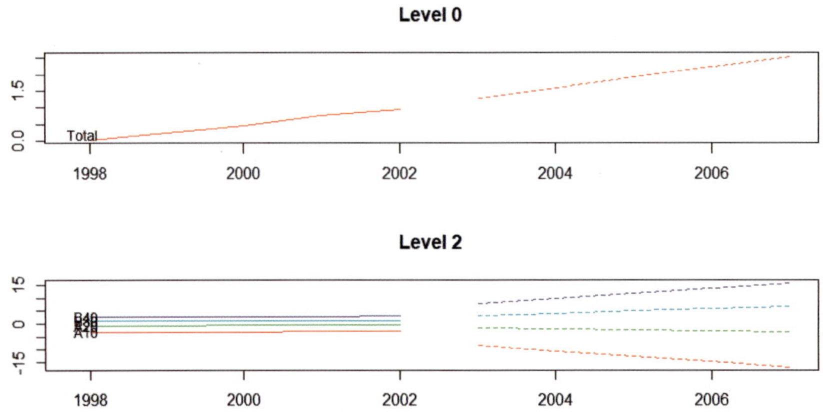

예제 3 (그룹 시계열 예측)

infantgts{hts} 자료는 1933 ~ 2003년 기간 호주 전역에서 지역별 영아 사망자 수를 기록한 자료이다. 이 자료는 gts의 예로, 전체 사망자수는 먼저 성별로 분해된 후 주별로 분해되거나, 그 반대순으로 분해될 수 있다.

```
> plot(infantgts, levels=1)
```

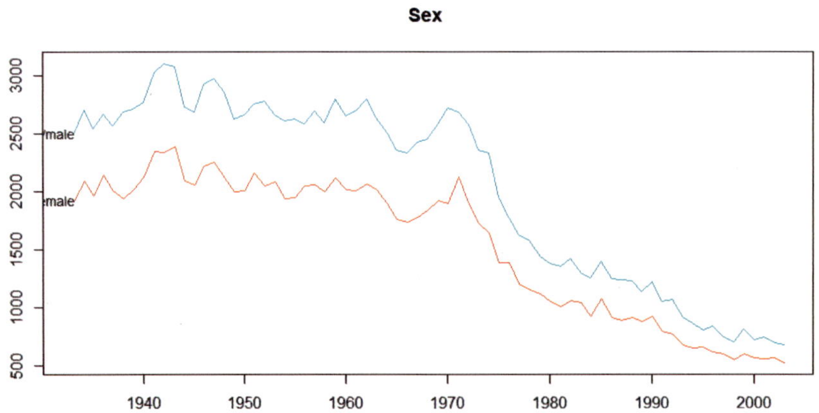


```
> fcasts3.comb <- forecast(infantgts, h=4, method="comb", fmethod="ets")
> agg_gts1 <- aggts(fcasts3.comb, levels=1)
> agg_gts2 <- aggts(fcasts3.comb, levels=1, forecasts=FALSE)
> plot(fcasts3.comb)
```

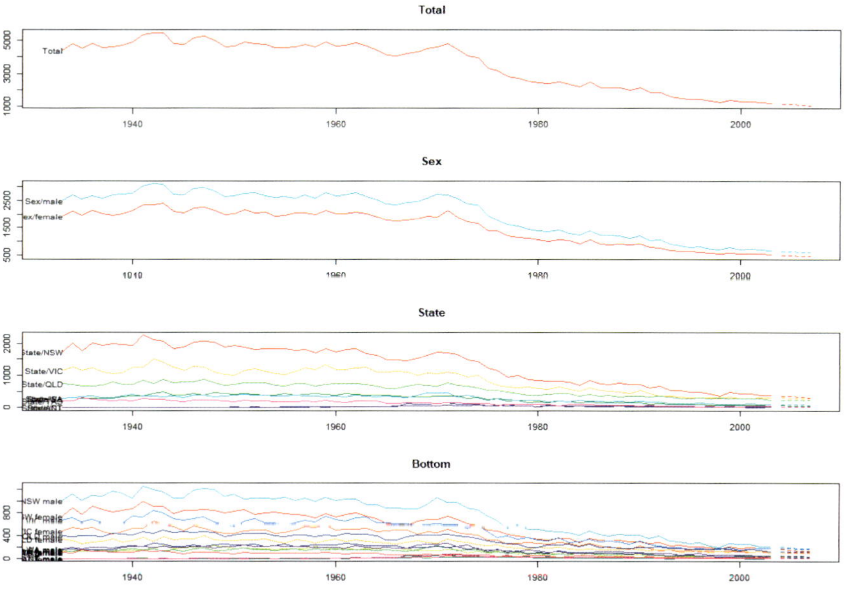


```
> plot(fcasts3.comb, include=5, levels=c(1, 2))
```

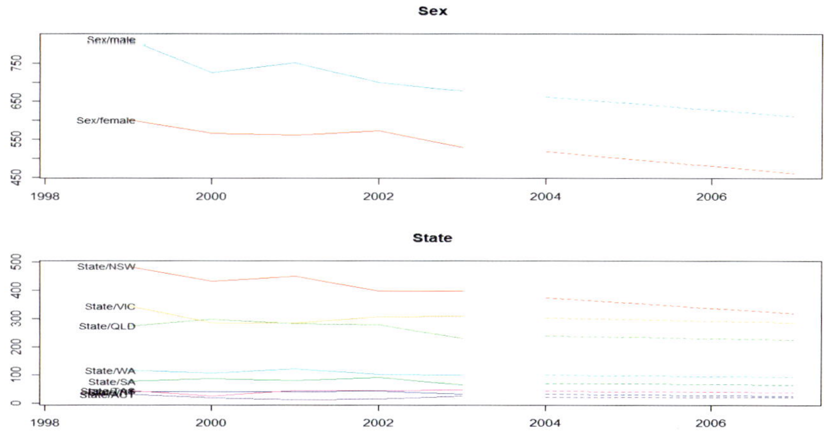

weight= 옵션은 최적 조합 예측에서 가중치 사용에 대한 것으로, “none”, “sd”, “nseries”이 가능하다. “none”는 척도화되지 않은 예측에 보통최소제곱(OLS)을 사용하며, “sd”는 예측 오차의 표준편차로 척도화된 예측에 대해 가중최소제곱(WLS)을 사용한다. “nseries”는 최하단 계열이 동일한 척도이고 가중치가 합산 행렬(S)의 행합의 역수와 같을 때 유용하다. 사용 예는 다음과 같다.

```
> fcasts3.combsd <- forecast(
    infantgts, h=4, method="comb", fmethod="ets",
    weights="sd", keep.fitted=TRUE
    )
> fcasts3.combn <- forecast(
    infantgts, h=4, method="comb", fmethod="ets",
    weights="nseries", keep.resid=TRUE
    )
```

14장
주파수영역분석: 스펙트럼 분석

14.1 서론

스펙트럼 분석(spectral analysis)은 주어진 시계열을 다른 주파수를 가지는 사인(sine)과 코사인(cosine) 함수로 분해하여, 이로부터 특별히 강하거나 중요한 주파수를 결정하는 분석이다.

사인 또는 코사인 함수의 주파수(frequency, f)[20]는 일반적으로 단위 시간당 순환(cycle) 수로 표시되며, 주기(period, T)는 한 번의 순환에 필요한 시간 길이로 정의된다. 즉, 주기는 주파수의 역수이다($T = 1/f$).

14.2 주요 개념과 예제

사인파(sine wave)의 적합

스펙트럼 분석을 보는 한 가지 방법은 다중선형회귀의 문제로 보는 것으로, 관측된 시계열을 반응변수로, 모든 가능한 (이산)주파수를 가지는 사인 함수를 독립변수로 생각하자.

길이가 n인 시계열 x_t를 가정하자(편의상 n은 짝수로 가정). x_t를 반응변수로 하고 아래의 $(n-1)$개를 예측변수로 하는 시계열 회귀를 적합한다.

20) 주파수=진동수, 주파수=1/주기

$$\cos\left(\frac{2\pi t}{n}\right),\ \sin\left(\frac{2\pi t}{n}\right),\cdots,\ \cos\left(\frac{2(n/2-1)\pi t}{n}\right),\ \sin\left(\frac{2(n/2-1)\pi t}{n}\right),\ \cos(\pi t)$$

추정된 회귀계수들을 $a_1, b_1, \cdots, a_{n/2-1}, b_{n/2-1}, a_{n/2}$ 이라고 하면, x_t는 다음과 같이 표현된다.

$$x_t = a_0 + \sum_{k=1}^{n/2-1}\left[a_k\cos\left(\frac{2\pi kt}{n}\right) + b_k\sin\left(\frac{2\pi kt}{n}\right)\right] + a_{\frac{n}{2}}\cos(\pi t)\ .$$

여기서 코사인 모수 a_k와 사인 모수 b_k는 각 함수가 자료와 상관된 정도를 알려준다. 이 회귀모형은 이산 시계열에 대한 유한 푸리에 급수(finite Fourier series)이다.

계수의 수는 시계열의 길이와 같으므로 오차에 대한 자유도는 영(0)이다. 절편항 a_0는 시계열의 평균 $\bar{x}$이다. 가장 낮은 주파수는 레코드 길이당 1 순환 또는 2π 라디안(즉, 샘플링 간격당 $2\pi/n$ 라디안)이다. 이 표현에서 일반적인 주파수는 레코드 길이당 k 순환(샘플링 간격당 $2\pi k/n$ 라디안)이다. 가장 높은 주파수는 샘플링 간격당 0.5 순환(샘플링 간격당 π 라디안)이다.

샘플링 간격(sampling interval)과 레코드 길이(record length)에 주의를 기울여야 한다. 많은 시계열은 연속적인 시간상의 변수이지만, 실제는 이산의 시간 단계에서 추출되어진 시계열이다. 샘플링 구간(또는 샘플링 비율, sampling rate)은 최고 주파수(Nyquist 주파수라고도 함)를 제한한다. 예를 들어, 매주 표본을 취하면 2주 미만의 순환은 탐지할 수 없게 된다. 반면에 시계열의 길이는 우리가 구별할 수 있는 최저 주파수를 결정한다.

주기도(periodogram)

주기도는 시계열 회귀에 개별 주파수가 미치는 기여도를 정량화하며 다음과 같이 정의된다.

$$P_k = a_k^2 + b_k^2.$$

여기서 P_k는 주파수 k에서의 주기도 값이다($k=1,2,\cdots,n/2$). 주기도값은 각 주파수 또는 주기에서 자료의 분산항으로 해석될 수 있다. k에 대한 P_k 그림(spike 형태임)은 푸리에 선스펙트럼(line spectrum)이다. R에서 원시 주기도(raw periodogram)는 푸리에 선스펙트럼에서 스파이크의 끝점을 연결하여 연속적인 그림으로 만들고, 이를 척도화하여 면적이 분산과 같아지도록 만든 것이다.

여기서는 주기도를 다중선형회귀와 관련지어 설명했지만, 그 계산은 일반적으로 고속 푸리에 변환[21](FFT; fast Fourier transformation) 알고리즘으로 수행된다(R에서도 마찬가지임).

요약하면, 스펙트럼 분석은 주기가 다른 사인 및 코사인 함수와 관측 자료 간의 상관을 식별한다. 큰 상관(사인 또는 코사인 계수)이 식별되면 데이터에서 '각 주파수(또는 주기)의 주기성이 강하다'고 결론지을 수 있다.

예제 1

sunspot 자료는 태양 흑점의 수를 나타낸다. 이 자료는 1749 ~ 1983년 기간에 측정된 월간 자료이다.

```
> data(sunspots)
> sun <- sunspots; plot.ts(sun)
```

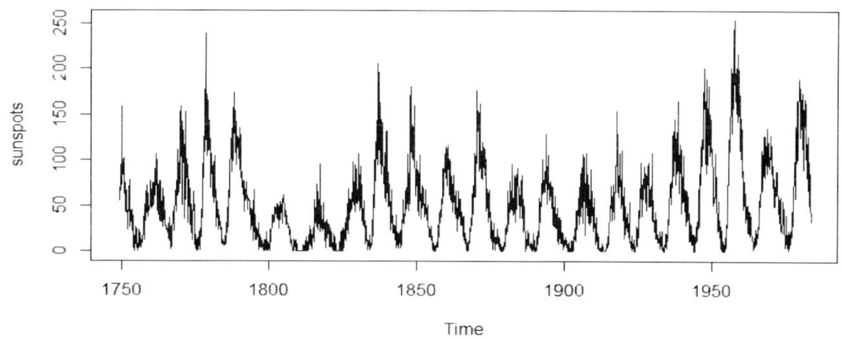


```
> par(mfrow=c(1,3))
> spectrum(sun); sp <- spectrum(sun, log="no")
> plot(sp$freq[1:100], sp$spec[1:100], type="l")
```

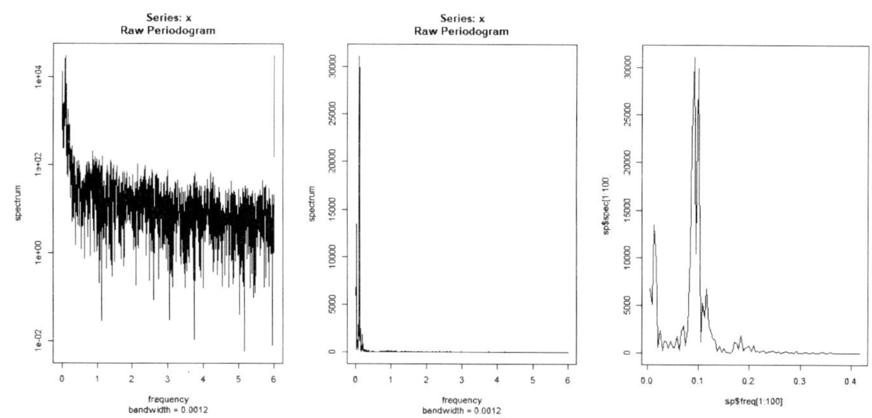

21) 푸리에 급수(Fourier series)는 주기함수를 사인 함수의 합으로 나타내는 것이며, 푸리에 변환(FT)은 비주기 함수에도 적용된다. 이산 신호에 대한 푸리에 변환인 이산 푸리에 변환(DFT)의 계산 속도를 향상시킨 것이 고속 푸리에 변환(FFT)이다.

```
> max(sp$spec)
[1] 31091.54
> sp$freq[which.max(sp$spec)]; 1/sp$freq[which.max(sp$spec)]
[1] 0.09166667
[1] 10.90909

> par(mfrow=c(1,2))
> spectrum(sun, kernel("daniell"), log="no")
> spectrum(sun, kernel("modified.daniell"), log="no")
```

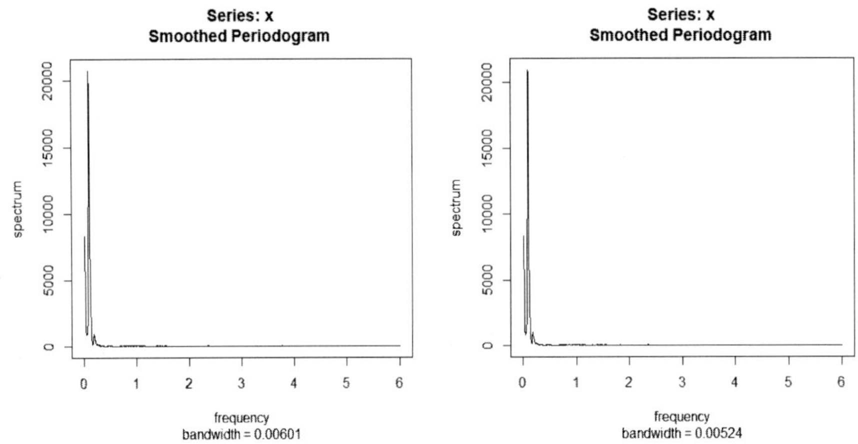

R의 spectrum() 함수는 주기도를 계산하고 자동으로 주파수에 대해 그림을 그려준다. 이 함수의 사용 시 고려사항은 다음과 같다.

(a) 데이터의 전처리

보통 시계열의 평균을 빼주기를 원한다. 그렇지 않을 경우, 주기도와 밀도 스펙트럼은 첫 번째 코사인 계수(a_0)에 대한 매우 큰 값에 의해 압도(overwhelmed)된다. spectrum() 함수는 데이터의 선형 추세(linear trend)를 자동으로 제거하고 주기도를 계산해 준다. 추세 제거를 원하지 않는 경우에는 spec.pgrm() 함수를 사용하기 바란다.

(b) 평활(smoothing)

주기도는 주파수 상에 분산을 분배시키지만 두 가지 단점이 있다. 첫 번째는 레코드 길이에 의존하는 한, 정확한 주파수 세트가 임의적이라는 것이다. 두 번째는 시계열의 길이가 길어질수록 주기도가 더 매끄럽지 않고 더 많은 스파이크를 포함한다는 것이다. 해결책은 주기도를 매끄럽게 하는 것이며, 이를 수행하는 한 가지 방법은 끝점을 연결하기 전에 평활 커널의 스파이크를 사용하는 것이다. 평활된 주기도는 샘플 스펙트럼(sample spectrum)이라고도 한다. 그러나 평활은 피크의 높이를 줄이고, 과도한 평활은 우리가 찾고자 하는 특징을 흐리게 한다. 다른 평활량의 스펙트럼을 고려하는 것은 좋은 생각이며, 이는 R 함수 spectrum()을 통해 쉽게 수행할 수 있다. 인수 span=은 커널에서 스파이크의 수이다. 평활 스펙트럼을 계산하는 다른 방법은 더 짧은 시계열의 여러 개의 보다 짧은 부-계열에 대해 푸리에 선스펙트럼을 계산하고, 이들의 평균을 취하는 것이다.

5부 기타 시계열 자료분석

(c) R에서 스펙트럼 분석

spectrum() 함수의 기본값은 스펙트럼에 대해 로그 스케일이지만, log="no"를 설정하여 이를 변경할 수 있다. 기본 주파수 축은 샘플링 간격당 순환이다. 주파수 축을 단위 시간당 순환으로 변환하는 것이 더 직관적이며, 이는 R이 반환하는 주파수 값을 추출하고 샘플링 간격의 길이로 나누면 된다. 또한 스펙트럼 밀도에 2를 곱하여, 실제 주기도 아래의 면적이 시계열의 분산과 같도록 해야 한다.

예제2 (AR 모형을 이용한 추정)

시계열에 AR 모형을 먼저 적합한 뒤, AR 과정의 스펙트럼으로 스펙트럼을 추정하는 방식이다. [예제 1]의 자료를 이용한다.

```
> sp2 <- spectrum(sun, method="ar", log="no")
> plot(sp2$freq[1:50], sp2$spec[1:50], type="l")
```

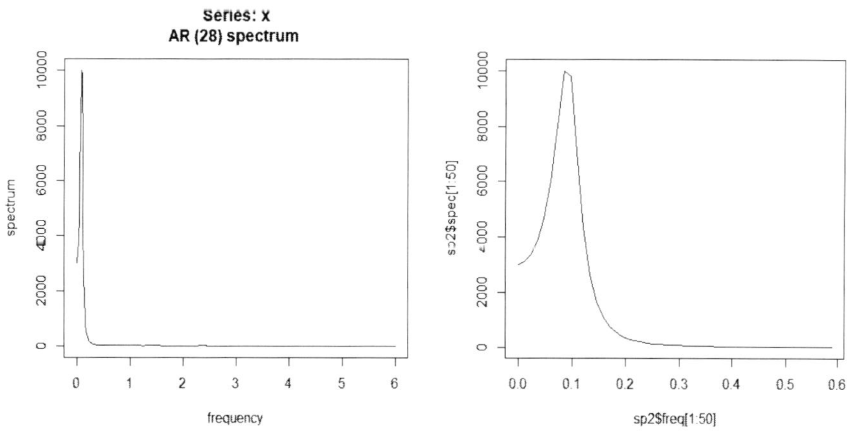


```
> sp2$freq[which.max(sp2$spec)]; 1/sp2$freq[which.max(sp2$spec)]
[1] 0.08416834
[1] 11.88095
```

예제 3

AirPassengers 자료에 대해 스펙트럼 분석을 실시한다. 이 자료는 추세를 가지는 비정상 자료이나, 스펙트럼 분석에서는 자동으로 선형 추세를 제거한 계열에 대해 결과를 제시해 준다.

```
> ap <- as.vector(AirPassengers)
> par(mfrow=c(1,2))
> plot.ts(ap); sp <- spectrum(ap,kernel("modified.daniell"), log="no")
```

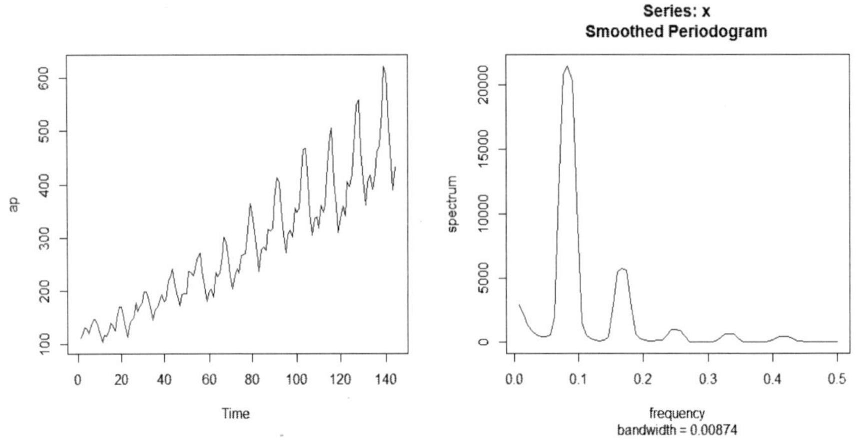


```
> sp$freq[which.max(sp$spec)]; 1/sp$freq[which.max(sp$spec)]
[1] 0.08333333
[1] 12

> par(mfrow=c(1,2))
> spectrum(ap, kernel("daniell"), log="no")
> spectrum(ap, kernel("modified.daniell"), log="no")
```

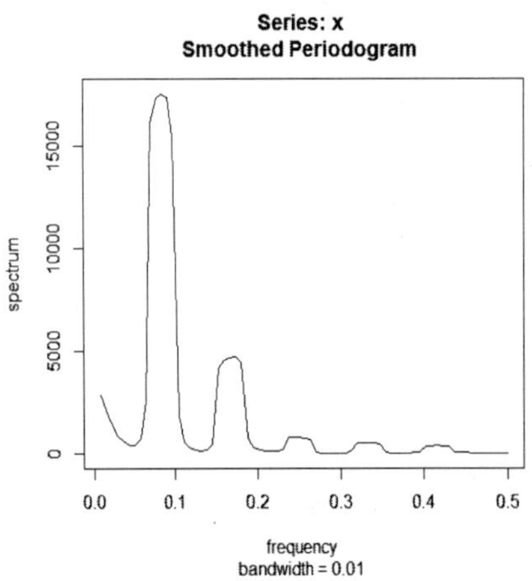

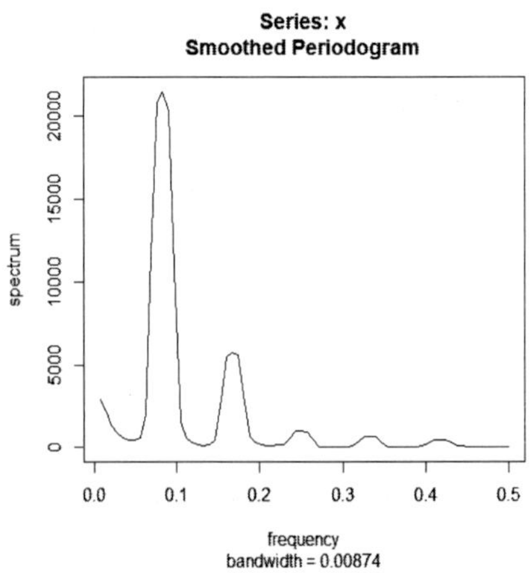

14.3* 스펙트럼 분석의 이론과 논제

14.3.1 푸리에 변환과 스펙트럼 분석

스펙트럼 분석은 수학적으로 푸리에 급수와 이의 확장인 푸리에 변환에 기인한다. 푸리에 급수(Fourier series)는 파동이 주기적인 경우에만 적용되는 반면, 푸리에 변환(Fourier transformation)은 비주기적인 파동에 대해서도 적용되는 보다 일반적인 방법이다.[22] 앞 절에서는 푸리에 급수를 통해 스펙트럼 분석의 개념을 설명하였으나(다중회귀를 이용한 통계적 관점에서), 여기서는 보다 일반적인 내용을 소개한다. 이 절은 수학적 배경에 관심 있는 독자만 읽기를 권한다.

(a) (푸리에 급수)

프랑스의 수학자 푸리에(1768 ~ 1830)는 "모든 주기 함수는 사인, 코사인 함수의 합(=푸리에 급수)으로 나타낼 수 있음"을 보였다. 예를 들어, 주기가 2π인 주기함수의 푸리에 급수는

$$f(x) = a_0 + \sum_{n=1}^{\infty} (a_n \cos nx + b_n \sin nx)$$

으로 표현된다. 이 식은 '복소 푸리에 급수'로 불리는 아래의 표현과 동일하다.

$$f(x) = \sum_{n=-\infty}^{\infty} c_n e^{inx}, \quad c_n = \frac{1}{2\pi}\int_{-\pi}^{\pi} f(x) e^{-inx}\, dx.$$

이 과정은 임의의 주기를 가지는 주기함수로도 확장될 수 있다(결과는 생략함).

[Fourier 급수의 시각화]

[그림 14.1]은 임의의 주기 신호가 사인파(또는 정현파)[23]들의 합으로 표현되는 것을 보여준다. 시간(time) 영역에서의 신호가 주파수(frequency) 영역에서 해당 주파수의 진폭(amplitude)을 높이로 나타내었다. 즉, 높이가 큰 주파수가 신호에 크게 기여함을 나타낸다.

---

22) 푸리에 급수도 한정된 구간에서만 정의되는 비주기 함수에 대해서는 전개가 가능하다(우함수 또는 기함수 확장을 통해).

23) 사인파(sin wave 또는 sinusoid)는 주기적인 진동을 나타내는 곡선으로, 시간(t)의 함수로 나타낼 때 다음의 형태를 가진다.

$$y(t) = A \cdot \sin(2\pi ft + \phi) = A \cdot \sin(\omega t + \phi).$$

여기서 A는 진폭(amplitude), f는 진동수(frequency), $\omega = 2\pi f$는 각주파수(angular frequency), ϕ: 위상 이동(phase shift)을 나타낸다.

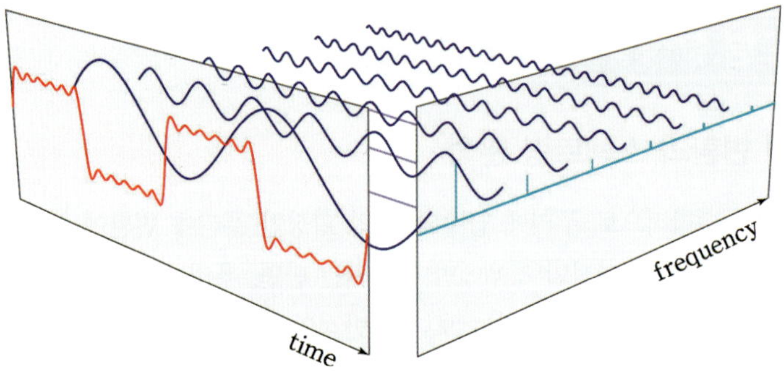

[그림 14.1] 푸리에 급수의 시각화

(b) (푸리에 변환)

임의의 연속인 함수 $f(x)$ 에 대한 푸리에 변환은

$$F(w) = \frac{1}{\sqrt{2\pi}} \int_{-\infty}^{\infty} f(x)\, e^{-iwx}\, dx$$

이고, 역푸리에 변환은

$$f(x) = \frac{1}{\sqrt{2\pi}} \int_{-\infty}^{\infty} F(w)\, e^{iwx}\, dw$$

으로 정의된다. 여기서 푸리에 변환의 크기는

$$|F(w)| = \text{"주파수 스펙트럼"}$$

으로, 이는 주어진 함수에 어떤 주파수가 얼마나 기여하는가를 나타낸다.

[Fourier **변환의 직관적 이해**]

푸리에 변환은 시간 영역에서 관측된 어떤 신호를 모든 주파수에 대해서 [그림 14.2]와 같이 분리해 낼 수 있다는 것이다. 즉, 모든 주파수에서 특정한 위상과 특정한 진폭을 가지는 사인파의 합으로 나타낼 수 있다.

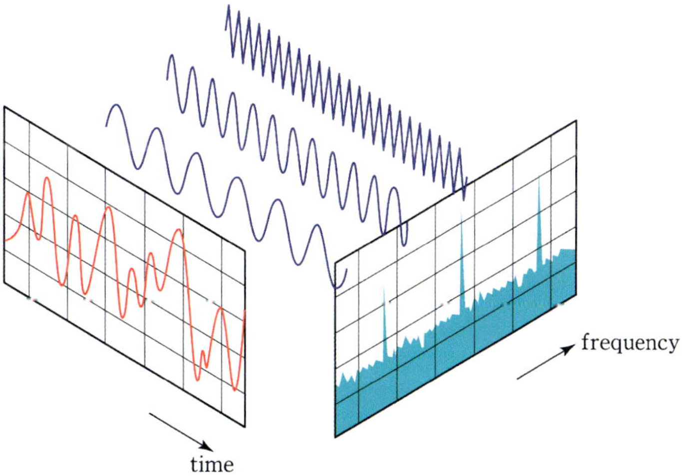

[그림 14.2] 푸리에 변환의 직관적 이해

(c) (이산 푸리에 변환: DFT)

많은 시계열 자료는 실제는 연속적이나 시간에 따라 추출된 값인 이산적인 값(디지털 신호)으로 전달된다. 이산 푸리에 변환은 이산적인 신호에 대한 푸리에 변환을 적용한 것이다. 여기서는 시계열을 중심으로 설명하기로 한다.

먼저, 정상 시계열 $x(t)$에 대해, 자기공분산 $\gamma(h)(h=0,\ \pm 1,\ \pm 2,\ \cdots)$에 대한 이산 푸리에 변환은

$$F(w) - \sum_{h=-\infty}^{\infty} \gamma(h) e^{-iwh}, \qquad \pi \le w \le \pi$$

이고, 이의 역 이산 푸리에 변환은

$$\gamma(h) = \frac{1}{2\pi} \int_{-\pi}^{\pi} F(w) e^{iwh} dw$$

으로 주어진다. 즉, $F(w)$와 $\gamma(h)$는 동일한 정보를 제공하며, 상호 가역적이다.

위 식에서 $F(w)$를 시계열 $x(t)$의 파워 스펙트럼 밀도함수(power spectrum density function) 또는 간단히 파워 스펙트럼(power spectrum)이라고 한다.

(d) 고속 푸리에 변환(FFT)

이산 푸리에 변환은 많은 계산량으로 인해 계산 시간이 오래 걸리는 단점이 있다. 고속 푸리에 변환은 DFT의 단점을 보완한 방법으로 실무에 많이 쓰인다. 이 방법은 샘플링된 신호의 전부를 푸리에 변환하는 것이 아니라 필요한 신호만을 골라내어 푸리에 변환을 실시하는 것이다.

14.3.2 기타 논제

교차 스펙트럼

교차 스펙트럼(cross-spectrum)은 두 시계열의 동시 분석으로 스펙트럼 분석의 확장이다. 간단히, 교차 스펙트럼 분석의 목적은 서로 다른 주파수에서 두 시리즈 간의 상관 관계를 밝혀내는 것이다. 예를 들어, 질병 발병률은 특정 환경 변수와 관련이 있을 수 있다. 두 시계열의 교차 스펙트럼을 살펴보면, 질병 순환의 "위상(in phase)"에서 앞서있는 환경 변수로부터 주기성을 찾을 수 있다.

비정상성과 웨이블릿

스펙트럼 분석은 정상(stationary) 시계열의 분석 및 노이즈에 의해 손상된 주기적 신호를 식별하는 데 적합하다. 그러나 스펙트럼 분석은 비정상(non-stationary) 시계열에는 적합하지 않으며, 대신 시간에 따른 주파수 구성의 변화를 요약하기 위해 웨이블릿(wavelet)이 개발되었다. 웨이블릿에 대해서는 16장을 참고하기 바란다.

15장 시계열 자료의 군집

15.1 서론

DTW(dynamic time warping) 알고리즘은 두 시계열 간의 거리를 비교하는 알고리즘으로, 그 거리가 최소화되는 방향으로 매칭시켜 누적 거리가 최소가 되는 warping(비틀림) 경로를 찾는다. [그림 15.1]은 두 시계열 간의 거리를 유클리드 방법과 DTW 방법의 차이를 보여준다. DTW 방법은 유클리드 방법과는 달리 부분적으로 왜곡되거나 변형된 파형에 대해서도 적절하게 매칭시킬 수 있다는 것을 보여준다. 예를 들어 한 사람이 다른 사람보다 빨리 걷거나 가속 및 감속이 있더라도 DTW를 사용하여 보행의 유사성을 감지할 수 있다.

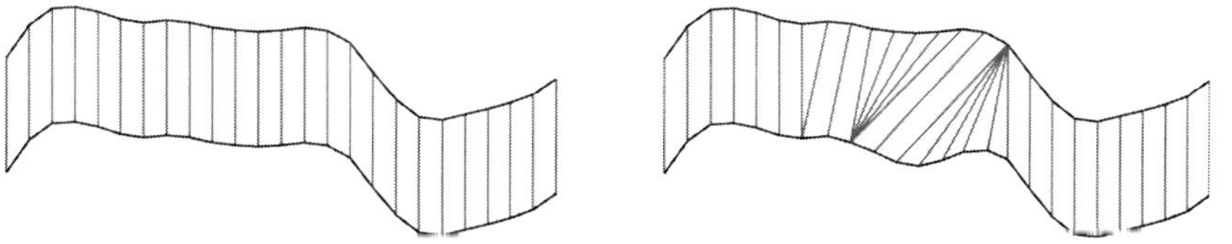

(a) 유클리드 거리 방법을 이용한 매칭 (b) DTW를 이용한 매칭

[그림 15.1] 유클리드 거리와 DTW 거리를 이용한 매칭

15.2 시계열 자료의 군집(DTW)

길이가 각각 m, n인 두 개의 시계열 $X=(x_1,x_2,\cdots,x_m)$과 $Y=(y_1,y_2,\cdots,y_n)$이 주어질 때, 두 시계열의 정렬을 위해 $m\times n$ 행렬이 만들어진다. 이 행렬의 $(i,\ j)$번째 요소는 두 점 x_i,와 y_j 간의 거리 $d(x_i,y_j)$를 포함한다. 두 점 x_i와 y_j 간의 거리 $d(x_i,\ y_j)$는 유클리드 거리 $\sqrt{(x_i-y_j)^2}$ 을 사용하여 계산한다.

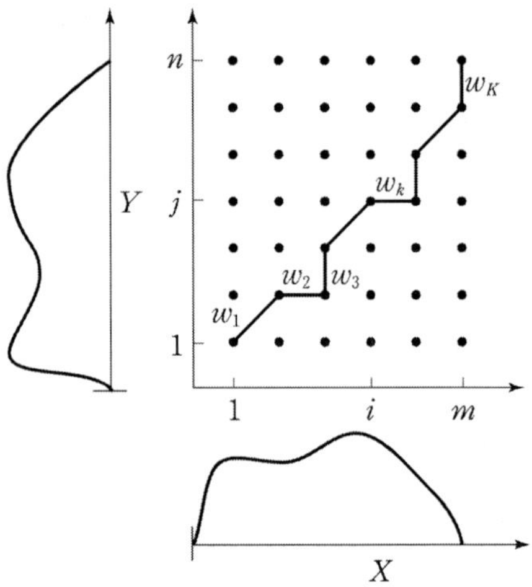

warping 경로 W는 X와 Y 사이의 매핑을 정의하는데, W의 k번째 요소는 $w_k=(i,j)_k$로 정의된다. 따라서 $W=w_1,w_2,\ldots,w_k,\ldots,w_K$일 때, $\max(m,n)\le K<m+n-1$이다. 이때 W는 경계조건, 연속성, 단조성의 세 가지 조건을 만족해야 한다.

(a) 경계조건(boundary condition): $w_1=(1,1)$과 $w_k=(m,n)$은 이어져 있어야 한다.

(b) 연속성(continuity): $w_k=(a,b)$와 $w_{k-1}=(a',b')$에서 $a-a'\le 1$, $b-b'\le 1$이어야 한다. 즉, 정해진 step size만큼만 이동한다.

(c) 단조성(monotonicity): $w_k=(a,b)$와 $w_{k-1}=(a',b')$에서 $a-a'\ge 0$, $b-b'\ge 0$, 즉 시계열은 음의 방향으로 이동하지 않는다.

위의 조건을 만족하는 여러 가지 warping 경로들 중에서 각각의 warping 거리 w_k들의 총합(아래 식)이 최소가 되는 warping 경로를 발견해야 한다.

$$DTW(X, Y) = \frac{1}{K}\sqrt{\sum_{k=1}^{K} w_k}\ .$$

여기서 K는 서로 다른 길이를 가지고 있는 warping 경로들에 대한 보상을 위해 사용된다. 또한, $i = j = 0$에서부터 시작하여 k번째 warping 경로 w_k의 누적 warping 거리 $D(i,\ j)$는 아래 식으로 정의할 수 있다.

$$D(i, j) = d(x_i,\ y_j) + \min \begin{pmatrix} D(i-1, j-1) \\ D(i-1, j) \\ D(i, j-1) \end{pmatrix}.$$

누적거리 $D(i,j)$는 $i = j = 0$에서부터 시작하며, 최종적인 유사도를 나타내는 값으로 DTW에서 최단 경로를 결정하게 되는 측정값이 된다.

예제 1

인위적인 두 시계열 자료를 이용하여 DTW를 수행한다.

```
> x <- c(5,7,4,7,10,4,2,4,6)
> y <- c(3,4,2,1,7,3,4,6,7)

> xrange <- range(1:9)
> yrange <- range(c(x,y))

> plot(xrange, yrange, type="n", xlab="time", ylab="value")
> lines(x, col='blue', type='l')
> lines(y, col='red', type='l')

> library(dtw)
> dtw(x,y)$index1
 [1] 1 2 3 3 3 4 5 6 7 8 9 9
> dtw(x,y)$index2
 [1] 1 1 2 3 4 5 5 6 6 7 8 9

> plot(dtw(x,y), xlab="x - blue", ylab="y - red")
> plot(dtw(x,y, keep=TRUE), xlab="x - blue", ylab="y - red", type="threeway")
```

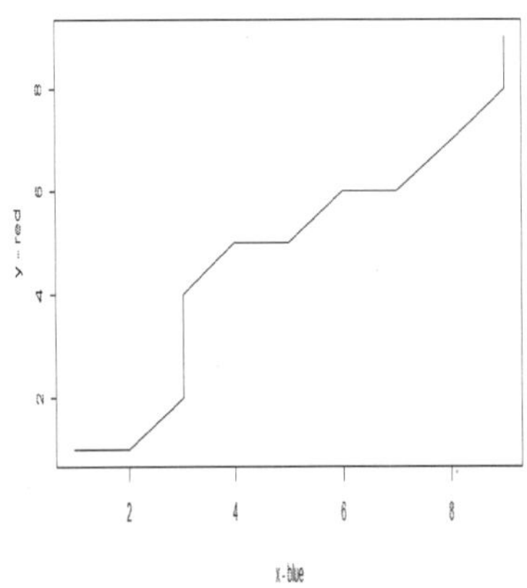

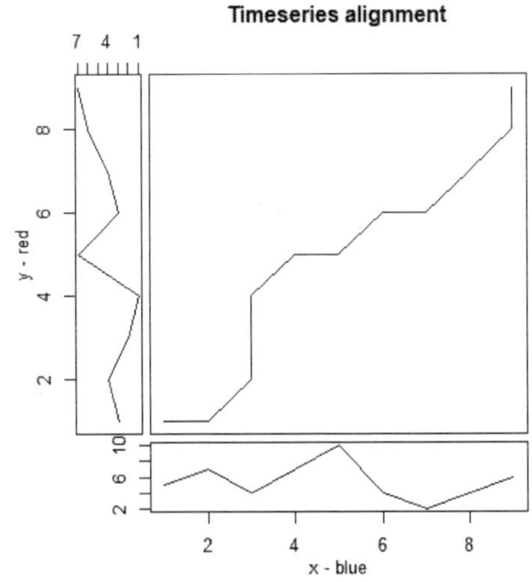


```
> plot(dtw(x,y, keep=TRUE), type="twoway", col=c('blue', 'red'))
```

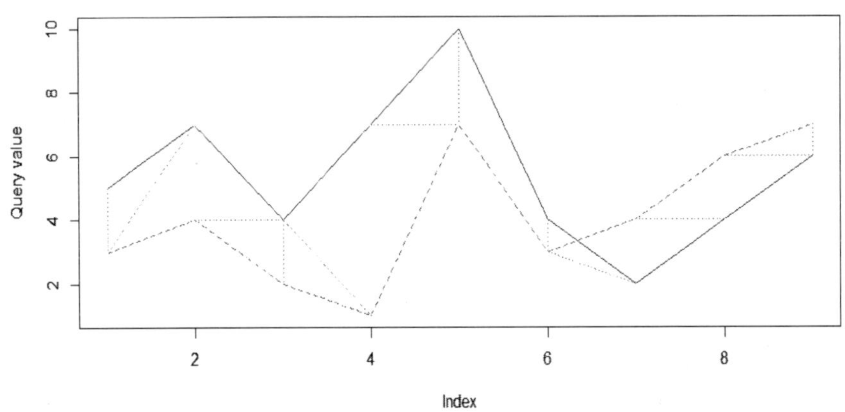

예제 2 (DTW를 이용한 시계열 군집)[24)]

분석에 사용될 자료는 적절한 프로세스에 의해 합성적으로 생성된 600개의 (관리도 분석용) 시계열 자료이다. 600개의 행으로 구성된 이 자료는 길이가 60으로 동일하며, 아래와 같이 총 6개의 클래스를 가진다(자료 파일: synthetic_control.txt).

24) 출처: http://www.rdatamining.com/docs/time-series-analysis-and-mining-with-r

- 1~100: 정상적(Normal)
- 101~200: 순환적(Cyclic)
- 201~300: 증가 추세(Increasing trend)
- 301~400: 감소 추세(Decreasing trend)
- 401~500: 위로 이동(Upward shift)
- 501~600: 아래로 이동(Downward shift)

이 예제에서는 편의상 각 클래스별로 10개씩을 추출하고, 추출된 총 60개 자료에 대해 DTW를 이용한 군집분석을 실시한다.

```
> # 분석용 자료
> sc <- read.table("C:/synthetic_control.txt", header=F, sep="")
> idx <- c(1, 101, 201, 301, 401, 501)
> sample1 <- t(sc[idx,])
> plot.ts(sample1, main="")
```

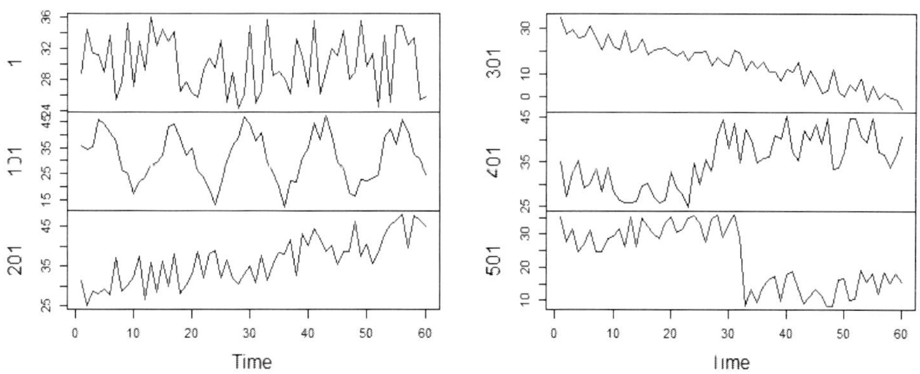

```
> n <- 10
> set.seed(200)
> s <- sample(1:100, n)
> idx <- c(s, 100+s, 200+s, 300+s, 400+s, 500+s)
> sample2 <- sc[idx, ]
> Labels <- rep(1:6, each=n)

> # DTW를 이용한 군집분석
> library(dtw)
> hc <- hclust(dist(sample2, method="DTW"), method="average")
> plot(hc, labels=Labels, main="")
```

```
> memb <- cutree(hc, k=6)    # 군집의 수를 6개로 지정
> table(Labels, memb)
          memb
Labels  1  2  3  4  5  6
     1 10  0  0  0  0  0
     2  0  6  1  3  0  0
     3  0  0  0  0 10  0
     4  0  0  0  0  0 10
     5  4  0  0  0  6  0
     6  0  0  0  0  0 10
```

(해석) 일반적인 계층적 군집분석의 절차와 동일하다. 다만 개체(시계열) 간의 거리 계산에서 DTW 방법을 지정하였다(dist( ) 함수에서 method="DTW" 옵션 사용). 아울러 군집 간의 거리는 평균연결법(average)이 사용되었다. 참고로, 유클리드 거리에 기반한 계층적 군집분석은 dist( ) 함수에서 method="euclidean"(디폴트)을 지정하면 된다(작은 성능 저하가 있으나 자세한 결과는 생략함).

예제 3

분석에 사용된 데이터는 전 세계 15개국 20개 도시에 대한 월별 최고기온 자료이다(파일명: temp.csv). 2000년 1월부터 2012년 10월까지의 월별 데이터를 이용하여 시계열 군집분석을 수행하였다.

```
> temp <- read.csv("C:/temp.csv")
> colnames(temp)[2:21] <- gsub("Max","",colnames(temp)[2:21])
> str(temp)
'data.frame':   154 obs. of  21 variables:
 $ Date        : Factor w/ 154 levels "2000M01","2000M02",..: 1 2 3 4 5 6 7 8 9 10
...
 $ Date       : num  29.4 28.7 27.3 25.9 22.4 21.3 19.4 20.3 19.8 24.1 ...
 $ CapeTown   : num  28.3 28 25.1 22 17.5 15.6 13.1 16.4 17.7 21.4 ...
 $ BuenosAries : num  6.5 10.4 12.2 14.7 20.4 23.3 21.9 25.2 21.5 15 ...
```

```
 $ Paris        : num  9.7 17 17.6 14.9 23.3 30.8 31.7 32.2 28.3 32 ...
 ......

> library(dtwclust)
> clustdtw <- tsclust(as.list(temp[,2:21]), type="hierarchical", distance = "dtw",
k=4)
> plot(clustdtw)
> rect.hclust(clustdtw, k=4, border="red")
```

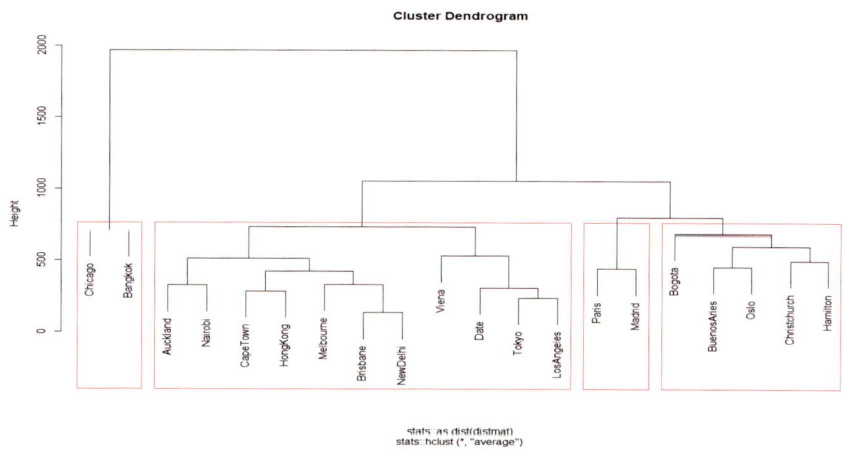


```
> plot(clustdtw, type="sc")
```

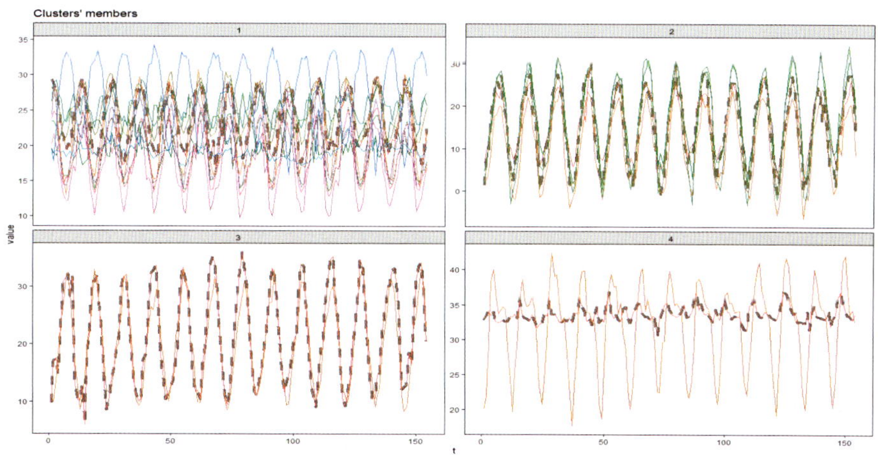


```
> library(dtw)
> distMatrix <- dist(as.list(temp[,2:21]), method = "DTW")
> hc <- hclust(distMatrix, method="ward.D")
> plot(hc)
> rect.hclust(hc, k=4)
```

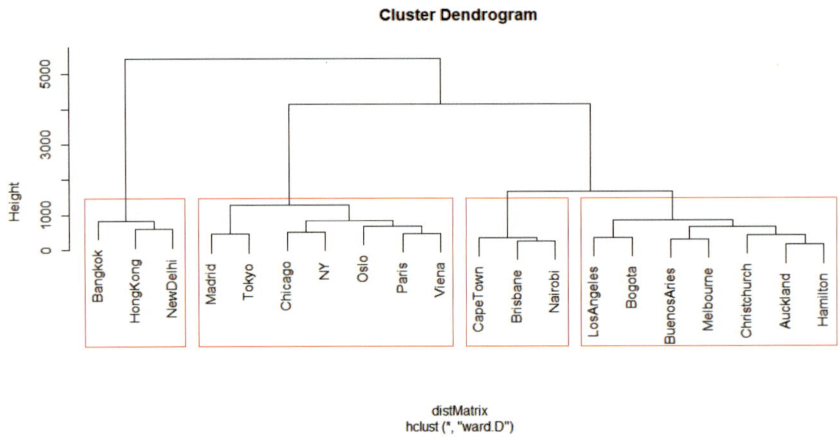


```
> library(dtwclust)
>  clustdtw <- tsclust(as.list(temp[,2:21]), type="hierarchical", distance="dtw",
                     k=4, control=hierarchical_control(method="ward.D"))
```

(해석) 위의 결과와 동일함.

15.3 DTW를 이용한 결측값 대치

앞서 2.4절에서 {imputeTS} 패키지를 중심으로 시계열 자료에서 결측값을 대치하는 방법을 소개한 바 있다. 여기서는 예제를 통해 DTW를 이용한 결측값 대치 방법을 소개한다.

예제 4

분석할 자료는 2008.4.20. ~ 2009.6.13. 기간에서 구글 주식의 일일 수익(daily returns) 자료이다.

```
> library(DTWBI)    # DTW based Imputation
> library(TSA)    # google 자료 제공
> data("google")

> ## 결측 자료와 참조 자료 생성
> query <- google ; query <- as.numeric(query)
> ref <- google ; ref <- as.numeric(ref)
> # 10%의 결측 자료 생성
> set.seed(200)
> query <- gapCreation(query, rate = 0.1)
> t_gap <- query$begin_gap
> T_gap <- query$gap_size
```

```
> par(mfrow=c(2,1))
> plot.ts(ref); plot.ts(query$output_vector)
```

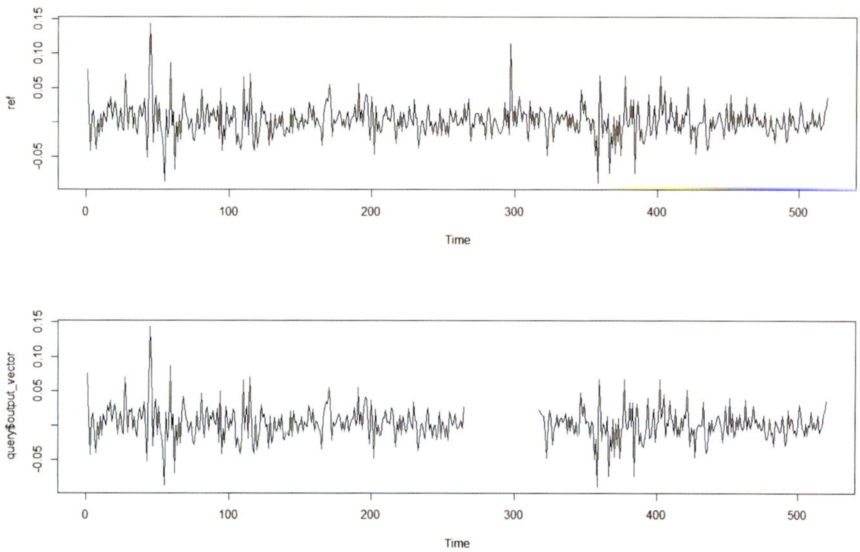

```
> results DTWBI <- DTWBI_univariate(query$output_vector, t_gap, T_gap)
[1] "DTW"
> start <- t_gap
> end <- t_gap + T_gap -1
> ts.plot(ts(query$output_vector), ts(results_DTWBI$output_vector[start:end],
          start = start, end = end), col=1:2)
```

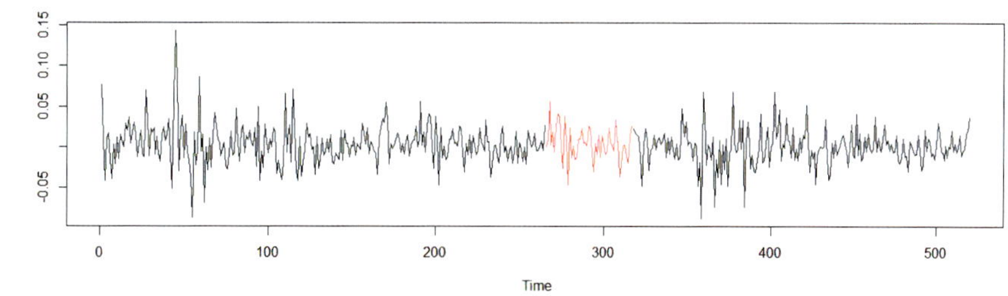

```
> # 대체 자료와 참조 간의 유사도(similarity) 계산
> compute.sim(ref, results_DTWBI$output_vector)
[1] 0.9920708
```

16장

시계열 자료의 분류

16.1 서론

시계열 분류(time series classification)는 반응변수의 범주가 알려진 시계열 자료를 기초로 분류모형을 구축하고, 이 모형을 이용하여 반응변수의 범주가 미지인 시계열의 범주를 예측(분류)하는 것이다. 시계열로부터 특징을 추출하고, 추출된 정보를 이용하여 모형을 구축한다. 시계열 자료로부터 특징을 추출하는 방법에는 특잇값분해(SVD), 이산 푸리에 변환(DFT), 이산 웨이블릿 변환(DWT) 등의 여러 가지 방법이 있으나, 여기서는 이산 웨이블릿 변환에 대해서만 다루기로 한다.

16.2 웨이블릿 기초 개념

푸리에 변환(Fourier transformation)은 시계열 자료를 시간 영역에서 주파수 영역으로 변형시키는 역할을 한다. 사인과 코사인 함수를 기저함수로 하며 데이터의 주기성을 분석하는 경우 유용하다. 푸리에 변환에서는 시간에 대한 정보가 사라지므로 각 주파수가 어느 시간대에 존재하는지를 파악하기 어렵다.

이러한 푸리에 변환의 문제점을 보완하기 위한 방법으로 단시간 푸리에 변환(short-time Fourier transform, STFT)이 있다. 이 방법은 시간에 따라 변화하는 긴 신호를 짧은 시간 단위로 분할한 뒤, 각각에 푸리에 변환을 적용함으로써 어느 시간에 어떤 주파수가 존재하는지를 알아내는 방법이다. 이 방법은 시간을 분할하는 창의 너비가 중요한데, 너비가 작을수록 시간분해능이 좋아지고, 너비가 클수록 주파수분해능이 좋아지나 두 가지 분해능을 동시에 좋아지게 할 수는 없다.

웨이블릿 변환(wavelet transform)은 앞서 언급한 STFT 방법의 단점을 보완한 방법이다. 이 방법은 아래 [그림 15.1]은 두 방법의 차이를 보여준다.

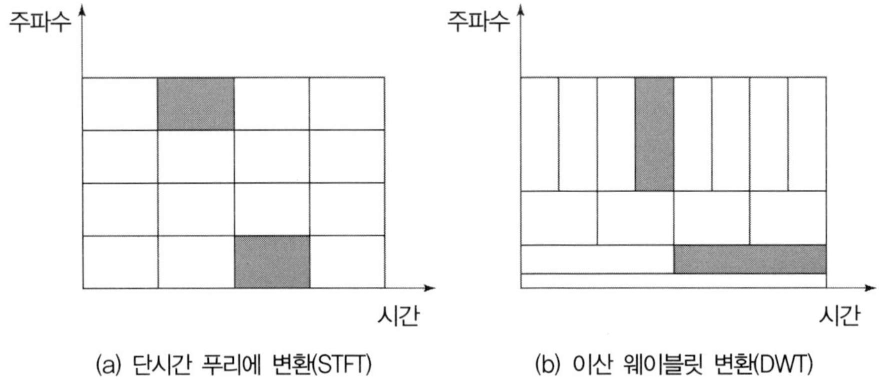

[그림 16.1] 단시간 푸리에 변환과 웨이블릿 변환의 차이

위의 [그림 16.1]에서 STFT 방법은 저주파와 고주파 신호에 대해 동일한 크기의 시간 창을 사용하지만(그림 (a)), 웨이블릿 방법 고주파 신호에 대해서는 시간해상도를 높이고, 저주파 신호에 대해서는 주파수해상도를 높이는 방식으로 신호를 변환한다(그림 (b)).

푸리에와 웨이블릿 변환은 모두 기저함수를 이용하여 원 시계열을 분해한다([그림 16.2] 참고). 푸리에 변환은 사인과 코사인 기저함수의 합으로 시계열을 분해하는 반면(그림 (a)), 웨이블릿 변환은 모 웨이블릿(mother wavelet)으로 불리는 기저함수[25]를 사용한다. 웨이블릿는 창의 크기에 따라 척도조정(scaling)과 위치이동(shifting)되어 시계열 신호와의 비교를 수행하고, 이로부터 웨이블릿 계수(유사한 정도를 수치로 나타낸 값)들을 추출해내는 방식을 사용한다.

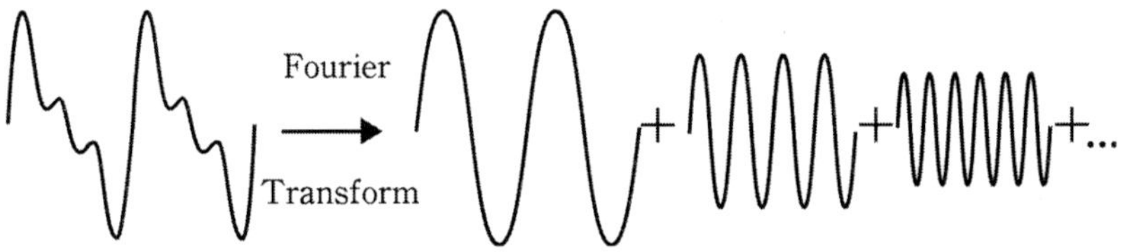

(a) 푸리에 변환(스펙트럼 분석)

25) 웨이블릿 기저함수로는 Haar, Daubechies, Morlet, Mexican Hat 등이 있다(16.4절 참고).

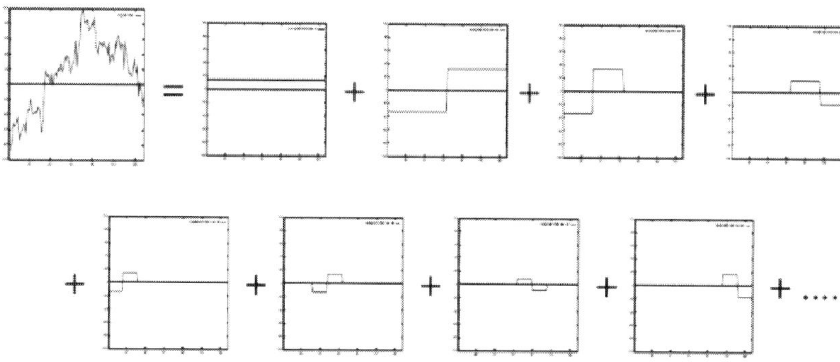

(b) 웨일블렛 변환(Harr 기저함수 사용 예)

[그림 16.2] 푸리에 변환과 웨이블릿 변환의 시계열 분해

단시간 푸리에 변환(STFT)과 웨이블릿 변환에서 기저함수가 어떻게 사용되는지를 [그림 16.1]의 관점에서 설명하면 [그림 16.3]과 같다. 여기서는 Daubechies 웨이블릿 기저함수가 사용되었다.

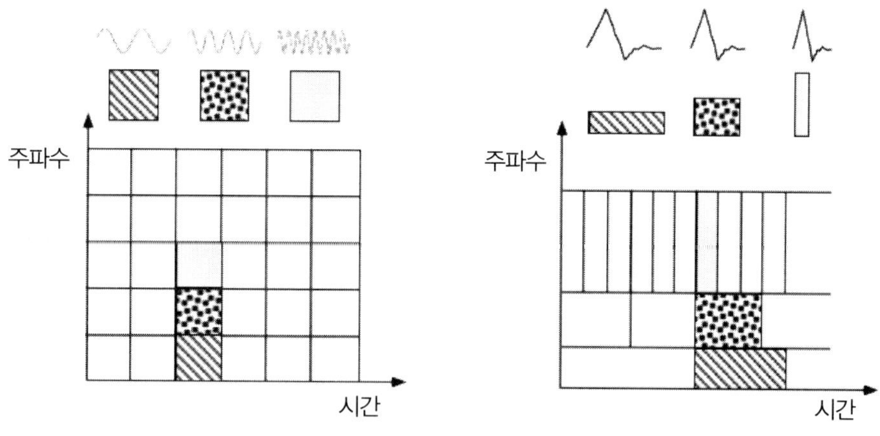

(a) STFT 기저함수 (b) DWT 기저함수

[그림 16.3] 시간-주파수 영역에서 기저함수의 사용

웨이블릿 변환에서는 규모가 큰 창을 통해 신호의 전반적인 특성을 분석하며 작은 창을 통해 국지적인 특성을 분석할 수 있다. 즉, 웨이블릿 분석에서는 푸리에 분석과 달리 신호의 불연속적인 지점을 식별하는 데 유용하다. 이는 창을 통해 신호의 변화되는 부분을 잘 나타낼 수 있기 때문이다(반면, 푸리에 분석은 국소적인 변화보다는 주기성 파악에 유용함).

참고 **(푸리에 분석과 웨이블릿 분석)**

[그림 16.4]는 Fourier 분석의 한계를 보여준다. 즉, 그림 (a)와 (b)는 서로 다른 시계열을 나타내지만, 주파수 분석의 결과는 매우 유사하다(비슷한 주파수 성분에서 peak이 발생). 그 이유는 Fourier 분석에서는 시간의 정보를 담아내지 못하기 때문이다. 반면 웨이블릿 분석은 시계열이 비정상(non-stationary)인 경우에 대해서도 분해능이 우수하다.

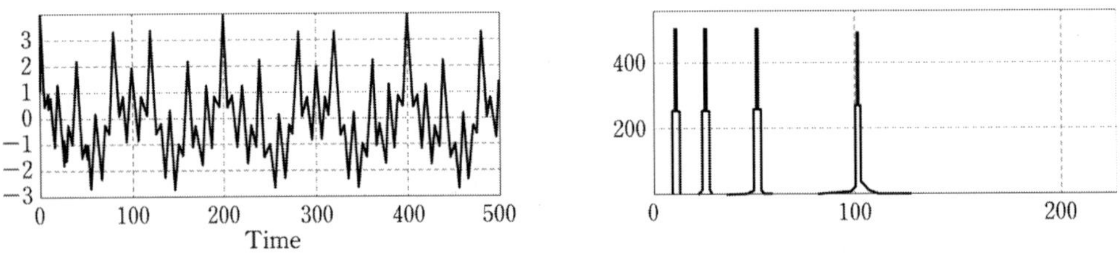

(a) 정상 시계열

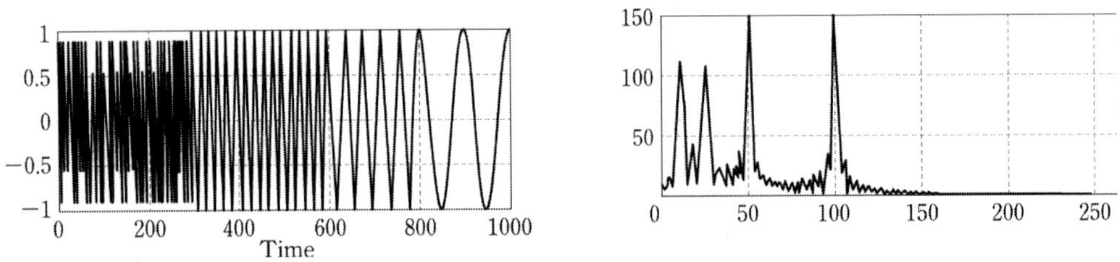

(b) 비정상 시계열

[그림 16.4] 푸리에 분석의 한계

16.3 DWT를 이용한 시계열 자료의 분류

R에서 웨이블릿 분석은 {Rwave}, {wavelets} 패키지에서 가능하다.

예제 1 **(DWT를 이용한 시계열 분류)**[26]

앞 절의 [예제 2]에서 소개된 600개의 합성 시계열 자료 전체를 이용하여 이산 웨이블릿 변환(DWT)을 이용한 분류를 수행한다(자료 파일: synthetic_control.txt).

```
> # 분석용 자료
> sc <- read.table("C:/synthetic_control.txt", header=F, sep="")
> classId <- rep(as.character(1:6), each=100)
> sc_data <- data.frame(cbind(classId, sc))
```

26) 출처: http://www.rdatamining.com/docs/time-series-analysis-and-mining-with-r

```
> # 이산 웨이블릿 변환을 통한 특징(계수) 추출
> library(wavelets)
> wtData <- NULL
> for (i in 1:nrow(sc)) {
     a <- t(sc[i, ])
     wt <- dwt(a, filter="haar", boundary="periodic")
     wtData <- rbind(wtData, unlist(c(wt@W, wt@V[[wt@level]])))
     }
```

(해석: R코드) dwt() 함수에서 웨이블릿 함수(또는 변환 필터)로 Haar 함수가 사용되었다(filter="haar" 지정). dwt 결과 객체에서 W 성분(wt@W)은 각 수준에서의 웨이블릿 계수(wavelet coefficients)들이고(여기서는, 시계열당 56(개)=30+15+7+3+1), V 성분(wt@V)은 대응되는 각 수준에서의 척도계수(scaling coefficients)들이다. 총 5개 수준(level)에서 웨이블릿 필터링이 수행되었다(wt@level는 5임). 여기서 웨이블릿 계수(W)는 고주파를 추출하는 데 사용되는 Hi-pass 필터링(웨이블릿 함수)을 수행한 결과 값이고, 척도계수는 저주파를 추출하는 데 사용되는 Low-pass 필터링(scaling 함수)를 수행한 결과이다[27](여기서 척도함수는 웨이블릿 변환에서의 척도 매개변수와는 다른 것임을 유의할 것). 참고로, dwt 객체(웨이블릿과 척도 계수)에 대해서는 plot.dwt{wavelets} 함수를 통해 시각화가 가능하다.

[R 함수: dwt{wavelets} 함수의 일반형식]

dwt(X, filter="la8", n.levels, boundary="periodic", fast=TRUE)

- X: 일변량 또는 다변량의 시계열. 수 벡터, 행렬 또는 데이터프레임도 가능
- filter="la8"(디폴트): 4종류의 웨이블릿 변환 필터를 지원함. "d"(Daubechies), "la"(Least Asymetric), "bl"(Best Localized), "c"(Coiflet)와 길이를 나타내는 정수로 나타낸다. 예를 들어, "la8"은 길이가 8인 Daubechies 웨이블릿 변환 필터를 말한다. 예외적으로, 길이 2의 Daubechies 웨이블릿 변환 필터는 "d2" 대신 "haar"를 사용한다. 지원되는 길이는 다음과 같다.

웨이블릿	길이
Daubechies	2,4,6,8,10,12,14,16,18,20
Least Asymetric	8,10,12,14,16,18,20
Best Localized	14,18,20
Coiflet	6,12,18,24,30

- n.level= 분해(decomposition)의 수준(level)을 지정(정수)
- boundary= 경계 방법을 지정. "periodic"(디폴트)과 "reflection"을 지원함
- fast=TRUE는 내장된 C 함수를 이용하여 피라미드 알고리즘을 계산함. FALSE는 단지 R 코드만으로 모든 계산을 수행함

27) 웨이블릿 분석에서 저주파의 정보를 담고 있는 척도계수는 신호(signal)로, 고주파의 정보를 담고 있는 웨이블릿 계수는 잡음(noise)으로 간주된다.

```
> # 분류 모형 적합: ctree() 함수를 이용한 의사결정나무모형 적합
> wtData <- as.data.frame(wtData)
> wtSc <- data.frame(cbind(classId, wtData))
> ct <- ctree(classId~., data=wtSc,
            controls=ctree_control(minsplit=20,
                     minbucket=5, maxdepth=5))
> # 성능 평가
> pClassId <- predict(ct)
> table(classId, pClassId)
       pClassId
classId  1  2  3  4  5  6
      1 98  2  0  0  0  0
      2  1 99  0  0  0  0
      3  0  0 81  0 19  0
      4  0  0  0 74  0 26
      5  0  0 16  0 84  0
      6  0  0  0  3  0 97

> (sum(classId==pClassId)) / nrow(wtSc)
[1] 0.8883333
```

(해석) 이산 웨이블릿 변환(DWT)을 이용한 분류 결과 정분류율이 88.8%이다. 참고로, 위에서 ctree() 함수 적용 시 원 자료(data=newSc)를 사용한 분류 결과는 81.8%로 나타났다(아래 참고).

```
> # 원 자료(sc_data)를 이용한 분류
> ct.1 <- ctree(classId~., data=sc_data,
           controls=ctree_control(minsplit=20, minbucket=5, maxdepth=5))
> # 성능 평가
> pClassId <- predict(ct.1)
> table(classId, pClassId)
       pClassId
classId   1   2   3   4   5   6
      1 100   0   0   0   0   0
      2   1  97   2   0   0   0
      3   0   0  99   0   1   0
      4   0   0   0 100   0   0
      5   4   0   8   0  88   0
      6   0   3   0  90   0   7

> (sum(classId==pClassId)) / nrow(sc_data)
[1] 0.8183333
```

예제 2

분석에 사용된 자료는 166개의 노드(pipe junctions)에서 5분 간격으로 15일 동안 염소 농도 수준을 측정한 자료로 3가지 유입경로를 범주로 가지는 시계열 데이터이다. 자료는 총 3014개의 시계열로 구성되어 있고, 시계열의 길이(열의 수) 166으로 동일하다. 모형 평가에는 별도로 제공되는 1293개의 검증용 자료를 이용한다.

(자료 파일: ChlorineConcentration_TRAIN.csv, ChlorineConcentration_TEST.csv)

1. 이신 웨이블릿 변환(DWT)을 이용한 분류 모형 적합

(1) 분석 자료 불러오기

```
> # 훈련용 자료 불러오기
> chl_train <- read.csv("ChlorineConcentration_TRAIN.csv", header = F)
> chl_train$V1 <- factor(chl_train$V1)
> names(chl_train)[1] <- 'y'

> # 검증용 자료 불러오기
> chl_test <- read.csv("ChlorineConcentration_TEST.csv", header = F)
> chl_test$V1 <- factor(chl_test$V1)
> names(chl_test)[1] <- 'y'

> # 각 범주에 해당하는 데이터 개수
> summary(chl_train$y)
   1    2    3
 700  700 1614

> summary(chl_test$y)
  1   2   3
300 300 693
```

(2) 이산 웨이블릿 변환

```
> ## 훈련용과 검증용 자료에 대해 이산 웨이블릿 변환 수행
> library(wavelets)

> # 훈련용 자료
> dwt_train <- NULL
> for (i in 1:nrow(chl_train)) {
   a <- t(chl_train[i,-1])
   wt <- dwt(a, filter="haar")
   dwt_train <- rbind(dwt_train, unlist(c(wt@W,wt@V[[wt@level]])))
 }

> dwt_train <- as.data.frame(dwt_train)
> dwt_train <- data.frame(cbind(y=chl_train$y, dwt_train))
```

```
> # 검증용 자료
> dwt_test <- NULL
> for (i in 1:nrow(chl_test)) {
   a <- t(chl_test[i,-1])
   wt <- dwt(a, filter="haar")
   dwt_test <- rbind(dwt_test, unlist(c(wt@W, wt@V[[wt@level]])))
 }

> dwt_test <- as.data.frame(dwt_test)
> dwt_test <- data.frame(cbind(y=chl_test$y, dwt_test))
```

(3) 시계열 분류

```
> # 의사결정나무 적합
> library(party)
> dwt_ct <- ctree(y~., data=dwt_train)

> # 검증용 자료를 이용한 모형 평가
> dwt_ct_pre <- predict(dwt_ct, dwt_test[,-1])
> library(caret)
> confusionMatrix(dwt_test$y, dwt_ct_pre)
Confusion Matrix and Statistics

          Reference
Prediction   1   2   3
         1 266   9  25
         2  13 255  32
         3  15  48 630

Overall Statistics

               Accuracy : 0.8902
                 95% CI : (0.8719, 0.9067)
    No Information Rate : 0.5313
    P-Value [Acc > NIR] : < 2e-16

                  Kappa : 0.8189

 Mcnemar's Test P-Value : 0.09258

Statistics by Class:

                     Class: 1 Class: 2 Class: 3
Sensitivity            0.9048   0.8173   0.9170
Specificity            0.9660   0.9541   0.8960
Pos Pred Value         0.8867   0.8500   0.9091
```

```
Neg Pred Value         0.9718   0.9426   0.9050
Prevalence             0.2274   0.2413   0.5313
Detection Rate         0.2057   0.1972   0.4872
Detection Prevalence   0.2320   0.2320   0.5360
Balanced Accuracy      0.9354   0.8857   0.9065

> library(MLmetrics)
> F1_Score(dwt_test$y, dwt_ct_pre)     # F1-점수
[1] 0.8956229

> library(pdfCluster)
> adj.rand.index(dwt_test$y, dwt_ct_pre)     # 수정된 랜드 지수(ARI)
[1] 0.6966783
```

(해석) 원 자료 대신 웨이블릿 변환을 통해 추출된 웨이블릿 계수를 사용하여 분류를 수행하였다. 분류 모형으로는 의사결정나무가 사용되었으며, 검증용 자료에 대해 평가를 수행한 결과 정분류율이 89.02%로 나타났으며, 이 결과는 원 자료를 이용한 결과(82.75%)보다 크게 향상된 결과임을 알 수 있다. 분류 모형에 대한 평가 척도로 카파 계수, F1-점수 및 수정된 랜드 지수(ARI)도 함께 제시하였다[28]. 그 결과 정분류율의 경우와 마찬가지로 DWT를 이용한 분류의 성능이 모두 우수하게 나타났다.

DWT와의 비교를 위해 원 자료를 이용한 적합 절차를 제시하면 다음과 같다.

2. 원 자료를 이용한 분류 모형 적합

```
> # 의사결정나무 적합
> ct <- ctree(y~., data=chl_train)

> # 검증용 자료를 이용한 모형 평가
> ct_pre <- predict(ct, chl_test[,-1])
> confusionMatrix(chl_test$y, ct_pre)
Confusion Matrix and Statistics

          Reference
Prediction   1   2   3
         1 249   5  46
         2  10 178 112
         3  29  21 643

Overall Statistics

               Accuracy : 0.8275
                 95% CI : (0.8058, 0.8477)
```

28) 이들 계수에 대한 자세한 설명은 4권(ARI: −1~1 범위로 1에 가까울수록 두 군집 결과가 유사함) 또는 5권(카파 계수, F1-점수: 0~1 범위로 1에 가까울수록 모형의 성능이 우수함)을 참고하기 바란다.

```
    No Information Rate : 0.6195
    P-Value [Acc > NIR] : < 2.2e-16

                  Kappa : 0.7025

> F1_Score(chl_test$y, ct_pre)
[1] 0.8469388

> adj.rand.index(chl_test$y, ct_pre)
[1] 0.53681
```

본 예제에서 분류 모형으로 사용된 의사결정나무모형은 다른 모형(단순 베이즈 모형, k-인접 이웃 모형, 신경망 모형, SVM, 랜덤포리스트 등)으로 대체될 수 있다. 이들 모형을 적합한 결과를 제시하면 다음과 같다(모형 적합을 위한 R 코드 포함).

[표 16.1] **여러 가지 예측모형에 따른 웨이블릿 변환을 통한 분류 성능 비교**

모형	평가 측도	웨이블릿	원 자료	모형	평가 측도	웨이블릿	원 자료
의사결정나무	Accuracy	0.890	0.828	신경망	Accuracy	0.736	0.917
	Kappa	0.819	0.703		Kappa	0.500	0.858
	F1 score	0.896	0.847		F1 score	0.723	0.953
	ARI	0.697	0.537		ARI	0.327	0.777
단순 베이즈	Accuracy	0.497	0.432	SVM	Accuracy	0.876	0.676
	Kappa	0.209	0.087		Kappa	0.782	0.370
	F1 score	0.422	0.298		F1 score	0.867	0.641
	ARI	0.058	0.019		ARI	0.639	0.223
k-인접이웃	Accuracy	0.884	0.869	랜덤 포리스트	Accuracy	1	0.995
	Kappa	0.807	0.781		Kappa	1	0.991
	F1 score	0.875	0.847		F1 score	1	0.993
	ARI	0.677	0.537		ARI	1	0.984

```
[R 프로그램]
> # 의사결정나무
> library(party)
> dwt_ct <- ctree(y~., data=dwt_train)

> # 단순베이즈
> library(e1071)
> set.seed(123)
```

```
> dwt_nb <- naiveBayes(y~., data=dwt_train)

> # K-인접이웃
> library(caret)
> set.seed(123)
> fit_control <- trainControl(method="repeatedcv", number=10, repeats=5)
> dwt_knn <- train(y~., data=dwt_train, method="knn", trControl=fit_control)

> # 신경망
> library(nnet)
> set.seed(123)
> dwt_ann <- nnet(y~., data=dwt_train, size=2)

> # SVM
> library(e1071)
> set.seed(123)
> dwt_svm <- svm(y~., data=dwt_train, type="C-classification")

> # 랜덤포리스트
> set.seed(123)
> fit_control <- trainControl(method="repeatedcv", number=10, repeats=5)
> dwt_rf <- train(y~., data=dwt_train, method="rf", trControl=fit_control, verbose=F)
```

16.4 기타 논제

(a) 시계열 자료의 특징 주출

시계열 분류를 위해 시계열로부터 특징을 추출하는 방법에는 앞서 언급한 특잇값분해(SVD), 이산 푸리에 변환(DFT), 이산 웨이블릿 변환(DWT) 외에 PAA(peicewise aggregate approximation), PIP(perpetually important points), PLR(peicewise linear representation), SR(symbolic representation) 등이 있다.

또한 여러 시계열 자료를 다변량 자료와 같이 취급하여, 특싱 추출의 복잡한 과정을 거치지 않고, 직접 분류를 수행할 수도 있다. [예제 2]에서 원 자료를 이용하여 분류를 수행해 본 결과, DWT 방법에 비해 성능 저하가 크지 않은 것으로 나타났으며(의사결정나무: 65.5%, 랜덤포리스트: 69.8%), 이는 해당 시계열 자료가 가지는 특성에 따른 것이다.

(b) 웨이블릿 변환의 수학적 표현

연속인 신호 $x(t)$에 대한 푸리에 변환과 웨이블릿 변환은 다음과 같이 표현된다.

- 푸리에 변환: 아래의 식을 통해 $(t, x(t)) \rightarrow (w, F(w))$을 수행한다. 여기서 t는 시간, w는 주파수이다.

$$F(w) = \frac{1}{\sqrt{2\pi}} \int_{-\infty}^{\infty} x(t) e^{-iwt}\, dt.$$

- 웨이블릿 변환: 아래의 식을 통해 시계열 $x(t)$로부터 웨이블릿 계수를 추출한다. 여기서 $\Psi()$는 모 웨이블릿 기저함수이고, a와 b는 기저함수를 조정하는 매개변수로 각각 척도변환(scaling)과 이동(shift 또는 translation)을 수행한다.

$$W(a,b) = \frac{1}{\sqrt{a}} \int x(t) \Psi\left(\frac{t-b}{a}\right) dt. \tag{16.1}$$

시계열을 비롯한 실제 분석에 사용되는 신호는 디지털 신호로 이산적이므로, 위 식의 이산형(discrete) 버전이 사용된다(이산 푸리에 변환 또는 이산 웨이블릿 변환).

[Wavelet 변환의 직관적 이해]

식 (16.1)에서 웨이블릿 계수는 매개변수 a와 b의 함수이다. [그림 16.5]는 특정 시계열 자료에 대해 척도(scale)와 시간 이동(shift)에 따른 웨이블릿 계수의 크기(amplitude)를 나타낸 것이다(여기서, 척도가 클수록 주파수는 작아짐에 유의할 것).

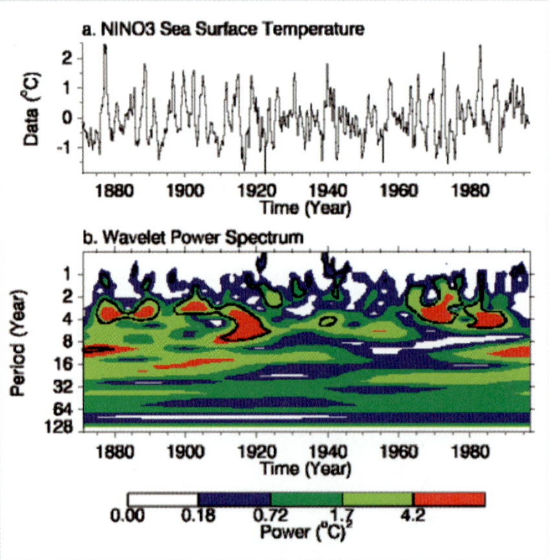

[그림 16.5] 시계열 자료에 대한 웨이블릿 분석 결과 예시
(출처: https://www.eso.org/gen-fac/pubs/astclim/el-nino/)

(해석) 그림에서 위(a.)는 엘리뇨 해수면 온도의 시계열이고, 아래(b.)는 매개변수의 변화에 따른 웨이블릿 계수(noise)를 시각화 한 것이다. 아래 그림에서 x-축(Time, 년)은 shift(시간에 따른 웨이블릿 위치), y-축(Period, 년)은 scale(웨이블릿의 척도)을 나타낸다. 검은색 등고선은 적색-잡음 배경 스펙트럼을 사용한 10% 중요 영역이며, 빨간색 영역은 높은 엘리뇨 현상이 1880-1960 및 1965-현재 동안 발생했음을 나타내며, 반면 1920-1960 기간에는 상대적으로 고요했음을 나타낸다.

(c) 이산 웨이블릿과 연속 웨이블릿 변환

웨이블릿 변환에는 이산 웨이블릿 변환과 연속 웨이블릿 변환이 있으며, 그 차이는 척도(scale) 매개변수가 이산적이냐 연속적이냐에 있다. 실제로는 연속 웨이블릿 변환(CWT)도 이산 웨이블릿 변환에서 사용되는 척도(scale) 값들 사이를 더욱 세분하여 사용하며(보통 10, 12, 16, 32개로 세분함), 그로 인해 신호의 진동 동작을 보다 잘 특성화할 수 있게 되는 것이다(이 경우 추출되는 웨이블릿 계수의 양은 매우 커짐). 연속 웨이블릿 분석의 주요 응용 분야는 시간 주파수 분석 및 시간-지역화된(time localized) 주파수 성분의 필터링이다. 반면, 이산 웨이블릿 변환(DWT)은 적은 계수로 자연 발생 신호와 이미지를 표현하는 데 적합하여 신호와 이미지의 노이즈를 줄이고 압축하는 데 이상적이다.

(d) 웨이블릿의 종류 및 특성

웨이블릿 분석의 가장 큰 장점은 다양한 웨이블릿을 이용할 수 있다는 점이다. 올바른 웨이블릿을 선택하기 위해서는 응용을 고려해야 한다. [그림 16.6]은 다양한 웨이블릿의 형태를 보여준다. 이 외에도 Haar, Bump, Paul, Gauss 웨이블릿이 있다.

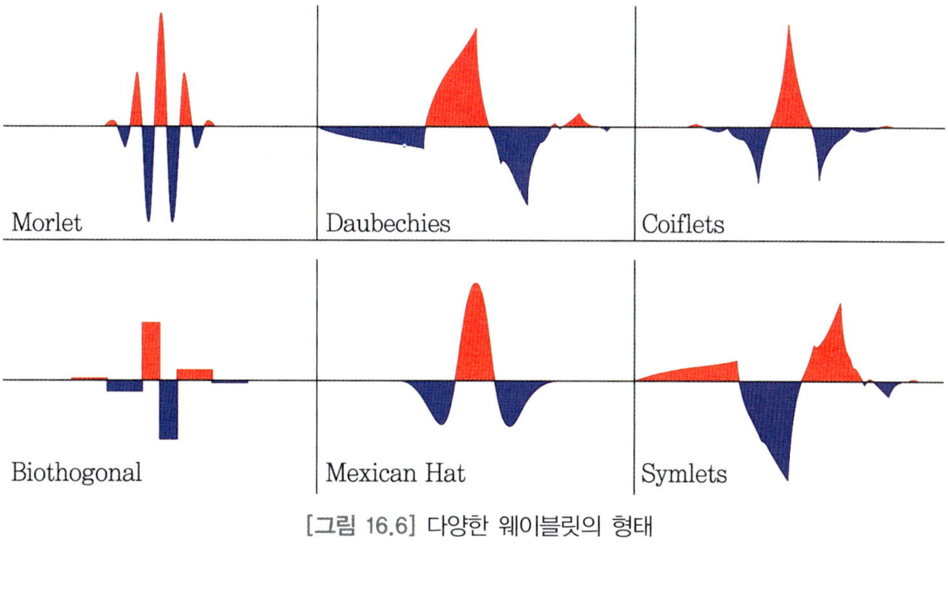

[그림 16.6] 다양한 웨이블릿의 형태

이 가운데 몇 가지 웨이블릿의 특징을 소개하면 다음과 같다[29]. 먼저, 가장 대표적인 Haar 웨이블릿은 계단 함수의 형태를 취하는 간단한 함수이므로, 급격한 변화 혹은 계단 형태의 자료에 적합한 반면 부드러운 변화를 나타내는 것은 어렵다. Daubechies 웨이블릿은 최근 널리 사용되는 웨이블릿으로 특히 신호의 자기 유사성, 프랙탈 문제, 신호의 불연속성을 해결하는 데 널리 사용되고 있다. Gauss 웨이블릿은 Morlet 웨이블릿을 포함하는 웨이블릿으로 Morlet과 유사한 특성을 가진다.

연속 웨이블릿 변환에서는 웨이블릿 기저함수 값이 실수 또는 복소수이냐에 따라 다른 웨이블릿을 사용한다. 스펙트럼 분석에는 Morlet 웨이블릿을 사용하고, 시계열의 시간 영역에서 경향을 파악하는 경우에는 Mexican Hat 웨이블릿을 사용한다. 마찬가지로, Morlet는 주파수 해석을 사용하는 경우에 사용하고 Paul은 시간 영역을 해석하는 경우 이용한다. Bump 웨이블릿은 띠의 형태를 가지므로 Morlet 보다 주파수를 국지적으로 분석하는 데 더 적합하다.

29) 출처: 이현욱 외(2019). Selecting a mother wavelet for univariate wavelet analysis of time series data, J. of Korea Resour. Assoc.

찾아보기

• ㅇ •

• ㅈ •

• ㅊ •

• ㅋ •

• ㅌ •

• ㅍ •

• ㅎ •

• A •

• B •

• C •

• D •

• F •

• H •

• I •

• K •

저자 소개

나 종 화
서울대학교 통계학과 석, 박사
(미) 펜실베니아주립대 방문연구교수
현) 충북대학교 정보통계학과 교수

저서: 수리통계학(제3판, 2016)
R 시각화와 통계자료분석 I (2016)
R 시각화와 통계자료분석 II (2016)
R 응용 회귀분석(2017)
R 응용 다변량분석(2017)
R 데이터마이닝(2017)
R 응용 시계열분석(2020)
R을 이용한 최신통계학(공저, 2018)
빅데이터 이해와 활용(공저, 2015)

R 응용 시계열분석

저 자 나종화
발 행 인 김지영
발 행 처 자유아카데미
주 소 경기도 파주시 회동길 37-42
파주출판도시
전 화 031-955-1321
팩 스 031-955-1322
홈페이지 www.freeaca.com
전자우편 main@freeaca.com (대표)
editor@freeaca.com (편집)
crm@freeaca.com (영업)
등 록 제406-2003-017호, 1980. 7. 12
제1판1쇄 2020년 8월 28일 발행
제1판2쇄 2021년 8월 1일 발행
정 가 33,000원

저자와의
협의하에
인지생략

무단 복제를 금하며, 잘못된 책은 바꾸어 드립니다.
ISBN 979-11-5808-268-0 93310